미래예측과 정책연구에 관한 방법론 서설

미래예측학

권 기 헌

Future Foresight & Policy Studies

法 文 社

저자 서문

미래예측학 : 미래예측과 정책연구

미래는 단절과 불확실성, 속도와 불확정성 속에서 무서운 속도로 진행되고 있다. James Canton(2007)은 이를 '극단적 미래'(Extreme Future)라고 표현하였다. 특히 정보화와 과학기술이 급속도로 진행되고 있는 현 시점에서 오늘날 인류는 전례를 찾아보기 힘들 정도의 대변혁의 과정을 겪고 있다. 생활양식의 급격한 변화를 초래시키고 있는 정보기술, 이로 인한 가치관의 혼란, 안전한 삶을 위협하는 온갖 두려움과 공포의 증대 등 우리가 지금껏 경험해 보지 못한 가능성을 현실로 경험하고 있다. 극단적 미래에서 우리를 위협하게 될 여러 가지 요인들은 무수히 많으며, 극단적 미래는 역동적이면서도 지금과는 단절된 다차원적 성향을 띠면서 다가오고 있다. 미래예측은 변화를 주도해야 한다. 미래예측학은 불확실성과 불확정성 속의 미래 속에서 기획과 창조를 통해 새로운 변화를 이끌어내어야 하며, 이를 통해 「새로운 문명과 문화 창조」가 시삭되어야 한다.

미래예측학의 새로운 패러다임의 정립은 바로 토마스 쿤(T. Kuhn)의 말대로 지평의 전이(*paradigm shift*)라고 할 수 있다. 미래에 대한 장기적 비전과 기획을 통해 차세대의 국정 청사진을 제시되어야 하며, 미래지향적 사고는 사람들의 가치 및 행동 체계 속에 뿌리 내릴 수 있어야 한다.

새로운 미래예측의 과제는 미래의 조직, 사회, 국가 단위의 예비적 전략을 개발하기 위해 주요 변화의 동인과 지식의 출처를 모으는 작업으로서 정책결정, 정책기획, 정책설계 및 우선순위 목록 준비와 함께 미래 비전을 지향하는 전략적 비전을 수립하는 방향으로 전개되어야 한다. 이는 흔히 종래의 전통적인 미래연구나 정책연구에서 사용되는 좁은 범위의 전문가 범위를 훨씬 넘는 다양한 행위자와 이해관계자들을 포함하는 참여적 방법을 적용하는 것이며, 광범위한 참여와 토론, 분석과 연구의 상호작용에 기반을 두고 진행되어야 한다는 것을 의미한다.

새로운 형태의 미래연구는 "미래예측 문화"의 확립을 지향해야 하며, 정부, 기업, 시민사회의 다양한 형태의 정책입안자, 기업자본가, 시민행동가, 과학전문가들이 모여 보다 향상된 네트워크 확립을 지향하는 것이다. 미래예측의 목적은 단순히 더 나은 보고서와 정책의 결과를 내려는 단편적인 것에 두어서는 안 되며, 미래예측은 국가혁신을 활성화하려는 목적을 가지고 다양한 형태의 거버넌스 행위자들이 모여서 새로운 전문가 네트워크를 형성하고, 여기에서 새로운 지식 자원과 네트워크 멤버들 간의 전략적 비전과 지식의 융합이 일어나야 한다. 이것이 이 책에서 논의를 전개한 기본적인 인식구조이다.

미래는 불확실성(uncertainty)과 불확정성(indeterminancy)을 특성으로 한다. 불확실하고 불확정적인 미래의 특성으로 인해 오히려 미래에 대한 무한한 가능성은 열려 있으며, 미래예측을 통한 인간의 창조적 행위가 가능해진다. 미래예측은 전략기획, 거버넌스 형성 및 미래연구의 중심부에 위치하는 개념이다.

전략기획(Strategic Planning)이란 정책설계(policy design)와 합리적 기획(rational planning)에 대한 믿음을 기초로 국가 사회의 변화 및 역동성을 촉발시키는 전략적 개념이며, 거버넌스(Governance Network)는 정책과정에 있어 민주성 및 투명성 증대에 대한 압력을 반영하여 보다 많은 정책행위자들의 참여를 기초로 미래 및 참여 지향적 정책설계를 강조한다. 또한 미래연구(Future Studies) 역시 조직의 상층부에서 미래의 비전과 목표를 일방적으로 제시하는 것보다는 정책형성과 연구프로세스에 있어서 조직 내에서 조직구성원들이 상시로 미래예측하려는 노력이 더욱 더 중요하다는 믿음을 기초로 미래지향적 사고와 비전 지향이 조직 내 상시적으로 체화(embedded)될 것을 주문한다.

하지만 미래예측은 미래연구, 전략기획, 거버넌스 형성을 대체하는 것은 아니며, 각각의 행위는 자신의 고유 영역과 역할을 가지고 상호보완적으로 진행되는 가운데, 미래예측은 이러한 개념의 공유점의 위치에서 이들에게 중요한 핵심적인 방법론을 제공한다는 데 의의가 있다.

이 책은 이러한 의미를 지닌 미래예측에 관해서 서술한 교과서이다. 이 책에서 소개하는 미래예측학에서는 필자가 정책학(박영사, 2008)에서 소개한 바 있는 미래예측이론의 개괄적 내용을 좀 더 각론적으로 보완하여 체계화하는 한편, 미래예측사례들을 다양하게 포함시켜 논의함으로써 미래예측 방법론에 대한 구체적인 이해를 돕고자 하였다. 이 책에서는 미래예측과 정책연구의 다양한 연결고리에 대해서 고찰하는 한편, 미래예측 핵심 방법론들을 미래예측 및 정책사례들을 중심으로 설명함으로써 보다 쉽게 내용을 전달하고자 하였다.

이 책은 총 7장로 구성되어 있다.

제1장에서는 미래예측학의 패러다임에 대해서 살펴본다. 미래예측의 개념 및 요소, 핵심명제 및 개념유형, 중요성 및 촉진동인들을 중심으로 미

래예측학의 패러다임에 대해서 살펴보았다. 미래예측은 전략기획(Strategic Planning), 거버넌스(Governance Networking) 형성 및 미래연구(Future Studies)의 중심부에 위치하는 개념이다. 따라서 이 장에서는 전략기획, 거버넌스, 미래연구를 중심으로 미래예측의 개념에 대해서 탐색하며, 미래학파에서 강조하는 미래예측의 5대 명제에 대해서 검토하였다.

제2장에서는 미래예측과 정책연구에 대해서 살펴본다. 미래예측과 정책연구는 매우 밀접한 연관관계를 맺고 있다. 하지만 그 동안 미래예측이 정책연구라는 관점에서 집중적으로 조명을 받지는 못했는데, 이 장에서는 미래예측과 정책연구, 둘 간의 개념적 연결고리들에 대해서 탐구해 보았다. 정책을 이해함에 있어서 미래라는 관점이 도입되지 않는다면 정책은 매우 점증주의적이고 선례답습적인 도구로 전락하고 말 것이다. 또한 H. Lasswell(1951, 1970, 1971), Y. Dror(1970), E. Jantsch(1970) 등으로 이어지는 정책학의 본류적 관점에서도 미래와 정책은 불가분의 관계를 형성하고 있다. 이러한 관점에서 이 장에서는 1) 미래예측과 정책연구, 2) 미래예측과 연구지향, 3) 미래예측과 정책설계, 4) 미래예측과 정책품질, 5) 미래예측과 정책의제, 6) 미래예측과 정책결정, 7) 미래예측과 정책집행, 8) 미래예측과 정책평가, 9) 미래예측과 정책분석, 10) 미래예측과 거버넌스 등의 이슈들에 대해서 집중적으로 조명해 보았다.

제3장에서는 미래예측의 연구방법에 대해서 개관한다. 이 장에서는 미래예측 방법론을 미래예측이 일어나는 시간 순으로 유형화하였는데, 이는 Miles와 Keenan(2003)이 제시한 미래예측 기법의 유형을 수정 보완한 것이다. 미래예측기법으로 사용되는 모든 방법들은 복잡한 수학적 모형, 계량적 기법이나 컴퓨터 시뮬레이션 등을 통해 이루어지기도 하지만, 실질적인 미래예측에 있어서는 전문가패널, 시나리오기법, 정책 델파이 등 전문가들의 주관적 판단이나 창의적 예측이 매우 중요한 자료

로 사용되므로, 양적인 분석과 질적인 접근을 모두 활용하는 미래예측의 종합적 접근이 필요하다.

미래를 예측할 때는 먼저 1) 어떠한 이슈가 존재하는지 확인하는 이슈의 확인(환경스캐닝, 이슈서베이, SWOT분석)과, 2) 그러한 이슈가 어떻게 진행될지에 대해서 추정해보기 위해서 추세 연장적 접근(회귀분석, 시뮬레이션, AHP기법, Baysian 모형, 형태분석기법)과 창의적 접근(브레인스토밍, 전문가패널, 시나리오기법, 정책델파이, 교차영향분석, 통찰적예측, 실현성예측)을 사용하게 되며, 3) 마지막으로, 이상에서 추정하고 창의적 방식을 통해 나타난 미래의 상황을 우선순위로 분류하는 우선순위 접근(핵심기술 우선순위 기법, 로드맵 우선순위 기법)이 종합적으로 필요하다. 이 장에서는 이러한 미래예측 방법론들을 개괄적으로 검토하였다.

제4장에서는 미래예측의 연구방법 I과 II인 이슈의 확인과 통계적 분석에 대해서 검토한다. 미래예측은 이슈의 확인으로부터 시작된다. 미래예측의 주제가 선정되면 그 주제와 관련된 이슈들에 대해서 체계적으로 확인하고 분석하는 작업이 필요하다. 미래예측의 주제는 매우 전문적인 이슈를 대상으로 분석하는 경우가 많기 때문에 첫출발인 이슈의 확인과 분석은 매우 중요성을 지닌다. 이슈의 확인과 관련된 미래예측기법은 크게 1) 환경스캐닝, 2) 이슈서베이, 3) SWOT분석 등으로 분류할 수 있다.

이슈의 확인이 있고나면 통계적 분석으로 들어가게 된다. 통계적 분석으로 많이 사용되는 기법들은 회귀분석, 시뮬레이션이 있으며, 회귀분석은 다시 횡단면분석과 시계열분석으로 분류된다. 미래예측과 관련하여서는 시계열분석이 매우 핵심적인 위치를 차지하게 되는데, 이러한 시계열분석으로 중요한 기법은 추세연장적 접근과 경향추정이 있다. 이

밖에도 통계적 분석은 많이 있는데, 이 장에서는 AHP기법(Analytical hierarchy process), Bayesian모형(Bayesian model), 형태분석기법(Morphological analysis) 등에 대해서 검토해 보았다.

제5장에서는 미래예측의 연구방법 III인 창의적 예측에 대해서 검토한다. 미래예측의 시작단계로서 환경스캐닝, 이슈서베이, SWOT분석 등을 통해 미래예측 대상에 대한 관련 이슈들을 확인하고 나면, 회귀분석, 시뮬레이션, AHP기법 등을 통해 그러한 이슈가 어떻게 진행될지에 대해서 통계적으로 예측해 보고, 이에 더하여 전문가 판단에 기초하여 보다 창의적으로 미래를 예측하는 방법이 필요하게 된다. 통계적 분석에 더하여 전문가 판단이라는 질적인 분석에 들어가는 것이며, 이를 통해 보다 창조적인 대안에 대한 탐색과 개발이 가능해지는 것이다.

미래예측의 핵심은 이러한 창의적 기법들을 어떻게 활용하여 미래전략에 대한 귀중한 정보를 이끌어 낼 수 있는가에 달려 있다고 해도 과언이 아닐 정도로, 전문가패널, 시나리오기법, 정책델파이 등 전문가 판단 기법들이 미래예측 방법에서 차지하는 비중은 매우 크다고 할 수 있다. 미래예측은 결국 사회적이고 창조적인 과정이다. 미래예측은 조직의 성공에 핵심이 되는 새롭고 흥미로운 지식의 융합(knowledge fusion)을 키우는 상호작용의 과정이라고 할 수 있는데, 이러한 관점에서 이 장에서는 전문가 판단에 기초하여 미래의 전략에 대한 창의적 견해들을 이끌어내는 기법들에 대해 검토해 보았다. 이 장에서 검토하는 창의적 예측의 방법론으로는 브레인스토밍, 전문가패널, 시나리오기법, 정책델파이, 교차영향분석, 통찰적예측, 실현성예측 등이 있다.

제6장에서는 미래예측의 연구방법 IV인 우선순위 예측에 대해서 검토한다. 미래연구(future studies)는 미래의 문제를 탐구하는 학문으로서

과거나 현재에 관한 일련의 추세적 연장에 그치지 않고, 미래의 대안을 창조하고 미래의 정책을 기획하는 학문이다. 미래예측은 1) 이슈의 확인, 2) 통계적 분석, 3) 전문가 판단의 과정을 거쳐 우선순위 분석을 통해 완성되는 것이며, 따라서 정책 우선순위를 분석하고 거기에 대한 논리적 정당성을 제시하는 일은 미래예측에서 매우 중요한 의미를 지닌다. 이 장에서는 이러한 의의를 지닌 핵심기술 우선순위 기법(Critical or key technologies)과 우선순위 로드맵 기법(Technology Roadmapping)에 대해서 최종적으로 검토하였는데, 여기에서는 이를 미국, 독일, 호주, OECD 등의 미래예측사례와 함께 우리나라 사례를 연계하여 고찰해 봄으로써 미래예측의 실사구시적 의미를 되새겨 보았다.

제7장 요약 및 결론에서는 미래예측과 정책연구에 대한 관점과 시각, 이슈 및 함의에 대해서 정리하면서 이 책을 마무리하였다.

이 책은 미래예측이론을 중심으로 미래예측과 정책연구, 그리고 미래예측의 방법론 등을 소개한 미래예측학의 개론서이다. 이 책은 미래예측과 전략연구에 관심을 가진 기업과 정부 그리고 학문공동체를 위해 집필되었다. 자칫 이론적 논리나 전문적 용어로 채색되어 읽기 어렵고 딱딱해지는 경향을 막기 위해 미래예측 및 정책사례들에 대한 최근 동향과 용어 해설들을 사례박스로 처리하는 등 입체적인 소개를 통해 미래예측 및 전략연구의 현실적합성과 실사구시성을 높이고자 하였다. 이 책이 미래예측과 전략연구 그리고 정책연구와 국가혁신에 관심을 가진 사회과학도와 기업 및 정부 실무자들의 학습에 참고가 되었으면 하는 바람이다.

이 책을 쓰는 데 도움을 주신 많은 분들에게 감사의 뜻을 전하고 싶다. 정신적으로나 학문적으로 많은 가르침과 은혜를 베풀어 주신 성균관대학교 행정학과의 허범 교수님과 김현구 교수님, 그리고 한원택, 김광식, 김성태, 유민봉, 박재완, 이명석, 권혁주, 김근세, 공동성, 이숙종, 문상호, 정문기, 박형준 교수님께 감사의 말씀을 올린다. 특히, 김성태 교수님은 국가미래정책포럼 활동을 설립 초기부터 함께 하면서 미래예측에 관한 큰 그림과 아이디어를 함께 나누고 학습하였다는 점에서 매우 특별한 감사의 말씀을 드리고 싶다. 또한 책이 완성되기까지 많은 도움을 아끼지 않은 이홍재 박사에게 고마움을 표하며, 성균관대학교의 이현철, 김재근, 최윤석, 김풍식, 김태진, 서인석, 황혜성, 이미애, 최현정, 조현희, 하민지, 김일태 양에게 고마움을 전한다.

이 책의 출판을 기꺼이 맡아주신 법문사의 배효선 사장님, 출판이 지연되는 와중에서도 세심하게 원고를 숙독하고 좋은 편집을 위해 많은 수고를 아끼지 않았던 법문사 편집진들께도 깊은 감사의 마음을 전한다.

가족 모두에게 깊은 사랑을 전하고 싶다. 늘 뜨거운 지지와 사랑을 보내 주시는 부모님들과 언제나 깊은 애정으로 나를 도와준 아내와 지민, 지은, 지수에게 사랑과 고마움을 전하고 싶다. 지민이의 성숙한 마음, 지은이의 밝은 웃음, 지수의 쾌활한 재치는 언제나 나에게 신선한 활력소가 되었다. 사랑하는 이들과 친가, 처가의 부모님께 이 책을 바친다.

2008년 2월

명륜동 연구실에서

권기헌

차 례

C.o.n.t.e.n.t.s

제1장 | 미래예측학 패러다임

제 2 장 | 미래예측과 정책연구

제 6 장 | 미래예측의 연구방법 IV: 우선순위 예측

제 7 장 | 요약 및 결론: 논점 및 함의

1

Future Foresight & Policy Studies

미래예측학 패러다임

미래는 단절과 불확실성, 속도와 불확정성으로 가득 차 있다.
미래예측학의 새로운 패러다임의 정립은 바로 토마스 쿤 (T. Kuhn)의 말대로 지평의 전이(paradigm shift)이다.

학 · 습 · 개 · 요

제1장에서는 미래예측학의 패러다임에 대해서 살펴본다. 미래예측의 개념 및 요소, 핵심명제 및 개념유형, 중요성 및 촉진동인들을 중심으로 미래예측학의 패러다임에 대해서 살펴본다.

미래는 불확실성(uncertainty)과 불확정성(indeterminancy)을 특성으로 한다. 불확실하고 불확정적인 미래의 특성으로 인해 오히려 미래에 대한 무한한 가능성은 열려 있으며, 미래예측을 통한 인간의 창조적 행위가 가능해진다. 미래예측은 전략기획(Strategic Planning), 거버넌스(Governance Networking) 형성 및 미래연구(Future Studies)의 중심부에 위치하는 개념이다. 따라서 이 장에서는 전략기획, 거버넌스, 미래연구를 중심으로 미래예측의 개념에 대해서 탐색한다.

또한 미래예측의 최근 경향인 1) 예측추정, 2) 참여형 방식, 3) 네트워크 형성, 4) 전략적 비전, 5) 행동 지향에 대해서 검토한 후, 미래학파에서 강조하는 미래예측의 5대 명제에 대해서 검토한다. 미래학이 미래에 대한 바람직한 구상(wishful thinking)으로 끝나지 않게 하기 위해서는 미래학에서 추구하는 미래연구는 국가의 장기적 미래예측, 정책적 우선순위 도출, 미래지향적 정책설계, 정책집행체제가 일사분란하게 연계될 수 있는 국정운영시스템을 갖추는 것이 매우 중요할 것이다. 이 장에서 이러한 내용을 담은 미래예측학의 패러다임에 대해서 고찰해 보기로 한다.

제1절 미래예측의 의의

1 미래예측의 개념

미래예측은 현대정부의 핵심역량이다. 현대정부의 정책역량으로 관리(management), 분석(analysis), 예측(foresight)을 꼽는다면, 예측은 분석의 꽃(prime)으로 기능한다.

미래는 불연속적인 변환이나 불확정적 단절로 특징지워지지만, 이러한 미래의 불확정성(indeterminancy)으로 인해 오히려 미래는 무한한 가능성과 함께 무한한 인간의 창조적 행위가 열려 있는 세계이다.

미래예측은 미래학에서 보는 개념과 정책학에서 바라보는 입장이 서로 다르다. 정책학의 입장에서 미래예측은 정책분석론에서 주로 다루어졌는데, 이때 미래예측의 의미는 정책대안 결과의 미래예측으로 국한되어 사용되었다. Dunn에 의하면 미래예측이란 정책문제의 성격에 관한 정보를 토대로 하여 사회의 미래상태에 대한 사실적인 정보를 이끌어 내는 방법이라고 보았다(W. N Dunn, 1981). 또한 Quade는 미래예측이란 미래의 상태나 조건을 예상하거나 예측하는 행위이며, 주로 합리적인 연구나 분석에 의존한다고 보았다(E. S Quade, 1982). 하지만, 미래예측의 개념을 최근 동향까지 포함하여 고찰할 때, 미래예측은 기술, 시장, 조직, 정책 등의 분야에서 미래의 상황을 과학적으로 예측하고 일련의 전략을 제시하는 가치창조적 행위이다.

과거 과학기술 전문가들에 의해 이루어지던 기술예측(technology forecasting)이나 경제경영 전문가들에 의해 이루어지던 시장예측(market forecasting)의 개념을 벗어나 오늘날 기술(technology), 시장(market), 조직(organization), 정책(policy) 등 광범위한 분야에서 이해관계자를 포함해 사회적 요소까지도 포함하는 문제해결형의 개념인 것이다(Gerghiou, 2001). 이는 미래를 형성하고 창조하는 적극적인 개념이며, 일련의 행동체계를 제안하는 전략적인 개념이며, 기술과 사회, 현재와 미래 사이의 상호작용을 포함하는 동태적인 개념이다(과학기술평가원, 2005).

2 미래예측과 구별되는 개념

1. Foresight와 Foresee

미래예측(future foresight)의 어원적 의미는 "미래를 미리 본다는 것"을 말하지만 단순히 미래를 예견한다는 의미의 전망 혹은 선견(foresee)과는 명백하게 구별되는 개념이다. 전망 혹은 선견(foresee)이 현재의 시점에서 미래의 어느 시점에서 일어날 것으로 예상되는 현상에 대한 임의적 예견에 그치는 행위라면, 미래예측이란 이미 알고 있는 과거와 이미 알 수 있는 미래의 정보를 단서로 하여 과학적 근거를 토대로(evidence-based) 전문가적 정확성을 가지고 예측하는 작업을 의미한다.

2. Foresight와 Forecasting

미래예측은 또한 기술예측이나 시장예측에서 주로 사용되는 Forecasting(추세연장)과는 구별되는 개념이다.

미래예측은 "앞을 본다는" 어원적 의미에서 전망, 선견, 미래전망, 미

그림 1-1 미래예측의 개념

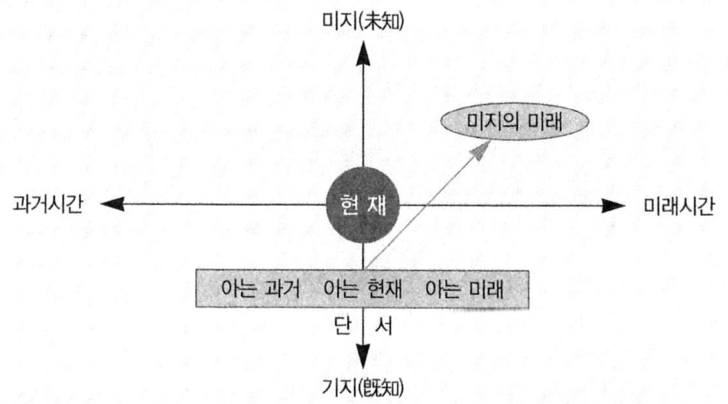

* 자료 : Ken Tobioka, 신문식 역, 2002 : 53에서 수정 인용

래전략, 미래연구 등의 용어들과 혼용되어 왔으며, 이러한 경향은 특히 과거에는 기술과 시장을 중심으로 미래를 전망하는 활동들이 많이 있어 왔기 때문에 기술예측(technology forecasting)이나 시장예측(market forecasting)과 혼용되어 온 것이 사실이다.

하지만, Forecasting(추세연장)이 ① 향후 장기간 중 단 하나의 가능한 미래(linear future)를 가정하는 것이며, ② 기술예측이나 시장예측에 주로 사용되어 왔고, ③ 미래의 가치 창조적 활동보다는 현재상황의 연장선상(extrapolation)에서 예측하는 활동에 주안점을 둔 것이라면, Foresight(미래예측)는 ① 향후 장기간의 다양한 미래사회(multiple futures)를 전망하는 것이며, ② 기술이나 시장에 국한되지 않고 기술, 시장, 조직, 정책 등 다양한 분야의 사회적 수요(needs) 및 정책적 수요(needs)에 대한 과학적 예측이라는 점, 그리고 ③ 무엇보다도 미래사회는 사회구성원의 노력에 의해 선택되고 창조될 수 있다는 가치 창조적(value creativity) 행위를 강조한다는 점에서 명백한 차이를 보인다.

이상의 논의들을 종합하여 볼 때 미래예측(Foresight)의 개념은 기술, 시장, 조직, 정책 등의 분야에서 미래의 상황을 과학적으로 예측하고 일련의 전략을 제시하는 가치창조적 행위이며, 단순한 예견(foresee)이나 단순한 추세연장(forecasting)을 넘어 미래가 어떻게 전개될지에 대한 다양한 시나리오를 토대로 바람직한 미래(another future)를 지향하기 위한 전략적 사고를 강조하는 과학적 예측이라고 할 수 있다.

미래를 예측하는 기간으로는 1년 예측(현재부터 1년 후까지), 단기 예측(1년 후부터 5년 후까지), 중기 예측(5년 후부터 20년 후까지), 장기 예

표 1-1 Forecasting(추세연장) vs. Foresight(미래예측)

Forecasting(추세연장)	Foresight(미래예측)
과거 미래예측 개념	현대 미래예측 개념
향후 장기간 중 단 하나의 가능한 미래를 가정	향후 장기간의 다양한 미래 사회를 전망
기술예측(technology forecasting)이나 시장예측(market forecasting)에 주로 사용	기술이나 시장에 국한되지 않고 조직, 정책 등 다양한 분야에 사용
미래의 가치 창조적 활동보다는 현재상황의 연장선상에서 예측하는 활동에 주안점	미래사회는 사회구성원의 노력에 의해 선택되고 창조될 수 있다는 미래의 가치 창조적 행위를 강조

그림 1-2 Forecasting(추세연장) vs. Forsight(미래예측)

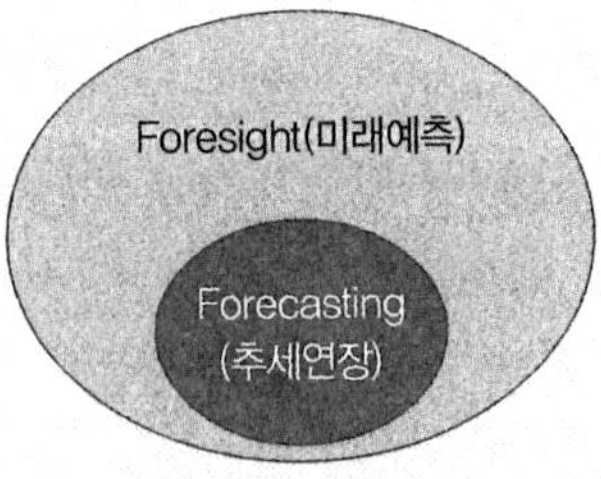

그림 1-3 미래예측과 정책기획의 연관성

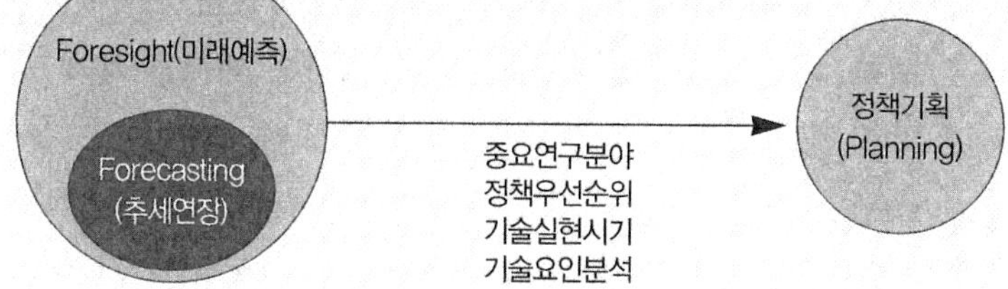

측(20년 후부터 50년 후까지), 장장기 예측(50년 이후부터) 등이 있으나, 일반적으로는 15~20년 전후를 예측대상으로 하며, 이는 연구목적에 따라서 유연하게 설정할 수 있다(노동조, 2004: 108). 미래를 예측하는 목적은 바람직한 미래사회의 비전이나 기준의 설정, 여러 가능한 미래변화에 대한 탐구와 대안을 제시하는 것이며, 더 나아가 궁극적으로는 인류의 복지와 인간의 존엄 실현을 향상시키는 것이다(윤영일, 2000: 196-205). 이러한 관점에서 미래예측은 정책학이 추구하는 이상 가치인 인간의 존엄성 실현과 목적을 공유한다고 할 수 있다.

3 미래예측의 기술적 요소

미래예측을 기술예측의 관점에서 바라보는 시각을 먼저 정리하면 다음과 같다. Lenz(1961)는 미래예측을 "사회적으로 유용하게 활용되는 발명, 기술적 특성 및 차원 또는 성능을 예측하는 것"이라고 하였다(한국정보사회진흥원, 2006). OECD는 미래예측을 "최대의 경제사회적 이익을 창출할 것으로 기대되는 미래 기반기술 및 전략적 연구영역의 선정을 위해 장기적인 입장에서 과학기술 및 경제사회의 미래를 통합적으로 검토하는 과정"으로 정의하였다(안두현 · 신태영 · 엄미정 · 김형수, 2003). SPRU(Science Policy Research Unit, University of Sussex)의 Ben Martin(1995)은 미래예측이란 미래의 전략적 연구 부분을 파악하기 위한 목적으로 과학, 기술, 경제 및 사회에 대한 장기적 미래를 체계적으로 살펴보기 위한 연구 활동의 핵심이라고 주장하였으며, 영국 PREST(Policy Research of Engineering, Science & Technology)의 Luke Geogghiou(1996)은 미래예측을 산업 경쟁력, 부 창출 및 삶의 질에 강력한 영향력을 미칠 수 있는 과학 및 기술 발전을 평가하는 체계적인 수단으로 보았다. 이러한 기술적 시각이 반영된 미래예측과 관련된 기술예측(technology foresight)의 5가지 요소들을 정리하면 다음과 같다.

1. 체계성

미래예측은 체계성을 지녀야 한다. 즉, 미래를 살펴보는 시도는 체계적이어야 한다는 것이며, 이는 단편적인 일상사를 계획하면서 발생하는 내생적인 시나리오 형성과 구분시켜주는 기준이 된다.

2. 장기성

미래예측은 장기성을 지녀야 한다. 즉, 미래를 살펴보는 시도는 일상적인 기획의 범위를 넘어서는 것으로 간주되며, 시간적 범위로는 5년~30년 사이를 잡는다.

3. 균형성

미래예측은 균형성을 지녀야 한다. 즉, 미래를 살펴보는 시도는 과학기술의 추진, 시장 견인력 및 이들과 관련된 사회 경제적 요인들에 대해서도 균형잡힌 시각으로 접근되어야 한다.

4. 특유성

미래예측은 특유성을 지녀야 한다. 즉, 미래를 살펴보는 시도는 미래의 특유한 기술에 집중될 필요가 있다. 이는 특히 기술예측에서 그러한데, 기업들은 특유한 새로운 기술에 대한 초기 연구를 꺼려하기 때문에, 그러한 특유한 기술들은 정부지원을 통해 미래예측으로 이루어질 필요가 있는 것이다.

5. 사회성

미래예측은 사회성을 지녀야 한다. 즉, 미래를 살펴보는 시도는 부의 창출뿐만 아니라 사회문제 지향적인 관점에도 주의를 기울여야 한다. 단순한 경제적인 국력 창출을 넘어서서 교육 및 기술, 노령화 사회, 사회복지 문제, 범죄 예방 등 총체적인 사회문제를 지향해야 한다.

그림 1-4 기술예측의 중요 요소

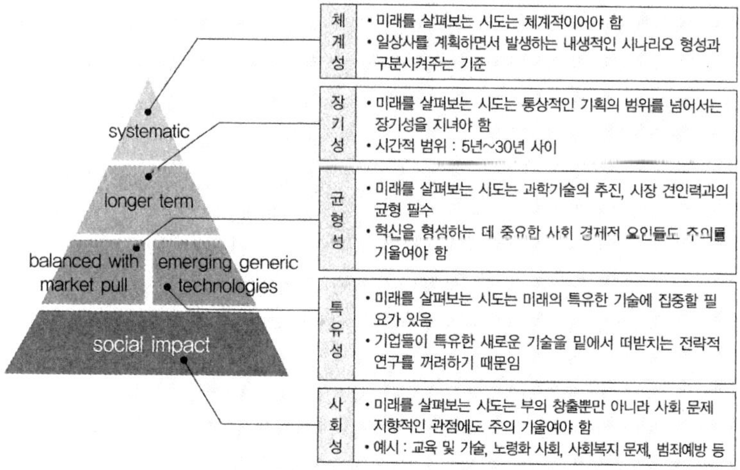

* 자료 : Luke Georghiou, 1996 : 4에서 수정 인용

4 미래예측의 종합적 요소

미래는 불확실성(uncertainty)과 불확정성(indeterminancy)을 특성으로 한다. 불확실하고 불확정적인 미래의 특성으로 인해 오히려 미래에 대한 무한한 가능성은 열려 있으며, 미래예측을 통한 인간의 창조적 행위가 가능해진다고 볼 수 있다(권원용, 2005: 10). 이러한 관점에서 최근의 미래예측 정의는 기술예측을 넘어서서 국정시스템 구축 및 프로세스 활동을 강조하는 방향으로 변화되고 있다. 이러한 관점에서 FOREN (Foresight for Regional Development Network)의 지역적 미래예측에 대한 실무가이드(FOREN, 2001: 4)에서 강조하는 미래예측과 관련된 5가지 핵심요소들은 시사하는 바가 크다고 할 수 있다. 이러한 미래예측의 종합적 요소들은 다음과 같다.

1. 예측추정

미래예측은 장기적 사회, 경제, 기술 발전 및 필요에 대해 종합적으로 추진되는 체계화된 예측 노력이다.

2. 참여방식

미래예측은 다양한 이해관계자들을 수반하는 실지조사의 논의, 분석 및 연구에 대한 쌍방향의 참여형 방식을 지향한다. 과거에는 미래예측이 전문가들의 영역으로서 이해되었지만, 지금은 다양한 이해관계자들의 참여에 기반한 미래예측이 강조된다. 이는 정책분석에서 과거의 엘리트모형(객관적 기술자모형)에서 민중모형(쟁점창도자 및 토론옹호자모형)으로 변천되는 학술적 관점 이동과도 맥락을 같이한다.

3. 네트워크 형성

미래예측은 네트워크 형성을 지향한다. 이는 위에서 제시된 참여형 방식과도 밀접히 연계되어 있는데, 다양한 이해관계자들의 참여에 기초한 새로운 사회적 네트워크 형성을 지향하기 때문이다. 즉, 미래예측은 참여형 방식에 기초한 새로운 지적 네트워크와 지식융합을 강조한다.

4. 전략 비전

미래예측은 전략적 비전을 지향한다. 미래예측은 역동적이고 불확실하며 불연속적인 미래와 관련된 기회(opportunities)와 위험(risks), 두 가지를 모두 검토함으로써 효과적인 전략결정의 도구로서 기능하게 된다. 미래예측은 단순히 과거에 의거하여 미래를 추정하는 연습 정도가 아니라 미래를 적극적으로 창출하고 형성해 나가는 전략적 비전을 만들어내는 것이고, 이러한 과정에서 전략적 사고를 위한 배움의 과정으로서의 의의를 지닌다(음수연, 2006: 1-4). 바로 위에서 제시된 네트워크 형성은 전략적 도구와 전략적 비전으로서의 학습과정에서 자연스럽게 성취되는 것이다.

5. 행동 지향

미래예측은 결단 조치를 포함하여 행동 지향적 행위이다. 미래예측이 전략적 비전을 지향하고 전략적 가치를 창출한다는 의미는 오늘에서의 결단 및 조치를 포함하게 된다. 따라서 미래연구는 행동지향적 프로그램(action-oriented program)을 포함하며, 현재 시점에 있어서의 결단 및 조치와 같은 함축적 의미에 대한 분명한 인식 및 설명이 있어야 한다.

그림 1-5 미래예측의 최근 경향

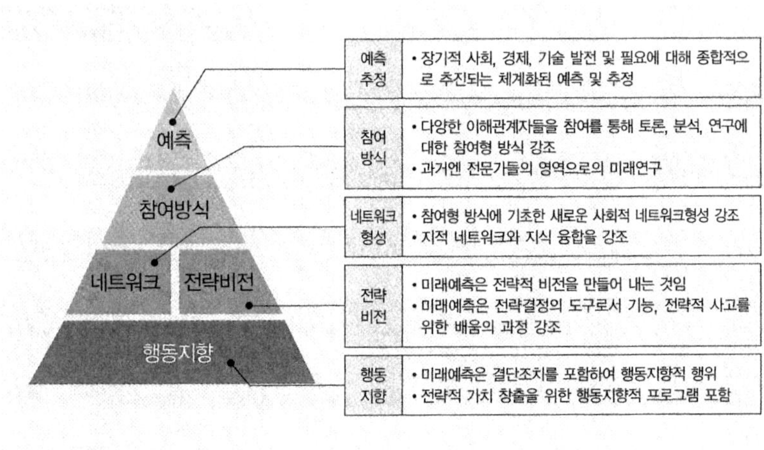

* 자료: FOREN, 2001: 4에서 수정 인용

5 미래예측의 핵심적 특성

미래예측은 전략기획(Strategic Planning), 거버넌스(Governance Networking) 형성 및 미래연구(Future Studies)의 중심부에 위치한다. 이러한 특성적 요소들을 고찰하면 다음과 같다.

첫째, 전략기획(Strategic Planning)이란 정책설계(policy design)와 합리적 기획(rational planning)에 대한 믿음을 기초로 국가 사회의 변화 및 역동성을 촉발시키는 전략적 개념이다.

둘째, 거버넌스(Governance Networking) 형성은 정책연구가 과거 엘리트 주도형과 상위하향(Top-down)방식에서 좀 더 넓은 참여형 접근방식으로 변화하고 있다는 믿음을 기초로 정책과정에 있어 민주성 및 투명성 증대에 대한 압력을 반영하여 보다 많은 정책행위자들의 참여를 기초로 미래 및 참여 지향적 정책설계를 할 것을 주문한다.

셋째, 미래연구(Future Studies) 역시 조직의 상층부에서 미래의 비전과 목표를 일방적으로 제시하는 것보다는 정책형성과 연구프로세스에 있어서 조직 내에서 조직구성원들이 상시로 미래예측하려는 노력이 더욱 더 중요하다는 믿음을 기초로 미래지향적 사고와 비전 지향이 조직 내 상시적으로 체제화(embedded)될 것을 주문한다. 이러한 전략기획, 거버넌스 형성, 미래연구의 방법론 핵심에 미래예측이 존재한다. 미래예측은 미래연구, 전략기획, 거버넌스 형성을 대체하는 것은 아니며, 각각의 행위는 자신의 고유 영역과 역할을 가지고 상호보완적으로 진행되는 가운데 미래예측은 이러한 개념의 공유점에 위치하며, 이들에게 중요한 핵심적인 방법론을 제공한다는 데 의의가 있다.

이상을 종합해 볼 때 미래예측이란 미래를 단순히 예측한다는 의미를 넘어서서 보다 적극적으로 미래의 창조적 대안들을 기획하고 창출하는 것을 의미하여, 미래기획과 정책설계를 통해 미래지향적 사고를 지향할 것을 주문한다. 또한 미래예측은 미래지향적 비전을 창출하기 위해 조직 행위자들 간의 하위상향 및 중위상향(Bottom & Middle-up) 방식의 참여 지향적 정책 프로세스를 강조한다.

그림 1-6 미래예측의 정의: 전체 개요

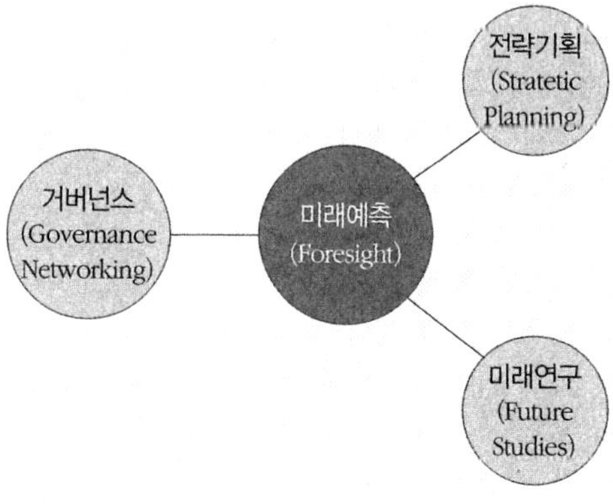

그림 1-7 미래예측의 정의: 세부 개요

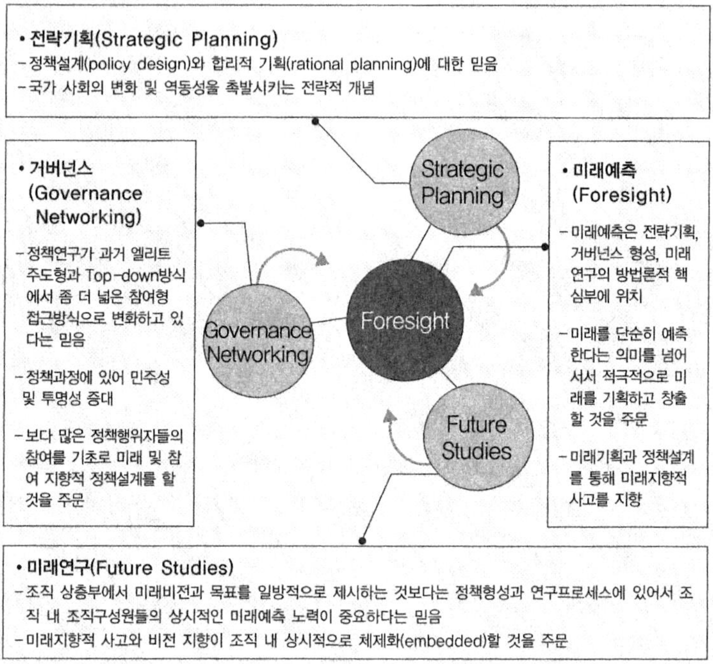

* 자료: Michael Keenan, 2004 : 3에서 수정 인용

제2절

미래예측의 핵심명제

미래예측, 미래연구, 미래학은 혼용되어 쓰이는 용어들이다. 이 중 미래학이 가장 광범위한 범위의 통칭이라면, 미래예측은 미래학과 미래연구의 핵심 방법론으로서 기능한다. 따라서 미래학이라고 할 때 미래예측이라는 핵심을 빼놓고 거론하기는 어렵다. 미래학파의 전통은 고대 그리스 신전의 델파이(Delphi)의 어원인 "미래를 예견하는 자"로까지 올라가기도 하지만, 현대 사회과학에 있어서 미래학파의 흐름은 하와이대학의 미래학파인 마노아학파에서 시작된 것으로 많이 거론된다. 여기에서는 먼저 미래예측의 기본원리를 검토한 후, 마노아학파에서 거론하는 미래예측의 핵심명제들을 살펴보기로 한다.

1 미래예측의 기본원리[1)]

1. 연속성의 원리

미래예측의 대상은 구체적 현상이 아니라, 미래의 어떤 시점에 대한 관념 또는 추정적 상태이다. 그러므로 과거, 현재, 미래를 하나의 시간 축 위에 연속되어 나타나는 현상이라고 보는 원리이다. 연속성의 원리(principle

1) 미래예측의 기본원리는 배규한, 「미래사회학」, 나남출판, 2005, 10-22쪽을 토대로 수정하였음.

of continuity)에 입각하여 미래를 예측하는 방법을 외삽적 예측(extrapolative forecasting)이라고 한다. 이것은 과거로부터 현재에 이르기까지의 시계열분석 자료에 입각하여 미래의 변화를 투사하는 것으로서, 미래예측의 가장 기본적인 방법이다. 외삽적 예측은 과거에 관찰된 유형이 미래에도 계속될 것이라는 지속성, 규칙성, 자료의 신뢰성과 타당성 등을 가정하는 것이다. 뒤에서 언급하는 시계열 분석에 기초한 통계적 분석은 외삽적 예측에 해당된다.

2. 인과성의 원리

모든 현상에는 발생의 인과적 연관성과 순서가 있으며, 제반 현상 간의 인과관계 및 발생 순서를 관찰하면 미래에 일어날 사상을 예측할 수 있다고 보는 것이다. 인과성의 원리(principle of causality)를 이용하여 미래를 예측하는 방법이 바로 이론적 예측이다. 외삽적 예측이 귀납적 추론에 따라 미래를 예측하는 것이라면, 이론적 예측은 일반적 원리나 법칙에 의하여 미래를 추론하는 연역적 절차를 취하는 것이다.

3. 창의성의 원리

외삽적, 이론적 예측방법이 경험적 자료나 이론에 의존하는 반면, 창의적 예측은 전문가의 주관적 판단에 따라 미래를 추측하는 방법이다. 이것은 귀납법이나 연역법에 의한 추론이 아니라, 연구자의 창의성의 원리(principle of creativity)에 의존하는 것으로서, 인간에게는 직관과 창의와 같은 창조적 예측력이 있음을 전제로 하는 것이다(배규한, 2005: 10-22).

2 미래예측의 핵심명제[2)]

1. 미래는 단순히 예견하는 것이 아니다

"미래는 단순히 예견(foresee)하는 것이 아니다"라는 명제는 앞에서도 여러 번 언급된 바 있다. 즉 미래예측의 연구초점은 단순히 과거의 데이터에 기반하여(그리고 과거의 직선적인 연장선상에서) 미래를 단순히 예견(foresee)하거나 추세연장(forecast)하는 것이 아니라, 다양한 가능성을 지닌 미래의 복선적 가능성을 예측하고(foresight) 창안하고 형성해나가는 노력에 둔다.

계량경제학(Econometrics)의 시계열분석(time-series analysis)에서는 과거의 충분한 데이터를 토대로 적절한 분석만 이루어진다면 미래의 경제행태를 추세연장(forecasting)할 수 있다고 생각하나(실제로 소비행태나 주가변동이 비교적 정확하게 예상되기도 한다), 미래연구에서 생각하는 미래는 경제영역에서 이루어지는 일부 소비행태들보다 훨씬 더 복잡하고 다양하며, 불확실하며 불연속적인 패턴으로 다가온다는 것이다. 과거의 연장선상에서는 전혀 예측할 수 없는 새로운 행동양식들이 불연속적인 변환이나 불확정적 단절을 통해 속속 나타나고 있다. 미래연구가 미래변화에 대해 효과적인 단서를 제공함으로써 미래를 주도할 수 있는 기반을 제공할 수 있음에도 불구하고 계량경제에서 이야기하는 단순한 추세연장(forecasting)과 같이 과거자료에 의존하여 미래를 추정하는 연습정도로 과소평가해서는 안 될 것이다(음수연, 2006: 2).

---

2) 미래예측의 핵심명제는 박영숙, 세롬 글렌, 테드 고든, 「전략적 사고를 위한 미래예측」, 교보문고, 2007, 29-42쪽을 토대로 수정하였음.

2. 미래란 하나의 단선적 세계가 아닌 다양한 가능성을 내포하는 복수의 영역으로 구성되어 있다

미래연구의 핵심 명제 중의 하나는 미래란 과거와 현재로부터의 거대한 관성에 의해 지배받는 운명결정론이거나 계량적인 방법을 통해 기계적으로 예측할 수 있는 단순한 성질의 영역이 아니라는 점이다. 미래는 과거와 같은 일직선적인 연장선상에 위치해야할 필연적인 이유는 없다고 보는 것이며, 이러한 의미에서 미래예측(foresight)은 단선적 차원의 추세연장(forecasting)과는 다른 것이다.

미래는 단선적인 세계가 아니라 다양한 가능성을 내포하는 복수의 영역으로 구성되어 있기에 미래예측은 유연한 전략을 갖추기 위한 과정이라고 할 수 있다. 다양하고 포괄적인 개연성을 모두 고려할 때 미래의 전략은 유연해지는 것이다. 미래를 예측한다는 것은 우리가 사는 사회의 여러 영역이 얽혀 있는 복잡성을 염두에 두어야 한다. 모든 것이 복잡하게 얽혀 있는 미래 사회의 모습을 볼 때 그 모습들 간의 인과관계와 연결관계를 찾아내고, 이를 토대로 미래에 벌어질 가능성을 예측하는 연구가 필요할 것이다(최항섭 외, 2006: 15-16).

3. 미래예측은 '미래의 이미지' 혹은 '미래의 생각'에 관한 연구를 중시한다

미래예측은 '미래의 이미지'(Images of Futures) 혹은 '미래의 생각'(Future Thinking)에 관한 연구를 중시한다(박영숙, 제롬 글렌, 테드 고든, 2007: 30-31). 미래는 개연적 미래(plausible future), 규범적 미래(normative future), 잠재적 미래(potential future) 등 세 가지 형태가 존재한다. 과거와 현재의 연장선상에서 그냥 두면 나타날 가능성이 가장 높은 개연적 미래, 정책의 개입을 통해 미래를 바람직한 상태로 창조하는 형태인 규범적 미래, 그리고 그 둘 사이에 다양한 형태로 존재하는 잠재적 미래 등 적어도 세 가지 형태의 미래가 존재한다. 따라서 미래예측에서 관심을 두는 영역은 과거와 현재의 연장선상에서 그냥 나타날 것으로 믿어지는(즉, 거대한 과거의 관성으로부터 자유로울 수 없는 어떤 운명결정론적인) 미래에 대한 예상(predict 혹은 forecast)이 아니라, 개인이나 집단의 양태, 변화하는 사건과 인식, 그리고 과학기술의 진보에 따라 다양한 형태로 변환될 수 있는 미래에 대한 이미지(image)와 미래의 생각(thinking)에 관한 가능성을 열어두는 미래연구(foresight)이다. 따라서 미래연구는 가능성의 영역이고 탐구의 영역이다.

4. 따라서 미래연구의 핵심은 새로운 미래를 탐색하고 창조해 나가는 것이다

미래란 하나의 정해진 단선적 세계(linear future)가 아닌 다양한 가능성을 지닌 다원적 세계(multiple futures)로 구성되어 있다. 미래의 세 가지 형태 중에서도 미래연구가 지향하는 바는 바람직한 새로운 미래(another future)를 탐색하고 창조해 나가는 것이며, 바람직한 미래를 찾아내고 원하는 방향으로 설계하고 지속적으로 수정해 나가는 노력을 중시한다. 또한 미래연구는 이 과정에서 개인이나 조직이 일상 업무에서 미래지향적 구상과 상시적으로 연결될 수 있도록 미래지향적 사고를 형성해 나갈 수 있도록 도와주는 교육훈련을 강조하며, 개인이나 조직이 그들이 원하는 미래를 구상하고 실행할 수 있도록 미래의 구상과 창조를 위한 전략적 계획을 형성해 나갈 수 있는 전략적 기반 조성을 강조한다.

5. 미래연구는 미래에 대한 전략적 구상을 바탕으로 국정운영시스템과의 유기적 연계 및 추진체계를 중시한다

미래연구는 바람직한 미래사회의 비전이나 목표, 미래변화에 대한 탐구와 대안을 제시하는 것이다. 이를 위해 미래예측은 미래에 대한 전략적 구상을 바탕으로 정책결정자들에게 보다 바람직한 미래의 원대한 이상을 그리게 도와주며, 그러한 미래구상을 실행할 수 있는 국정운영시스템과의 유기적 연결을 중시한다. 이는 기업의 미래예측(corporate foresight)에서도 마찬가지인데, 기업에서도 조직 내에서 미래비전과 미래구상을 실행시킬 수 있는 조직운영시스템을 설계할 것을 주문한다. 영국이나 핀란드가 작은 국가 규모와 몇 차례의 국가적 위기 상황에도 불구하고 오늘날 국정운영체계가 잘 실행되고 있는 것으로 평가받는 이유도 미래지향적 국정운영체계가 그들의 국정시스템 내에 체화(embedded)되어 있기 때문인 것으로 분석되고 있다.

영국의 수상실 내 미래전략청(Prime Minister Office's Strategy Unit)은 '국정두뇌'(In-House Think Tank)를 구성하여 이들은 현안문제는 다루지 않으며 국가의 중대사에 대한 장기적인 예측(Long-term Perspective)을 시행하는 것으로 정평이 나있다. 이들의 미래예측은 단순히 학술적인 예측과정으로 그치는 것이 아니라, 미래예측 주제별로 국가의 중요한 정책결정자(장관급)들이 참여하여 토의과정을 거치게 함으로써 예측과 실행의 유기적인 연계체계(Cross-cutting System)를 갖추도록 해 두었다.

요약하면 미래예측에 국가의 중대한 정책우선순위를 도출하는 기능을 부여하고, 미래예측이 정책-기획-예산의 추진체계와 유기적으로 연계될 수 있도록 국가 권력의지의 정치적 뒷받침을 받을 수 있는 강력한 정책추진체계를 갖추어둔 것이다. 미래학이 미래에 대한 바람직한 구상(wishful thinking)으로 끝나지 않게 하기 위해서는 미래학에서 추구하는 미래연구는 국가의 장기적 미래예측, 정책적 우선순위 도출, 미래지향적 정책설계, 정책집행체제가 일사분란하게 연계될 수 있는 국정운영시스템을 갖추는 것이 매우 중요하다.

그림 1-8 미래예측의 핵심명제

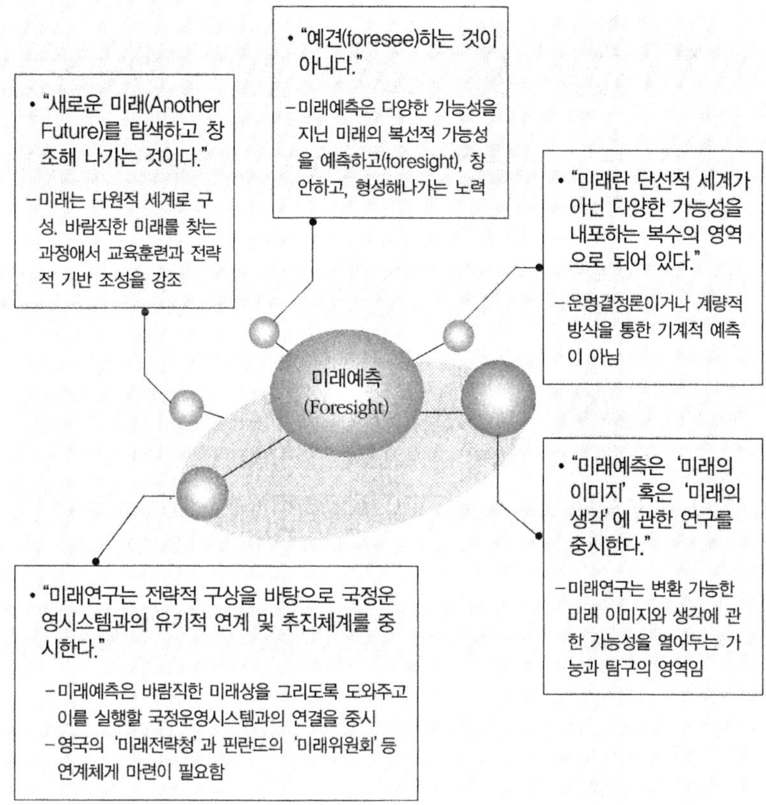

제3절

미래예측의 유형

미래예측은 미래상태에 대한 트렌드예측과 함께 이를 정책 및 국정운영시스템에 접목시킨 정책예측을 포함한다. 즉, 인구, 자원, 노령화, GNP, 재난사고 등에 대한 일반적 예측은 정책결정의 귀중한 자료로서 활용되는 것이다. 미래예측의 유형으로는 외삽법(Extrapolation), 유추법(Analogy), 판단법(Judgement) 등으로 분류하거나, 귀납(Induction), 연역(Deduction), 추측(Conjecture) 등으로 분류하기도 한다(권원용, 2005; 남정집, 2000). 하지만, 미래예측의 일반적 유형을 과거, 현재, 미래를 예측하는 단서의 존재 여부 및 발생 형태에 따라 네 가지 유형으로 분류하면 다음과 같다.

1. 선형 미래예측

선형 미래예측은 과거에서 현재 사이에 나타나는 일정한 흐름의 방향을 파악하여 그 경향을 미래에 직접 연장시킴으로써 미래를 예측하는 유형이다. 추세연장적 접근이나 경향추정에서 보이는 시계열분석이 이 유형의 대표적 형태이다. GNP 예측이나 인구증감 예측 등을 들 수 있다.

선형 미래예측은 현재와 과거의 자료에 근거하여 미래사회의 변화될 모습을 선형의 관점에서 투사(projection)하는 방법이다. 이는 과거에 발생한 일들은 특별한 사건에 의해서 방해받지 않는 한 미래에 재연될 것이라는 전제하에 접근하는 방식으로 시계열자료에 의존한다. 즉, 선형 미래예측은 과거에 관찰된 데이터의 패턴이 미래에도 일어날 것이라는 지속성, 규칙성, 그리고 자료의 타당성과 신뢰성의 세 가지 가설에 기초한다.

2. 돌발형 미래예측

돌발형 미래예측은 과거에는 유사한 데이터가 없는 상태에서 돌연변이처럼 나타난 현재 상태가 미래에 어떻게 성장하는가를 예측하는 유형이다. 정보화 사회의 재난사고 예측 등 돌발형 예측을 그 예로 들 수 있다.

3. 휴화산형 미래예측

휴화산형 미래예측은 과거의 휴화산일지라도 수십 년에 한번은 폭발

그림 1-9 미래예측의 유형

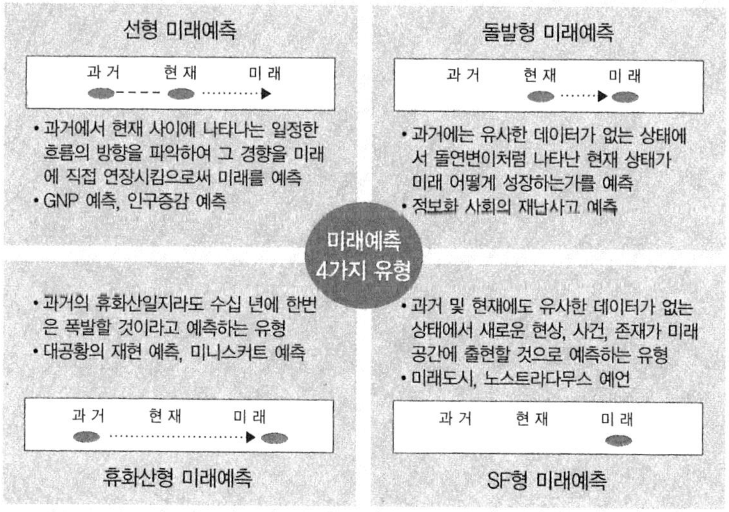

* 자료: Ken Tobioka, 신문식 역, 2002: 68에서 수정 인용

할 것이라고 예측하는 유형이다. 대광황의 재현 예측 혹은 미니스커트 예측 등을 예로 들 수 있다.

4. SF형 미래예측

SF형 미래예측은 과거 및 현재에도 유사한 데이터가 없는 상태에서 새로운 현상, 사건, 존재가 미래공간에 출현할 것으로 예측하는 유형이다. 미래도시, 노스트라다무스 예언 등을 그 예로 들 수 있다.

제4절

미래예측의 주요기법:

'완전한' 미래예측: 전문가 패널, 시나리오, 정책델파이

'미래예측'에 접근하는 방법에는 여러 가지가 있지만, 미래연구를 하는 학자들은 전문가패널, 시나리오기법 및 정책델파이에서 활용되는 보다 진지한 형태의 토론과 다양한 방법론의 활용을 중시한다. 이러한 관점에서 미래연구학자들은 전문가패널, 시나리오기법 및 정책델파이에서 보여주는 보다 장기적 형태의 연구와 체계화된 예측 노력, 다양한 참여자에 기초한 네트워크 형성, 정책결정과 정책기획에 기초한 전략적 비전 제시, 행동지향적 프로그램의 산출 등의 특성을 지닌 미래예측 방법론을 '완전한 미래예측'(fully-fledged-foresight)이라고 부르고, 단편적 미래예측 방법의 적용과는 차별화하였다. '완전한 미래예측'으로 불리는 이러한 전문가 패널, 시나리오, 정책델파이의 특성들을 간략히 고찰하면 다음과 같다.[3] 먼저, 이들이 서로 구별되는 차이점을 살펴보면 다음과 같다.

첫째, 전문가패널은 독립된 전문가패널들이 미래예측활동을 주도하여 미래예측 결과를 산출한다는 특징이 있다. 이때 패널에는 전문가와 시민단체 등 다양한 이해관계자들이 참여하여 상당한 장기간 동안 존속하며 활동하게 되는데, 이들이 사용하는 기법은 정책델파이, 시나리오, 통계적 분석 등에서 선택하게 된다. 따라서 전문가패널은 다양한 방법을

3) 전문가패널, 시나리오, 정책델파이에 대해서는 제5장 미래예측 방법론 III: 창의적 예측에서 상세하게 논의할 기회가 있을 것이므로 여기에서는 간략히 소개만 하기로 한다.

활용할 수 있다는 장점이 있는 반면, 전문가 집단이 아닌 다양한 형태의 시민사회 및 이해관계자들이 패널로서 참여하기 때문에 패널의 구성에 따라 미래예측 연구결과의 질이 저하될 수 있다는 한계가 있다.

둘째, 시나리오기법은 전문가라기보다는 특정 분야에 실적이 높은 사람들을 대상으로 델파이 설문지 앙케이트를 사용한다는 특징이 있다. 전문가보다는 기업체, 과학계 등 특정 분야에 실적이 있는 사람들이 참여하게 되며 미래를 예측하여 시나리오를 만들고, 불분명한 점은 더욱 정밀한 시나리오로 다듬어 가게 된다. 시나리오기법은 장기예측에 탁월하다는 장점이 있으며, 시나리오기법 역시 델파이기법이나 통계처리 등 다른 방법의 미래예측 활동과 혼합적으로 병행할 수 있다. 시나리오별로 특징적 명칭을 부여함으로써 이미지화하기 쉽고 설득력이 강하다는 장점이 있는 반면, 과장된 망상이나 극단적 추상화에서 오는 오류에 빠지기 쉬운 단점이 있다.

셋째, 정책델파이는 전문가 집단이 델파이 설문지 앙케이트를 반복 시행함으로써 정확도가 높은 예측을 끌어낸다는 특징이 있다. 전체적으로 보통 4라운드 이상의 앙케이트를 반복함으로써 매우 신뢰도가 높은 결과를 도출하게 된다. 델파이에 참여하는 사람들은 특정 분야의 전문가라는 점에서 정확성과 신뢰도가 높은 예측결과를 기대할 수가 있는 것이다. 하지만, 전문가들이 이론에 치우칠 수 있으며 현실을 무시하기 쉽다는 단점도 있다.

다음으로, 전문가패널, 시나리오, 정책델파이가 지니는 '완전한 미래예측' 방법론으로서의 공통점을 살펴보면 다음과 같다.

첫째, '완전한 미래예측'은 정책결정 및 정책기획을 토대로 한 전략적 비전을 강조한다. 미래예측은 미래의 조직, 사회, 국가 단위의 예비적 전략을 개발하기 위해 주요 변화의 동인과 지식의 출처를 모으는 작업으로서, 정책결정, 정책기획, 정책설계 및 우선순위 목록 준비뿐만 아니라, 미래비전을 지향하는 전략적 비전 및 행동지향적 프로그램을 상세히 설명하는 과정이다. 이러한 총체적 노력은 전문가패널, 시나리오 기법 및 정책델파이와 같은 구성원 모두의 공동 참여의식과 네트워크 과정을 통해서만이 성취 가능한 행위이다.

둘째, '완전한 미래예측'은 광범위한 참여와 네트워크 형성을 강조한다. 미래예측의 목적은 단순히 더 나은 보고서와 정책의 결과를 내려는 단편적인 목적에 있는 것이 아니며, 미래예측 프로그램의 목표들 가운데 하나는 국가혁신체제의 활성화하기 위한 목적을 가지고 정부, 기업, 시민사회의 다양한 행위자들이 모여 보다 향상된 사회적 네트워크를 확립하는 것이다. 이는 새로운 '미래예측 문화'의 확립을 지향하는 것이며, 미래예측 목표 중의 하나인 새로운 지식 자원과 네트워크에 참여하는 여러 정책 행위자들 간에 지식융합의 네트워크를 확립하는 것이다.

이러한 '완전한 미래예측'의 관점에서 전문가패널, 시나리오기법, 정책델파이 접근 방식은 매우 중요한 의미를 지닌다. 이들은 상당한 기간 동안 존속되어 활동을 하게 되는데, 대규모 국가적 미래예측 사례에서는 세 가지 접근 방식이 모두 혼합적으로 활용되는 것이 보통이다. 이들은 시나리오 구성 과정에서 미래의 전개과정 및 발달전략과 관련하여 활발한 참여 및 토론, 그리고 견해의 교환이 이루어지며, 지적 네트워크가 형성되고 전략적 비전과 행동지향적 프로그램을 채택하는 공통점이 있다. 따라서 향후 국가적인 차원에서의 광범위한 미래전망에 기초한 미래예측 활동들은 보다 공식적인(formal) 형태의 전문가 패널, 시나리오 혹은 정책델파이 방식을 준수하여 시나리오를 개발하고 정책델파이를 실행하는 한편, 이러한 과정에서 많은 패널과 이슈 그룹의 활동들을 중심으로 미래에 대한 창조적 전망과 대안 그리고 기회와 '성공' 가능성에 대한 열린 토론과 네트워크 형성, 전략적 비전과 행동지향적 프로그램을 채택하는 자세를 지향해 나가는 것이 매우 중요할 것이다.

그림 1-10 미래예측의 주요기법

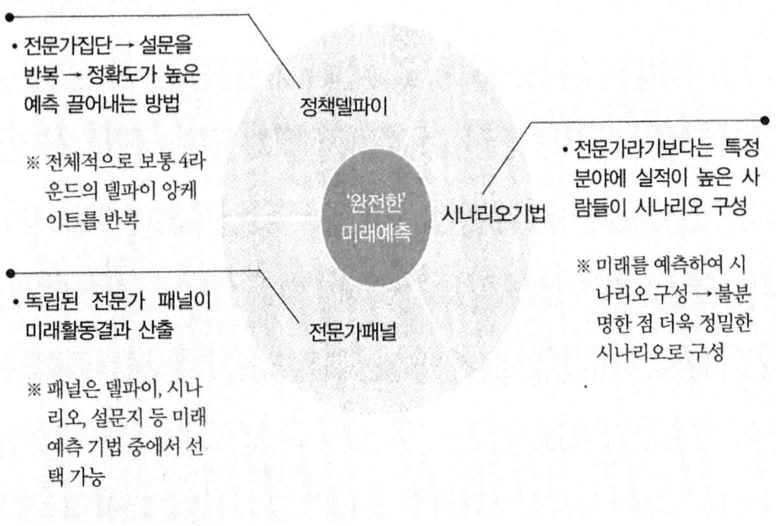

2 미래예측과 정책연구

Future Foresight & Policy Studies

미래예측(foresight)은 현대정부의 핵심역량(capacity)이며,
정책분석의 꽃(prime)이다.

학 · 습 · 개 · 요

제2장에서는 미래예측과 정책연구에 대해서 살펴본다. 미래예측과 정책연구는 매우 밀접한 연관관계를 맺고 있다. 하지만 그 동안 미래예측이 정책연구라는 관점에서 집중적으로 조명을 받지는 못했는데, 이 장에서는 미래예측과 정책연구, 둘 간의 개념적 연결고리들에 대해서 탐구해 보기로 한다.

미래예측과 정책연구는 매우 긴밀한 연결고리를 맺고 있다. 정책을 이해함에 있어서 미래라는 관점이 도입되지 않는다면 정책은 매우 점증주의적이고 선례답습적인 도구로 전락하고 말 것이다. 또한 H. Lasswell(1951, 1970, 1971), Y. Dror(1970), E. Jantsch(1970) 등으로 이어지는 정책학의 본류적 관점에서도 미래와 정책은 불가분의 관계를 형성하고 있다.

이러한 관점에서 이 장에서는 1) 미래예측과 정책연구, 2) 미래예측과 연구지향, 3) 미래예측과 정책설계, 4) 미래예측과 정책품질, 5) 미래예측과 정책의제, 6) 미래예측과 정책결정, 7) 미래예측과 정책집행, 8) 미래예측과 정책평가, 9) 미래예측과 정책변동, 10) 미래예측과 정책분석, 11) 미래예측과 거버넌스 등의 이슈들에 대해서 집중적으로 조명해 보기로 한다.

제 1 절 미래예측과 정책연구

1 미래예측과 정책연구

미래예측과 정책연구는 매우 밀접한 연관관계를 맺고 있다. 하지만 그 동안 미래예측이 정책연구라는 관점에서 집중적으로 조명을 받지는 못했는데, 이 장에서는 미래예측과 정책연구, 둘 간의 개념적 연결고리들에 대해서 탐구해 보기로 한다.

미래예측과 정책연구는 매우 깊은 어원적 연관관계가 있다. 우선 미래와 정책이라는 단어가 매우 긴밀한 관계를 가지고 있는데, 이는 미래라는 시간의 축과 정책이라는 공간의 축이 상호 보완적인 관계에 있기 때문이다. 정책을 이해함에 있어서 미래라는 관점이 도입되지 않는다면 정책은 매우 점증주의적이고 선례답습적인 도구로 전락하게 될 것이며, 정색의 본실석 핵심에 해당하는 창조지향성과 미래지향성이 상당부분 훼손되는 결과를 초래하게 될 것이다.

미래연구는 시간과 가장 밀접하게 연계된 학문이다. 시간은 하나의 존재영역이며 장소, 맥락, 관찰자와 연결되어 있는 연속체이며, 시간은 인간의 시간에 대한 지각에 따라 표현될 때 보편적으로 사용된다(하인호, 1995: 22) 정책영역 또한 시간과 많은 상관관계가 있다. 정책은 정태적이지 않다. 시간의 경과에 따라 정책을 둘러싼 환경이 변화하고, 정책의 내용 자체가 변모하기도 하며, 정책과 다른 정책들 간의 관계도 변화하기 마련이다(송하진, 2006: 21) 그렇기에 보다 나은 미래를 형성해 나가기 위해서는 정책연구와 미래예측의 상호보완적 관계를 유념해야 한다.

미래예측의 목적은 사회적·물리적 환경을 이해하고 통제하려 한다는 점에서 여러 사회과학적 연구의 목적과 유사하다. 그러나 정책연구에서의 예측은 미래에 발생할 가능성이 있는 상태 중에서도 정책수단을 통해 특별히 통제하고자 하는 부분에 대하여 이루어지게 된다. 정책연구 또는 정책분석에서의 예측의 목적은 정책결정자가 여러 가지 정책대안이 초래할 결과를 파악할 수 있고, 미래의 불확실성과 변화에 대처할 수 있도록 정보를 제공하는 데 있다(Brian W. Hogwood & Lewis A. Gunn, 1984: 128).

Dunn에 의하면 미래예측이란 정책문제의 성격에 관한 정보를 토대로 하여 그 사회의 미래상태에 대한 사실적인 정보를 이끌어 내는 방법이라고 보았다(Dunn, William N, 1981: 204). 즉 정책은 미래가 있기에 정책의 미래지향적 탐색이 가능하게 되고, 사회의 미래지향적 가치를 그리면서 정책을 가치창조적으로 형성해나갈 수 있게 되는 것이다.

H. Lasswell(1951, 1970, 1971), Y. Dror(1970), E. Jantsch(1970) 등으로 이어지는 정책학의 본류적 관점에서도 미래와 정책은 불가분의 관계를 형성하고 있다. Lasswell(1951, 1970)은 정책이 과정(process)과 내용(content)의 지식을 통해 사회의 민주적 가치실현에 기여하기 위해서는 정책연구에 있어서 시간적 맥락(역사적 맥락; 과거, 현재, 그리고 미래)과 공간적 맥락(세계적 관점; 글로벌한 공간) 등 정책이 처한 맥락에 대한 분석이 매우 중요하다고 강조하였으며, 이를 위해 정책은 근본 문제해결 지향성을 추구해야 한다고 주장하였다. 또한 문제해결 지향성에 해당하는 지적 활동으로서 목표의 명시, 경향의 파악, 여건의 분석, 미래의 예측 등의 활동들을 강조하였다. 더 나아가 이러한 정책연구의 근본적 발전을 위해서는 정책학의 연구 방법론도 관리과학, 비용편익분석,

체제분석 등 계량분석뿐만 아니라 정치학, 심리학, 인류학, 생물학 등의 통섭적인 접근을 통한 방법의 다양성(diversity)을 추구해야 한다고 강조하였다(Lasswell, 1970: 11-15). 이러한 방법의 다양성은 후에 그의 제자인 Dror(1970)가 제시한 연합학문지향성(interdisciplinary)로 이어지며, 정책학의 최적모형 개발로 발전된다.

Dror(1970)는 그의 기념비적인 논문, "Prolegomena to Policy Sciences"에서 정책학의 목적은 정책결정체제에 대한 이해를 증진시키고 이를 개선하는 것이며, 이를 위해 정책연구는 바람직한 정책결정을 위한 방법(methods), 지식(knowledge), 체제(system)에 관심을 두어야 한다고 주장한다. 또한, 정책연구의 초점은 1) 정책분석(policy analysis), 2) 정책전략(policy strategy), 3) 정책설계(policymaking system redesign)에 두어야 한다고 주장하면서, 정책의 미래지향적 전략연구의 중요성을 강조하였다. 즉, 정책연구의 전략은 미래지향적 전망을 기초로 혁신적인 전략을 취할 것인지 아니면 점진적인 개선을 원할 것인지(Innovative-incremental), 위험을 무릅쓸 것인지 아니면 위험을 회피할 것인지(High risk-low risk), 전반적인 개혁을 할 것인지 아니면 부분적인 충격만 줄 것인지(Comprehensive-shock), 장기적인 미래를 추구할 것인지 아니면 단기적인 미래만을 추구할 것인지(Time preferences) 등을 먼저 정하고(Mega-policy making), 초정책결정(Meta-policy making), 정책결정(Policy making), 후기정책결정(Post-policy making)의 여러 단계를 밟아야 한다고 주장하였다(Y. Dror, 1970: 144-145). 또한 최적모형은 기존의 정책을 바탕으로 이루어지는 점증주의 성향을 비판하면서 새로운 결정을 내릴 때마다 정책방향도 다시 검토할 것을 주장한다.

Dror(1970)는 합리모형은 정형적인 결정에만 적용될 수 있다고 규정하고 실제로 제한된 자원의 제약 안에서는 가장 합리적인 최적대안 선택이 중요하다고 보았다. 특히 이를 위해 전례가 없는 비정형적인 결정의 경우 직관의 활용, 가치판단, 창의적 사고, 브레인스토밍(brainstorming)

을 통한 초합리적(extra-rational) 아이디어까지 고려할 것을 주장하였다(유민봉, 2006: 226)

Jantsch의 정책연구에 있어서 미래라는 화두는 더욱 더 중요하게 다가간다. Jantsch(1970)은 그의 혁신적인 논문, "From Forecasting and Planning to Policy Sciences,"에서 미래예측과 정책기획이 정책연구에 핵심적인 역할을 담당해야 한다고 주장하면서, 관리과학이나 체제분석이 아닌 정책분석은 국가의 미래를 조망하고 기획하고 설계하는 국가의 최상위 차원의 창조행위가 되어야 한다고 역설한다. 그는 인간의 합리적인 창조 행위 혹은 내면의 창조 의지가 국가적인 혁신으로 이어질 수 있다는 믿음에 기초하여, 인간 행위의 창조적 단계는 합리적 창조 의지(ratinal creative action), 정책결정(decisionmaking), 정책기획(planning), 미래예측(forecasting) 등의 단계를 거쳐 국가혁신(innovation)으로 이어질 수 있다고 보았다. 또한, 인간의 창조 행위를 운영적 계획이 이루어지는 행정기능, 전략적 계획이 이루어지는 목표설정기능, 새로운 미래지향적 규범이 창조되는 정책기획기능의 세 가지 차원으로 구분하고, 미래지향적 규범이 창조되는 정책기획기능이야말로 국가의 미래라는 가치가 창출되는 창조적 행위의 본질이라고 보았으며, 이를 위해 정책기획은 미래예측과 밀접한 상호작용을 거쳐야 한다고 주장하였다. 이러한 미래예측은 국가의 미래를 예견(anticipate)하고, 미래의 가능한 목표에서 실현 가능한 목표를 확률적으로 분석하는 행위(probabilistic assessment)라고 보면서, 이는 정책기획과 밀접히 연계하여 국가의 총체적 정책구조 설계(policy system design)로 이어져야 한다고 주장하였다(E. Jantsch, 1970: 33-37). 이처럼 미래예측과 정책연구는 정책의 미래지향적 본질에 있어서나, 정책학 연구의 본류에 서 있는 학자들의 견해에 있어서나 매우 밀접한 관련이 있음을 알 수 있다.

2 미래예측과 연구지향

문명은 인간의 삶에 대한 열정과 의지의 표현이다. 인간은 인간 내면의 창조적 이성을 토대로 때로는 생존과 경쟁을, 때로는 번영과 창조의 인류역사를 전개해 왔다. 미래라는 화두를 생각해 볼 때, 미래의식(future consciousness)과 미래예측(future foresight)은 이 시점에서 또 하나의 중요한 학술사적 의미를 지닌다. 또한, 정책 처방적인 측면에 있어서도 지금 우리는 '또 다른 미래'(another future)와 '새로운 국정관리'(future governance)를 추구해야만 하는 충분한 경험적 이유들을 지니고 있다. 우리나라에서 그 동안 여러 형태로 문제 제기가 되어온 대형 국책사업의 실패들이 이를 방증(傍證)해 주고 있다.

미래는 '가치'가 담긴 내일의 모습이다. 정책연구는 미래예측과 함께 갈 때 바람직한 모습을 띠게 된다. 정책형성과 정책분석은 미래에 대한 열정과 의지로서 만들어가는 가치 지향적 탐구이기도 하다. 미래예측은 과거 데이터의 연장선상에서 이루어지는 단순한 예견(forecasting)을 넘어 미래의 창조적 의지와 실천적 열정이 담긴 예측(foresight)이라는 의미를 지닌다.

미래연구는 '인간과 사회의 거버넌스(Human & Governance)'에 대한 창조적 연구이다. 인간에 대한 정책연구는 인간과 사회, 정신과 문명에 대한 미래지향적 탐구로 나타나며, 거버넌스에 대한 정책연구는 미래(future), 분석(analysis), 관리(management)를 키워드로 하는 정책역량에 대한 미래지향적 분석으로 나타난다. 인간에 대한 미래연구가 인간과 사회에 대한 열린 소통, 정신과 문명에 대한 미래의식에 대한 인문학적 탐구를 의미한다면, 거버넌스에 대한 미래연구는 정책연구에 미래인식의 지평을 포함시키는 사회과학적 분석과 탐구로 나타난다. 인간에 대한 미래연구가 인간의 존엄성을 지향한다는 정책연구의 규범을 의미한다면, 거버넌스에 대한 미래연구는 정책역량을 탐구하고 분석하는 정책연구의 처방을 의미한다.

따라서 미래예측과 정책연구는 미래, 분석, 예측을 키워드로 하여, 1) 미래의 인문학적 과제에 대한 창조적 탐구와 2) 미래의 정책학적 과제에 대한 창조적 처방을 위한 연구를 지향한다. 이러한 관점에서 미래예측과 정책연구가 지향할 지향점을 제시하면 다음과 같다.

첫째, Lasswell(1951, 1970)이 제시하였던 인간의 존엄성 실현(human dignity)을 궁극의 가치로서 지향하며, 이를 위한 인간과 사회(human and society), 정신과 문명(spirit and civilization)에 대한 미래지향적 탐구를 추구한다. 이 과정에서 미래(future), 미래의식(future consciousness)이라는 중요한 주제가 정책연구와 어떻게 결부되어 있는 지에 대해서 탐구한다.

둘째, 인간의 존엄성을 실현하는 정책학적 처방의 이슈로서 과학기술, 첨단산업, 정보통신, 사회복지, 보건의료, 여성과 환경, 사회자본 등 다양한 분야에서의 국가경쟁력 및 정책역량 제고를 위한 정책형성 및 정책분석에 대한 연구를 지향한다.

마지막으로, "누구를 위한, 무엇을 위한" 국정관리인가라는 근본적 질문을 앞에 두고, 보다 본질적인 정책분석과 창조적 정책설계를 지향하며, 창조적 혁신(creative innovation)을 통한 열린 사고와 정책 담론을 지향한다. 가치 비판적 발전관에 담긴 인간 내면의 창조적 이성에 대한 믿음을 토대로 정책형성과 정책분석은 소수 엘리트의 전유물이 될 수 없다는 숙의민주주의의 철학적 가치 아래 정책토론과 정책담론에 대한 실천을 지향하며, 이를 통해 민주주의 정책학의 완성을 지향한다(다음 [그림 2-1], [그림 2-2]와 [그림 2-3] 참조). [그림 2-1]과 [그림 2-2]는 미래예측과 정책연구가 '인간과 사회의 거버넌스'에 대한 창조적 연구라는 관점에서 미래예측과 정책연구의 규범 및 처방을 제시한 그림이라면, [그림 2-3]은 보다 정책학 전체의 관점에서 미래예측과 정책연구가

지향해야 할 이상가치, 상위목표, 연구방법, 행동지향 등에 대해서 제시한 그림이다.

그림 2-1 미래예측과 정책연구

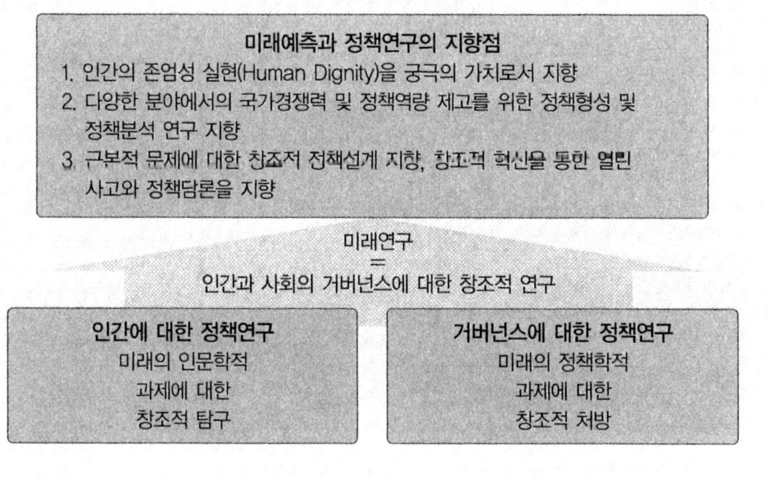

그림 2-2 미래예측과 정책연구:「Human & Governance」에 대한 규범과 처방

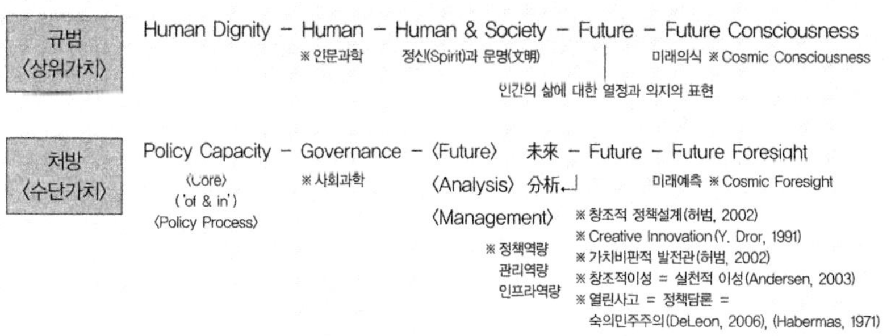

그림 2-3 미래예측과 정책연구: 이상가치, 상위목표, 연구지향, 행동지향

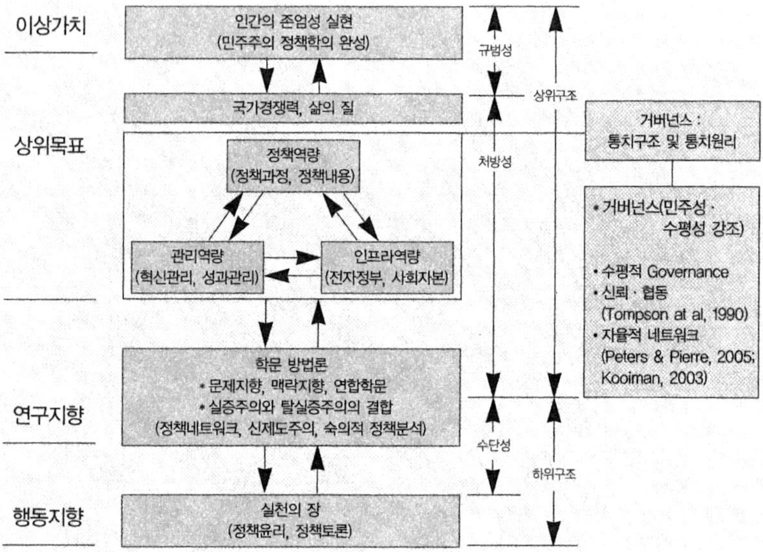

>> 미래예측 사례

미래예측과 정책연구: 컨슈머 소사이어티와 미래예측

1. 사례개요

박명희 한국소비자원 신임 원장은 8일 서울 소공동 롯데호텔에서 열린 기자간담회에서 "앞으로 한국소비자원은 소비자 보호와 교육에서 한걸음 더 나아가 소비자 정책 개발과 주체적인 소비자 문화 형성을 위해 더욱 적극적인 역할"을 하겠다는 정책포부를 밝히면서, 특히 이를 위해 소비자와 시장 변화 예측을 통한 미래 지향적 정책연구를 핵심업무로 채택하는 등 미래예측과 정책연구의 연계성을 강조하였다. 그는 "소비자원 혼자서는 이런 일을 할 수 없다"면서 "정부와 학계, 시민단체 등 관련 전문가들

이 모여 소비자 정책에 대해 의견을 나누고 해결책도 내는 '컨슈머 소사이어티'(consumer society)를 만들고 싶다"는 구상도 밝혔다.

* 자료: 한겨레신문. 2007. 10. 8.

2. 쟁점 및 시사점

위의 사례는 박명희 신임 한국소비자원장이 정부와 학계, 연구원과 시민단체들과 전문가 네트워크를 연계하여 소비자 정책개발과 미래연구를 추진하겠다는 내용을 소개하고 있다. 소비자 연구는 미래예측과 정책연구 중에서도 하나의 작은 하위요소에 해당하는 주제이긴 하지만, 미래예측과 정책연구의 긴밀한 연계성을 강조하였다는 점에서 매우 중요한 의의를 지닌다고 하겠다. 현대지식사회에서는 사람들의 소비가 다양해지고 소비자들의 불만사항도 점점 복잡화·다양화되어가고 있는 바, 소비자 정책도 역시 단순히 요구되는 불만사항 처리에 급급할 것이 아니라, 소비자와 시장에 대한 적극적 미래예측을 통해 창조적 정책처방을 실행함으로써 보다 진취적이고 미래지향적인 정책대응이 필요할 것이다.

3 미래예측과 정책설계

미래예측과 정책설계는 매우 밀접한 연관관계를 맺고 있다. 정책설계란 목적지향적인 활동이다. 어떤 목적을 달성하거나 문제를 해결하기 위하여 정책적으로 조작 가능한(manipulable) 요소들을 인과관계 구조로 재배열하는 것이 정책설계이다. 정책설계가 이처럼 목적지향적이며 처방적인 성격을 띤 분석활동이기 때문에 여기에는 고도의 합리성과 치밀성이 요구된다. 만일 정책이 다루어야 할 문제가 목표가 분명한 정형화된 문제(well-defined problem)인 경우에는 정책설계는 문제에 대한 최적해(最適解)를 나타내는 통합적 개념(integrative concept)으로서의 상징적 의미를 가진다. 그러나 만일 문제가 목표가 불분명하고 가치에 대한 갈등이 존재하는 비정형화된 문제(ill-defined problem)인 경우에는 정책설계는 분석의 창조적인 측면, 즉 기술(craft)에 반대되는 예술(art)을 나타내며, 이러한 경우에는 미래예측과 정책설계의 유기적 연계성이 더욱 중요하게 대두된다. 따라서 정책설계는 어떤 조직이 당면한 문제에 대한 창조적인 해결방안을 나타내며, 이러한 의미에서 정책설계란 미래지향적 정책의 디자인(design)이라고 할 수 있다(노화준, 1989: 301-302). 즉, 정책설계라는 개념 안에는 이미 미래라는 창조 지향적 개념이 포함되어 있으며, 타당한 정책설계를 위해서는 과학적 미래예측이 매우 중요한 방법론적 토대가 된다. 또한 거꾸로 미래예측을 함에 있어서 정책설계의 개념은 매우 유용한 도구가 되기도 한다. 예컨대, 미래예측의 주요 방법론인 시나리오기법의 조합과 설계에 있어서 정책대안의 설계에서 사용되는 논리적 접근은 매우 중요한 개념적 틀을 제공한다.

그림 2-4 미래예측과 정책설계

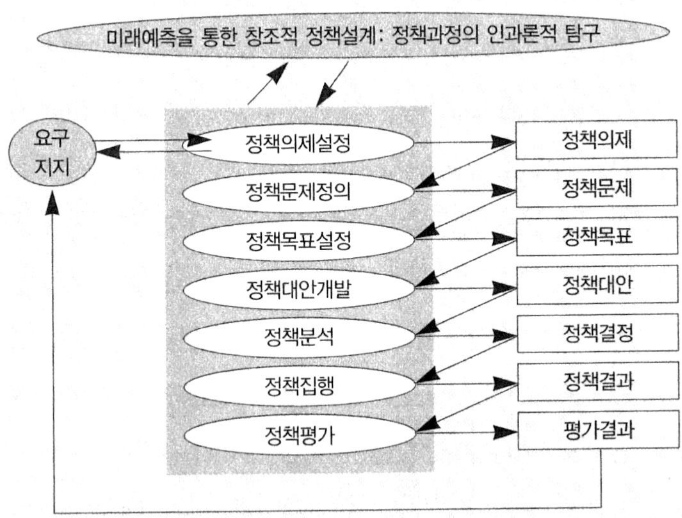

* 자료 : 남기범, 2006: 32에서 수정 인용

미래예측은 미래의 가능한 변화를 제시하여 어떤 것을 피하고, 어떤 것을 실행해야 할 것인가에 대한 해결방안을 마련하여 줌과 동시에 일어날 가능성이 높은 미래를 확인시켜 준다. 즉, 미래예측은 미래의 가시적인 경향, 대안, 가능한 미래를 설정하여 인간이 선택적인 미래를 창조할 수 있게 해준다(하인호, 1995: 19). 효과적인 정책을 설계하여 궁극적으로 인간의 존엄성을 실현하기 위해서는 정책의제설정, 정책문제정의, 정책목표설정, 정책대안개발, 정책분석, 정책집행, 정책평가는 일련의 정책을 수행하는 모든 과정에서 미래예측을 고려한 정책설계가 필요하다고 할 것이다.

>> 미래예측 사례

미래예측과 정책설계: 큰 정부, 재정적자, 그리고 미래예측

1. 사례개요

참여정부 출범 후 가속화된 무리한 정부조직 확대와 '과잉복지'가 낳을 후유증에 대한 경고가 정부 내부에서도 터져 나오고 있다. 전윤철 감사원장은 2007년 8월 31일 한 국제세미나에서 "미래의 재정건전성을 확보하기 위해서는 세계화 시대에 걸맞지 않은 정부기능은 과감히 축소 개편하는 등 중앙정부의 기능 재편과 구조조정 노력을 지속적으로 전개해 나가야 한다"고 말했다. 그는 또 "국가성장력을 저해하는 과잉복지가 되지 않도록 복지정책을 정교하게 운영할 필요가 있다"고 강조했다. 현재 우리나라 적자에 대한 우려는 적잖게 나오고 있다. 노무현정부가 출범한 2003년부터 사실상 임기 마지막인 올해까지 5년간의 관리대상수지 적자규모는 35조 5,000억 원에 이를 것으로 전망된다. 또 국가채무는 현 정부 출범 전해인 2002년 말 133조 6,000억 원에서 작년 말 282조 8,000억 원으로 2배를 넘었다. 반면 지난해 국민이 낸 국세는 138조 443억 원으로 전년보다 8.3% 늘었다.

언론과 민간 경제전문가들은 그 동안 계속 '큰 정부'의 위험성을 우려

했지만 청와대는 '양극화 해소'와 '장기 경쟁력 확충'을 내세우며 눈을 감고 귀를 막았다. 하지만 현 정부 들어 저소득층의 사정은 더 나빠졌으며 국가경쟁력이 좋아졌다는 징후도 없다는 문제를 안고 있다.

＊자료: 동아일보 2007. 9. 3

2. 쟁점 및 시사점

위 사례는 큰 정부, 재정적자의 문제점을 지적함으로써 과학적 미래예측과 창조적 정책설계의 중요성을 강조하고 있다. 정부는 한정된 자원으로 우선순위를 잘 고려하여 정책을 설계하고, 이를 토대로 정책을 집행해야 한다. 정부가 국민의 경제능력을 뛰어넘어서 일을 하게 되면 결과는 재정적자에 따른 국가채무가 증가하고 정부가 비대화되는 현상을 겪게 될 것이다. 복지정책을 강조한 노무현정부는 결국 세금 증가, 저성장, 재정적자라는 대가를 얻었다. 국정을 운영할 때는 가장 근본적인 문제 중의 하나인 "성장을 우선할 것인가 분배를 우선할 것인가"란 본질적 질문에 대해 심각한 고민을 할 필요가 있다. 성장과 분배의 적절한 조화를 모색하는 정책을 설계함으로써 더 나은 미래를 이룰 수 있을 것이며, 또한 정책을 설계할 때 충분한 미래예측을 선행함으로써 과학적이고 적실성 높은 정책 우선순위를 선정해야 할 것이다.

4 미래예측과 정책품질

정책품질이란 정책과정(process)과 정책내용(content)에 있어서 정책의 품과 질을 향상시키려는 노력을 의미한다. 현대사회는 대단히 빠른 속도로 변화하고 있으며, 특히, 정보가 중요해지고, 가치가 다원화되며, 세계화와 국지화 경향이 병존하고 있다. 1980년대가 질(quality)을 추구하는 시대였고, 1990년대가 리엔지니어링(reengineering)의 시대였다면, 2000년대는 속도(speed)의 시대이다. 현대 지식정보사회의 디지털은 시간, 속도, 불확실성을 내포하고 있다. 디지털 시대의 조직은 시간과 공간의 압축혁명 속에서 생각의 속도로 움직이는 조직만이 살아남으며, 미래의 조직환경은 속도와 불확실성, 단절과 불연속성을 본질적인 특성으로 하고 있기에 현대사회의 정책품질을 논의함에 있어서 미래예측은 따로 분리하여 생각할 수 없을 정도로 미래예측과 정책품질은 불가분의 연관관계를 가진다. 속도와 불확실성, 단절과 불연속성을 특징으로 하는 21세기 조직환경 하에서 정책의 품질이 강화되기 위해서는 정부 내외에 산재해 있는 정보와 지식들이 새롭게 창출되고 학습되어야 하며, 이러한 미래 환경의 변화는 조직 내에서 새로운 가치를 창출하는 미래 지향적 사고가 상시적으로 체화(embedded)될 것을 요구하는 동시에, 조직의 정책결정 과정에 있어서 미래예측이 방법론으로 공유(sharing)될 것을 요구하고 있다.

정책은 정책결정, 정책집행, 정책평가, 환류 및 학습이라는 일정한 주기를 거치면서 정책품질의 제고를 위해 노력하는 과정이다. 이러한 정책과정의 관점에서 미래예측이 정책품질에 기여할 수 있는 핵심요소들을 추출해 보면 〈표 2-1〉과 같다.

〈표 2-1〉의 정책품질관리 점검표는 최상위 목차 중 미래예측과 연관하여 미래지향적 질문요소들을 중시하는 점검항목만을 언급한 것이다. 예컨대, 정책구상, 정책확정, 정책홍보 및 정책집행단계에서 정책문제의 정확한 본질(생섬)을 파악하고 최선의 대안을 선택하는 행위, 정책집행에 필요한 자원을 미리 예측하는 행위, 정책발표 및 홍보의 예상효과를 예측하는 행위, 정책평가를 하고 향후 더 나은 정책형성을 위해 미래지향적(prospective) 정책평가를 통해 정책학습과 환류를 강화하는 행위 등은 모두 미래예측이 정책의 품질관리와 얼마나 밀접히 연계되어 있는지를 보여주는 항목들이다.

과거와는 달리 현대 정책환경은 매우 불확실하며 동태적으로 변한다. 속도와 불확실성 그리고 단절과 불연속성이라는 현대 환경의 특성상 정

표 2-1 정책품질관리 점검표 : 미래예측 관련 항목

정책단계	점 검 항 목
정책구상	• 정책문제의 본질(쟁점)은 정확하게 파악하였는가? • 정부가 반드시 개입해서 해결해야 할 문제인가? • 정책이해집단들을 확인하고, 의견수렴을 충분히 하였는가?
정책확정	• 최선의 대안을 선택하였는가? • 정책집행에 필요한 자원은 충분히 확보되었는가?
정책발표 및 홍보	• 관계부처간 사전 조정협의를 하였는가? • 정책발표의 주체, 시기, 발언강도 등은 적절하였는가? • 정책발표 후 보도내용을 확인하고 필요시 보도에 대하여 제대로 대응하였는가?
정책집행	• 정책목표의 우선순위 간 일관성을 유지하였는가? • 정책대상집단의 반응을 수시로 확인하고 신속하게 대응하였는가? • 정책목적에 부합되게 집행되고 있는지 중간점검을 실시하였는가?
평가 및 사후관리	• 당초 의도한 정책목표의 달성 여부를 파악하기 위한 활동을 하였는가? • 정책사례에 대한 사후 학습방안이 마련되어 있는가?

* 자료 : 정책품질관리, 행정자치부(2005. 2)

책과 미래는 불가분의 관계에 있으며, 정책과정의 단계별로 미래예측이 정책품질 향상에 기여하는 바는 정책연구에 있어서 향후 보다 심도있게 연구되어야 할 분야라고 할 수 있다.

>> 미래예측 사례

미래예측과 정책품질: 인천시-통계청, 지역통계 업무협약 체결

1. 사례 개요

인천지역통계가 더욱 정교해질 전망이다. 인천시와 통계청은 7일 시청 영상회의실에서 통계업무협력약정서를 체결, 지역통계개발과 통계기법 기술도입에 협력키로 했다고 밝혔다. 양 기관은 이날 10인 이내의 통계 실무협의회를 구성, 정기회를 개최하고 새로운 수요에 맞춘 통계개발 자문과 신규 통계 공동개발 및 품질관리 등에 협력키로 약정했다.

안상수 시장은 그 동안 모든 정책 결정과 집행상 오류 최소화, 미래예측 가능성 등에 관심을 기울였다. 이에 따라 전국 지방자치단체 중 최초로 서비스업동태조사를 실시하는 등 지역통계 개발에 투자를 아끼지 않았다. 시 관계자는 "통계청과 업무 협력을 통해 통계업무의 전문성과 통계마인드 향상이 필요했다"며 "통계협력약정서가 체결됨에 따라 양 기관의 통계발전에 획기적인 전기가 마련됐다"고 말했다.

* 자료: 머니투데이, 2007. 9. 7

2. 쟁점 및 시사점

위의 사례는 인천시가 통계청과 지역통계 업무협약을 체결하였다는 내용을 소개하고 있다. 이로 인해 인천시는 더욱 정교한 통계를 내놓고, 여러 협약 내용을 통해 지역 통계발전에 힘쓰겠다는 내용이다. 과학적 미래예측은 정확한 통계를 바탕으로 가능하게 된다. 그리고 이와 같은 미래예측은 정책결정과 정책집행 과정에서 오류를 최소화하게 될 것이고, 결국은 정책품질의 향상으로 이어질 것이다. 따라서 이 사례는 정확한 통계의 구축을 통한 미래예측과 정책품질의 중요성을 잘 보여주는 사례로 이해할 수 있다.

제2절

미래예측과 정책의제

정책은 산출되고 실행되는 데 있어 일정한 단계를 거치며, 그 자체가 일련의 진화과정을 거치는 생명주기를 갖는다. 즉, 현대 정책은 정책의제설정에서부터 정책결정, 정책집행, 정책평가, 정책변동에 이르기까지 일련의 복잡하고 동태적인 연속 순환 과정을 거친다. 정책과정은 미래의 바람직한 목표설정 및 정책결정으로부터 출발한다. 미래의 소망스러운 가치 실현을 위한 목표설정과 정책결정이 잘못 형성된다면, 아무리 정책집행과 정책평가를 잘 한다고 해도 소용없을 것이다.

과거 전통적 관료제 모형 하에서는 정책의제설정이 동원형[1] · 내부주도형[2]이 많은 비중을 차지하였고, 정책결정에 있어서도 기술적 합리성(효율성)이 중시되었으나, 현대 정책이론에서 강조되는 거버넌스 패러다임 하에서는 정책의제설정에 있어 외부주도모형[3]의 중요성이 상대적으로 부각되고 있고, 정책결정에 있어서도 정치적 합리성(민주성)이 강조되고 있다. 또한 Post-Lasswell 정책학 패러다임 하에서는 정책의제설정에 있어서 조직 구성원들 간의 대화 및 커뮤니케이션을 통한 의견수렴 및 합의도출이 강조되고, 정책결정에 있어서도 정책 행위자들의 참여 · 숙의 · 합의를 통한 정책결정의 민주성 확보가 강조되며, 정책실명제 및

1) 정부 내의 최고정책결정자에 의하여 정책의제설정이 주도되는 유형
2) 정부 내의 관료집단에 의해 정책의제설정이 내부적으로 추진되는 유형
3) 정부 바깥에 있는 외부집단이 자신들에게 피해를 주고 있는 사회문제를 정부가 해결해 줄 것을 요구하여, 정부의제로 채택하도록 하는 의제설정유형

정책학습의 중요성이 부각되고 있다.

외부주도모형은 정부 외부에 있는 집단들이 주도하여 정책의제 채택을 정부에게 강요하는 경우이며, A. O. Hirshman이 말하는 강요된(pressed) 정책문제에 해당한다. 이것은 외부집단들이 자신들에게 피해를 주고 있는 사회문제를 정부가 해결해 줄 것을 요구하여, 이를 사회쟁점화하고, 공중의제를 확산시켜 결국 정부의제로 채택하도록 하는 의제설정과정이다(김성제, 2005). 우리나라에서는 경실련의 주장에 의한 임대차보호법의 제정, 페놀 사건 이후 환경규제의 강화 등이 외부주도형 의제설정의 예로 들 수 있다(남기범, 2006: 146). 내부주도형은 부와 권력이 소수인에게 집중된 개발도상국에서 많이 나타나지만, 선진국에서도 특수 이익집단이 비밀리에 정부의 혜택을 보려는 배분정책이나 외교·국방정책 등에서 나타나고 있으며, 동원형은 정부(공공부문)의 힘이 강하고 이익집단과 같은 민간부문의 힘이 취약한 후진국에서 많이 나타나고 있다(김정헌, 2007: 116) 과거 이러한 동원형·내부주도형이 많이 차지했던 것은 정책결정의 신속성이나 강력한 정책추진력 등과 같은 효율성 측면에서의 이점으로 인한 것이었으나, 사회가 다원화 되고 민주화됨에

그림 2-5 외부주도모형의 개관도

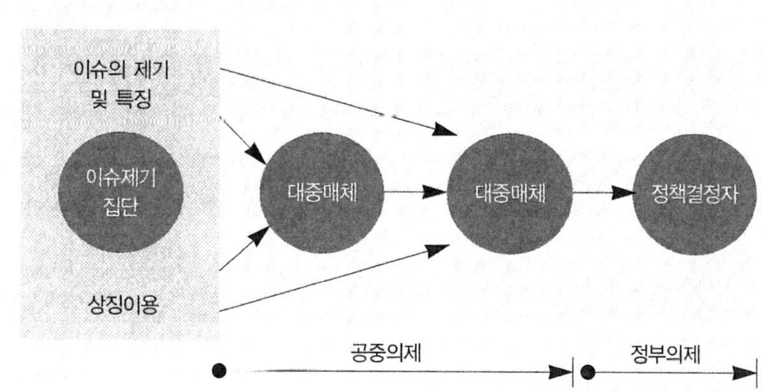

그림 2-6 동원형의 개관도

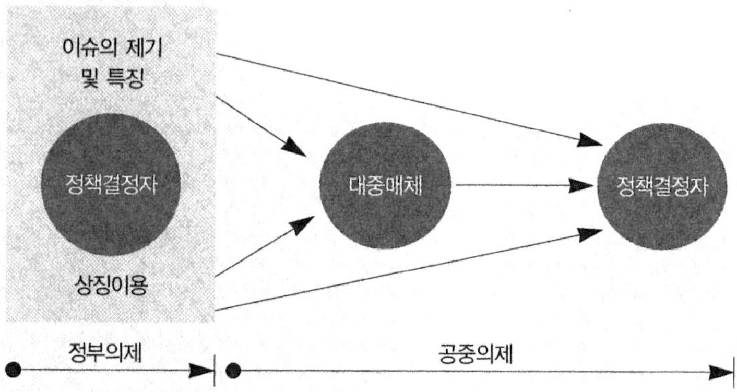

* 자료 : 박성복 외, 2005 : 190-196.

따라 정부에 대해 압력을 행사하는 이익집단이 늘어나게 되어 정치적 합리성의 중요성이 부각됨으로써 외부주도모형이 많은 비중을 차지하고 있다.

정책의제설정은 각종 집단의 요구가 정부의 진지한 관심의 대상이 되는 항목으로 전환되어 가는 과정으로 정부가 사회문제를 정책적으로 해결하기 위해 정책문제로 채택하는 정치적 과정을 의미하며(노화준, 2007: 193), 따라서 정책의제설정은 정책과정의 첫 번째 단계라는 의의를 지닌다. 어떠한 사회가 반드시 해결해야 할 아무리 중요한 사회문제라 할지라도, 그 문제가 정책의제로 채택되지 않으면 정책으로 형성되어 집행될 수가 없으며, 반면에 정책의제로 채택이 되면 해당 사회문제는 해결 가능성이 매우 높아지게 된다. 또한, 정책의제설정은 이후에 전개되는 정책과정, 즉 정책의 결정 · 집행 · 평가과정에 영향을 미친다. 대개의 경우 사회문제가 아무리 그 사회에 커다란 피해를 주고 있다 하여도 이에 대한 기술적 해결방안이 존재하지 않으면 정책의제로 채택되기 어렵다. 왜냐하면 문제를 해결할 수 있는 정책대안이 존재하지 않는 사회문제를 정치체제가 위험을 부담하면서까지 정책의제로 채택할 가능성은 매우 적기 때문이다. 따라서 대개의 경우 정책의제로 채택된 사회문제는 이미 정책의제설정과정에서, 정책이해당사자 및 정책결정권자들 간에 해결을 위한 정책대안에 대한 논의가 상당히 진행된 것이고, 이 과정에서 정책대안의 범위가 어느 정도는 결정된 것이다.

정책의제설정단계에서부터 미래예측은 매우 중요하다. 정치체제의 역량(인적 · 물적 자원) 및 정책역량의 한계 때문에 모든 사회문제를 정부가 해결할 수는 없으므로 사회문제들 중에서 가장 중대하고 우선순위가 앞서는 사회문제들을 정확한 미래예측에 기반하여 선정하는 것은 매우 중요하다.

미래예측의 결과가 정책의제설정과정에서 어떠한 도움을 주는지는 살펴보면 다음과 같다.

첫째, 미래의 가능한 시나리오를 제시해 줌으로써 미래기획의 방향을 결정하는 데 도움을 준다.

둘째, 미래의 선택 가능한 대안들을 기술하는 데에 도움을 주며, 미래의 가능성을 제시해 준다.

셋째, 미래정보는 정책결정대안을 축소시키거나 또는 정책을 강제하기 위한 것이 아니라, 그 선택의 여지와 자유를 확대시켜 줌으로써 정책결정자들의 정책결정, 전략적 계획 및 통제의 질적 수준을 향상시키는 데 기여할 수 있다(노화준, 1976).

따라서 정책의제설정단계에서부터 현안문제에서 벗어나 장기적 시가(long-term perspective)에 기초한 정책설계가 필요하다. 더 나아가 미래예측은 정책의제설정 이후의 과정 정책결정과 정책분석 등에 많은 영향을 미친다. 미래연구는 미래변화에 대해 효과적인 단서를 제공하고 미래가치를 창출할 수 있는 과학적인 근거를 제공해 준다. 따라서 미래연구는 단순히 예측에 그치는 것이 아니라 전략적인 사고를 하는 과정으로서의 의미를 지니며, 미래의 불확실성과 불연속성을 관리하는 데 있어서 강력한 정책결정의 도구로서의 기능을 하게 된다. 이 두 가지, 즉 1) 전략적 사고를 위한 배움의 과정과 2) 미래를 창출할 수 있는 강력한 정책결정의 도구가 미래연구의 핵심이다(Ged Davis, 1998; 음수연, 2006: 3-4).

그림 2-7 미래예측과 정책의제

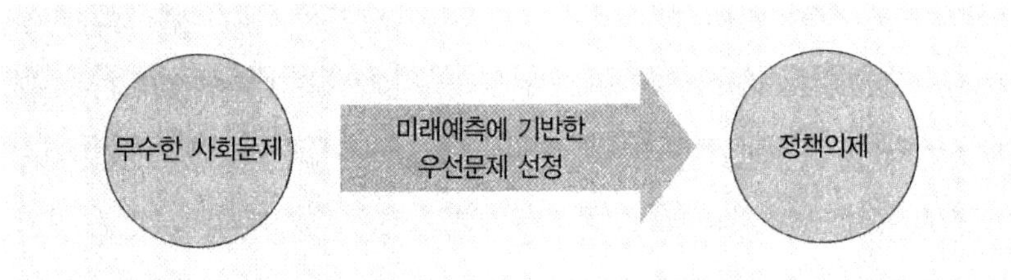

>> 미래예측 사례

미래예측과 정책의제: 정부 부동산정책 때늦은 실패 인정

1. 사례 개요

정부가 부동산정책 실패는 주택공급 위축을 제대로 예측하지 못한 결과라고 사실상 인정했다. 정부는 15일 국정브리핑에 게재한 '실록 부동산 정책 40년: 공급에서 생긴 일'에서 "2002년 67만 가구에 달했던 연간 주택건설 실적(승인 기준)이 참여정부가 시작된 2003년부터 매년 조금씩 줄다가, 2006년에는 11월까지 36만 가구 수준으로 감소했다"고 밝혔다. 이어 2005년 8·31 부동산대책 때 앞으로 5년간 수도권에 연간 30만 가구를 짓는다고 발표했지만 계획대로 진행되지 못했다고 지적했다. 택지 확보에서 실제 주택 공급까지 걸리는 기간 및 주차장과 일조권 확보요건 강화 등 민간 부문에 대한 규제 등으로 공급 계획에 차질이 빚어졌다는 것이다.

국정브리핑은 또 "공급 확대에 대한 정책당국 간 온도차, 정확한 수요 예측의 문제, 주택보급률 100%의 함정 등이 복합적으로 작용해 공급에 차질이 빚어졌다"고 분석했다. 특히 주택보급률 함정과 관련해 "주택보급률 계산 때 1인 가구는 제외되기 때문에 실제보다 높아 보인다"며 "주택보급률이 2000년 96.2%에서 2005년 105.9%로 개선된 것으로 나타났지만 1인 가구를 포함하면 2005년 주택보급률은 82.7%로 떨어진다"고 자인(自認)했다. 정부는 이런 문제점을 개선하기 위해 새로운 지표 개발을 서둘렀지만 이미 누적된 문제가 폭발한 뒤였다고 국정브리핑은 덧붙였다.

＊자료: 동아일보 2007. 2. 16.

2. 쟁점 및 시사점

위의 사례는 부동산 안정 및 집값 안정을 위해 추진해 온 부동산 정책이 미래에 대한 예측이 잘못되어 결국 실패하였음을 보여주는 사례이다. 이는 정확한 현상의 진단과 그에 따라 미래에 어떠한 과정이 전개될 것인지에 대한 분석이 정책에 얼마나 중요한 것인지를 보여준다. 이번 정책의 큰 실패요인인 주택 공급의 위축은 공급 확대와 더불어 발생하는 여러 요인에 대한 분석을 하지 못하였기에 발생하였다. 이는 정책문제에 대해 미래를 예측하고 그것을 다양한 각도에서 미리 분석하지 못하면 정책의제는 물론 앞으로 그 정책의 진행 과정에서 계속된 문제를 야기함을 의미한다. 미래예측이 정책의제 및 정책결정과 매우 밀접하게 연계되어 있음을 숙고할 필요가 있다.

제3절
미래예측과 정책결정

현대사회에는 무수히 많은 사회문제가 흐르고 있다. 그러나 모든 사회문제가 정부기관이 의지를 갖고 해결하고자 하는 정부의제가 되는 것은 아니며, 사회문제의 흐름 중에서 일정한 점화계기(triggering event: 극적인 사건 혹은 정치적 사건)를 통해 정책이슈로 형성되며 정책의제가 된다. 정책의제설정 단계에서 정부의제로 채택된 정책문제를 바람직한 상태로 해결하기 위해, 정부는 정책목표를 세우고 정책수단을 강구하게 되는데, 이때 정책목표와 정책수단 간의 여러 형태의 조합을 우리는 정책대안이라고 부른다. 그리고 정부가 이러한 여러 스팩트럼으로 형성된 정책대안을 개발하고, 비교 분석하여 평가를 통해 정책선택을 하게 되는 일련의 활동 또는 행위를 '정책결정'이라고 한다.

정책은 비전과 전략으로 구성되어 있다. 국가의 비전은 국가의 가장 기본적인 가치, 소망, 목적들에 대한 언명이며, 그들의 유익성과 미래에 대한 이미지를 나타낸다. 비전은 가치, 미션, 목적들로 구성되어 있다. 즉, 정책의 비전이 사회가 어떠한 상태나 조건에 도달되기를 원하는가를 나타낸다면, 전략은 어떻게 그러한 상태나 조건에 도달하겠는가 하는 것을 나타낸다. 정책에서 전략은 정책수단들의 조합으로 정의되며, 정책대안은 구성하는 요소들 가운데 전략부분은 정책목표, 정책수단 및 활동들을 포함하는 행동계획이다(노화준, 2003: 121) 정책결정은 이러한 비전과 전략을 모두 고려하여 결정하는 가치지향적 과정이므로 미래예측과 정책결정은 밀접한 관련이 있는 것이다.

미래예측은 탐사적 관점과 규범적 관점의 두 가지 측면에서 정책결정에 귀중한 정보를 제공해 준다.

첫째, 미래예측은 탐사적 관점(Exploratory approach, 외부로의 방향성(outward bound))에서 정부가 현재 어떠한 정책이나 행동을 취했을 때 미래는 어떻게 변화하게 될 것인가를 미리 예측할 수 있게 해 준다.

둘째, 미래예측은 규범적 관점(Normative approach, 내부로의 방향성(inward bound))에서 미래 특정 시점의 상황에 대한 정보를 정책결정자에게 제공해 줌으로써 문제의 소재를 추론할 수 있게 해 주며, 또한 미래 특정 시점에서 발생할 문제점을 예방하거나 개선하기 위한 정책방향을 제시해 준다(노화준, 2007: 275).

정책결정과정은 미래의 새로운 정책의 창조라는 소망스러운 가치를 지닌 정책목표를 달성하기 위해서, 정책행위자들이 과학적이고 기술적인 방법으로, 정책수단 또는 정책대안을 개발 · 탐색하고 선택하는 과정이다. 따라서 정책결정과정은 이 자체가 미래지향적이며, 행동지향적이다. 정책을 통하여 만들고자 하는 바람직한 상태, 또는 미래의 비전을 의미하는 정책목표를 정책결정과정에서 설정하기 때문에 미래지향적이라 할 수 있다. 정책목표 중에서도 창조적 목표(creative goal)의 경우에는, 예컨대 2010년까지 1인당 4만불 국민소득을 달성하겠다는 목표처럼, 과거에 경험해 보지 못한 새로운 상태를 창조하려는 정책목표이므로 더욱 미래지향적인 성격을 지니고 있다. 또한 정책결정과정은 다양한 정책과정참여자들의 갈등 속에서, 정책목표와 수단이 설정되고 수정되기도 하는 동태적이고 역동적인 과정이기 때문에 행동 지향적이며, 미래의 바람직한 가치를 추구하는 선택행위이므로 정책결정과정은 또한 가치 지향적이다. 즉, 정책은 특정시대, 특정국가, 특정사회가 추구하는 규범적이고 공익적인 가치를 실현하고자 하는 속성을 지니고 있는 것이다. 그리하여 정책은 "마땅히 있어야 할 것," "당연히 바람직한 것"은 물론 "다수의 사회구성원이 요구하거나 기대하는 것들을 구현시키고자 하는 성격을 지니고 있다. 바람직한 상태로 나아가기 위해 정책은 그것이 추구하는 가치와 현실행동을 미래에 맞추고 미래의 변화를 관리한다는 적극적인 변동관을 기초로 하고 있다(최봉기, 2005: 36). 따라서 정책결정과정은 미래의 다양한 '가치'가 정책목표와 정책수단 결정의 중요한 기준이 되며, 정책을 결정하는 것은 그 정책이 추구하는 미래지향적 가치를 선택하는 것이다. 즉, 정확한 미래를 예측하는 과정이 배제된 상황에서는 올바른 정책결정을 할 수 없다는 점에서 정책결정에서의 미래예측의 중요성을 인식할 수 있다.

>> 미래예측 사례

미래예측과 정책결정: 재난관리 실패와 미래예측 필요성

1. 사례 개요

또다시 터졌다. 2007년 8월 9일에 걸쳐 내린 집중호우로 강원도 일대는 또 다시 피해를 입었다. 실사를 나갔던 관계자들은 상상했던 것 이상의 장면을 목격해야만 했다. 폭우가 쏟아지면 피해를 입는 것이 당연한 이치인지는 몰라도 복구를 해놓았다고 하는 곳까지 맥없이 쓸려 내려간 광경에서는 할 말을 잃었다.

도대체 비가 얼마나 내렸던 것일까? 기상청, 주민, 전문가, 공무원들은 "지난해에 비하면 그다지 많이 온 것이 아니다"고 한목소리를 냈다. 인제군 덕적리에서 만난 마을주민 J씨는 "이건 온 것도 아니래요"라고 손사래쳤다. 그는 "작년에 비하면 비 몇 방울 왔다고 이리 다 쓸려내려갔는지"라며 한숨 쉬었다.

실제 덕적리는 지난해 7월 11일부터 28일까지 무려 700mm가 넘는 비가 내렸다. 2006년 7월 15일에는 시간당 무려 122mm, 옆 사람의 말소리

조차 들리지 않을 정도의 폭우가 쏟아졌다. 그에 비하면 올해는 이틀 동안 내린 비는 150mm. 우리나라가 이런 식으로 흘러가는지는 몰랐다"는 J씨는 "복구공사 관계자에게 말하면, 무너지면 나라에서 또 돈 주는데 우리도 장사 좀 하자"고 말했다고 전했다. J씨는 "업자, 감리단, 공무원 3박자가 맞아들어간 거 아니냐"고 울분을 터트렸다.

인제군 덕적리에만 총 3곳의 제방이 무너져 있었다. 모두가 지난해 피해를 입은 곳을 복구하겠다면서 새롭게 쌓아올린 제방들이었다. 그런데 인제군 재난방재과는 제방이 무너진 곳이 있냐는 기자의 질문에 "신고 들어온 곳이 없다"고 말했다.

* 자료: 희망제작소 재난관리연구소(www.makehope.org/disaster/main/index.php).

2. 쟁점과 시사점

우리나라의 재난관리의 수준을 단적으로 보여주는 사례이다. 재난관리는 미래를 예측하고 미래의 전략을 준비해야 하는 기본적인 사례라고 할 수 있다. 이제까지 재난에 대한 시각은 천재, 기상을 탓하였다. 하지만 이제는 재난을 바라보는 시각을 새롭게 설정함으로써 이를 통해 우리의 재난관리 시스템(혹은 위기관리시스템)이 적절하게 대응하고 있는지를 평가해 보는 것이 필요하다. 즉 우리 사회운영시스템 내부에 내장되어 있어 오작동이나 고의적인 시스템 붕괴를 통해 사회를 붕괴시킬 수 있는 위기관리시스템이 거의 마련되어 있지 못하다는 취약점을 보이고 있는 것이다.

국가 재난관리 정책은 정책 전반에 걸친 목표가 정립되거나 일원화된 우선순위를 보이지 못하고 각 기관별, 조직별, 대상별, 또는 현안 관심 사안별로 다루어지고 있는 실정이다 보니 비체계적이고 비합리적으로 단기적 처방에 급급하고 있다. 따라서 국민생활 안전위기, 재난위기의 유형별로 각각의 세분화된 위기가 국가사회에 미치는 영향과 우선순위를 고려하여 국가 위기관리 정책의 목표를 정립하는 것이 필요하며, 이를 위하여 국가 위기관리의 법 제도적 기반을 새롭게 구축해야 한다.

위에서 제시된 재난예방 사례는 미래예측의 필요성을 여실히 보여주는 한편, 미래예측의 진행은 정책결정 및 정책평가 그리고 국정운영관리시스템과 연동되어 발전되어야 한다는 점을 강력하게 시사해 주고 있다.

제4절

미래예측과 정책집행

1 미래예측과 정책집행

정책집행은 정책과정에서 볼 때 정책의제설정과 정책결정 이후에 이루어지는 단계이고, 또한 정책결정과 정책평가를 연결하는 고리의 역할을 하는 단계이기도 하다. Pressman과 Wildavsky(1973)는 정책집행을 "정책을 수행하고(to carry out), 달성하며(to accomplish), 실현시키고(to fulfill), 완성하는(to complete) 행위"라고 정의하면서, 정책집행에 있어서 "목표설정활동과 목표달성활동 간의 상호작용," "미래의 예견된 결과를 달성할 수 있는 능력" 등 정책집행의 미래지향성 및 목표지향성을 강조한다(J. Pressman and A. Wildavsky, 1973: 9).

종래에는 정책을 결정하고 나면 바로 정책의 효과 또는 영향이 나오는 것으로 가정하였으나, 정책을 결정한대로 정책집행의 효과가 자동적으로 나타나지 않는다는 점이 관찰되면서 정책집행연구의 독자적 영역을 강조하는 현대적 집행이론들이 등장하게 되었다. 즉, 다양한 이해를 가진 많은 참여자들이 집행단계에 개입하고 이들 간에 길고도 지루한 논쟁이 이어지면서 정책결정과정에서 예측하지 못한 새로운 문제가 발생한다는 것을 확인하게 되었고, 정책결정을 한 정책내용을 정책집행 단계에서도 다시한번 더 집행현장의 상황에 맞게 미래예측, 목표설정, 여건분석 등의 정책기획활동이 중요하게 대두된 것이다(유민봉, 2006: 299).

과거 중립적 · 객관적 · 과학적 · 합리적으로 집행하는 것이 정책집행자의 책임이라 보았던 것과는 달리 정치 · 경제 · 문화적 환경의 제반 제약조건 및 인적 · 물적 자원의 결핍 등에서 오는 수많은 제약조건들을 극복하고 성공적인 정책결과를 이끌어내기 위해서 정책집행의 중요성은 더욱 더 강조되고 있다. V. Meter와 H. Horn은 정책 실패의 원인은 정책결정과정 자체에 문제가 있는 경우도 있지만, 정책결정과정에서는 전혀 문제가 없음에도 불구하고, 정책집행이 효율적으로 수행되지 못했기 때문에 실패한 것도 적지 않음을 밝히고 있다. 정책결정은 어느 정도의 미래예측 가능성과 정책의 지속성을 전제로 이루어지지만 오늘과 같이 사회변동의 속도가 급격한 사회에서는 미래예측 가능성이 극히 저하될 수밖에 없고, 그러한 불완전한 미래예측을 기초로 해서 결정된 정책이 장기간을 요하는 실제 집행과정에까지 그 타당성을 계속 확보할 가능성은 점점 희박해지기 마련이다(최봉기, 2005: 317-318). 따라서 정책집행과정 또한 정책의제설정과정이나 정책결정과정 못지않게 복잡하고 동태적인 과정이기에 미래예측에 기초한 과학적인 정책집행이 필요하다.

2 정책집행연구의 발전

과거 전통적 관료제 모형 하에서는 정책집행에 있어서 일방향적 · 기계적 · 자동적 · 하향식 모형이 중시되었으나, 현대 정책이론에서 강조되는 거버넌스 패러다임 하에서는 정책집행에 있어서 쌍방향적 · 복합적 · 동태적 · 상향식 모형의 중요성이 상대적으로 더 부각되고 있다. 또한, 정책집행에 있어서 조직구성원들 간의 대화 및 토론을 통한 공동작업 및 커뮤니케이션이 강조되고 있으며, 정책집행 중간에 모니터링 점검을 통한 학습역량의 강화가 중요시되고 있다.

초기의 정책십행연구는 개별 연구자가 합의된 이론적 틀 없이, 각각

상이한 정책영역에서 정책집행의 실패 또는 성공의 원인을 설명하고자 하였다. 이는 개별 정책상황에서 현실적합성이 낮아 큰 도움을 주지 못한다는 지적이 많았다. 이러한 집행연구의 이론적 문제점에 대응하기 위하여 일부 학자들은 집행연구의 이론적 틀을 정립하였다. 초기의 연구는 크게 두 가지 접근방법으로 구분된다. 정책집행을 주어진 정책목표의 달성을 위한 수단적 행위로 파악하는 하향적 접근방법과 집행을 다수의 참여자들 사이에서 발생하는 상호작용으로 이해하는 상향적 접근방법이 그것이다.

하향적 접근방법은 새로운 정책결정의 내용에 따라 집행관료 및 정책대상집단의 행태의 변화정도를 정책집행 성공의 판단 기준으로 본다. 정책결정자에게 바람직한 집행을 위한 규범적 처방을 정책결정자에게 제시해 주는 데 하향적 접근방법의 의의가 있다. 상향적 접근방법은 정책목표 대신 집행문제의 해결에 논의의 초점을 두고, 집행과정에 가장 큰 영향을 주는 것은 일선집행관료와 정책대상집단으로 본다.

하향적 접근방법은 기존의 연구 방법으로서 주로 정책결정자의 집행과정에 대한 영향력을 다루는 전략이다. 정책결정자의 의도나 목표를 분명히 서술하고, 이어서 목표 실현을 위한 집행자들의 행위를 각 단계별로 구체화 한 다음 최종 집행 단계에서 나타날 성과를 결정자의 원래 의도와 비교 · 분석하는 과정을 거치게 된다. 상향적 접근방법은 정책결정자의 집행 과정에 대한 지배적인 영향력 행사에 대해 당위적인 그리고 실제적인 측면에서 의문을 제기한다. 상향적 접근방법은 집행 과정의 상층부가 아닌 일선 행정조직에서 출발한다. 고위 정책결정자의 의도보다는 정책을 필요로 하는 최하층부 집행 과정의 구체적 행태에 초점을 맞춘다.

1980년대 중반 이후에는 하향적 접근과 상향적 이론적 접근의 상이한 이론적 구성을 통합하려는 학문적 노력이 등장하였다. 또한 위와 같은 이론과는 다른 시각에서 정책집행의 문제를 해석하는 이론적 논의 또한 존재한다. 즉, 일선집행관료가 처한 집행상황과 이에 대응하는 일

표 2-2 전통적 · 하향적 집행과 현대적 · 상향적 집행 비교

	전통적 · 하향적 집행 (top-down)	현대적 · 상향적 집행 (bottom-up)
집행의 성공요인	정책결정자의 리더십	집행관료의 재량권
결정과 집행	정책결정과 집행의 분리	정책결정과 집행의 통합
관리자의 참여	참여제한, 충실한 집행이 요구됨	참여 필요
정책상황	안정적 · 구조화된 상황	유동적 · 동태화된 상황
정책목표수정	목표가 명확하여 수정 필요성 적음	수정 필요성 높음
집행자의 재량	집행자의 재량 불인정	집행자의 재량 인정
정책평가의 기준	집행의 충실성과 성과	환경적응성 중시, 정책성과는 2차적 기준
핵심적 법률	있음	없음
Elmore	전향적 집행(forward mapping)	후향적 집행(backward mapping)
Berman	정형적 집행	적응적 집행
Nakamura	고전적 기술가형, 지시적 위임형	재량적 실험형, 관료적 기업가형

선관료들의 대응형태에 대한 이론, 정책결정자와 정책집행자의 상호적응의 중요성을 강조한 연구, 그리고 정책결정과 집행과정의 연계성을 강조하는 연구 등이 바로 그것이다.

3 미래지향적 정책집행연구

미래지향적 정책집행연구는 정책집행에 관한 본질적인 세 가지 특징을 파악하면서 출발한다.

첫 번째 특징은 정책집행에 영향을 미치는 변수들의 인과적 복잡성이다. 정책집행에 영향을 미치는 변수는 상상외로 많고, 또한 그 변수들

간의 관계는 복잡하다.

두 번째 특징은 정책집행의 역동성이다. 정책집행은 시간이 지남에 따라 변한다. 또한 정책집행 과정과 정책집행 결과는 연방정부에서 주정부로, 주정부에서 지방정부로 정책집행 과정이 진행될 때 변한다.

마지막 특징은 정책집행 결과의 다양성이다. 하나의 정책이 집행되었을 때 각 주 혹은 지방에서 나타나는 정책집행 결과는 각각 다른 다양성을 띠고 있다. 또한, 제3세대 정책집행 연구는 과거 두 세대의 정책집행 연구에 비해 보다 과학적 접근법을 사용하고 있다(채경석, 2005: 272-274).

이상에서 본 바와 같은 정책집행의 복잡성 · 역동성 · 다양성을 토대로 현대 정책집행 연구는 발전되고 있는데, 이에 따라 정책집행의 복잡하고 역동적이면서 다양한 변수들에 대한 인과관계 및 집행패턴을 연구하는 미래예측의 중요성은 더욱 더 증대되고 있다. 또한 이러한 현대 정책집행 연구와 미래예측 연구는 제도분석이론, 거버넌스연구, 네트워크이론 등과 연계되어 발전하고 있다. 여기에서 제도분석이론(institutional analysis)은 다양한 종류의 제도를 분석의 대상으로 하여, 집행주체 혹은 집행주체와 대상집단과의 관계를 제도적 측면에서 분석하는 것을 의미하며, 거버넌스연구(governance study)는 국가통치체제 전반을 연구의 대상으로 하여, 정책이 진화해 가는 구조와 과정의 설계 및 운영방법, 그리고 정책과정 참여자의 수평적 관계 및 협력형태를 연구하는 것을 의미하며, 마지막으로, 네트워크이론(network theory)은 다양한 이해관계자 등 집행체제의 다양성과 복잡성을 이해하기 위한 도구로서 정책참여자 간의 패턴화된 상호작용을 연구하는 것을 의미한다.

>> 미래예측 사례

미래예측과 정책집행:
환경부 추진 '음식물 쓰레기 감량기기' 창고에서 낮잠

1. 사례 개요

정부에서 수백억원의 예산을 들여 보급된 '음식물 쓰레기 감량기'가 가동이 중단된 채 대부분 창고에서 잠자고 있는 것으로 드러났다. 환경부는 지난 1995년부터 지난해 3월까지 음식물 쓰레기 줄이기 사업의 일환으로 '음식물 쓰레기 감량기기' 1,785대를 전국 시·도에 설치 보급했다. 기계 한대 가격이 600만원에서 1,000만원에 이르는 기계 구입, 설치 예산 300억원대는 모두 시·도비로 지급됐다.

하지만 이렇게 전국적으로 보급된 기기의 60% 이상이 고장나거나 운영비 과다소요, 가동 중 악취발생으로 멈춰선 상태다. 환경부는 이런 실정인데도 자체 실태평가에서 가동이 중단된 기기에 대해 이전 설치해 활용하거나 설치희망자에게 연계 알선을 협조한다는 방침을 세워 실패한 정책을 무리하게 재추진한다는 지적이다. 환경부는 또 모든 책임을 시·도 자치단체와 사업자들에게 떠넘기고 있는 실정이다.

* 자료: 뉴시스 2004. 6. 22

2. 쟁점 및 시사점

위의 사례는 정부가 수백억원의 예산을 들여 보급한 음식물 쓰레기 감량기 정책집행이 정책집행과정에서의 다양한 맥락적 요소에 대한 미래예측의 잘못으로 결국 실패하였음을 보여준다. 환경부는 음식물 쓰레기 줄이기 사업의 일환으로 음식물 쓰레기 감량기기 천 여대를 전국 시·도에 설치 보급했다. 정책결정과정에서는 음식물 쓰레기 감량기기가 KS인증을 받을 만큼 검증된 기계였고, 쓰레기 감량에 큰 효과가 있는 것으로 생각하여 정책결정을 하고 집행과정에 이르렀으나, 정책집행과정에서 여러 가지 문제점이 생겼다. 쓰레기 감량기기가 사용할수록 효과가 줄어든다는 점과 사용 내구연한이 5년밖에 되지 않는 다는 점, 악취가 난다는 점, 운영비가 과다하게 소요된다는 이유 등으로 대상기관들이 쓰레기 감량기기를 사용하지 않았기 때문이다. 이런 문제는 쓰레기 감량기기의 효과와 문제점을 사전 예측함에 있어 단기적인 고려만 했을 뿐 보다 맥락지향적 요소들에 대한 장기적인 분석이 결여되었기 때문이라 생각된다. 정부는 수억원의 예산이 드는 규모가 크고 복잡한 정책을 집행하는 일이었던 만큼, 장기적인 시각으로 정책을 바라보고, 기술예측, 시범테스트 등 다양한 변수에 대한 충분한 미래예측을 했더라면, 귀중한 혈세로 이루어진 수백억원의 세금을 낭비하는 일은 없었을 것이다. 이 사례는 정확한 정책문제에 대한 진단과 기술의 실현가능성에 대한 평가, 그리고 그에 따라 미래에 어떠한 과정이 전개될 것인지에 대한 사전분석이 정책에 얼마나 중요한 것인지를 보여준다. 또한, 기술적 요소를 포함한 정책문제에 대해 미래를 예측하고 그것을 다양한 각도에서 미리 분석하지 못하면 정책의 집행 과정에서 계속 문제를 야기할 수 있음을 잘 시사해 주고 있다.

제5절

미래예측과 정책평가

1 미래예측과 정책평가

정책평가는 정책이 결정 · 집행된 이후에 어떤 결과를 초래하였는가를 일정 시점에서 사후적으로 이루어지는 지식의 산출활동 과정이다. 따라서 정책평가는 정책 사이클(cycle) 가운데 집행의 산출(output), 성과(outcome) 및 영향(impact)에 초점을 맞추는 회고적(retrospective)인 활동이다. 하지만, 정책평가는 정책의 값어치(value)를 따지는 것이기 때문에 단순히 정책이 달성하고자 하는 목적의 성취 여부를 측정하는 것만이 아니라, 정책이 초래한 영향을 사정(assessment)하고, 나아가서는 정책이 추구하는 가치와 이념의 적실성까지도 평가(evaluation)하는 행위이다(노화준, 2003: 32). 따라서 정책평가를 좁은 의미로만 보면 정책집행이 이루어진 이후에 사후적으로 내리는 회고적 판단이지만, 정책평가를 보다 넓은 의미에서 해석하면 정책영향이라는 관점 및 미래 소망적이라는 관점에서 정책에 대한 미래예측 및 여건분석을 토대로 정책이 향후 나아갈 방향에 대해 사전적으로 행하는 조망적 판단까지를 포함하는 것이 바람직하다고 볼 수 있다.

2 정책평가의 유형

정책평가는 그 목적에 따라 흔히 평가종합이라고 부르는 일종의 회고적(retrospective)인 정책평가 방법과 조망적(prospective)인 정책평가 방법으로 나눌 수 있다.

1. 회고적 정책평가

회고적(retrospective) 정책평가란 현재 집행 중에 있는 정책이나 프로그램을 수정하거나 보완할 목적으로 기존의 정책이 어떻게 집행되어 왔으며, 그 효과는 어떠하였는가 하는 것에 대하여 그 동안 이루어져 왔던 평가정보들을 종합하는 방법이다. 일반적으로 알려진 평가종합(Meta Analysis)이라고 하면 이 회고적인 평가종합을 지칭한다. 평가종합의 방법은 두 개 이상의 정책이나 프로그램들의 성과들에 대한 비교정보들을 산출하여 검토할 수 있도록 해주고, 주어진 짧은 시간 내에 소수의 제한된 전문가들이 어떤 한 정책이나 프로그램 분야의 현재의 지식수준에 관한 평가적 요약(evaluative summary)을 할 수 있도록 해준다는 장점을 지닌다.

2. 조망적 정책평가

조망적(prospective) 정책평가란 새로운 정책이 행정부의 안으로 국회에 제출되거나 어떤 부처의 안으로 작성되어 정책조정의 위치에 있는 총리실이나 대통령 정책참모조직에 제출된 정책안의 타당성이나 적실성 등을 조망적으로 검토하고자 하는 것을 말한다. 이는 미래지향적 평가종합이라고 할 수 있다. 정책분석과 마찬가지로 문제정의와 목표설정, 대안의 목표달성에의 효과성, 대안의 비용편익 측면에서의 능률성 등을 종합적으로 검토한다. 이 검토의 과정에서는 현재 검토하고 있는 정책이나 프로그램과 유사한 정책이나 프로그램들에 대한 과거의 평가정보가 있으면 이것들을 활용할 뿐 아니라, 정책분석에 있어서와 마찬가지로 각종의 계량적인 모델링(modeling) 방법이나 비용편익(cost-benefit analysis) 방법들도 사용된다.

3 정책평가의 절차

미래예측과 정책평가의 유기적 이해라는 관점에서 정책평가의 절차를 김도하면 다음과 같다.

1. 정책목표의 파악

정책평가는 정책목표의 파악으로부터 시작한다. 정책의 목표가 명백하지 못하고, 한정되지 못하거나 또는 측정이 가능하지 않은 경우 과학적인 평가연구를 수행하는 것은 의미가 없다. 이러한 정책목표의 파악을 위해 환경스캐닝, 이슈서베이, SWOT분석 등 미래예측의 방법론이 활용될 수 있다.

2. 평가기준의 설정

정책목표가 규명되고 난 다음에는 평가기준을 설정해야 한다. 정책평가에는 평가기준이 분명하게 설정되어야 한다. 정책평가를 위한 평가기준은 정책목표의 상태에 따라 달라진다. 정책목표가 계량화가 곤란한 질적인 것일 경우 평가기준도 질적인 것이어야 하며, 계량화가 가능한 목표일 경우에는 평가기준도 계량적인 것이어야 한다. 그러나 현실적으로는 이들 두 가지 기준이 복합되어 있기 때문에 기준 역시 질적인 것과 양적인 것을 혼용하는 것이 바람직하다. 예컨대 정치적 합리성(질적기준)으로서의 민주성, 대응성, 형평성, 적정성, 적합성 등이나 경제적 합리성(양적 기준)으로서의 능률성, 효과성 등이 그것이다.

3. 인과모형의 작성

인과모형이란 현실세계의 단순화된 표현으로서 평가대상을 이해하기 쉽고 체계적으로 설명 · 평가할 수 있게 해 준다. 정책목표가 식별되고 난 후, 평가자는 정책이 목표를 어느 정도 달성했는가에 관한 증거를 제공할 수 있는 경험적 인과모형을 작성하게 된다.

인과모형은 특정 정책이 사회구성원의 행태변화를 초래하는 과정을 인과적 논리체계로 설명하기 위한 과학적인 정책연구의 한 형태이다. 즉 정책행태변화를 초래케 한 원인변수를 독립변수로, 결과변수를 종속변수로, 그리고 그 사이에 매개된 변수를 매개변수로 하여 인과모형을 만든다.

인과모형은 미래예측에서도 핵심적인 작업인데, 미래예측의 정확한 분석을 위해서는 원인과 결과의 내적 타당성이 확보되어야 하기 때문이다. 정책평가 역시도 변화, 예측, 그리고 인과관계의 정확한 측정이 핵심이므로 미래예측과 인과모형은 정책평가에서도 매우 중요한 역할을 하게 된다.

4. 연구설계의 구축

인과모형이 설정되고 그에 따라 가설들이 설정되면, 정책평가자는 자료를 수집하고 분석하는 과정을 계획하고 조직화해야 하는데, 이 작업을 연구설계라고 한다. 연구설계가 구축되고 나면 정책집행의 결과 나타난 성과 및 영향자료의 수집, 측정과 표준화, 그리고 분석과 해석 과정에 들어가게 된다.

5. 측정과 표준화

정책목표를 명확하게 파악하고 평가기준 및 인과모형, 그리고 적절한 연구설계가 작성되고 나면, 정책목표의 달성도를 결정할 수 있는 측정과 표준화가 이루어져야 한다. 정책목표는 계량적 측정이 가능할수록 평가가 용이하다. 측정에 있어서 가장 어려운 문제는 정책목표, 정책영향, 정책변수들을 명백히 구별하여 조작화(operationalization)하는 것인데, 이때 양적 분석이 가능하도록 하는 것이 표준화 작업이다. 미래예측에서도 질적분석과 양적분석을 병행하게 되는데, 양적분석을 위해서는 측정과 표준화 절차를 거치게 된다.

6. 자료수집

정확한 정책평가를 위해서는 다양한 측면에서 정확한 자료들을 수집해야 한다. 정책평가에 이용되는 자료는 다양한 출처로부터 다양한 방법으로 얻어질 수 있다. 정책평가에서 사용될 자료의 형태는 정책의 본질과 연구설계에 따라 다르다. 따라서 평가자는 모든 자료들과 자료수집방법들의 장점과 단점에 관해 파악해 둘 필요가 있다. 질적 평가를 위해서는 설문조사(정책델파이 및 전문가 의견조사)나 면접조사(심층 인터뷰 및 전문가 패널)를 통해 자료를 수집할 수가 있고, 양적 평가에는 통계처리 된 각종의 하드 데이터(hard data)나 인식 데이터(perception data)를 수집하게 된다. 미래예측에서도 정책델파이나 전문가패널 등을 통해 시나리오기법이 실행되며, 이 과정에서 수집된 각종의 데이터를 이용해 통계분석이 이루어진다.

7. 자료의 분석과 해석

정책평가에서는 변화, 예측, 그리고 인과관계 규명이 핵심사항이므로 계량분석이 매우 중요한 위치를 차지한다. 계량분석모형은 독립변수인 정책변수가 종속변수인 목표변수에 변화를 초래하고, 또한 다른 정책변수에도 영향을 미치는 영향모형을 시험하는 기법으로 유용하다. 행태과

그림 2-8 정책평가의 절차

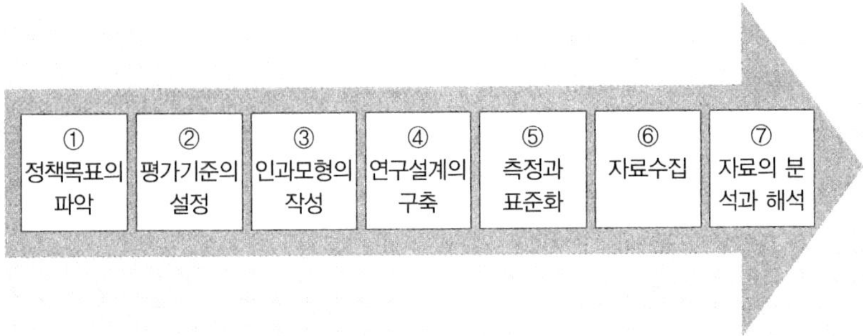

학에서는 데이터의 무작위오차를 걸러내고 데이터 사이에 존재하는 체계적 패턴을 추출하기 위해 회귀분석을 돌리기 전에 주성분 분석 등 요인분석을 시행하는 경우도 많이 있으며, 경로분석을 위해 구조방정식(LISREL이나 AMOS 이용)을 활용하기도 한다. 정책모형의 관점에서 평가연구의 발견사항을 해석하고 정책 쟁점 및 시사점을 도출함으로써 평가연구는 끝나게 된다. 자료의 엄밀한 분석과 해석 그리고 여기에 기초한 정책 시시점의 도출은 미래예측에서도 매우 중요한 과정이다.

4 미래지향적 평가방법

1. 조망적 평가방법의 의의

미래를 바라보는 미래지향적(future-oriented)인 질문들에 대답하기 위한 정보를 산출할 수 있는 여러 가지 방법들이 개발되어 사용되는데, 이를 총칭하여 조망적 방법(prospective method)라 부른다. 조망적 질문들은 미래에 무엇이 일어날 것인가를 다루게 된다. 이 중에서도 조망적

표 2-3 조망적 평가방법의 유형

유 형	예 시
사실적	• 실험설계(experimental design)
경험적	• 시뮬레이션(simulation) • 미래예측(foresight)
논리적	• 착수직전분석(front-end analysis) • 위험평가(risk assessment) • 체제분석(system analysis)
판단적	• 정책델파이(policy delphi) • 전문가패널(expertise panel)
통합적	• 조망적(prospective) 평가종합(meta analysis)

* 자료 : 김명수, 2003 : 141-145.

(prospective) 평가종합(meta analysis)은 미래예측에서 매우 중요하게 활용되고 있는 분석기법이다.

2. 조망적 평가종합의 절차

(1) 문제의 정의

문제의 내용과 성격을 분명하게 설정하는 단계로 정책이 목표로 하는 대상이 무엇인지 설정한다.

(2) 평가하기 위한 대안의 선택

정책이 이떤 구체적인 문제를 해결해 낼 수 있겠느냐 하는 것을 검토하는 것으로, 제안된 정책이 조망적 평가종합의 연구대상으로서 적합한지 여부를 결정하고, 적절하다고 판단시 조망적 평가종합에서 검토할 적정한 연구대상[4]들을 선택한다.

---

4) 조망적 평가종합에서 미래예측의 대상을 선택하는 것을 말한다. 정책대상집단의 범위, 비용, 규제 등을 기준으로 미래예측의 연구대상을 선정하게 된다.

(3) 개념적 분석

정책이 기반하고 있는 전제, 신념, 가치 및 이론들을 명확하게 구별해 내기 위하여 수행하는 것을 개념적 분석이라고 한다. 이를 위해서는 제안된 법안이나 아이디어들의 내용분석, 그리고 정책 아이디어를 낸 담당자들에 대한 심층면접 등을 통해 질적 분석을 한다.

(4) 운영 메커니즘 분석

정책목표를 어떻게 달성할 것인가에 대한 분석으로서, 제안된 정책의 운영 메커니즘들을 명확하게 구별하고, 그들이 어떻게 수행되도록 되어 있는가를 분석하는 것이다. 정책대상집단, 정책집행 재원의 원천과 금액, 정책집행을 위한 조직구조 등을 분석한다.

(5) 핵심적 전제들의 검증

정책의 핵심 전제에 대해 검증하는 단계이다. 여기에서는 제안된 정책이나 프로그램의 핵심이 되는 개념 및 운영 메커니즘에 포함된 전제들을 비교하고, 이를 토대로 새로이 제안된 정책이나 프로그램이 성공할 가능성 여부를 결정하는 핵심적 전제들을 검증하게 된다(김명수, 2003: 80-84).

(6) 발견된 결과들의 발표

개념적 모델(conceptual model)과 실행적 모델(operative model)들의 전제들과 증거자료들을 비교분석한 결과를 발표하는 단계이다. 분석결과는 간결하고 분명하게 정리하여 발표해야 한다.

그림 2-9 조망적 평가종합의 절차

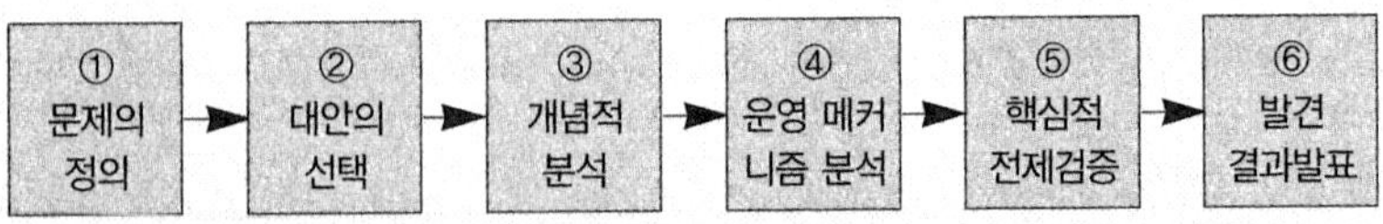

5 조망적 평가종합의 방법

1. 계량적인 방법

(1) 조합된 유의성 검증의 실시

독립적인 평가연구들이 여러 개 이루어지고, 이러한 연구들 간에 실험처리 및 통계적 검증 절차에 유사성이 존재할 경우 조합된 유의성 검증 방법(combined significance test)을 채택할 수 있다.

(2) 효과의 크기

효과의 크기(effect size)란 평가연구의 실험집단의 평균과 통제집단의 평균의 차이를 말하는데, 표준화된 통계를 산출하기 위해서는 통제집단의 표준편차 값으로 나누어 얻는다.

(3) 블로킹 기법

블로킹 기법(blocking)이란 개개 평가연구들 간의 변이(variation)나 특별한 차이(difference)를 찾아내고, 그러한 변이나 차이를 설명하는 기법을 말한다.

(4) 군집 기법

군집 기법(clustering)이란 개개의 평가연구들이 존재하고, 이러한 연구의 하위그룹들에서 동일 유형의 평균(mean), 분산(variance), 공분산(covariance)들이 공통적으로 나타나는 경우에 이러한 개개의 평가연구 결과들을 하나로 조합하는 기법을 말한다.

2. 비계량적인 방법

(1) 단일사례 설계

단일사례 설계(single case design)란 하나의 사건에 대한 연구나 복수의 사건들에 대한 비합산적 연구를 말한다. 효과의 크기를 계산해 내기가 어려운 형태로 되어 있고, 통제집단이 없는 경우가 많다. 이러한 경우 사례를 분석하여 발견된 사실들을 서술적(descriptive)으로 종합한다.

(2) 비계량적 종합연구

비계량적 종합연구(non-quantitative aggregate studies)란 객관적 또는 계량적 방법으로는 측정하기 어려우나 중요한 결과들을 포함하고 있는 경우 계량적 정밀성과 비계량적 의미성 간에 종합적 판단을 실행하는 것을 말한다.

(3) 계량적 평가연구에 포함된 비계량적 정보의 종합

비계량적 정보는 연구의 절차, 처리와 참여자들에 대한 서술, 연구의 한계와 특별히 주의할 사항 등 다양한 형태를 하고 있으며, 계량적인 요약내용들을 보완하고 해석하는 데 매우 중요한 정보가 된다.

그림 2-10 조망적 평가종합의 방법

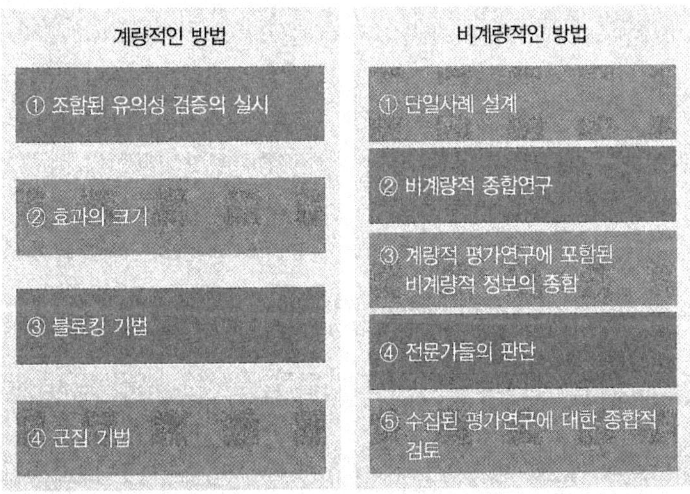

(4) 전문가들의 판단

연구의 초기에 개개 평가연구의 타당성이나 신뢰성에 관해 관련 분야의 전문가 의견조사를 하는데, 전문가들의 판단은 연구방향을 정하는데 매우 중요한 정보가 된다. 브레인스토밍이나 전문가패널 그리고 정책델파이 기법들이 사용된다.

(5) 수집된 평가연구에 대한 종합적 검토

개개 평가연구 또는 어떤 특정 분야의 평가연구에 흔히 나타나는 어떤 방법론적 약점을 구별해 내고, 이를 종합적으로 검토하는 것이 필요하다.

3. 계량적인 접근방법과 비계량적인 접근방법의 통합

계량적 접근방법과 비계량적 접근방법을 보완적으로 활용하는 것이 바람직하다. 서로 상충되는 발견 사실을 다루는 데 유용하며, 발견 사실들을 검토하는 과정에서 중요한 정보를 찾아낼 수 있다. 이러한 평가연구의 종합이라는 의미는 미래예측에서도 동일하게 적용된다. 즉 미래예측에서도 정책델파이, 전문가패널, 시나리오기법 등 질적 접근방법과 통계적 분석을 통한 양적 접근방법은 상호보완적으로 활용되는 것이 바람직하다.

>> 미래예측 사례

미래예측과 정책평가: 밀라노 프로젝트에 대한 정책평가

1. 사례 개요

한국개발연구원(KDI)과 산업연구원이 23일 국회 산자위 소속 한나라당 임인배(林仁培) 의원에게 제출한 "4대 지역 진흥사업 평가와 후속사업의 기본방향 연구" 보고서에 따르면, 대구의 섬유진흥사업(밀라노프로젝트)은 생산, 수출, 고용 등의 측면에서 단기간에 실효성을 거두기 불가능해 대구를 패션산업의 중심지로 육성하겠다는 당초의 미래 시나리오 설정은 비현실적이라는 결론을 내렸다.

연구보고서에 따르면 대구섬유산업은 사업이 시행되더라도 경제파급 효과면에서는 계속 떨어질 것으로 전망하고, "대구를 아시아의 밀라노로 만들겠다는 목표에서 출발하면서 이탈리아 남성정장 업체 등 외국기업의 유치 등에만 관심을 보이는 등 현실성이 낮다"고 문제를 제기했다.

연구보고서는 또 "전시컨벤션센터, 패션디자인 개발지원센터를 별도로 분리, 건립한 것은 철저한 사업계획에 기초하지 않은 것"이라며, "특히 2004년 이후 상당한 적자가 예상되는 상황에서 전시장, 회의실 기능이 중복되는 패션디자인 개발지원센터를 수백미터나 떨어진 곳에 건립한 것은 불필요한 중복투자"라고 지적했다.

*자료: 매일신문 2004. 8. 24.

2. 쟁점 및 시사점

밀라노 프로젝트는 대구지역의 발전을 위해 추진되는 지역현안 사업의 하나로 1999년 시작되어 거의 마무리 단계에 접어들고 있는 미래구상 사업이다. 관련 부처인 산자부는 KDI(한국개발연구원)와 산업연구원에 사업 타당성 평가를 의뢰했으며, 그 결과 대구지역 섬유진흥사업이 비용에 비해 생산, 수출, 고용 등 경제적 파급효과가 떨어진다는 평가결과를 받아냈다.

KDI와 산업연구원은 본격적인 사업 타당성 평가에 들어가기 전에 평가성 검토를 실시한 것으로서, 정책과정의 합리성 제고라는 목적을 달성하기 위해, 정책과 관련된 비용, 파급효과 항목(생산, 수출, 고용)에 대한 미래지향적 평가성 사정을 한 것이며, 사업의 타당성과 실현가능성, 중복투자의 여부와 투자의 효율성 등과 관련하여 미래지향적 정책평가를 시행한 것이다. 이 미래예측 사례는 국가예산의 낭비를 미연에 방지하고 효과적인 투자를 하기 위한 정책관리의 도구로서 미래지향적인 조망적(prospective) 정책평가의 유용성을 보여주는 사례이다.

제6절 미래예측과 정책변동

1 미래예측과 정책변동

정책학의 최대 관심사항은 정책성공을 최대화하고, 정책실패를 최소화하는 것이다. 정책성공을 최대화하기 위해, 정책결정에서는 정책결정의 합리성을 극대화할 수 있는 정책결정모형에 대해 논의하며, 정책집행에서는 정책집행의 성공가능성을 최대화하기 위한 방안으로서 하향식 · 상향식 · 통합형 모형에 대해 논의한다. 정책평가에서는 정책성공과 실패에 대한 정확한 평가를 위한 실험 · 비실험 평가방법을 논의하며, 정책변동에서도 정책성공과 정책학습의 가능성을 제고하기 위해 정책혁신, 정책유지, 정책승계, 정책종결에 대한 정책변동모형을 논의하게 되는 것이다.

정책변동은 크게 4가지로 나눌 수 있다. 정책혁신(policy innovation), 정책유지(policy maintenance), 정책승계(policy succession), 정책종결(policy termination)이다(Brain Hogwood and Guy Peters, 1983: 26-29). 이 네 가지 정책변동의 유형은 다음과 같이 요약된다. 첫째, 정책혁신은 그 분야의 기존 정책이 없고, 담당조직도 없으며, 예산도 없는 상태에서 새로운 것들을 만드는 경우이고, 둘째, 정책유지는 기존 정책의 내용, 담당조직 예산의 기본 골격을 유지하면서 약간씩의 수정, 변경을 하는 경우이며, 셋째, 정책승계는 정책목표는 그대로 유지하되 이를 위한 정책내용, 추진조직, 예산항목 등을 대폭 수정 · 변경하거나 이들을 모두 폐지하고, 새로운 것으로 대체하는 경우이고, 넷째, 정책종결은 기존 정책을 완전히 폐지하고, 이를 대체할 정책도 만들지 않는 경우이다. 즉 처음으로 정책이 만들어지면 환경에 변화가 있어도 정책 내용을 변화에 적응시켜 수정 · 보완하여 정책유지의 형태로 그 기본 골격을 유지하다가 변화가 더욱 누적되면 정책승계로 정책의 대폭적 수정 · 변경을 하거나 그것으로 부족하면 정책을 새로운 것으로 대체하게 된다. 이렇게 승계된 정책은 다시 변화에 적응하면서 유지되어 나간다. 한편 환경의 변화에 따라 필요없는 정책으로 판단되면 정책은 폐지되어 종결된다 (정정길 외, 2005: 835-838). 이러한 네 가지 유형 간의 관계는 [그림 2-11]과 같다.

그림 2-11 정책변동의 여러 유형 간의 관계

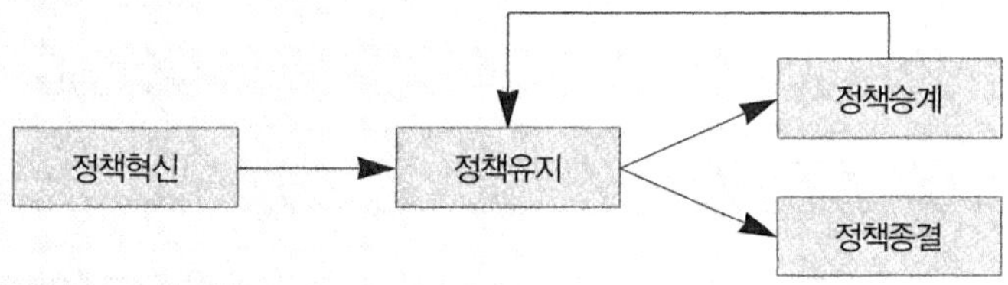

2 정책변동에서의 미래예측의 중요성

과거 전통적 관료제 모형 하에서는 정책변동은 정책종결이라는 의미가 강했으나, 현대정책이론에서 강조되는 거버넌스 패러다임 하에서는 정책변동이 또 하나의 정책혁신을 위한 도구가 되기 위한 정책학습과 정책환류의 의미로 부각되고 있다. 이러한 관점에서 정책변동에 있어서도 정책델파이나 시나리오기법 등 미래예측의 방법론을 활용하여 정책학습과 정책혁신의 가능성에 대한 미래지향적 연구가 매우 중요한 의의를 지닌다고 할 수 있다.

>> 미래예측 사례

미래예측과 정책변동:
대구 지하철 참사와 미래지향적 위기관리

1. 사례개요

2003년 2월 18일 대구광역시 중구 성내동 중앙로역에서 일어난 대형 지하철 화재사고가 일어났다. 대구광역시 중구 성내동 중앙로역 구내에서 50대 남자가 플라스틱 통에 들어 있는 휘발유에 불을 붙인 뒤, 바닥에 던져 12량의 지하철 객차를 뼈대만 남긴 채 모두 태워버린 대형 참사로, 2003년 2월 18일 오전 9시 53분에 일어났다.

사고원인은 50대 중반의 한 정신지체장애인이 자신의 신병을 비관하다 판단착오로 저지른 것으로 밝혀졌다. 이 방화범은 대구광역시 중구 남산동 명덕역에서 지하철을 탄 뒤 경로석에 앉아 있다가, 성내동 중앙로역에서 열차가 서행하는 틈을 타 갑자기 불을 질렀다.

이 사고로 열차는 완전히 불에 타 뼈대만 남았고, 중앙로역 천장과 벽에 설치된 환풍기, 철길 바깥쪽 지붕들도 모두 녹아 내려, 역 구내는 순식간에 아수라장으로 바뀌었다. 출근시간이 지나기는 했지만, 많은 시민들이 타고 있어서 인명피해도 엄청나 192명이 사망하고, 148명이 부상을 당하였다.

사고 다음날 정부는 대구를 특별재난지역으로 선포하였으나, 사고 직후 대구광역시와 지하철 종사자들이 사고를 축소·은폐하고 현장을 훼손하는 등 부실한 대응으로 피해가 확대된 것으로 밝혀져 더 큰 충격을 주었다. 이 사고로 지하철 관련기관 사이의 공조체제 구축, 사고현장 탐색 및 복구, 훼손된 시신의 개인 식별, 유족지원 등 대형 참사와 집단사망에 따른 각 과정의 체계화에 대한 필요성이 대두되었다.

*자료: 매일경제, 2003. 2. 18; 대구지하철 참사 수사대책 본부 자료

2. 쟁점 및 시사점

2003년 대구 지하철 참사 이전에도 대구 지하철 가스폭발사건을 비롯해 여러 안전사고들 발생과 운행의 안전성에 대한 문제가 제기되었다. 특히, 1974년에 서울 지하철 1호선이 개통된 이래 지금까지 29년 동안 지하철과 관련된 사고가 터질 때마다 정부는 위기관리체계를 개선하겠다는 약속과 재난관리법을 제정했지만, 결국 2003년 대구 지하철 방화 참사와 같은 대형 사고가 발생하는 비극을 초래했다.

2003년 대구 지하철 참사 직후 정부는 단기의 안전확보대책의 일환으로 비상시 대처요령 등 훈련 · 홍보 강화, 차량시설 긴급보강 및 현장점검 강화, 모방범죄예방을 위한 순찰활동 강화하는 한편, 전동차량 · 시설 안전기준 보강, 지하철 운영자 · 이용자의 안전대응능력을 향상시키는 홍보나 교육 등의 프로그램을 운영하기로 하는 등 재난관리 정책의 변동을 가져왔다.

또한 2004년 6월에는 대구 지하철 사고와 같은 대형 재난 피해를 막기 위해 국가 최초의 재난관리 총괄기구인 소방방재청이 공식출범했다. 그리고 2005년 현재 대구 지하철의 전동차 내장재는 모두 불에 타지 않는 제품으로 교체되었고, 서울을 비롯한 전국의 지하철 역시 점진적으로 객차 내 바닥과 천장 등을 불연재로 바꿔나가고 있다.

이 사례는 대구 지하철 참사와 같은 대형 극적인 사건(dramatic event)이 발생함에 따라 국민들과 언론, 그리고 정치권의 관심을 불러일으키게 되었고, 정책문제-정책대안-정책선택이 결합하게 된 J. Kingdon의 '정책의 창'(Policy Window) 정책변동모형을 잘 보여주는 사례라고 할 수 있다. 아울러, 위기관리나 재난재해와 같은 분야에서 미래예측에 기초한 미래지향적 관리가 얼마나 중요한가를 여실히 보여주는 사례라고 하겠다.

제7절 미래예측과 정책분석

1 미래예측의 의미

인간의 인지능력이란 한계가 있기 마련이며, 미래의 불확실성을 예측한다는 것은 매우 어려운 작업이다. 이론모형이나 자료측정 등에도 한계가 존재한다. 따라서 정책대안의 미래예측(future foresight)은 효과적인 정책을 수립하고 집행하는 데 중요한 과정이면서도 어려운 과정이다.

정책대안의 미래예측은 사전적 평가에서 가장 주된 활동이다.[5] 이는 곧 대안의 미래예측이 단순히 미래에 일어날 상황예측이 아닌 대안의 비교 · 평가 및 선택에 매우 직접적인 영향을 미친다는 것을 의미한다. 즉, 정책대안의 비교 · 평가는 정책대안의 미래예측에 따라 크게 뒤바뀔 수 있기 때문에 정확하고 신뢰성 있는 정책대안의 미래예측이 이루어져야 한다.

---

5) 정책대안이 탐색 · 개발되고 해당 정책의 평가기준이 만들어지면 정책이 가져올 결과들을 예측하고 평가기준들에 비추어 평가하게 된다. 평가라고 하는 것은 사전적 평가와 사후적 평가로 구분된다. 사전적 평가라 함은 정책분석의 과정에서 이루어지는 평가를 의미하며, 사후적 평가는 정책을 집행한 후에 그 정책이 가져오는 결과와 영향에 대한 평가를 말한다(노화준, 2004: 172).

2 미래와 예측

1. 미래의 종류

정책대안의 미래예측에서 그 대상이 되는 미래는 세 가지 형태로 구분할 수 있다. 첫째, 나타날 수도 있는 잠재적 미래(potential future),[6)] 둘째, 자연이나 사회의 인과관계에 의해 나타날 것으로 믿어지는 개연적 미래(plausible future), 셋째, 일어나야만 된다고 생각되는 규범적 미래(normative future)가 그것이다(Dunn, 1981: 194-195).

(1) 잠재적 미래

잠재적 미래(potential future)는 단순히 발생 가능한, 즉 나타날 수도 있는 모든 미래의 상태를 의미한다. 대부분 미래는 잠재적 미래라고 할 수 있으며, 확실하게 결정된 미래의 상태가 아니기 때문에 무수히 많은 미래가 존재한다. 가능한 미래(possible future)라고도 한다. "10년 후에는 남북한이 통일될 것이다"라든지, "50년 후에 중국의 1인당 GNP가 OECD국가 중 가장 높은 나라가 될 것이다"라는 것이 모두 잠재적 미래에 해당한다.

(2) 개연적 미래

개연적 미래(plausible future)는 개입하지 않으면 그대로 발생하게 될 가능성이 가장 확률적으로 높은 미래를 의미한다. 즉, 정책결정자가 정책 활동을 통해 사건들의 진로를 바꾸려고 간여하지 않으면 자연이나 사회의 인과관계에 관한 가정들에 기초하여 자연스럽게 생기게 되리라고 믿어지는 미래 상태를 말한다. 가령, "2026년에는 우리나라가 초고령화 사회로 전환될 것이다"라든지, "2060년대에는 인구 증가율이 감소세

6) 강근복(2002)에서는 가능한 미래(possible future)라고 되어 있으며, 노화준(2004)에는 잠재적 미래(potential future)라고 되어 있다. 대안적 미래(alternative future)라고 말하기도 한다.

를 보일 것이다"라는 것이 개연적 미래에 해당한다.

(3) 규범적 미래

규범적 미래(normative future)는 바람직한 미래를 의미한다. 즉 정책분석가가 바람직하다고 여기는 미래의 상태나 나타나기를 기대하는 미래를 말한다. 규범적 미래를 구체화하는 것은 잠재적 미래와 개연적 미래의 범위를 축소시키는 것이 된다. 예를 들어, "2010년에는 우리나라 경제규모가 세계 7위 안에 들어갈 것이다"라든지, "2010년에는 실업률이 7%대로 감소할 것이다"라는 것 등이 규범적 미래라고 할 수 있다. 규범적 미래는 실현되기를 희망하는 미래이기 때문의 예측의 대상보다는 창조 및 설계의 대상이 된다.

과거, 현재, 미래의 유형은 잠재적(potential), 개연적(plausible), 그리고 규범적(normative)인 것으로 나누어진다. 잠재적 미래란 예측시점에서 일어날 수도 있다고 생각되는 미래의 가능한 상태를 의미한다. 많은 미래의 대안(alternative future) 중 미래의 상태로 일어날 수도 있고 일

그림 2-12 미래의 세 가지 유형 : 잠재적, 개연적, 규범적 미래

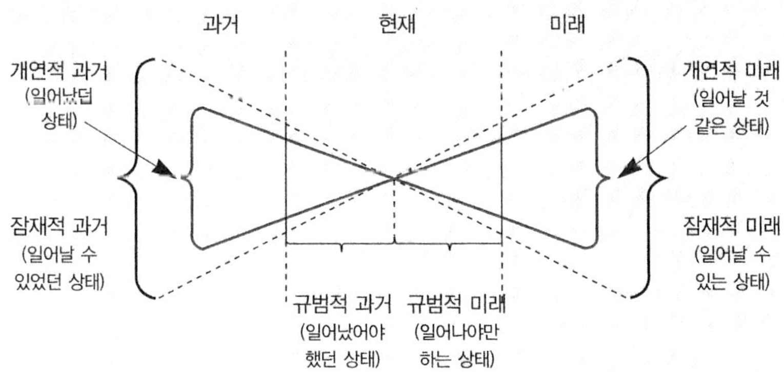

* 자료 : William N. Dunn, 1994 : 238

그림 2-13 정책과 미래

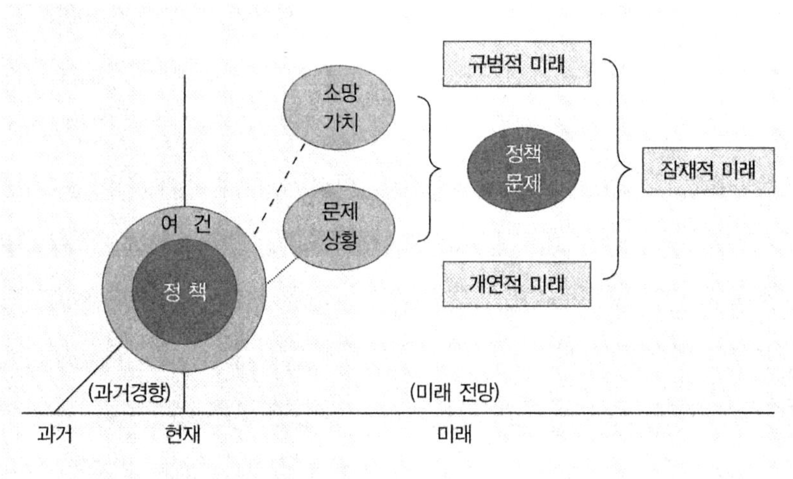

* 자료 : 허범, 1995 : 125

어나지 않을 수도 있는 미래의 가능한 상태를 의미한다. 실제로 일어나는 것은 수많은 미래의 대안 중 하나만이 일어나게 된다. 개연적 미래는 자연과 사회가 지닌 본질적인 인과관계에 따라 실제로 일어나게 되는 미래의 가능한 상태를 의미한다. 즉 장차 일어날 수 있는 가장 개연성이 높은 미래를 말한다. 규범적 미래는 정책의 요구와 기대에 따라 가장 바람직하고 가치있게 생각되는 이상적인 미래의 상태를 의미한다(허범, 1995: 125; 한국산업디자이너협회, 1998: 46).

2. 미래예측의 목적

정책대안의 결과를 미래예측하는 이유는 정보의 제공, 정책의 통제, 미래가치에 대한 예견이라는 세 가지로 구분할 수 있다.

첫 번째, 정보의 제공은 예측의 가장 중요한 목적이다. 이는 정책결정자에게 정책과 그 결과로 나타날 미래변화에 관한 정보를 제공하는 것을 말한다. 정책분석에 있어서 미래예측 활동은 잠재적 미래, 개연적 미래 또는 규범적 미래에 대한 예측에 국한되지 않고, 이들 각 미래에 대한 일반 국민들과 이해관계 당사자들의 태도와 선호들(preferences)을 분석하고 평가함으로써, 정책이 나아가야 할 행동노선과 정책의 실행가능성을 판단할 수 있는 중요한 정보를 제공하게 된다(노화준, 2006: 166-167).

두 번째, 정책의 통제는 정책대안의 미래예측을 통해 과거정책과 그 결과를 이해함으로써 보다 원활한 통제가 가능해짐을 의미한다. 즉 미래에 실행될 정책뿐만이 아니라 과거에 시행되었던 정책과 그 정책으로 인한 결과를 살펴봄으로써, 정책이 결과에 준 영향에 대해 예측할 수 있게 되고, 이를 통해 정책이 효과적으로 성공하기 위해서는 어떻게 해

그림 2-14 미래예측의 목적

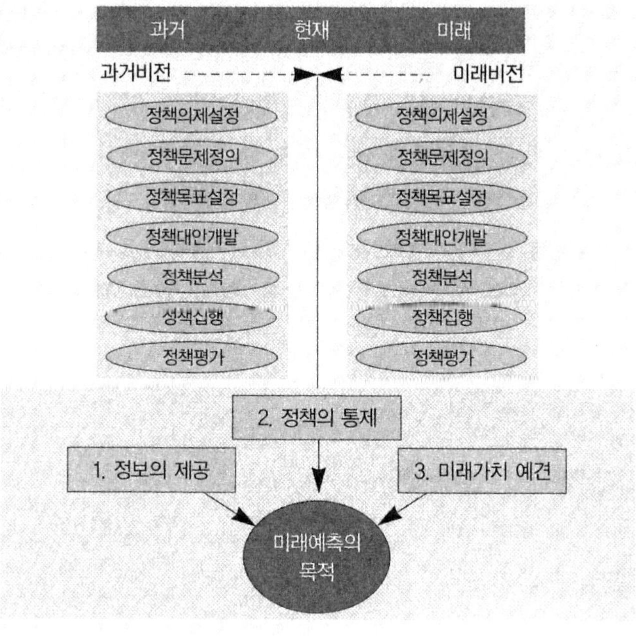

* 자료: 노화준, 2006: 166-167에서 수정 인용.

야 하는지에 대해서 알 수 있는 것이다.

세 번째는 미래가치에 대한 예견으로 과거와 현재의 가치를 기초로 하여 바람직한 미래의 선호를 예견함을 의미한다. 즉 단순히 현재 우리가 선호하는 것에 의해서가 아닌 우리가 미래에 선호하게 될 것을 예견함으로써, 가치의 변화를 예견할 뿐 아니라 현재와 미래의 가치에 대한 능동적인 변화까지도 예측하게 됨으로써 미래를 창조하고 설계하는 것이 가능해지는 것이다.

3. 미래예측과 정책분석

정책분석이라는 말은 정책내용에 대한 분석, 정책과정에 대한 분석 등을 지칭하는 데 사용되는가 하면, 한편으로는 사회문제를 정의하고, 자료를 수집 · 분석하는 등 정책결정을 위한 정보를 산출하는 활동을 지칭하는 데 사용되기도 한다(Hogwood and Gunn, 1984: 26-29). 이러한 정책분석은 인접한 다른 분야의 학문이나 연구 분야에 비해 미래예측과는 더욱 밀접한 관련을 갖는다. 정책분석이야말로 고도의 불확실성, 특이한 사건이 발생할 가능성에 대한 주관적 확률의 부여, 과거의 반복되는 역사, 그리고 어떤 특정한 사회의 사회 · 문화적 여건이 정책의제형성과 정책결정에 미치는 영향 등에 대한 복합적이고 복잡한 요인들의 미래예측 및 인과관계 분석을 요구하고 있기 때문이다(노화준, 2007: 213-214).

3 미래예측과 불확실성

1. 불확실성의 의미

불확실성(uncertainty)은 올바른 정책결정을 위하여 알아야 할 것과 실제로 알고 있는 것과의 차이를 의미하는데(R. Mark, 1991: 1), 정책분석에서는 정책대안의 성공에 영향을 미치는 요소들에 대한 예측불가능성이라고 정의한다(E. S. Quade, 1982: 151).

Quade는 불확실성을 ① 무작위적인 사건에 의한 것, ② 어떤 개념 자체는 알려져 있으나 그것의 결과나 확률을 알 수 없는 경우, ③ 인간의 의도적인 행동이나 선호의 가변성으로 인해 생기는 경우로 구분하고, ①을 확률적(stochastic) 불확실성, ②와 ③을 실질적(real) 불확실성으로 표현하고 있다(채경석, 2005: 194).

2. 불확실성의 요소

불확실성(uncertainty)이란 정책대안에 대한 예측의 불가능성이라고 할 수 있는데, 이러한 불확실성의 요소로는, 첫째는 정책문제의 원인이 무엇인지 불명확한 경우이고, 둘째는 바람직한 정책목표의 설정이 어려운 경우가 있다. 셋째는 정책대안들에 대한 탐색이 어려워 어떠한 정책대안들이 있는지 알기 어려운 경우이고, 넷째는 정책대안의 결과에 대한 정확한 예측이 어려운 경우이며, 마지막으로 정책대안들의 비교 및 평가를 위한 바람직한 기준의 선정이 어려운 경우를 들 수 있다(노시평, 2006: 211).

3. 불확실성의 대처

불확실성에 대한 대처는 적극적 방법과 소극적 방법으로 나눠진다. 적극적 방법은 불확실한 것을 적극적으로 극복하거나 해소시키는 방안이며, 소극적 방법은 불확실성이 주어진 것을 전제로 하고 그 불확실성을 감안한 상태에서 정책을 결정하는 방안을 말한다(정정길 외, 2005: 320).

(1) 적극적 방법

불확실한 것을 적극적으로 극복하거나 해소시키는 방법은 크게 두 가지로 나눠진다.

첫째, 이론이나 모형을 통해 정책대안과 결과의 관계를 명확하게 정립하여 이것이 현실에 적용될 때 개입되는 모든 변수에 대한 자료나 정보를 획득한 다음, 이를 반영하여 정책대안이 가져올 결과를 예측하는 방법으로 가장 이상적인 불확실성 극복방안이라 할 수 있다.

둘째, 불확실성이 생기는 상황 자체를 통제하는 것으로써, 미래에 대해 영향을 줄 정책대안 외에 개입되는 다른 여러 가지 변수가 상황에 영향을 줄 수 없도록 모두 통제하는 법이다. 가령 A조직과 B조직이 시장에서 내년도 시장전략을 놓고 어떤 전략적 조치가 나올지 몰라 불확실성이 생긴 경우, 직접 협상이나 타협을 통해 상황 자체를 통제하는 것이다.

(2) 소극적 방법

불확실성이 주어진 것으로 보고 불확실한 상태 하에서 정책대안의 미래예측이나 정책결정을 진행하여 불확실성에 대처하는 소극적 방법도 있다. 보수적(conservative) 접근법, 중복성(redundancy)의 확보, 민감도(sensitivity) 분석 등이 이에 해당한다. 보수적 접근법은 최악의 상황을 가정하고 가장 보수적으로 접근함으로써 불확실성에 대처하는 방법이며, 중복성 확보는 가외적 조치를 중복적으로 더 확보해 놓음으로써 불확실성에 대처하는 방법이다.

민감도 분석(sensitivity analysis)은 수행하는 상황에 따라 분기점 분석과 악조건 가중분석으로 나눠진다(노화준, 1989: 217).

첫째, 분기점 분석(break-even)은 먼저 최선 및 차선으로 예상되는 몇 가지 대안들을 대상으로 하여, 이 대안들이 동등한 결과를 산출하기 위해서는 불확실한 요소들에 대해서 어떠한 가정들을 해야 하는지를 파악하고 평가함으로써, 두 대안의 분기점에 대해 분석해 보는 방법이다. 분기점 분석을 통해 최선과 차선 중 어떤 대안이 비현실적인가를 사정해 볼 수 있다.

둘째, 악조건 가중분석(a fortiori analysis)은 예비분석이나 지금까지의 분석결과로 보아서 가장 우수하다고 판단되는 정책대안에 대해서는 최악의 상태를 가정하고, 나머지 정책대안에서는 최선의 상태가 발생하리라 가정하여 대안들을 평가해 보는 방법이다. 악조건 가중분석에도 불구하고 최초에 가장 우수하다고 판단된 대안이 여전히 가장 우수한 대안으로 판명되면 그 대안은 매우 우수한 대안이 될 것이다. 즉, 최선의 대안이라고 여겨지는 대안이 분기점 분석에서도 살아남고 악조건 가중분석에서도 살아남았다면, 이는 매우 견고한(robust) 대안이다.

4 미래예측 방법

1. 미래예측의 접근방법

미래예측의 접근방법을 살펴보기 위하여 필요한 개념이 바로 '미래예측의 기초'이다. 정책대안의 미래예측을 하는 데 있어서 가장 기본적인 접근방법은 크게 이론적 예측과 전문가 판단으로 나눌 수 있다.

미래예측의 방법을 경향치의 투사(trend extrapolation), 이론적 가정(theoretical assumptions), 선눈가 판단(subjective judgement) 등 세 가지로 접근할 수도 있다(Dunn, 1981: 141; 강근복, 2002: 129). 하지만, 크게 보면 경향치의 투사나 시계열 분석은 이론적 예측방법에 포함시킬 수 있을 것이다. 회귀분석의 방법을 이론적 가정에 포함시키면서 경향치의 투사(시계열분석)를 따로 독립시키는 것은 어색하기 때문이다. 이에 따라, 여기에서는 미래예측의 방법을 이론적 모형에 의한 방법과 전문가 판단에 의한 방법으로 나누고, 이론적 모형에 의한 방법을 시계열

분석과 횡단면 분석으로 나누기로 한다.

이론적 예측(theoretical prediction)은 한 사건이 다른 사건에 근거해서 발생할 것으로 예견되는 실증적으로 검증할 수 있는 이론적 가정과 모형에 근거한다. 이론적 가정은 인과관계의 형태를 띠며 연역적 이론과 귀납적 추론에 근거한다. 전문가 판단(expert judgement)은 연역적 또는 귀납적 추론보다는 개인적인 경험과 통찰력에 기초한 지식을 가리키는 것으로, 대개 학자 혹은 전문가들의 식견있는(educated) 의견조사에 근거한다.

미래예측의 기초가 되는 근거는 이론적 예측, 전문가 판단이라는 두 가지 이외에 주관적 방법 대 객관적 방법, 연장적 방법 대 인과적 방법, 선형적 방법 대 분류적 방법이라는 6가지로 분류될 수 있다.

(1) 주관적 방법 대 객관적 방법

주관적 방법은 전문가의 경험적 통찰력에 토대를 둔 방법으로서 전문가 의견 조사가 여기에 해당한다. 주관적 방법은 분석을 하는 데 투입되는 자료가 무조건 주관적인 것만은 아니다. 주관적 방법의 분석에서 투입되는 자료는 객관적인 자료와 주관적인 자료를 모두 사용할 수 있다.

객관적 방법은 주관적 방법과 반대로 미래예측 과정이 구체화되어 있는 방법을 말한다. 즉, 구체화되어 있는 절차에 예측을 위한 자료를 이용하여 다른 분석가들도 또한 동일한 예측결과를 얻도록 하는 것이다.

(2) 연장적 방법 대 인과적 방법

연장적 방법은 추세적 연장에 해당하는 것으로, 과거로부터의 경향치를 보고 이를 통해 미래까지의 경향을 예측하는 연장선을 만들 때, 그 연장선 안에 인과성을 전혀 고려하지 않는 것으로 귀납적인 방법을 의미한다. 예컨대 "앞으로 몇 년 후면 지구 인구가 70억을 돌파할 것이다"라는 예측은 연장적 방법에 속한다.

반면 인과적 방법은 위에서 말한 미래의 경향을 예측하는 연장선 안에 어느 정도의 인과성을 고려하는 것을 의미한다. 인구증가율을 예측하는데 단순히 이때까지 증가율만 보는 것이 아니라, 전쟁을 통한 베이비 붐 세대나 전염병에 의한 급격한 인구감소와 같은 변수를 고려하여 인과모델을 형성한 뒤 이를 통해 미래를 예측하는 것이다.

연장적 방법과 인과적 방법의 기본적 원리는 앞으로의 발전에 대한 예측은 최근의 역사 속에 확립된 경향들이 미래에서 지속될 것이라는 가정 하에 진행하는 것이다. 예컨대, 출생률, 사망률, 경제성장률, 에너지 소비량 등 지난 수년간 일정한 비율로 나타난 추세를 기본자료로 활용하여 수년 후를 예측하는 방법이다. 이와 같이 추세를 이용하여 미래를 예측하는 방법은 분산추세, 수평추세, 직선추세, 곡선추세, 혼합추세 등으로 표현될 수 있다(한국산업디자이너협회, 1998: 55). 이는 아래 그림에 나타나 있다.

분산추세는, 아래 그림에서 보듯이 시간과 반응 사이에 특별한 관련이 없이 데이터가 무작위적(random)으로 분산되어 있는 형태이며, 수평

그림 2-15 추세 유형

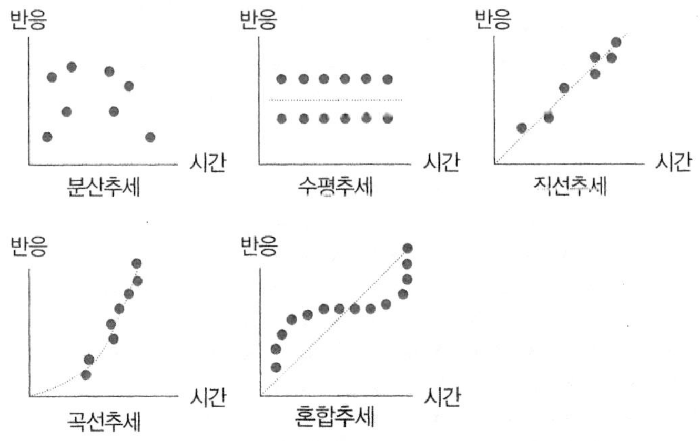

* 자료 : Ken Tobioka, 신문식 역, 2002 : 68에서 수정 인용

그림 2-16 연장적 방법 vs. 인과적 방법

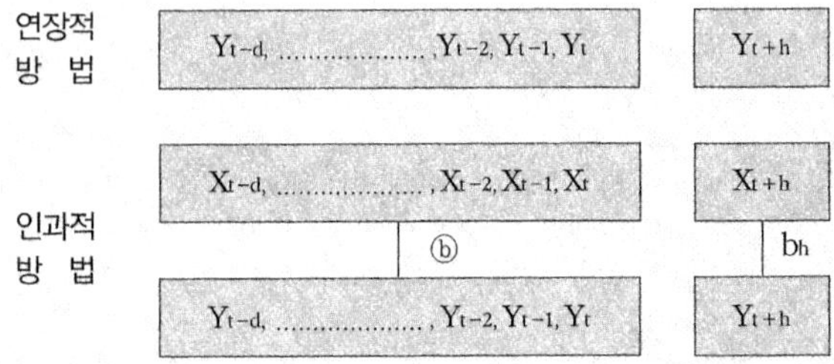

Y=예측되어야 할 변수 X=원인변수
d=역사적 자료의 기간의 수 h=예측 시계(time horizon)에 있어서 기간의 수
t=연도 b=역사적 자료의 인과관계
b_h=예측 시계(time horizon) 동안의 인과관계들

* 자료: 노화준, 2006: 169.

추세는 시간과 반응 사이에 수평적 관계가 존재하는 형태이다. 직선추세는 시간과 반응 사이에 우상향하는 직선관계의 형태이고, 곡선추세는 시간과 반응 사이에 2차함수적 곡선관계의 형태이며, 혼합추세는 시간과 반응 사이에 시계열 함수적 곡선관계가 혼합적으로 존재하는 형태이다. 이 중에서 직선추세의 형태가 시계열 회귀함수의 형태로 예측하기에 가장 용이하나, 곡선추세나 혼합추세의 경우에도 Logit함수, Probit함수의 형태를 통해 예측할 수 있다.

(3) 선형적 방법과 비선형적 방법

객관적이고 인과적 방법은 다시 선형적 방법과 비선형적 방법으로 나누어 볼 수 있다.

선형적 방법은 일반적인 회귀모형으로써 "X가 증가하면, Y도 증가 혹은 감소하게 된다"라는 것으로, 즉, "X가 Y의 상승 혹은 감소의 원인이 된다"라는 선형적 인과적 관계에 기초를 두는 것이다.

비선형적 방법에는 Logit, Probit, LPM 모형 등 다양한 형태의 비선형

그림 2-17 미래예측의 근거

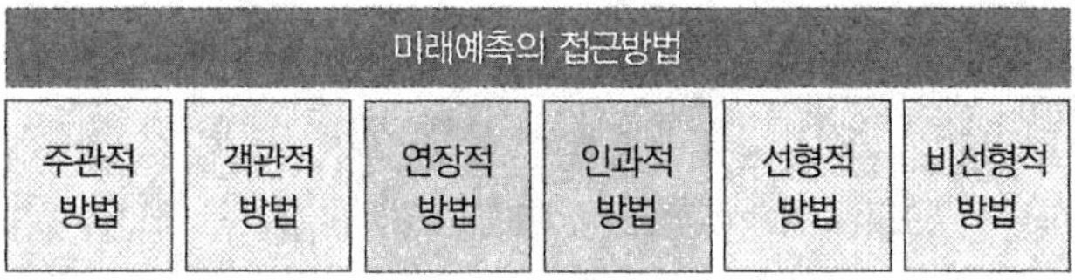

회귀모형과 함께 분류적 방법이 있다. 분류적 방법은 원인변수에 대해 동일한 반응을 하는 단위를 찾아내고, 그 단위에 따라 그룹을 지어 예측을 하는 비선형적 방법이다. 즉, X에 반응하는 행태 A, B, C를 찾아 이를 행태별로 구분하여 그룹 간의 차이를 비교하는 방법이다. 예컨대, 부동산 정책에 대해 반응하는 행태들을 크게 반대, 찬성, 중립으로 나누고, 집단 행태별로 유형을 분류하여, 이들을 비교 분석함으로써 모집단 전체에 대해서 예측을 추론하는 것이다(노화준 2004: 177).

2. 미래예측의 기법

정책대안의 미래예측은 정책대안의 비교 · 평가뿐만 아니라, 정책대안의 탐색 · 개발에도 많은 영향을 미친다. 정책대안의 미래예측을 위한 다양한 예측의 기법들이 존재하는데, 여기서는 위에서 논의한 대로 가장 중요한 두 가지 예측 기법인 이론적 예측과 주관적 판단에 대해서 살펴보기로 한다.

(1) 이론적 예측

이론적 예측(theoretical assumption)은 이론적 가정과 모형에 기초하며 연역적 논리와 귀납적 추론에 근거한다. 이론적 예측은 정책분석가로 하여금 이론적 가정과 과거 자료를 바탕으로 미래 상태를 예측할 수 있게 도와주는 방법으로, 인과관계에 관한 가정들에 기초하기 때문에 이론으로부터 도출된 인과모형을 필요로 한다. 이론적 예측에서 사용되는 미래예측기법은 연역적 방법으로서의 이론모형과 귀납적 방법으로서의 통계분석이 있다. 통계분석은 다시 회귀분석(횡단면분석과 시계열분석), 시뮬레이션, AHP기법, Bayesian모형, 형태분석기법 등이 있다. 회귀분석을 응용한 통계분석으로는 OLS, GLS모형 등 선형 회귀모형과 Logit, Probit, LPM모형 등 비선형 회귀모형, 그리고 Poisson모형 등 비정규분포 분석모형이 있다.

① 연역적 방법: 이론모형

정책분석에서 이론모형(theoretical model)이 지니는 의미는, 1) 정책대안의 탐색에 도움을 줄 수 있으며, 2) 이론모형을 통해 정책대안을 미래예측하는 데 있다. 정책결과에 영향을 미칠 수 있는 원인변수들을 이론이나 지식을 통해 연역적으로 추출해 내고, 이들을 자료를 통해 검증함으로써 정책수단과 정책결과 사이에 존재하는 인과관계를 밝히려는 방법을 의미한다. 이러한 독립변수들 중에서 좀 더 심화하여 분석하며, 정책적으로 조작 가능한 변수와 그렇지 못한 변수로 나눌 수 있다. W. Dunn(1981: 125)은 문제의 원인을 가능한(possible) 원인과 행동 가능한(actionable) 원인으로 나누었으며, 정정길(2005: 368)은 이를 정책적으로 통제 가능한(controllable) 원인과 통제 불가능한(uncontrollable) 원인으로 구분하였는데, 같은 의미이다. 이러한 원인들을 파악하여 이들 간의 인과관계를 도출하고, 이를 토대로 미래를 예측하는 방법을 이론모형에 의한 미래예측이라고 한다.

② 귀납적 방법: 통계분석

이론모형에 의한 방법이 연역적 방법이라면 통계분석(statistical analysis)은 데이터에 근거한 귀납적 방법이라고 할 수 있다. 통계분석으로 많이 사용되는 기법들은 회귀분석(횡단면분석과 시계열분석), 시뮬레이션, AHP기법, Bayesian모형, 형태분석기법 등이 있다. 이들에 대한 상세한 내용에 대해서는 뒤에 미래예측 방법론을 소개할 때 자세히 다루기로 하고, 여기에서는 회귀분석(횡단면분석과 시계열분석)과 시뮬레이션에 대해서 간략히 살펴보기로 한다.

ⓐ 회귀분석

회귀분석(regression analysis)은 변수들 간의 선형관계를 추정하는 데 유용한 기법으로 독립변수와 종속변수 간의 관계의 형태와 크기를 정확히 추정하는 통계방법이라 할 수 있다.

회귀분석은 독립변수와 종속변수들 간의 관계의 형태에 대하여 요약된 측정치를 제공하기 때문에 모형의 설계 및 활용에 유용하다. 정책분석가는 회귀분석을 통해 변수 간의 인과관계를 확인할 수 있으며, 회귀분석은 어떤 독립변수가 종속변수의 원인인가를 정확하게 밝히게 한다는 점, 즉 원인변수와 결과변수를 구체화하게 한다는 점에서 큰 장점을 가지고 있다.

회귀분석은 횡단면분석과 시계열분석으로 나눌 수 있으며, 선형분석과 비선형분석으로 나눌 수 있다.

㉠ 횡단면분석

분석단위가 시간이 아닌 형태의 분석을 횡단면 분석(cross-sectional analysis)이라고 한다. 횡단면 분석도 종속변수의 형태가 선형으로 나타나는 형태에 대한 분석(OLS, GLS)과 비선형으로 나타나는 형태에 대한 분석(Poission Model, Logit, Probit, LPM 모형 등)이 있다.

㉡ 시계열분석

분석단위가 시간의 형태로 나타나는 분석을 시계열분석(time-series analysis)이라고 한다. 시계열분석은 과거로부터 현재에 이르는 변화를 분석함으로써 미래를 예측하는 방법인데, 시간을 독립변수로 둔다.

시계열분석에서는 시계열이 지속적 경향, 계절적 변동, 주기적 파동, 불규칙적 진동 등 네 가지 구성요소를 가지고 있으며, 이들 구성요소를 식별하여 미래 상태를 예측하는 데 이용하는 기법이다(김신복, 1991: 364-365). 지속적 경향은 종속변수의 선형형태를 의미하며, 계절적 변동 · 주기적 파동 · 불규칙적 진동 등은 종속변수의 비선형형태를 말한다. 시간함수에 따라 경제성장을 예측하면 비교적 선형형태를 보이며, 주식가격의 변동은 불규칙적 진동 형태를 보인다.

지속적 경향이란 장기적으로 평탄하게 증가하거나 감소하는 것이고, 계절적 변동은 1년 혹은 그보다 짧은 기간에 주기적으로 반복해서 나타나는 것, 주기적 파동은 반복적으로 나타나는 주기가 수년간에 걸쳐 길어질 수 있는 것을 말한다. 마지막으로 불규칙적 진동은 규칙적인 방식이 없어 보이는 시계열상의 예측할 수 없는 변동을 말한다.

ⓑ 시뮬레이션

시뮬레이션(simulation)은 정책대안의 미래예측에서 두 가지 의미를 포함한다. 첫째는, 정책대안의 실현으로 인해 어떠한 변화가 일어나는지를 실제로 그 정책대안을 실행하지 않고도 알아내는 방법으로, 실제체제를 모방한 고안물을 활용하는 방법이다(role play). 우주비행을 위해 우주에서와 같은 중력과 공간을 구성하고 미리 연습하도록 하는 것도 시뮬레이션 개념에 속한다. 이러한 형태의 시뮬레이션은 모의분석이라고도 한다. 어떤 실제생활시스템의 성질, 행태, 특성들을 연구하고 이해하기 위하여 시스템을 모방한 것으로서, 실제상황에서 나타나는 직접적인 투입과 산출의 관계를 알기는 어렵지만, 위험부담을 줄이고 비용이 적게 들어가며 어느 정도 실제상황을 예측할 수 있기 때문에 많이 사용된다.

둘째는, 민감도분석(sensitivity analysis)과 같은 의미로서, 미래예측에 포함된 불확실성의 근거가 되는 가정에 대해 조금씩 변수 값을 미세하

그림 2-18 미래예측의 기법

이론적 예측(객관적 방법)

연역적 방법 : 이론모형

귀납적 방법 : 통계분석

- 회귀분석(횡단면분석, 시계열분석)
- 시뮬레이션
- AHP기법
- Bayesian모형
- 형태분석기법

주관적 판단(주관적 방법)

전문가 판단

- 브레인스토밍, 정책델파이,
- 시나리오기법, 전문가패널,
- 교차영향분석, 통찰적예측
- 실현성예측

게 변화시킴으로써, 그로 인해 나타나는 결과들을 토대로 분석하는 기법이다. 민감도 분석은 수행하는 상황에 따라 다음과 같이 크게 세 가지로 나누어 볼 수 있다. 모형에 사용될 변수(parameter)들 가운데 어떤 변수의 경우에는 그것이 어떤 값을 택할지 전혀 불확실한 경우가 있다. 이때 하나의 대안이 경제적으로 정당화될 수 있는 변수 값의 범위와 정당화될 수 없는 변수 값의 범위를 결정하는데, 이를 손익분기분석(break-even analysis)이라 부른다. 이에 비해 어떤 한 파라미터가 취할 수 있는 가능한 값들을 알 수는 있으나 이들 가운데 어떤 값이 실제로 발생하게 될지 모르는 경우가 있는데, 이 때 우리는 이들 가능한 여러 가지의 다른 변수 값들이 발생에 따라 대안들의 효과성이 어떻게 달리 나타나게 되는지에 대하여 관심을 가지게 된다. 이를 위한 분석이 일반적으로 말하는 민감도분석(sensitivity analysis)이다. 그러나 이의 경우 만일 각 변수 값들이 취할 수 있는 확률이 알려져 있다면, 우리는 여러 대안들에 대한 효과성에 분석결과들이 가질 수 있는 값들에 대한 확률적인 서술을 할 수 있는데, 이러한 분석과정이 바로 위험분석(risk analysis)이다(노화준, 2004: 267-268).

(2) 전문가 판단

전문가 판단(expert judgement)에 기초한 미래예측방법은 해당 분야 전문가의 지식이나 내적 통찰력을 기초로 지적 판단을 통해 종합적 결론을 도출하는 창의적 예측방법이라고 할 수 있다. 전문가 판단을 통해 창의적 미래예측을 하는 중요한 방법으로는 브레인스토밍, 정책델파이, 시나리오 기법, 전문가패널, 교차영향분석, 통찰적예측, 실현성예측 등이 있다. 이들에 대해서는 뒤에 미래예측 방법론을 소개할 때 자세히 다루기로 한다.

>> 미래예측 사례

미래예측과 정책분석:
[美 아프간 공격](비상대책 시나리오), 수출中企 특례보증 확대

1. 사례 개요

산업자원부는 8일 미국의 아프가니스탄 보복공격이 개시됨에 따라 '종합상황비상대책반' 가동에 들어갔다. 비상대책반은 미국 테러참사 직후부터 운영 중인 수출(무역투자)반을 비롯, 산업, 에너지 등 3개반으로 구성됐다. 미국의 공격양상에 따른 수출입 영향과 원유 등 원자재 수급동향, 주요 품목의 생산동향 등을 분석하고 구체적인 대응 방안을 마련한다는 계획이다. 산자부는 또 미국 파키스탄 등 유관국 주재 상무관들과 KOTRA 무역협회 등에 관련국들의 동향을 분석하도록 조치했다. 이와 함께 중동 정세가 악화될 경우 수출 차질이 불가피할 것으로 보고 수출환어음(D/A) 매입한도 확대와 현지금융에 대한 본사의 지급보증 등 수출촉진책을 재점검키로 했다.

(1) 원유 수급대책

산자부는 개전 후 심리적 요인으로 국제유가가 배럴당 30달러까지 일시 급등할 가능성이 높은 것으로 보고 있다. 하지만 지난달 27일 현재 국내 원유비축량이 72.6일분(1억4천7백여만 배럴)으로 충분한 편이어서 전쟁이 중동 전역으로 확산되지 않을 경우 수급 차질은 발생하지 않을 것으로 보고 있다. 산자부는 몇 가지 미래 시나리오를 구성하고 이에 따른 대책을 마련하였다. 우선, 전쟁이 단기 국지전으로 끝날 경우 비상수급대책반을 운영하면서 국내 재고 확대에 주력할 방침이다. 그러나 전쟁이 장기화돼 배럴당 30~35달러까지 오르면 정부 부과금을 조정하고 에너지 절약과 가격안정 대책을 시행키로 했다. 석유화학 발전 등 대량 수요처의 소비감축도 유도할 방침이다. 만약 전쟁이 중동 전역으로 번져 국내 석유 공급량의 7% 이상이 부족할 경우 정부 비축유를 방출하고 수급조정명령권을 발동할 계획이다. 아울러 차량 운행을 2부제로 제한하고 원유에 대한 수입부과금을 유예하는 방안도 마련해 놓았다.

(2) 수출 지원대책

전쟁이 조기 종결될 경우 수출비상대책반을 통해 기업의 애로사항을 해소해주고 시장개척단을 정상 파견키로 했다. 전쟁보험료와 운임 인상 등으로 수출 부대비용이 늘어남에 따라 외국환은행의 외환수수료 인상도 자제하도록 유도할 방침이다. 전쟁이 장기전으로 치달을 경우, 지난달 17일부터 미국 수출기업에 적용하고 있는 수출보험, 수출금융, 중소기업특례보증제도를 중동과 전체 수출기업으로 확대키로 했다.

* 자료: 한국경제 2001. 10. 9.

2. 쟁점 및 시사점

위의 사례는 미국의 아프가니스탄 보복공격이 개시됨에 따라 미래의 시나리오를 구성하고 그에 따른 정책현황 및 대책을 원유수급 대책과 수출지원 대책으로 나누어서 분석한 내용을 보여주고 있다. 미국의 아프가니스탄 공격에 대한 미래 시나리오도 1) 전쟁이 단기 국지전으로 끝날 경우, 2) 전쟁이 장기화돼 원유가격이 급등할 경우, 3) 전쟁이 중동 전역으로 번져 걷잡을 수 없는 파국으로 치달을 경우 등으로 나누어서 분석하고 있다. 전쟁과 무역, 그리고 원유가격은 중소기업 및 국민들의 생활안정에 매우 중대한 영향을 끼치는 사안인 만큼, 정확한 현상의 진단과 그에 따라 미래예측이 매우 중요하다고 할 수 있다. 이 사례는 정책문제에 대해 미래를 예측하고, 그것을 다양한 각도에서 미리 분석하여 적실성 높은 대응을 하는 것이 얼마나 중요한지를 잘 보여주고 있다.

제8절 미래예측과 거버넌스

미래예측과 거버넌스는 매우 밀접한 연관관계를 맺고 있다. 여기에서는 먼저 거버넌스 패러다임에 대한 학자들의 모형들을 살펴본 후, 미래예측과 거버넌스의 연계를 검토해 보기로 한다.

1 거버넌스 패러다임

1. G. Peters(1995)의 네 가지 모형

Guy Peters(1995)는 『미래의 국정관리(*The Future of Governing: Four Emerging Models*)』에서 네 가지의 정부모형을 제시하고, 이들 간의 특징을 구분하여 설명하고 있다. Guy Peters(1995)는 미래라는 개념과 국정관리라는 개념을 직접적으로 연계하여 거버넌스 논의를 시도했다는 점에서 많은 관심과 주목을 끌었다. 네 가지의 정부모형은 시장모형, 참여모형, 신축모형, 탈규제모형인데, 이들은 모두 전통적 관료모형에 대한 대안으로 제시된 미래의 국정관리모형이다.

(1) 시장모형

시장모형(market model)은 전통적 관료모형의 비효율성의 극복을 위해서 조직 내부에 인센티브를 부여해 시상원리에 의한 효율성을 제고해 보려는 데 초점을 둔 정부모형이다. 즉, 시장모형의 핵심은 새로운 거버넌스를 통한 정부 효율성제고라고 할 수 있다. G. Peters는 전통적 관료모형의 비효율성은 정부 관료제의 독점적 지위로 인해 내부경쟁이 발생하지 않는 것에 기인하는 것으로 파악하였다. 이러한 시장모형에 기초한 거버넌스 예로서는 행정조직의 분권화, 지방정부에의 권한 위임, 성과급 등 민간부문의 관리기법의 도입 등이다.

(2) 참여모형

G. Peters는 전통적 관료모형의 비효율성이 나타나는 또 다른 문제는 바로 계층제적 권위로 인한 참여부족으로 인식한다. 따라서 참여모형은 정치적이고 민주적인 방식으로 정부 효율성을 향상시키고자 하는 것이다. 참여모형(participatory model)에서의 조직구조는 수평적 형태의 조직구조를 추구하고, 관리는 TQM과 팀제의 속성을 지니게 되며, 정책결정은 협의나 협상을 통해 이루어지는 등 참여와 협의를 강조한다.

(3) 신축모형

전통적 관료모형의 중요 특징 중 하나는 조직의 영속성이다. 즉, 장기적이고 지속적인 관료제에 기초한 통치모형이다. 그러나 신축모형(flexibility model)은 정부의 인력 및 조직의 영속성이 정부 비효율성 발생의 근본 원인이라 생각한다.

신축모형에서는 영속적 조직에서 나타날 수 있는 타성과 변화에의 거부 등을 예방하는 데 주안점을 둔다. 이를 위해서 신축모형은 기존 조직의 신축적이고 지속적인 폐지와 신설 등이 필수적이라고 주장한다.

(4) 탈규제모형

탈규제정부모형은 정부 내부의 규제를 철폐함으로써 공공부문에 내재하고 있는 잠재력과 독창성을 분출시키는 데 초점을 둔다. 즉, 내부의 번문욕례 등의 제약요인을 제거함으로써 구성원들이 새롭고 창의적인

표 2-4 Guy Peters의 네 가지 정부모형

구 분	시장모형	참여모형	신축모형	탈규제모형
진단 기준	독점	계층제	영속성	내부규제
구조	분권화	수평조직	가상조직	특정제안 없음
관리	성과급 민간관리기법	TQM, 팀제	임시적 관리	관리재량권 확대
정책결정	내부시장 시장유인	협의, 협상	예비실험 (임시성)	기업가적 정부
공익	저비용	참여, 협의	저비용, 신축성	자율성, 창의성

* 자료 : G. Peters, 1995 : 54-206.

활동을 할 수 있도록 하여 효과적인 행정을 달성하고자 하는 것이다. 탈규제모형(deregulation model)은 정부 내부의 규제를 철폐함으로써 관리자들의 관리능력을 향상시킬 수 있고, 구성원들의 창의성을 제고할 수 있다고 본다. 이들을 요약하면 〈표 2-4〉와 같다.

2. G. Peters & J. Pierre(2005)의 다섯 가지 모형

G. Peters와 J. Pierre(2005: 11-12)는 그들의 최근 저서, 『복잡한 사회를 향한 거버넌스(*Governing Complex Societies*)』에서 정부와 시민과의 관계를 중심으로 다음과 같은 다섯 가지 거버넌스 분석모델을 제시하고 있다.

(1) 국가통제모형

국가통제모형(étatiste model)은 정부의 통치과정에서 사회적 행위자들의 참여가 배제되어 있는 모형이며, '정부 없는 거버넌스(governance without government)'를 반대하는 전형적 국가주의모형이다. 이 모형의 주요 전제는 정부(government)가 모든 거버넌스 측면에서 가장 중요한 행위자이고, 사회적 행위자들에 대한 지배권을 가지게 된다는 점이다. 가장 강한 형태의 국가 중심성과 강한 정부 역할을 상징하는 통치모형이다.

(2) 자유민주주의 모형

국가통제모형이 유럽형 국가주의 모형이라면, 자유민주주의 모형(liberal-democratic model)은 미국형 국정운영 모형에 해당된다. 이는 정부의 강한 역할을 인정하는 방향으로 전통적 다원주의 모형을 수정한 신다원주의 모형(Neo-pluralism)에 가까운 모형으로 이해할 수 있다. 여기에서는 사회행위자들이 국가(state)에 영향을 미치기 위해 다양한 형태로 경쟁하게 되는데, 하지만 이들 중에서 최종 선택할 수 있는 정책적 권리는 국가가 가지게 된다. 그러나 국가는 사회로부터의 영향에서 완전히 자유로울 수 없다는 점에서 위에서 제시된 국가통제모형보다는 국가 중심성이 느슨한 형태의 거버넌스 모형이다.

(3) 국가중심 조합주의 모형

국가중심 조합주의 모형(state-centric corporatism model)은 국가통제모형에서 설정하는 강력한 형태의 국가중심성이 사회 쪽으로 약간 이동한 상태이며, 국가조합주의(state-centric corporatism)와 정형화된 국가-사회관계(formalized state-society relationships)의 다양한 형태들이 이 모델에 해당된다고 볼 수 있다. 국가가 정치과정의 중심에 있지만, 사회적 행위자들과 관련되어 제도화된다. 국가는 사회행위자 파트너들과의 관계에서 실질적인 권력(substantial powers)을 가지지만, 국가-사회 상호작용이 많이 강조되는 모형이다. 국가조합주의(state-centric corporatism) 모형은 이 국정운영패턴의 원형으로 여겨진다.

(4) 사회중심 조합주의 모형

사회중심 조합주의 모형(societal-centric dutch governance model)은 국가중심 조합주의 모형보다 국정운영의 중심이 더 사회 쪽으로 이동한 상태이며, 네덜란드 학자들(Dutch scholars)이 거버넌스에 접근하는 방식을 지칭한다(Kickert, 1996; Kooiman, 1993). 또한, 이것은 네덜란드 정치 속에 실재하는 사회조합주의(societal-centric corporatism) 모형이다.

이 모델은 국정운영(governing)에 있어 사회적 네트워크의 역할에 크게 의존하는 것이며, 국가운영과정에 있어 다수의 행위자들이 수반되는 형태의 거버넌스이다. 이 접근방식에서 사회(society)는 더 강력한 행위자가 되는데, 사회적 네트워크는 국가의 권력을 면할 수 있는 자기조직화 능력이 주어지며, 그러한 자기조직화가 스스로를 자율규제(self-regulation)하도록 하는 것이다.

(5) 자기조정 네트워크 모형

마지막으로, 국가가 국정운영의 능력을 잃었으며, 따라서 개별 행위자들이 자신의 이익을 위한 자기조정(self-steering) 거버넌스를 창조하는 형태가 최선이라고 생각하는 학자들에 의한 자기조정 네트워크 모형(governance without government model)이다. 사회적 행위자들의 자기조정 네트워크를 강조하며, 이상에서 논의한 모형 중에서 가장 국정운영의 중심이 사회 쪽으로 이동해 있는 순수 사회 중심형 거버넌스 모형이다.

3. J. Newman(2001)의 거버넌스 유형

Janet Newman(2001)은 그의 저서, 『현대적 거버넌스(*Modernising Governance: New Labour, Policy and Society*)』에서 거버넌스를 '집권화-분권화 정도'와 '혁신과 변화-지속성과 질서' 등의 두 가지 기준에 따라, (1) 계층제 유형(hierarchical), (2) 합리적 목표(rational goal), (3) 개방체제(open system) (4) 자치거버넌스(self-governance) 등의 4가지로 나누어 설명하고 있다.

(1) 계층제 유형

계층제 유형(hierarchical)은 전통적 정부통치 방식인 관료제적 계층제를 통하여 정책의 결정 및 집행과정을 통제하는 올드 거버넌스 유형이다. 따라서 법률과 규정이 엄격하며, 집권화와 수직적 통합이 강조되며, 지속성과 질서가 강조된다. 변화에 대한 강한 저항이 있게 되지만, 책임성에 대해서는 강점을 지니게 된다.

(2) 합리적 목표 유형

합리적 목표 유형(rational goal)은 집권화와 수직적 통합을 지니지만 혁신과 변화를 추구하는 거버넌스 유형이다. 단기적 산출의 극대화를 이룰 수 있으며, 인센티브를 통한 보상 및 처벌이 이루어진다. 책임의 확보는 계약을 통해 이루어지며, 권력은 세부단위의 각 기관이나 조직에 부여된다.

(3) 개방체제 유형

개방체제 유형(open system)은 분권화와 차별화의 네트워크 형태 속에서 혁신과 변화를 추구하는 거버넌스 유형이다. 네트워크 형태의 상호작용 및 반복작용이 발생하게 되는 유형으로 권력은 철저히 분산되고 분권화되며, 네트워크 거버넌스에 형태의 속성을 가지게 된다. 이때 네트워크 관계는 역동적이고 새로운 과제와 수요에 따라 재형성 되지만, 책임소재는 불분명해지는 단점을 지닌다.

(4) 자치거버넌스 유형

자치거버넌스 유형(self governance)은 분권화와 차별화의 네트워크 형태 속에서 지속성과 질서가 강조되는 거버넌스 유형이다. 자치거버넌스 유형은 장기적인 시각에서 관계의 지속적 구축을 지향하며, 시민사회역할의 강조에 비중을 둔다. 따라서 민관 파트너십이 중시되며, 정책결정 및 집행과정에의 참여에 있어 호혜적 책임성을 근간으로 하게 된다. 자치거버넌스 유형은 참여적 민주주의에 그 철학적 토대를 두고 있다.

이상에서 논의한 Newman의 거버넌스 유형을 도식화하면 다음의 그림과 같다.

그림 2-19 Newman의 거버넌스 유형

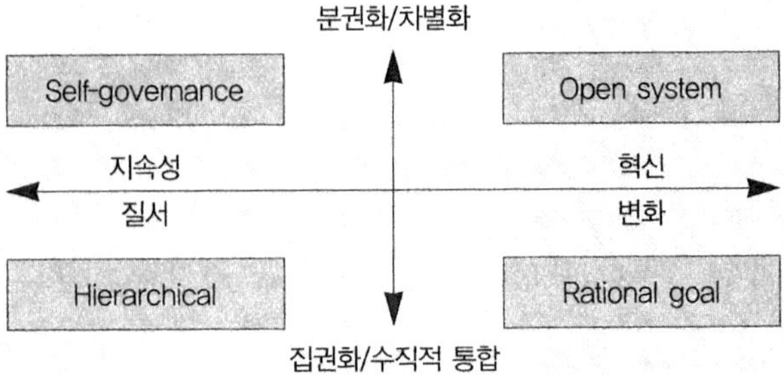

* 자료 : J. Newman, 2001 : 34.

4. J. Kooiman(2003)의 거버넌스 유형

Jan Kooiman(2003)은 『거버넌스로서의 통치(*Governing as Governance*)』에서 거버넌스의 유형을 국가-사회의 중심성을 기준으로, 1) 자치거버넌스(Self-governance), 2) 협력거버넌스(Co-governance), 3) 계층제거버넌스(Hierarchical-governance)로 크게 세 가지로 구분하였다. 자치거버넌스가 순수하게 사회적 행위자들 간의 자기조직적 네트워크 능력을 강조하는 개념이고, 계층제거버넌스가 국가관료제 중심의 계층제를 강조하는 개념이라면, 협력거버넌스는 민관 협력(Public-Private Cooperation)과 파트너십(Public-Private Partnership)을 토대로 한 커뮤니케이션과 네트워크 조정을 강조하는 개념이라고 볼 수 있다.

(1) 자치거버넌스

자치거버넌스(self-governance)는 진화생물학에서 말하는 생명 그 스스로의 학습과 그것을 통한 발전이라는 개념을 조직의 탄력적 변화에 차용한 거버넌스이다. Ilya Prigogine(1984)이 말하는 생명의 자기조직화 능력(self-organizing capacity)을 사회과학에서 자기조정능력(self-governing capacity)이라는 개념으로 차용한 개념이라고 볼 수 있다.

자치거버넌스는 사회 행위자들 간의 상호작용의 결과로서 사회의 자기조직적 네트워크가 생성된다고 파악하며, 국정운영의 관점에서도 사회적 행위자들 간의 상호작용과 자기조정능력을 중시한다. 자치거버넌스 모형에서는 개별행위자가 스스로의 학습과 성장을 통해 보다 더 큰 사회조직을 이루어나간다고 보며, 여기에서 중요한 것은 개별 행위자들 각각의 능력보다는 사회 전체적으로 이들 사이에 존재하는 관계 네트워크 능력이라고 본다.

(2) 협력거버넌스

협력거버넌스(co-governance)는 정부와 민간의 협력을 토대로 양자 간의 긴밀한 의사소통과 네트워크 능력을 강조하는 개념이다. 협력거버넌스는 우선 현대사회의 복잡성, 다양성 및 역동성에 주목한다(societal diversity, dynamics, and complexity). 이러한 사회에서는 사회 행위자들이 복잡하고 다양하게 변화하고 있기 때문에 국정관리방식도 정부와 민간의 다양한 형태의 협업(collaboration)과 네트워크 능력(networking capacity)이 필요하다는 점을 강조한다. 따라서 협력거버넌스는 정부와 민간의 상호존중의 원리(principles of reciprocity)에 기초한 협력관리(co-management)와 의사소통 거버넌스(communicative governance)를 중시하는 거버넌스 개념이라고 할 수 있다.

(3) 계층제거버넌스

계층제거버넌스(hierarchical-governance)는 국가관료제 중심의 계층제를 통한 거버넌스를 강조하는 개념이며, 거버넌스적 국정운영의 수단에는 시장 메커니즘과 시민사회와의 협력이 포함된다. 정부는 사회의 거버넌스 능력을 강화하기 위해 전통적 막스웨버식 관료제의 통제(control)보다는 사회운영에 있어서의 조정(steering)이라는 개념을 강조한다.

그림 2-20 거버넌스 패러다임에 대한 학자들의 접근유형

G. Peters (1995)	G. Peters & J. Pierre (2005)	J. Newman (2001)	J. Kooiman (2003)
시장모형	국가통제모형	계층제 유형	자치 거버넌스
참여모형	자유민주주의모형	합리적 목표 유형	협력 거버넌스
신축모형	국가중심조합주의모형	개방체제 유형	계층제 거버넌스
탈규제모형	사회중심조합주의모형	자치거버넌스 유형	
	자기조정네트워크모형		

5. 요약 및 결론

이상에서 보듯이, 거버넌스 유형은 여러 학자들에 따라 다양하게 접근되고 있지만, 이들이 지적하는 것은 공통적으로 국가중심성 vs. 사회중심성을 기준으로 국가통제모형과 자기조정네트워크모형의 연장선상에서 파악하고 있다는 것을 알 수 있다. 또한, Kooiman이 분류한 3개의 유형과 Newman이 분류한 4개의 유형은 유사성을 발견할 수 있는데, 이들은 공통적으로 계층제 거버넌스와 자치거버넌스를 지적하고 있다. Kooiman과 Newman이 언급하는 계층제 거버넌스는 Peters & Pierre가 말하는 국가중심모형에 해당하며, 자치거버넌스는 자기조정네트워크모형에 가깝다고 할 수 있겠다(권기헌, 2007a).

이러한 학자들이 언급하는 거버넌스의 공통점은, G. Stoker(1998: 17-28)가 말하는 거버넌스 5대 명제에서도 확인할 수 있는데, 우리는 이러한 명제들을 통해서 거버넌스 개념이 지니는 공통요인들을 발견할 수 있다.

첫째, 거버넌스는 정부 혹은 정부를 넘어서는 제도 및 행위자들과의 복합적인 상호작용의 집합물을 의미한다.

둘째, 거버넌스는 국가가 직면하는 사회문제를 해결하는 데 있어서 정부와 사회 행위자들 간의 경계가 무너져가는 일련의 패턴을 지칭한다.

셋째, 거버넌스는 국가가 해결하고자 하는 집합행동(collective action)을 해결하는 데 있어서 정부와 사회 행위자들 간의 연계된 권력관계를 포함한다.

넷째, 거버넌스는 정부를 넘어선 사회 행위자들 간의 독립적이고 자치네트워크를 포함한다.

다섯째, 거버넌스는 수직적 정부권력에만 의존하지는 않는 또 다른 형태의 사회문제 해결방식을 지칭한다.

2 미래예측과 거버넌스

이상의 논의에서 우리는 거버넌스의 개념과 여기에 접근하는 학자들의 유형에 대해서 알아 보았다. Guy Peters처럼 미래와 국정관리를 아예 개념적으로 연계하는 시도하여, 『미래의 국정관리(*The Future of Governing: Four Emerging Models*)』라는 논의를 직접적으로 촉발시킨 경우도 있지만, 다른 학자들의 거버넌스에 대한 접근유형들도 어떤 형식으로든지 미래라는 개념과 거버넌스라는 사회문제 해결기제로서의 개념은 매우 밀접한 연관관계를 맺고 있음을 알 수 있다.

미래예측과 거버넌스는 개념적으로 매우 밀접한 연관관계를 맺고 있다. 미래예측이 시간의 축을 형성하는 개념이라면, 거버넌스는 공간의 축을 형성하는 개념이다. 미래예측이 정책의 시간이라는 인식을 장기(long-term)로 확장하려는 시도라면, 거버넌스는 정책의 공간에서 정책행위자들 간의 관계를 좀 더 수평적(horizontal)이고 네트워크(net-work)적인 관계로 접근하려는 노력이라고 할 수 있다.

전통적인 거버넌스에서 뉴 거버넌스로의 이동은 전통적 미래예측에서

그림 2-21 거버넌스와 미래예측의 패러다임의 전환 : 전통적 거버넌스와 뉴 거버넌스, 전통적 미래예측과 새로운 미래예측

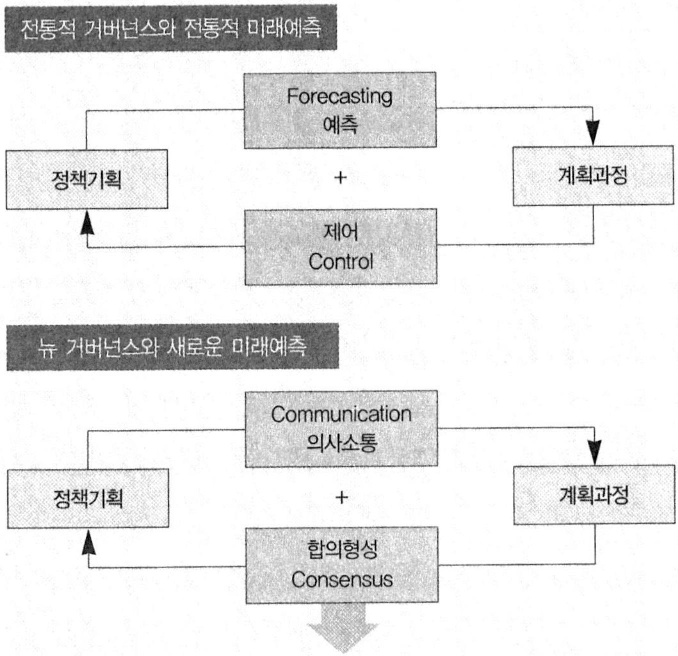

* 자료: 권원용, 2005 : 18 수정 인용.

새로운 패러다임의 미래예측으로의 이동과도 맞물린다. 미래예측은 대안 선택을 제어하려는 것이 아니라 선택의 폭을 넓히는 역할을 하는 행위이다. 하지만 실제 현실을 들여다보면 기술적으로 단순한 미래예측은 과거 사태를 관찰하여 도출된 지식을 토대로 하여 '계산과 예측'을 하되 미래의 상황을 제어하려는 내재적 모순을 지니고 있다. 이는 전통적 미래예측(forecasting)의 한계에 해당한다. 이러한 전통적 미래예측의 문제점은 민주화되고 다원주의사회로 이행하는 과정에서 더욱 더 두드러지게 되는데, 따라서 미래예측에 의한 계획과정은 과거의 단순한 예측

과 제어 위주의 정책결정과정에서 의사소통과 합의형성에 기초한 계획과정으로 패러다임 전환을 요구하고 있다(권원용, 2005).

이는 도시계획에서도 동일하게 적용되는데, 도시계획활동의 핵심이 도시시스템의 단순한 '예측과 제어'에 의한 효율적 '통제'(control)가 아니고 '의사소통과 합의형성'에 의한 민주적 '숙의'(deliberation)로 변해야 한다는 것이 협력적 계획의 논리이다(Healey, 1997). 이해당사자들의 상호이해와 거버넌스에 기초한 합의성이 우선되어야 계획실천이 보장된다는 것이다. 따라서 과거에 단순한 지식으로 제공되었던 '예측'과 제어는 '이해'와 '입장'보다는 그 효용이 현저히 감소하게 된다(권원용, 2005). 이는 미래예측이 정책형성 과정에 적용될 때 현대 거버넌스에서 추구하는 참여성, 숙의성, 합의성 등 민주성과 신뢰성의 원칙이 잘 적용되어야 한다는 점을 잘 보여주고 있다. 이러한 방향성은, 제1장에서 미래예측의 패러다임을 논의하는 과정에서도 여러 차례 강조되었듯이, 새로운 미래예측의 경향인 참여형 방식, 네트워크 형성, 전략적 비전 등의 강조점과도 맥락을 같이하는 부분이다.

거버넌스를 넓은 의미의 국정관리의 통치원리로 이해한다면 현대국가의 효과적 국정관리를 위해 미래예측은 핵심 방법론으로 기능하게 될 것이다. 만약 거버넌스를 공공문제(collective action problem) 해결을 위한 수평적, 네트워크 지향적 접근방식으로 이해한다고 해도 미래예측 기능은 집합문제해결의 중요한 방법론으로 활용될 수 있을 것이다.

미래예측과 거버넌스:
예측 가능한 환율 정책 펴달라

1. 사례 개요

대기업 수출 담당 임원들이 정부에 예측 가능한 환율정책을 펴달라고 요청했다. 이들은 환율을 예측하기가 워낙 어려워 기업들이 수출 가격을 책정하기조차 어려운 실정이라고 지적했다. 삼성전자, 포스코, 대우인터내셔널 등 8개 대기업 수출 담당 임원들과 한국무역협회 관계자는 6일 서울 삼성동 무역센터에서 연 '환율 하락에 따른 수출업계 긴급 대책회의'에서 이같이 주장했다. 환율 피해를 최소화하는 방어시스템을 잘 갖춘 대기업 담당자들이 환율문제로 대책회의까지 연 것은 이례적인 일이다.

무협 국제무역연구원 현오석 원장은 "상반기 수출 호조는 수출국 전환과 수출단가 인상 등 기업의 적응 노력 때문"이라고 말했다. 무협이 이날 내놓은 '최근 수출 동향' 분석 자료에 따르면 올 들어 5월까지 선진국인 경제협력개발기구(OECD) 회원국들에 대한 수출은 전년 동기에 비해 7% 늘어난 반면, 환율 영향을 덜 받는 개발도상국 수출은 19.9% 증가했다.

* 자료: 중앙일보 2007. 7. 7.

2. 쟁점 및 시사점

위 사례는 기업이 정부에게 예측 가능한 정책을 요구했다는 내용을 담고 있는데, 이는 미래예측이 계획을 수행하는 데에 있어서 얼마나 중요한 것인지를 예증하고 있다. 정부가 장기적인 전망으로 안정된 정책을 마련하는 것이 그 정책에 영향을 받는 민간분야의 기업에게 있어서는 매우 중요한 요소로 작용한다. 정부와 민간과의 연계관계가 점점 더 증가하고 있는 현대사회의 거버넌스적 추세에 비추어 볼 때, 앞으로 정부는 정책사안에 따른 미래예측을 해 나감에 있어 기업과 시장, 시민과 NGO 등의 의견을 보다 더 적극적으로 수렴해 나가야 할 것이다.

미래예측과 거버넌스: 유비쿼터스 정책에 있어서의 미래예측 중요성

1. 사례 개요

유비쿼터스 분야는 우리나라가 또 다른 차원에서 글로벌 우위를 점할 수 있는 무한한 가능성을 보이는 영역으로 거론되고 있다. 그러나 유비쿼터스 분야를 성공적으로 이끌기 위해서는 미래지향적이며 글로벌 지향적인 안목으로 정책이 추진되어야 한다. 이를 위해서 범국가 차원의 사이버 인프라 정책이 이를 뒷받침하여야 한다. 최근 다양한 부처에서 유비쿼터스 관련 사업들에 대해 집중적으로 관심을 보이고 각자의 중심 역할론을 주장하고 있고 이와 함께 갈등 증폭의 우려가 더욱 높다.

우리나라에서 유비쿼터스 관련 사업들은 향후 시민 · 기술 · 정책의 세 가지 분야에 대한 미래예측 분석을 토대로 동태적인 맥락성에 기초한 거버넌스적 조정과 협력이 필요할 것이다. 기존의 IT 관련 사업들은 미래예측을 바탕으로 한 환경의 변화에 대한 합리적인 분석과 이를 바탕으로 한 전략 마련이 미비하였으며, 기술 중심적인 시각으로 추진되었다. 시민들을 포함한 수요자들의 현재의 요구가 아닌 미래지향적 요구와 실현 가능한 미래기술의 상호작용적 연계가 이루어져야 한다. 시민 · 기술의 연계와 함께 강조되어야 할 점은, 미래예측에 기반한 중장기적 시각에서의 각 이해관계자들의 상호조정 역할의 중요성이다.

*자료: DT시론 2007. 9. 6.

2. 쟁점 및 시사점

우리나라에서는 그 동안 관련 부처, 중앙과 지방자치단체 등을 포함하여 유비쿼터스 관련 정책 주체들의 상호 충돌로 인해 많은 갈등의 증폭을 조장해 왔다. 위 사례는 우리나라의 유비쿼터스 정책이 성공적으로 추진되기 위해서는 우리나라의 미래지향적 범정부적 추진 체계가 필요하다는 점을 강조하고 있으며, 향후 시민 · 기술 · 정책의 세 가지 분야에 대한 미래예측을 근거로 정책을 추진해야 한다는 점을 잘 보여주고 있다. 또한 정책을 추진하는 방식에 있어서는 관계부처, 기업과 시장, 시민과 NGO 등의 의견을 보다 더 적극적으로 수렴하는 등 다양한 정책 참여자들 사이에 거버넌스적 조정과 협력이 무엇보다도 강조되어야 한다는 점을 잘 보여주고 있다.

3

Future Foresight & Policy Studies

미래예측의 연구방법 : 개관

미래예측(foresight)은 단순한 예견(forecasting)과는
달리 미래를 창조적으로 형성해 나간다.

학 · 습 · 개 · 요

제3장에서는 미래예측의 연구방법에 대해서 개관한다. 이 장에서는 미래예측 방법론을 미래예측이 일어나는 시간 순으로 유형화하였는데, 이는 Miles와 Keenan(2003)이 제시한 미래예측 기법의 유형을 수정 보완한 것이다.

미래예측기법으로 사용되는 모든 방법들은 복잡한 수학적 모형, 계량적 기법이나 컴퓨터 시뮬레이션 등을 통해 이루어지기도 하지만, 실질적인 미래예측에 있어서는 전문가 패널, 시나리오 작성, 정책 델파이 등 전문가들의 주관적 판단이나 창의적 예측이 매우 중요한 자료로 사용되므로, 양적인 분석과 질적인 접근을 모두 활용하는 미래예측의 종합적 접근이 필요하다.

미래를 예측할 때는 먼저 1) 어떠한 이슈가 존재하는지 확인하는 이슈의 확인(환경스캐닝, 이슈서베이, SWOT 분석)과, 2) 그러한 이슈가 어떻게 진행될지에 대해서 추정해보기 위해서 통계적 분석(회귀분석, 시뮬레이션, AHP기법, Bayesian모형, 형태분석기법)과 창의적 접근(브레인스토밍, 전문가패널, 시나리오, 정책델파이, 교차영향분석, 통찰적 예측, 실현성 예측)을 사용하게 되며, 3) 마지막으로, 이상에서 추정하고 창의적 방식을 통해 나타난 미래의 상황을 우선순위로 분류하는 우선순위 접근(핵심기술 우선순위 기법, 로드맵 우선순위 기법)이 종합적으로 필요하다. 이 장에서는 이러한 미래예측 방법론들을 개괄적으로 검토하기로 한다.

제 1 절

미래예측 기법의 유형 분류

1 1차적 분류 유형

미래예측(foresight)은 단순한 미래예견(forecasting)과는 달리 미래를 창조적으로 형성해가는 적극적인 의미가 담겨 있다. 이는 정책이라는 정부의 실행(intervention)을 통해 소망스러운 규범적 미래를 창조하는 데 있어 핵심적인 방법론이 된다. 이 장에서는 미래예측 연구방법의 유형 및 전체 개관에 대해 조망해 보기로 한다.

미래예측 기법의 유형분류는 세 가지 차원으로 나누어 볼 수 있는데 첫 번째 미래예측의 방향과 관련하여 탐사적 방법과 규범적 방법으로 나누어 살펴보는 것이고, 두 번째는 자료를 이용하는 방식과 관련지어 정량적 기법과 정성적 기법으로 나누는 것이며, 세 번째는 자료를 모으는 것과 관련해 전문가(experts)에 기반한 기법과 추정(assumptions)에 기반한 기법으로 분류할 수 있다[1]. 이들 기법들은 아래 제시하는 미래예측 사례와 같이 실제 적용 시 다양하게 조합되어 사용되고 있다.

1) 여기에서의 분류된 유형은 실제 적용 시 다양하게 조합되어 사용된다는 점을 유의할 필요가 있다. 예를 들면, 정책 델파이 기법은 전문가에게 근거자료를 얻고 모아진 자료들을 토대로 추정기법을 통해 미래를 예측한다. 즉, 전문가 기법과 추정 기법은 혼용되며, 질적 방법과 양적 방법은 혼용되는 것이다. 여기에 제시된 미래예측 유형분류는 Denis Loveridge, "Technology Foresight Methods" Working Paper, 2005. PREST, Manchester, UK의 내용을 토대로 정리된 것들이다.

1차적인 분류 유형은 미래를 바라보는 태도와 관련하여 탐사적 방법과 규범적 방법으로 나누는 것이다.

1. 탐사적 방법

탐사적 방법(exploratory methods)은 "외부로의 방향성(outward bound)"을 지닌다. 이는 시작점에서 제안을 시작하고, 미래의 전방향(forward)으로 이동한다. 현재의 시점에서 가능한 노력을 경주하여 발생할 상황을 예측하고자 하는 것이다.

2. 규범적 방법

규범적 방법(normative methods)은 대조적으로 "내부로의 방향성(inward bound)"을 지닌다. 이는 미래의 지향점에서 거꾸로 후방향(backward)으로 이동한다. 이는 도덕이나 규범 등의 가치적 요소를 가미하여 바람직한 미래의 방향을 설정한 후 미래의 시점에서 거꾸로 진행하는 것이다.

2 2차적 분류 유형

2차적인 분류 유형은 자료를 통계기법을 이용하여 예측하는 양적 방법과 주관적 판단을 이용하여 예측하는 질적 방법으로 나누는 것이다.

1. 양적 방법

양적 방법(quantitative methods)은 계량적 자료를 이용하여 추세나 경향을 파악하는 방법을 의미한다. 계량모형을 활용하여 통계적 분석을 실행하게 된다.

2. 질적 방법

질적 방법(qualitative methods)은 브레인스토밍(brainstorming)과 같은 기법을 말하는 것으로 창조적인 사고를 활용하는 것이다. 즉, 전문가의 사고나 주관적 판단에 의해 미래를 예측하는 것을 말한다.

>> 미래예측 사례

양적 방법과 질적 방법
주요 OECD 국가 건강증진정책 연구

1. 사례 개요

OECD 아시아 사회정책센터(2006)에서는 주요 OECD 국가를 중심으로 전반적인 보건의료체계에서 건강증진정책을 분석하였으며, 질적 분석과 양적 분석을 병행하였다. 먼저, 질적 분석으로 문헌고찰, 관련자료검색 등을 실시하였다. 문헌고찰 및 관련자료검색으로 OECD 보고서, 국내외 서적, 관련 저널(American Journal of Health Promotion, Health Promotion International) 등을 조사하였다. 또한 각국의 보건의료체계 중 관련 기관의 보고서와 인터넷 사이트를 조사하였으며, 건강결과 및 건강결정요인, 건강증진, 건강증진정책에 대한 주요 단어를 위주로 문헌검색을 실시하였다. 양적 분석으로는 2005년 OECD 보건데이터를 사용한 관련 통계 및 이론을 기초로 연구모형을 개발하고 이를 근거로 계량분석을 실시하였다. 또한 분야별 조사기준을 세우고 이에 따른 자료를 분석하였다.

* 자료: OECD 아시아 사회정책센터, 2006.

2. 쟁점 및 시사점

위 사례는 보건분야 연구에서도 연구의 과학적 타당성 제고를 위해 질적 방법과 양적 방법을 많이 활용하고 있다는 사실을 잘 보여주고 있다. 과학적 타당성 제고를 위해 연구방법의 삼각화(triangulation)라고 불리는 일련의 과정이 많이 활용된다. 삼각화방법은 1) 환경스캐닝 등 자료와 문헌조사 및 선행연구 검토, 2) 참여관찰 인터뷰(ethnographic interviews)나 초점집단(focus group)을 활용한 심층면접, 3) 설문지나 통계자료를 활용한 계량분석 등 다양한 자료원과 분석방법을 이용하여 과학적 타당성을 제고시키는 종합적 연구방법을 의미한다. 지역사회, 보건문제, 환경적 원인요소, 해당 집단의 전망에서 얻을 수 있는 결정요인 등에 대한 문헌조사나 관련이론에 대한 선행탐구 등을 통해 연구자의 이해를 확보하는 한편, 분석모형과 연구설계를 도출하고 설문지나 통계자료를 이용하여 실증분석을 실행하며, 이러한 연구결과를 확증하기 위한 방법의 일환으로 참여관찰, 사례분석, 심층면접 등을 병행하게 되면 보다 과학적 타당성과 일반화의 가능성이 높은 미래예측결과를 확보할 수 있을 것이다.

3 3차적 분류 유형

3차적인 분류 유형은 전문가의 관점에서 판단하는 전문가 기법과 이론적 추정에 기초하여 미래를 예측하는 추정 기법으로 나누는 것이다.

1. 전문가 기법

전문가 기법(expert-based techniques)은 전문가들의 판단에 의해 다가올 미래를 예측하는 것이다. 전문가의 창의적 판단에 기초한 것으로서 식견있는 판단(educated judgement)에 근거를 두며, 자료수집 방식은 전문가 판단으로부터 도출하는 것이다.

2. 추정 기법

추정 기법(assumption-based techniques)은 이론적 추정이나 가정에 기초하여 통계와 시뮬레이션 모델 등에 입력하고, 이를 통해 미래를 예측하는 것이다. 추정기법은 이론적 추정이나 가정에 기초한 통계분석에 근거를 두며, 자료수집 방식은 통계자료를 이용한다.

그림 3-1 미래예측 기법의 유형 분류

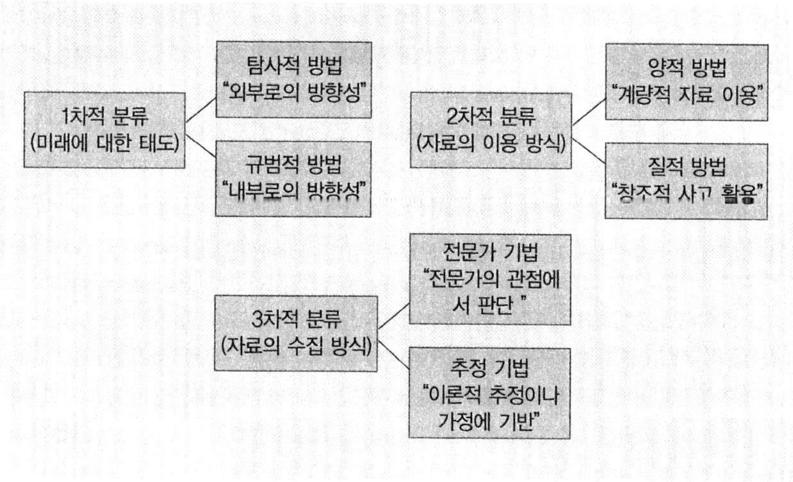

제 2 절

미래예측 방법의 유형

미래를 예측할 때는 먼저 1) 어떠한 이슈가 존재하는지 확인하는 이슈의 확인(환경스캐닝, 이슈서베이, SWOT분석 등)과, 2) 그러한 이슈가 어떻게 진행될지에 대해서 추정해보기 위해 통계적 분석(회귀분석, 시뮬레이션, AHP기법, Bayesian모형, 형태분석기법)과 창의적 접근(브레인스토밍, 전문가패널, 시나리오, 정책델파이, 교차영향분석, 통찰적 예측, 실현성 예측)을 사용하게 되며, 3) 마지막으로, 이상에서 통계적으로 추정하고 창의적 방식을 통해 나타난 미래의 상황을 우선순위로 분류하는 우선순위 접근(핵심기술 우선순위 기법, 로드맵 우선순위 기법)이 종합적으로 필요하다.

미래예측 방법론의 종합적 접근이라는 측면에서 Miles와 Keenan이 제시한 미래예측 기법의 유형분류는 실제 미래예측의 과정에 따라 소개했다는 점에서 큰 의미를 지닌다(Miles and Keenan, 2003). 다만 이들

그림 3-2 미래예측의 연구방법 : 종합적 접근

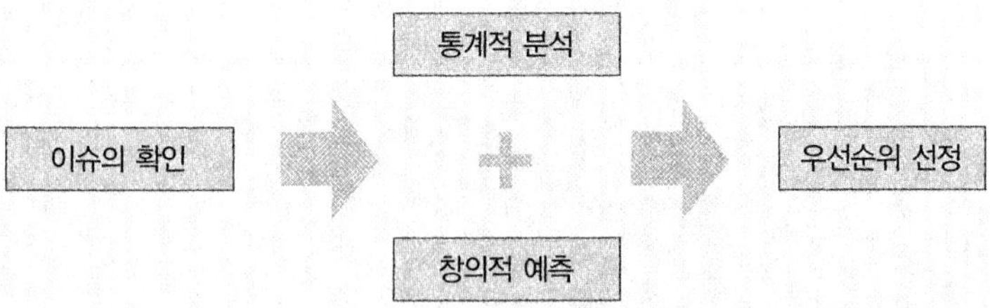

표 3-1 미래예측 기법의 유형분류

Group	Method
이슈의 확인 (Identifying Issues)	환경스캐닝(Environmental Scanning), 이슈서베이(Issue Surveys), SWOT 분석
통계적 분석 (Quantitative Analysis)	회귀분석(횡단면분석 : Cross-sectional Analysis, 시계열분석 : Time-series Analysis), 시뮬레이션(Simulation Modelling), AHP 기법(Analytical Hierarchy Process), Bayesian 모형(Bayesian Model), 형태분석기법(Morphological Analysis)
창의적 예측 (Creative Foresight)	브레인스토밍(Brainstorming), 전문가 패널(Expert Panels), 시나리오기법(Scenarios), 정책델파이(Policy Delphi), 교차영향분석(Cross-Impact Analysis), 통찰적 예측(Genius Forecasting), 실현성 예측(Feasibility Forecasting)
우선순위 선정 (Priority Setting)	핵심기술 우선순위 기법(Critical and Key Technologies), 우선순위 로드맵 기법(Technology Roadmapping)

* 자료 : Miles and Keenan, 2003을 토대로 수정함

이 제시한 용어나 분류는 다소 혼란스러운 점도 없지 않아 이를 다시 일정한 기준에 근거하여 재분류하기로 하였다. 〈표 3-1〉은 Miles와 Keenan이 제시한 미래예측의 기법들을 기초로 이들을 수정 · 보완한 것이다.

1 이슈의 확인

이슈를 확인(identifying issues for foresight)을 위해 사용되는 기법들은 환경스캐닝, 이슈서베이, SWOT분석 등이 있다.

1. 환경스캐닝

환경스캐닝(environmental scanning)이란 조직의 전략적인 의사결정을 돕기 위해 조사된 자료에 대해 전체적인(systematic) 분석을 시도하는

것으로, 수동적 스캐닝, 적극적 스캐닝, 초점화 스캐닝의 세 가지 유형으로 나누어 볼 수 있다.

조직의 의사결정을 돕기 위한 환경 스캐닝의 보고서는 세세한 것들은 생략하고 아주 중요한 부분만을 포함하고, 변화하는 상황에 대한 보충이 필요할 때마다 새로운 정보를 지속적으로 보강해야 한다. 먼저, 수동적 스캐닝은 신문과 매거진 등을 읽는 것을 통해 이슈를 확인하는 것이고, 두번째로 적극적 스캐닝은 신문과 매거진뿐만 아니라 관련된 저널이나 분석지 등을 정기적으로 구독 및 습득하여 분석하는 것을 말하며, 마지막으로 초점화 스캐닝은 특정한 주제에 초점을 맞춰 집중적인 자료탐색과 분석을 통해 이슈를 확인하는 것이다.

2. 이슈서베이

이슈서베이(issue surveys)란 관련 전문가들의 의견 수렴을 통해 미래예측의 핵심이 되는 이슈를 확인하는 방법이다. 이슈서베이는 기술적, 설명적, 탐색적 목적으로 사용할 수 있다. 또한 이슈서베이는 큰 모집단의 태도와 성향을 측정하는 뛰어난 도구이다(Earl R. Babbie, 고성호 역, 2007: 337). 따라서 미래예측의 핵심 이슈를 확인하기 위해 이슈서베이를 전문가 집단에 이용하면 유용한 결과를 얻을 수 있다. 특정한 이슈를 확인하는 가장 확실한 방법은 관련 전문가들의 정보나 지식을 습득하는 것이다. 즉, 정책 델파이나 시나리오 워크숍(Scenario workshop) 등을 활용하여 미래예측의 배경이 되는 이슈(background issue)를 도출하는 것이 가장 유용한 방법이다.

이슈를 확인할 때 고려해야 하는 사항들은 다음과 같다.

첫째, 미래예측의 핵심 분야(the area of interest)를 주도적으로 형성하는 핵심 기제들은 무엇인가?

둘째, 핵심 기제들은 어떤 종류의 문세와 욕구들을 발생시키는가?

셋째, 문제와 욕구들을 해결하기 위해서는 어떤 종류의 대안과 혁신들이 존재하는가?

넷째, 대안과 혁신들을 도출하기 위해서는 어떤 종류의 연구와 분석, 지식과 기술들이 요구되는가?

3. SWOT분석

SWOT분석이란 조직의 환경분석을 통해 강점(strength)과 약점(weakness), 기회(opportunity)와 위협(threat) 요인을 규정하고, 이를 토대로 미래에 대한 전략을 수립하는 기법이다.

이는 어떤 조직의 내부환경을 분석하여 강점과 약점을 발견하고, 외부환경을 분석하여 기회와 위협을 찾아내어, 이를 토대로 강점은 최대화하고 약점은 최소화하고, 기회는 최대한 활용하고 위협은 최대한 억제하여 바람직한 미래를 수립하는 데 도움을 줄 수 있다.

(1) 내부요인과 외부요인

① 내부요인

내부요인(internal factors)이란 조직의 내부에 존재하는 강점과 약점을 의미한다. 조직의 강점과 약점을 파악하기 위해서는 조직의 자원(resource)과 역량(capability)에 대한 분석이 수반되어야 한다.

② 외부요인

외부요인(external factors)이란 소식의 외부에서 제시되는 기회와 위협을 의미한다. 기회와 위협을 파악하기 위해서는 조직의 환경적 요소에 대한 체계적인 분석이 요구된다.

(2) SWOT분석의 특징

이상에서 제시된 바와 같이 SWOT는 내부적 요소 2개-강점과 약점과 외부적 요소 2개-기회와 위협으로 이루어지기 때문에, 2×2 매트릭스로서 표현된다. SWOT분석은 통계적 방법은 아니지만, 조직 내부에 대한 학습(강점과 약점)을 수반하고 더불어 조직 외부에 대한 환경과의 역동적인 상호작용(기회와 위협)을 분석할 수 있는 방법이다. SW와 OT의 배합에 따른 전략을 간단히 정리하면 다음과 같다.

표 3-2 SWOT 분석 매트릭스

외부 \ 내부	강점(S)	강점(W)
기회(O)	공격적 전략 : 강점을 가지고 기회를 살리는 전략	방향전환 전략 : 약점을 보완하여 기회를 살리는 전략
	SO전략 ST전략	WO전략 WT전략
위협(T)	다양화 전략 : 강점을 가지고 위협을 회피하거나 최소화하는 전략	방어적 전략 : 약점을 보완하면서 위협을 회피하거나 최소화하는 전략

* 자료 : 유민봉 역, 2006 : 271.

>> 미래예측 사례

전통식품 분야의 SWOT분석

1. 사례 개요

WTO체제의 등장으로 기존의 무역이 공산품 중심의 2차산업에서 농산품과 서비스까지 확대되었다. 특히 DDA(Doha Development Agenda: 도하개발어젠다), FTA 체결 등 세계화의 물결은 한국 농촌에 큰 위협을 가져다주었다. 아래의 표는 한국농촌경제연구원이 한국 농촌의 밝은 미래를 위한 대안 중 하나로 전통식품 시장을 SWOT 분석한 것이다.

표 3-3 전통식품 시장의 SWOT분석

강점 (S)	약점 (W)
• 국산원료 사용 • 맛이 우수 • 건강, 기능성 식품	• 비싼 가격 • 업체의 영세성 • 전통적인 맛 차별의 어려움 • 전통식품의 품질 및 용도에 대한 잘못된 선입견
기회 (O)	**위협 (T)**
• 가사노동 감소 • 전통식품의 상품화와 산업화 • 전통식품 관심증대와 기능성 입증 • 국제적으로 건강식품 인정 • 정부의 지역개발 확대	• 식생활의 서구화, 외식 증가 • 수입식품의 증가와 고품질화 • 식품의 위생관리 중점 • 소비자 인지도 부족

* 자료 : 한국농촌경제연구원, 2007 : 200.

2. 쟁점 및 시사점

SWOT분석을 토대로 제시되는 전략적 시사점으로는 전통식품 시장의 활성화를 위해서는 식품소비의 고급화, 다양화, 간편화 추세와 함께, 소비자의 안정성과 기능성에 대한 관심 증대에 대응할 수 있는 전통식품의 차별화 정책과 업체의 마케팅 전략이 추진되어야 한다는 점이다. 이처럼 SWOT분석은 복잡한 문제 상황을 간결하게 정리하여 미래에 대한 전략을 제시하는 데 도움을 주며, 미래예측 조직진단을 위한 이슈의 확인과 정리에도 많은 도움을 준다.

2 통계적 분석

통계적 분석(quantitative analysis)으로 많이 사용되는 기법들은 회귀분석, 시뮬레이션이 있으며, 회귀분석은 다시 횡단면분석과 시계열분석이 있다.[2)]

1. 회귀분석

회귀분석(regression analysis)은 변수들 간의 선형관계를 추정하는 데 유용한 기법으로 독립변수와 종속변수 간의 관계의 형태와 크기를 정확히 추정하는 통계방법이라 할 수 있다. 두 변수 사이의 관계를 기술하는 일반적 공식은 Y=f(x)라는 함수다. "Y는 X의 함수"라는 의미의 이 공식은 Y의 값들이 X값의 변이(또는 변화)로 설명할 수 있다는 것을 뜻한다. X와 Y 사이의 함수관계를 다른 말로 표현하면 "X가 Y의 원인이다" 또는 "X값이 Y값을 결정한다"라고도 말할 수 있다(Earl R. Babbie, 고성호 역, 2007: 631-632).

회귀분석은 독립변수와 종속변수들 간의 관계의 형태에 대하여 요약된 측정치를 제공하기 때문에 모형의 설계 및 활용에 유용하다. 정책분석가는 회귀분석을 통해 변수 간의 인과관계를 확인할 수 있으며, 회귀분석은 어떤 독립변수가 종속변수의 원인인가를 정확하게 밝히게 한다는 점에서 큰 장점을 가지고 있다.

회귀분석은 횡단면분석과 시계열분석으로 나눌 수 있으며, 선형분석과 비선형분석으로 나눌 수 있다.

---

2) 통계적 기법들은 창의적 예측 기법들과 결합되어 사용될 수 있으며, 양자가 적절히 결합되어 활용될 때, 과학적 예측력이 더 높은 미래예측이 이루어질 수 있다.

(1) 횡단면분석

분석단위가 시간이 아닌 형태의 분석을 횡단면분석(cross-sectional analysis)이라고 한다. 횡단면 분석도 종속변수의 형태가 선형으로 나타나는 형태에 대한 분석(OLS, GLS)과 비선형으로 나타나는 형태에 대한 분석(Poission Model, Logit, Probit, LPM 모형 등)이 있다.

(2) 시계열분석

분석단위가 시간의 형태로 나타나는 분석을 시계열분석(time-series analysis)이라고 한다. 시계열분석은 과거로부터 현재에 이르는 변화를 분석함으로써 미래를 예측하는 방법인데, 시간을 독립변수로 둔다.

시계열분석으로서 미래예측에 많이 사용되는 기법은 추세연장적 접근(extrapolative approaches)과 경향추정(trend extrapolation)을 들 수 있다.

① 추세연장적 접근

추세연장적 접근(extrapolative approaches)은 기존의 자료나 추정을 전제로 미래에 발생할 상황을 예측해보고자 하는 것이다. 미래예측 방법의 기본형으로서 가장 많이 활용되고 있는 추세연장적 접근은 현재와 과거의 자료에 근거하여 미래사회의 변화될 모습을 추세연장적으로 투사(projection)하는 방법이다. 추세연장적 접근은 과거에 발생한 일들은 특별한 사건에 의해서 방해받지 않는 한 미래에 재연될 것이라는 전제하에 접근하는 방식으로 시계열자료에 의존한다. 즉, 추세연장적 접근은 과거에 관찰된 데이터의 패턴이 미래에도 일어날 것이라는 지속성, 규칙성, 그리고 자료의 타당성과 신뢰성의 세 가지 가설에 기초하고 있다(노동조, 2005: 109-110).

② 경향추정

경향(trend)이란 어떤 이슈가 어느 시점에 도달하여 사회에 정착된 하나의 기본 흐름으로 자리잡은 것을 의미한다. 추세연장적 접근과 기본적으로 다르지 않으나, 추세가 하나의 경향으로 자리잡은 경우를 분석한다는 점에서 약간의 구별을 할 수 있을 뿐이다. 따라서 경향추정(trend extrapolation)은 현재의 중요한 문제를 포착하고, 그 문제의 역사적 경로(trajectory)를 통해 미래의 상황을 추정하고, 그 상황에 대한 의미를 해석하는 것이다. 경향추정은 기존자료를 기반으로 투사하여 미래의 경향을 추정해보는 것으로서 가장 광범위하게 사용되는 미래예측기법 중 하나이다. 경향추정을 위한 시계열 분석으로서 다양한 통계기법들이 있다.

>> 미래예측 사례

여성의 출산율과 경제활동참가율에 대한 미래예측

1. 사례 개요

최근 출산율 저하가 사회적 이슈로 대두되면서 출산율 저하와 고령화 사회가 미래예측의 주요 영역으로 등장하고 있다. 일반적으로 여성의 경제활동참가가 출산을 저해한다고 알려져 있다. 과연 여성의 사회경제활동 참가와 출산율 간에는 어떤 상관관계가 존재하는 것일까?

(1) 횡단면 분석

2001년 국가별 횡단면 분석(아래 그래프)을 살펴보면 출산율과 여성경

그림 3-3 출산율과 경제활동 참가율 : 횡단면 분석

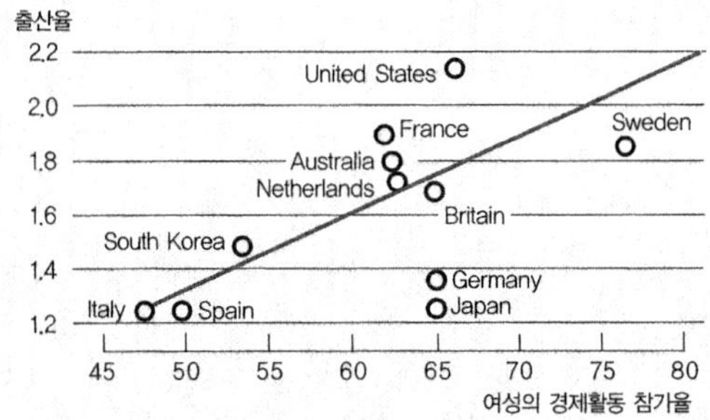

* 자료 : 일본국제지원정책처(Japan's Ministry of Internal Affairs and Communications)

제활동참가율 간에는 양의 상관관계가 존재하고 있음을 알 수 있다. 출산율이 높은 나라일수록(후진국일 가능성이 높다), 오히려 여성의 경제활동참가율이 높은 현상을 보여줌으로써 일반적 예상과는 빗나가는 결과를 보여주고 있다.

(2) 시계열분석

그래프의 화살표가 1970년과 1995년 간의 시계열분석 결과이다. 알려진 사실과 같이 시계열적으로 볼 때 여성의 경제활동참가율이 낮은 나라(A), 중간 수준인 나라(B), 높은 나라(C) 모두 경제활동참가율 상승과 함께 출산율이 떨어진 것을 확인할 수 있다. 또 한편 재미있는 현상은 1970년에 여성의 경제활동참가율이 낮은 나라일수록(아마도 후진국이었을 것으로 추정된다), 출산율이 더 큰 폭으로 떨어져서, 1970년과 1995년 시계열 사이에는 역순이 존재한다는 것을 확인할 수 있다. 즉, 1970년에는 두 변수 간에 양의 상관관계가 존재했으나, 1995년에는 음의 상관관계로 바뀌게 된 것이다.

그림 3-4 출산율과 경제활동참가율 : 시계열 분석

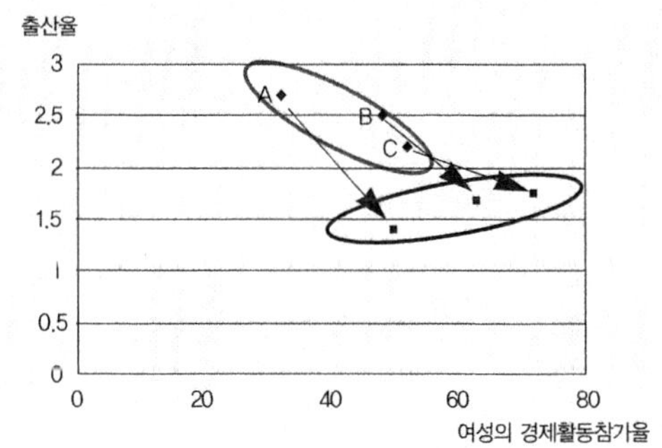

* 그래프 상에서 파란색 타원은 1970년의 횡단면 상태이며, 검정색 타원은 1995년의 횡단면 상태를 나타냄.
* 자료 : Ahn and Mira, 2002: 15, Fig. 4, 5를 재구성
http://blog.naver.com/puttyclay?Redirect=Log&logNo=40023779864

2. 쟁점 및 시사점

출산율이 높은 나라일수록 여성의 경제활동참가율은 낮아진다고 보는 것이 일반적인 예측이다. 그런데, 왜 위에서 제시된 횡단면 분석결과는 일견 모순된 결과를 보여주는 것일까? 이것은 시계열적으로 볼 때 경제활동참가율 상승과 함께 출산율이 다 떨어졌지만, A국은 출산율이 매우 크게 하락했는데 비해서, C국은 출산율이 상대적으로 조금 떨어진 데 그쳤다. 그 결과 1995년 시점에서 횡단면적으로 볼 때 양의 상관관계가 나타난 것이다. 따라서 횡단면적 분석만을 토대로 양의 상관관계를 받아들여서는 바른 해석이 될 수 없으며, 시계열분석과 종합적인 검토가 필요하다.

위 사례에서 알 수 있듯이 횡단면 분석과 시계열 분석은 현상을 이해하고 판단을 내리는 데 있어서 상호 보완적인 관계를 갖는다. 따라서 미래예측을 수행함에 있어서 어느 한쪽만을 고려하는 경우에는 그릇된 판단을 내릴 수 있으므로, 종합적인 검토와 판단이 요구된다는 점을 주의할 필요가 있다.

2. 시뮬레이션

시뮬레이션(simulation)은 정책대안의 미래예측에서 두 가지 의미를 포함한다. 첫째는, 정책대안의 실현으로 인해 어떠한 변화가 일어나는지를 실제로 그 정책대안을 실행하지 않고도 알아내는 방법으로, 실제체제를 모방한 고안물을 활용하는 방법이다(role play). 우주비행을 위해 우주에서와 같은 중력과 공간을 구성하고 미리 연습하도록 하는 것도 시뮬레이션 개념에 속한다.

둘째는, 보다 분석적인 차원에서 민감도 분석(sensitivity analysis)과 같은 의미로서, 미래예측에 포함된 불확실성의 근거가 되는 가정에 대해 조금씩 변수 값을 미세하게 변화시킴으로써, 그로 인해 나타나는 결과들을 토대로 분석하는 기법이다. 시뮬레이션은 미래예측시스템

(foresight system)의 역동성을 고려해야 할 때, 그리고 사건(event), 상태(state), 중재(intervention)에 관한 다양한 정책 대안들을 모색할 때, 또한 가정(assumption)이 변화할 수 있다는 점을 고려해야 할 때 매우 도움이 되는 통계기법이다. 시뮬레이션은 많은 변수를 다루는 것이 가능하다. 또한 시뮬레이션은 그래프, 차트 등의 세부적인 그래픽 형식을 제공할 수 있다.

3. AHP기법

AHP(analytical hierarchy process)는 복잡하고 조직화되어 있지 않은 문제 상황을 그 구성요소로 세분화해 나가는 방법이다. 정책분석에서는 쌍대비교(pairwise comparison)를 통해 정책수단들 간의 우선순위를 확정짓는 기법으로 사용된다.

AHP의 분석절차는 다음과 같다(김형수, 2006 : 20-23).

[단계 1] 의사결정 문제를 상호관련된 의사결정 사항들의 계층으로 분류하여 의사결정계층을 설정한다.
[단계 2] 의사결정 요소들 간의 쌍대비교로 판단자료를 수집한다.
[단계 3] 의사결정 속성들의 상대적 가중치를 추정한다.
[단계 4] 평가대상이 되는 여러 대안들에 대한 종합순위를 얻기 위하여 의사결정 속성들 간의 상대적인 가중치를 종합화한다.

AHP기법은 일반적으로 계층구성의 원리, 우선순위 설정의 원리, 논리적 일관성의 원리에 의해 적용되므로 시나리오를 작성하는 데 응용될 수도 있다.

4. Bayesian모형

Bayesian 통계이론은 불확실한 상황 하에서 수집된 정보의 부분적인 신뢰를 기반으로 발생할 상황을 추론하는 것을 의미한다. 즉, 모든 가정(hypothesis)에 대한 사전확률(prior probability)이 주어지고, 현재의 관찰치가 주어졌을 때 사후확률을 계산해 냄으로써 새로운 가정을 추론해 내는 기법이다. 따라서 Bayesian모형(Bayesian model)은 결정된 시나리오에서 예상되는 경향을 파악하는 데 강력한 도구가 될 수 있다. 이러한 Bayesian모형의 분석절차는 다음과 같다.

첫째, 미래예측의 가능한 시나리오를 설정한다.
둘째, 실행시점에서 이용 가능한 정보와 관련지어 각각의 시나리오의 최초의 확률 또는 사전적(priori) 확률을 할당한다.
셋째, 발생하기 시작하는 사건들을 기록한다.
넷째, 관찰된 경험적 자료에 기반하여 각 시나리오 발생 확률을 조정한다.
다섯째, 각 시나리오의 발생확률 경향을 보여주기 위하여 획득된 결과들을 그래프화한다.
여섯째, Bayesian 통계 계산절차와 그래픽 기법에 해당되는 소프트웨어의 도움을 받는다(www.visiongc.com)

5. 형태분석기법

형태분석(morphological analysis)이란 화학분야에서 사용되던 용어로 시료 속에 들어 있는 성분 물질들이 어떤 화합물 형태로 이루어져 있는가를 알아내는 분석을 의미한다. 즉 형태분석기법은 특정한 형상물을 구성하는 성분이나 요소로 분류해 그들 각각을 변화시키거나 발전시켜 총체적인 형상물의 형태를 분석하는 기법이다.

자동차 설계를 위해 구성인자를 예로 들자면, 만일 어떤 자동차의 경우에 선택할 수 있는 휠이 2개, 브레이크 시스템 3개, 변속기 4개, 배터리 4개, 기타 구성요소가 5개라면 자동차라는 형태를 구성하는 방식은 1,440(2×3×4×5=1,440)의 형태로 구성될 수 있는 것이다.

형태분석법의 절차는 다음과 같다.

첫째, 문제를 정확하게 구체적으로 기술한다.
둘째, 가능한 한 많은 독립변수를 추출한다.
셋째, 2차원, 혹은 그 이상으로 형태분석표를 그린다.
넷째, 독립변수별 속성 간의 결합(차트의 각각의 셀)을 통해 시나리오를 확정한다.
다섯째, 정책우선순위를 분석한다.

3 창의적 예측

미래예측은 결국 사회적이고 창조적인 과정이다. 미래예측은 조직의 성공에 핵심이 되는 새롭고 흥미로운 지식의 융합(knowledge fusion)을 키우는 상호작용의 과정이라고 할 수 있는데, 이러한 관점에서 전문가 판단은 미래의 전략을 설정하는 창의적 예측(creative foresight)이라고 할 수 있다. 전문가 판단을 이용한 창의적 예측기법으로는 브레인스토밍, 정책델파이, 전문가패널, 시나리오기법, 교차영향분석, 통찰적 예측, 실현성 예측 등이 있다.

1. 브레인스토밍

브레인스토밍(brainstorming)이란 특정한 미래의 상황에 대해 연관되는 모든 이들이 참여하여 자율적으로 의사를 표현하고, 그 의사를 통해 미래를 예측하는 방식이다. 이 기법은 다듬어지지 않은 창의적 아이디어를 생성할 수 있는 장점을 지닌다. 다음은 브레인스토밍의 절차이다.

첫째, 자유로운 생각들이 지속적으로 나타나는 동안 그 아이디어들을 화이트보드나 컴퓨터에 적어놓는다. 여기서 가장 중요한 규칙은 다른 사람을 비방하거나 비판적 아이디어는 통제된다.

둘째, 초기 아이디어 생성단계 이후 보다 진지한 토의가 이어지며, 그 다음은 이 아이디어들을 군집화(clustering)하고, 중요도로 우선순위 분류를 한다. 역시 중요한 것은 이러한 아이디어들이 비방이나 비판적인 것이 아닌 친근한 감정을 유지하는 것들이어야 한다. 즉, 최적화된 분위기 조성으로 아이디어 창출에 도움을 줄 수 있어야 한다.

그러나 브레인스토밍은 단지 아이디어를 얻는 차원이지, 그것으로 보고서를 작성하기는 어렵다는 측면에서 미래예측에 있어 하나의 출발점이라 할 수 있다.

2. 전문가패널

전문가패널(expert panel)은 분석하고자 하는 분야에 전문가들을 섭외하여 그들의 토론 중에 얻은 생각이나 지식을 통해서 미래를 예측하는 것이다. 정책델파이가 순수 전문가집단에 의존하는 데 반해, 전문가패널에는 전문가와 시민단체 등 다양한 이해관계자들이 참여하여 상당히 장기간 동안 존속하며 활동하게 된다.

3. 시나리오기법

시나리오(scenarios)는 현재에서 미래시점까지의 경로를 서술하는 이야기(narration), 이미지(image) 또는 지도(map)를 의미하는 것이다. 시나리오는 단순한 '예견'(prediction)이 아니라, 미래의 '불확실성'을 적극적으로 해소하여 희망하는 미래상(future vision)을 명확히 하고 체계적인 계획 수립에 결정적인 도움을 주기 때문에 미래예측(future foresight) 과정에서 가장 많이 사용되는 기법이다. 이 기법은 다양한 환경 하에 발생하는 경로, 또는 어떻게 소망스러운 규범적 미래가 달성되는지에 대한 희망적인 질문에 초점이 맞춰지는 탐색적(exploratory) 방법이다.

'좋은' 시나리오는 첫째, 인과관계와 정책결정들을 확연하게 보여주는 합리적 도구이며, 둘째, 대안으로 제시된 시나리오들 간에 일관된 비교 준거를 제시해 주는 일관된 스토리여야 하며, 셋째, 정책결정과정에 영향을 미칠 정도로 미래를 실재적으로 만드는 흥미와 재미를 유발할 수 있어야 한다(박영숙, 2007: 256). 시나리오 기법은 무엇이 미래의 영향요인인가, 무엇이 불확실한가, 무엇이 피할 수 없는 상황인가 등의 질문들을 다음의 각 단계에 적용함으로써 이루어지게 된다.

첫째, 미래의 초점이 되는 이슈를 확인한다.
둘째, 미래의 환경 하에서 핵심적인 요인이나 트렌드를 확인한다.
셋째, 핵심적인 요인이나 트렌드를 설정한다.
넷째, 시나리오 논리를 선택한다.
다섯째, 시나리오 유형을 추출한다.
여섯째, 목표들의 검토를 통해서 방향이나 지침을 선정한다.
일곱째, 정책적 함의를 도출한다.

시나리오를 생산하는 가장 일반적인 방식은 전문가 패널을 통해서 하는 것이다. 하지만 이때에도 시나리오기법이 해당되는 뉘앙스는 전문가 집단(정책델파이)나 다양한 이해관계자(전문가패널)와는 달리 시나리오 대상 특징 분야에 실직이 높은 사람들이 모여 시나리오를 작성한다는 점이다. 시나리오는 셀 수 없는 미래의 상황에서 평가 가능한 한 관점을 제공해 주며, 그렇게 함으로써 이 기법은 참여자들이 미래에 대해 좀 더 익숙하게 생각해 볼 수 있도록 하는 데 도움을 준다. 시나리오 기법을 통해 전문가들은 필요로 되는 대안적 미래를 보다 더 잘 이해하고, 이를 통해 비정형화된 전략과 정책 도구들을 더 잘 개발할 수 있다.

>> 미래예측 사례

미래 유비쿼터스 사회의 시나리오

1. 사례 개요

언제 어디서나 컴퓨팅 환경에 접할 수 있는 '유비쿼터스 코리아'가 눈앞에 바짝 다가왔다. 정부는 오는 2015년 10위권의 국가경쟁력과 함께 삶의 질 부문에서도 세계 20위권에 진입하는 사회 구현의 기반이 될 U-코리아 건설에 박차를 가할 계획이다(아이뉴스24, 2007. 10. 17).

과연 앞으로 미래 유비쿼터스 사회가 어떤 모습으로 변화해 나갈 것인가 하는 문제는 매우 흥미로운 주제인데, 이를 시나리오 기법을 통하여 예측해 보도록 하자.

그림 3-5 시나리오 분석 사례 : FISTERA에서 제시한 4개의 시나리오 프로필

* 자료 : 정보통신부, 2006 : 107에서 수정 인용.

2. 쟁점 및 시사점

위에서 제시된 미래예측사례는 유비쿼터스 사회의 진행경로에 대한 네 가지 시나리오를 제시한 것이다.

첫 번째 시나리오는 "발전과 양극화"이다. 이 시나리오에서는 유비쿼터스 사회가 발전은 되지만 양극화도 진전되는 우려를 제시한다. 유비쿼터스 기술 사용자가 급증하고 유비쿼터스 기술에 기반한 경제혁신이 진행되지만, 빈익빈 부익부의 정보격차 양극화가 진행되면서 디지털 디바이드(digital divide)는 더욱 심화된다.

두 번째 시나리오는 "발전과 통합화"이다. 이 시나리오에서는 유비쿼터스 사회가 발전되면서도 동시에 통합화가 이루어지는 선순환적 형태의 발전을 제시한다. 유비쿼터스 기술 사용자가 급증하고 유비쿼터스 기술에 기반한 경제혁신이 진행되면서도 정보접속의 균등화정책이 진행되면서 디지털 디바이드가 해소된다.

세 번째 시나리오는 "도전과 위협의 증대"이다. 이 시나리오에서는 도전받고 위협받는 유비쿼터스 사회를 제시한다. 유비쿼터스 기술 사용자의 느린 증가와 함께 산업에서도 부분적인 혁신만이 발생하고 기술과 시장에 대한 불신이 증가하는 비관적 형태의 시나리오이다.

네 번째 시나리오는 "지속 가능한 발전-새로운 패러다임"이다. 이 시나리오에서는 지속 가능한 형태의 유비쿼터스 사회로서 새로운 패러다임을 제시한다. 단순한 기술이 아닌 사회공동체 니즈(social community-driven)에 기초한 혁신이 증가하고, 환경 및 생태학적 발전과 병행하여 균형적인 진전을 이루는 이상적 형태의 시나리오이다.

이상에서 본 바와 같이, 시나리오 분석은 대안적 미래에 대한 이해가 보다 용이하고, 이를 바탕으로 보다 실질적이고 유용한 정책 대안을 모색할 수 있다는 점에서 미래예측 과정에서 매우 유용하게 활용되고 있다.

4. 정책델파이

정책델파이(policy delphi) 기법은 전문가들의 주관적 견해를 최대한 살리기 위해 전문가들끼리 반복적으로 의견을 수렴하는 것을 의미한다.

미래예측 델파이는 1950년대 미국 랜드연구소에 의해서 처음 개발되었다. 전문가들 의견조사는 적어도 두 번 이상 반복 순환되며, 전문가들이 자신들의 의견을 수정할 수 있는 가능성을 열어둔다. 이때 특정 전문가들의 판단에 대한 형성된 이유를 지속적으로 조사하는 것이다. 이후 추가적으로 반복된 전문가 의견조사 과정에서 전문가들의 의견이 한 곳으로 모아진다면, 이 때 모아진 의견은 전문가들의 공통되고 공유된 의견이나 전망 내지는 예측이라 할 수 있다.[3] 이는 응답자 집단 간의 합의가 개인의 견해보다 더 나은 지침을 제공해 줄 것이라는 델파이의 가정에 따라 미래 이슈 등에 대한 전문가 집단의 합의를 도출함으로써 미래예측이 가능하다는 전제하에 진행되는 기법이다(Denis Loveridge, 2004). 따라서 정책델파이 기법은 통제된 토론이라고 할 수도 있다. 극단적 의견에 대해서는 논리적 설명을 해야 하고, 이에 대해 감정이 아닌 이성적인 피드백을 받게 된다는 장점을 활용하는 기법이다. 따라서 정책델파이용 질문들은 판단력을 수반해야 한다.

정책델파이에서 던지는 질문은 연구유형에 따라 달라지는데, 크게 다음의 세 가지 종류로 나뉠 수 있다(박영숙, 2007: 160-161).

(1) 특정 미래에 대한 발생 가능성

특정 주제에 대한 미래 발생가능성에 대해 질문하는 형태이다. 예컨대, 유비쿼터스사회가 보편화되는 시점과 같은 질문처럼 특정 미래의 발생 가능성에 대한 예측유형이다.

(2) 특정 미래에 대한 선호성

특정 주제에 대해 선호하는 미래상에 대해 질문하는 형태이다. 예컨대, 남북통일이 조기에 실현되는 것을 선호하는지에 대해서 묻고, 이러한 성취의 기본 전제는 어떤 것이 되어야 하는지에 대해서 질문하는 특정 미래의 선호성에 대한 예측유형이다.

3) 정책델파이 기법은 제5장 미래예측의 연구방법Ⅲ: 창의적 예측 부분을 참고하기 바람.

(3) 특정 미래에 대한 성취 방법

특정 주제에 대해 선호하는 미래상을 성취하는 방법 혹은 대응하는 방법에 대해 질문하는 형태이다. 예컨대, 4만불 소득과 7대 선진국에 진입하기 위해서는 어떠한 정책들이 있을 수 있는지에 대해서 질문하는 특정 미래의 성취 방법에 대한 예측유형이다.

그림 3-6 미래예측 정책델파이의 절차

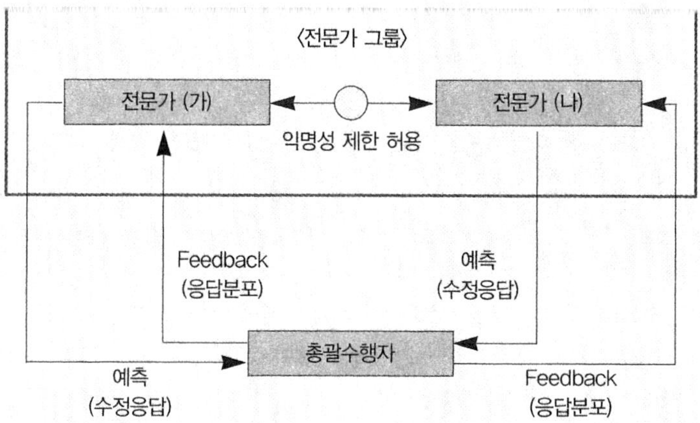

* 자료 : 산업자원부, 2000 : 71.

>> **미래예측 사례**

정책델파이 기법
전라북도 아동복지정책서비스 조사

1. 사례 개요

전북발전연구원(2006)은 전라북도의 경우 중앙정부의 정책목표를 달성하기 위한 보편적 모형의 서비스로서 국내입양, 가정위탁, 소규모 그룹홈

(공동생활가정) 등 가정과 지역사회에 기초한 대체가정 서비스와 지역아동센터를 중심으로 한 지역아동서비스 등이 제공되고 있으나, 서비스 전달체계나 예산확보 측면에서 제도적 기반이 충분하게 형성되어 있지 않다고 보았다. 따라서 국제아동복지 추세 및 아동복지 환경의 변화에 대응하는 전라북도 아동복지 정책과 서비스내용에 대해 평가하여, 중복되거나 편중된 서비스 및 서비스의 사각지대를 밝혀보고, 서비스의 중복이나 편중현상의 발생원인, 서비스의 사각지대 발생원인을 규명해 보고자 하였는데, 이때 중점적으로 사용한 기법이 델파이 기법(Delphi method)이다. 즉, 델파이 방식에 의해 구조화된 질문지를 바탕으로 아동복지 전문가 및 관련서비스 종사자의 제시된 의견과 판단을 파악하고, 여러 차례 라운드(round)를 거쳐 정리 · 종합하여 가정 친화적 아동보호 · 지역사회 중심의 아동복지 서비스 · 아동복지시설의 다기능화라는 지역사회 아동복지정책 및 서비스에 대한 합의를 도출하였다.

* 자료: 이윤애, 최근도, 2006.

2. 쟁점 및 시사점

위 사례에서는 델파이 기법에 의한 미래예측연구를 소개하고 있다. 델파이 방식은 참가자들의 가치관이나 견해차로 인한 갈등과 대립을 회피하기 위하여 대면적 접촉을 하지 않고 익명의 전문가들을 선정하여 격리시킨 채 의견을 수렴하는 데 유리하며, 전문가들을 한 장소에 모으는 수고를 덜고 전문가가 자유로운 시간에 의견을 말할 수 있고, 자신의 의견과 다른 사람들의 의견을 비교하여 검토할 수 있는 기회를 가진다는 점에서 유리한 기법이라고 할 수 있다.

5. 교차영향분석 기법

교차영향분석(cross-impact analysis)은 정책델파이처럼 전문가 견해에 기반한 방식으로 계량적 결과를 생산하게 된다. 이것은 전문가들에게 발생 가능한 사건들을 물어보고 한 사건이 일어날 때와 일어나지 않을

때에 다른 사건들의 발생확률 등을 물어보는 접근방법이다.[4)]

6. 통찰적 예측

통찰적 예측(genius forecasting)이란 개인의 통찰을 통해 미래의 비전을 묘사하거나 설명하는 것을 말하는 것이다. 예를 들어, 앨빈 토플러의 「미래 쇼크」, 「제3의 물결」, 「권력이동」, 「부의 미래」, 존 네이스비츠의 「메가트랜드」 등이 그 예가 된다. 이들은 종교적 예지자(Guru)들의 초자연적 예언들과는 달리, 매우 비판적이고 심도있는 사고를 통해 정확한 논거를 제시하는 노력을 보인 연구결과물들이다.

7. 실현성 예측

통찰적 예측이 미래에 대해 정보를 잘 갖춘 개인들의 통찰적 예지에 의존하는 방법이라면, 실현성 예측(feasibility forecasting)은 정책분야의 미래예측을 위해 보다 신중하게 미래 정책수단의 실현가능성을 예측하는 방법이다. 실현성 예측은 정책관련자들의 미래행태를 예측하기 위하여 특별히 설계된 것으로, 정책분석가가 여러 정책대안들의 채택이나 집행을 지지하거나 반대함에 있어 정책관련자들의 예상되는 영향에 관하여 예측하는 것을 도와준다. 이는 정치적 갈등이 존재하고 권력이나 기타 자원들의 배분이 동등하지 않은 조건에서 정책대안의 예상되는 결과를 예측해보는 데 적합하다. 또한, 정책관련자의 행태를 예견 또는 투사할 수 있게 하는 관련 이론이나 가용한 경험적 자료가 없는 상태에서 정책관련자들의 미래행태를 예측하는 데 유용하게 이용될 수 있다. 실현성 예측에서 고려되는 중요한 요소는 1) 이슈에 대한 입장, 2) 가용한 자원, 3) 자원의 상대적 서열 등이다(Dunn, 1981: 240-241).

4) 정책델파이 기법은 제5장 미래예측의 연구방법Ⅲ: 창의적 예측 부분을 참고하기 바람.

4 우선순위 선정을 위한 기법

우선순위 선정을 위한 기법(priority-setting)에는 핵심기술 우선순위 선정과 우선순위 로드맵 기법 등이 있다.

1. 핵심기술 우선순위 선정

핵심기술 우선순위 선정은 가장 우선시되는 기술을 선정함으로써 핵심기술로 나타나게 될 미래의 상황에 적합하게 대응하고자 하는 것이다.

(1) 핵심기술의 우선순위 선정

핵심기술의 우선순위 선정(critical or key technologies)은 특히 다양한 기술들을(technologies) 평가하는 데 있어 유용하다. 이 때 고려해야 할 중요한 질문들은 다음과 같다.

- R&D의 핵심 분야는 무엇인가?
- 정부 혹은 공공 자금을 지원받아야 하는 핵심적인 기술들은 무엇인가?
- 핵심기술을 선택하는 데 어떤 기준이 적용되어야 하는가?
- 결과들을 집행하는 데 있어 논의되어야 하는 것 중 가장 중요한 고려사항은 무엇인가?

(2) 핵심기술의 정의

핵심기술을 정의하는 데 있어 고려되어야 할 질문들은 다음과 같다.

- 핵심기술들의 정책적 적합성은 얼마나 되는가?
- 핵심기술들과 비핵심기술들은 상호 구별 가능한 정도인가?
- 핵심기술들의 도출과정과 결과는 신뢰할 수 있으며 재생산 가능한가?

(3) 핵심기술 우선순위 선정 절차

핵심기술을 선정하기 위해서는 다음과 같은 절차를 밟는다.

- 집단 전문가(cohort of experts for consultation)들을 선정한다.
- 핵심기술들의 목록표를 만든다.
- 목록화된 기술들을 유형화하고 우선순위를 가린다.
- 핵심기술의 우선순위를 관련 정책결정자에게 제안한다.

2. 로드맵 우선순위 기법

로드맵 우선순위 기법(technology roadmapping)이란 시장의 요구를 충족시킬 수 있는 기술적 대안을 발굴, 선정하고 그들 간의 관계를 시간 좌표로 표시하는 과정이다. 이 로드맵 기법을 기반으로 관련 프로젝트의 세부 계획을 수립하는 기술기획(technology planning)이 추진된다. 로드맵 우선순위 기법은 성과목표(performance target)에 도달할 수 있는 핵심기술 또는 기술격차(technology gap)를 확인할 수 있으며, 관련 구성원들 간 연구활동을 조정함으로써 연구개발(R&D) 및 투자 관련 의사결정을 조율할 수 있는 미래지도(future map)를 제공한다.

따라서 로드맵 우선순위 기법은 정책기획과 기술전략을 지원하기 위한 첨단산업에서 광범위하게 이용되며, 다차원적 시간에 기반한 그래픽 차트로 구성된다. 이 차트에는 기술개발과 시장수요의 관련성이 표현되어야 한다.

제3절

요약 및 결론

미래예측(future foresight)은 인간의 창조적 이성과 지식을 토대로 미래를 창조적으로 형성해가는 적극적인 의미를 지닌다. 미래는 '가치'가 담긴 내일의 모습이다. 정책연구는 미래예측과 함께 갈 때 바람직한 모습을 띠게 되며, 정책형성과 정책분석은 미래에 대한 열정과 의지로서 만들어가는 가치 지향적 탐구이기도 하다. 미래예측은 과거 데이터의 연장선상에서 이루어지는 단순한 예견(forecasting)을 넘어 미래의 창조적 의지와 실천적 열정이 담긴 예측(foresight)이라는 의미를 지닌다.

미래연구는 'Human & Governance'에 대한 창조적 연구이다. 인간에 대한 정책연구는 인간과 사회, 정신과 문명에 대한 미래지향적 탐구로 나타나며, 거버넌스에 대한 정책연구는 미래(future), 분석(analysis), 관리(management)를 키워드로 하는 정책역량에 대한 미래지향적 분석으로 나타난다.

이 절에서는 이러한 의미가 담긴 미래예측의 방법론은 정리해 보았다. 여기에서는 미래예측하는 방법론으로서 1) 어떠한 이슈가 존재하는지 확인하는 이슈의 확인(환경스캐닝, 이슈서베이, SWOT분석), 2) 그러한 이슈가 어떻게 진행될지에 대해서 통계적으로 추정해보기 위한 통계적 분석(회귀분석, 시뮬레이션, AHP기법, Bayesian모형, 형태분석기법), 3) 그러한 이슈가 어떻게 진행될지에 대해서 전문가 판단을 구해보는 방법(브레인스토밍, 정책델파이, 시나리오기법, 전문가패널, 교차영향분석, 통찰적 예측, 실현성 예측), 4) 마지막으로, 이상에서 추정하고 창의적 방식을 통해 나타난 미래의 상황을 우선순위로 분류하는 우선순위 선정(핵심기술 우선순위 기법, 로드맵 우선순위 기법) 등에 대해서 검토해 보았다.

그림 3-7 미래예측의 종합적 단계

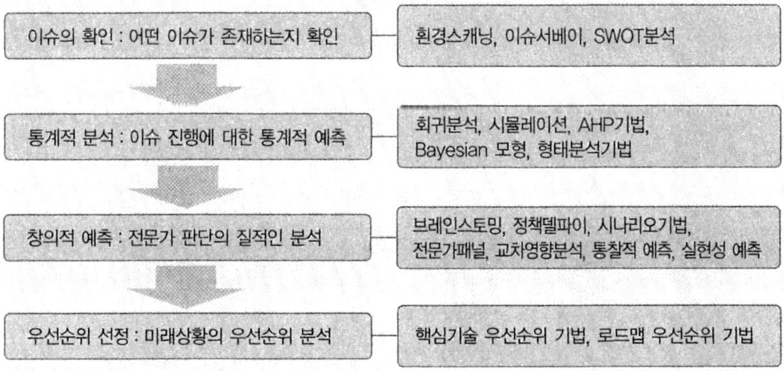

미래예측기법으로 사용되는 모든 방법들은 복잡한 수학적 모형, 계량적 기법이나 컴퓨터 시뮬레이션 등을 통해 이루어지기도 하지만, 실질적인 미래예측에 있어서는 전문가패널, 시나리오 작성, 정책델파이 등 전문가들의 주관적 판단이나 창의적 예측이 매우 중요한 자료로 사용되므로, 양적인 분석과 질적인 접근을 모두 활용하는 미래예측의 종합적 접근이 필요하다는 점을 인식할 필요가 있다.

4

Future Foresight & Policy Studies

미래예측의 연구방법 I, II: 이슈의 확인과 통계적 분석

미래예측(foresight)은 바람직한 미래를
형성하기위한 가치 지향적 탐구이다.

학 · 습 · 개 · 요

제4장에서는 미래예측의 연구방법 I과 II인 이슈의 확인과 통계적 분석에 대해서 검토한다. 미래예측은 이슈의 확인으로부터 시작된다. 미래예측의 주제가 선정되면 그 주제와 관련된 이슈들에 대해서 체계적으로 확인하고 분석하는 작업이 필요하다. 미래예측의 주제는 매우 전문적인 이슈를 대상으로 분석하는 경우가 많기 때문에 첫 출발인 이슈의 확인과 분석은 매우 중요하다. 이슈의 확인과 관련된 미래예측기법은 크게 1) 환경스캐닝, 2) 이슈서베이, 3) SWOT 분석 등으로 분류할 수 있다.

이슈의 확인이 있고나면 통계적 분석으로 들어가게 된다. 미래예측에서 통계적 분석이 차지하는 의미는 매우 크다고 할 수 있는데, 그것은 통계적 분석이 미래예측의 객관성과 과학성을 제고시켜 주기 때문이다. 미래예측에서 중요하게 활용되는 전문가패널, 시나리오기법, 정책델파이를 실행하는 과정에서 중요한 통계처리와 시뮬레이션 등 통계적 분석은 미래의 시나리오를 창출하는 데 많은 과학적 근거를 제공하게 될 것이다.

통계적 분석으로 많이 사용되는 기법들은 회귀분석, 시뮬레이션이 있으며, 회귀분석은 다시 횡단면분석과 시계열분석으로 분류된다. 미래예측과 관련하여서는 시계열분석이 매우 핵심적인 위치를 차지하게 되는데, 이러한 시계열분석으로 중요한 기법은 추세연장적 접근과 경향추정이 있다. 이 밖에도 통계적 분석은 많이 있는데, 이 장에서는 AHP기법(Analytical hierarchy process), Bayesian 모형(Bayesian model), 형태분석기법(Morphological analysis) 등에 대해서 알아보기로 한다.

제1절 ■■■□

미래예측의 연구방법 I

이슈의 확인과 관련된 미래예측기법

1 이슈의 확인의 의의

미래예측은 이슈의 확인으로부터 시작된다. 미래예측의 주제가 선정되면 그 주제와 관련된 이슈들에 대해서 체계적으로 확인하고 분석하는 작업이 필요하다. 미래예측의 주제는 매우 전문적인 이슈를 대상으로 분석하는 경우가 많기 때문에 첫 출발인 이슈의 확인과 분석은 매우 중요한 의미를 지닌다. 처음에 어떤 이슈들이 존재하고, 어떤 이슈들이 문제가 되는지에 대한 정확한 진단이 이루어지지 않는다면 그 뒤에 아무리 통계적 분석이나 전문가 판단을 구한다고 하더라도 미래예측의 타당성은 떨어지게 될 것이다. 따라서 아래에서는 이러한 중요성을 지닌 이슈의 확인과 관련된 미래예측기법에 대해서 살펴보기로 한다. 이슈의 확인과 관련된 미래예측기법은 크게 1) 환경스캐닝, 2) 이슈서베이, 3) SWOT 분석 등으로 분류할 수 있다.

2 환경스캐닝

환경스캐닝(Environmental scanning)은 우선 어느 분야에 심각한 변화가 오고 있는지를 파악하는 작업으로 주로 언론사의 여론조사 등을 참조하고, 웹사이트나 다른 방법을 통해 인간행동이나 사회변화를 감지하여, 트렌드나 변화를 포착하는 작업이다. 어떤 이벤트나 한 가지 현상이 아닌 시간에 걸친 변화를 정밀 탐사하는 것을 말한다.[1)]

환경스캐닝이란 조사된 자료에 대해 전체적인(systematic) 분석을 시도하는 것으로, 수동적 스캐닝, 적극적 스캐닝, 초점화 스캐닝의 세 가지 유형으로 나누어 볼 수 있다.

첫째, 수동적 스캐닝은 신문과 매거진 등을 읽는 것을 통해 이슈를 확인하는 것이다.
둘째, 적극적 스캐닝은 신문과 매거진뿐만 아니라 관련된 저널이나 분석지 등을 정기적으로 구독 및 습득하여 분석하는 것을 말한다.
셋째, 초점화 스캐닝은 특정한 주제에 초점을 맞춰 집중적인 자료탐색과 분석을 통해 이슈를 확인하는 것이다.

환경스캐닝은 미래예측의 첫 출발점으로서 미래연구와 관련된 자료들을 체계적으로 검토하는 작업이다. 이러한 환경스캐닝은 미래의 중요한 변화를 보다 잘 예측하기 위해 더 체계적이고 규칙적으로 환경을 조사하려는 노력의 일환으로 이루어진다. 따라서 수동적 스캐닝, 적극적 스캐닝, 초점화 스캐닝은 병행하여 활용된다. 먼저 신문과 매거진을 통해 일반적인 환경을 분석하고, 관련 전문 저널이나 분석지를 통해 보다 전문적인 이슈들을 분석하며, 보다 심층적인 탐구가 필요한 특정한 주제에 대해서는 집중적인 자료탐색과 분석이 이루어지는 것이다. 또한 이러한 자료조사는 전문가 의견 수렴을 위한 이슈 서베이와 병행되어 진행되기도 한다.

환경스캐닝의 보고서를 작성할 때는 세세한 것들은 생략하고 아주 중요한 부분만을 포함하고, 변화하는 상황에 대한 보충이 필요할 때마다 새로운 정보를 지속적으로 보강해야 한다.

---

1) http://blog.naver.com/webpjoa?Redirect=Log&logNo=80013015557.

환경스캐닝의 자세한 방법은 다음과 같다.

첫째, 외부 고객 혹은 시민들이 조직에 대해 어떻게 생각하는지에 대해 이해하기 위해 불편사항이나 제기된 민원 등 외부 의견을 검토한다.
둘째, 외부 고객 혹은 시민들을 이해하기 위해 현장 실무자들과 이야기를 나눈다.
셋째, 조직이 특별한 이벤트를 실시한 후에는 외부 고객 혹은 시민(이들이 목표공중(target population)이 된다)을 초청하여 그들의 반응을 청취한다.
넷째, 목표공중들 중의 몇몇 사람들과 심층면접(indepth interview)을 실행한다.
다섯째, 계속적인 접촉을 위해 목표공중(target population)들과 전화통화를 한다.
여섯째, 조직의 중요한 쟁점이나 조직에 관한 신문 기사를 읽거나 방송 뉴스를 청취하고 모니터링을 한다.
일곱째, 여론조사를 실시한다.
여덟째, 학술잡지나 지역저널 등을 조사한다.[2)]

세계적 규모의 미래예측 사례인 밀레니엄 프로젝트 조사에서 활용되었던 환경스캐닝의 주요 체크 리스트는 다음과 같다.

첫째, 전문위원회는 데이터베이스를 적극 활용한다. 이는 정책결정자들에게 다양하고 유용한 정보로서 기능하게 될 것이다.
둘째, 전문위원회는 인터넷을 적극 활용한다. 이는 관련분야 정보와 이슈의 진행되는 경향을 찾는 데 중요한 도구가 될 것이다.
셋째, 전문위원회는 선택된 정기간행물(원고, 저술, 평론)을 적극 활용한다. 이는 미래예측과 관련된 중요한 초기의 변화를 감지하는 데 많은 도움을 줄 것이다.

2) http://prae.tistory.com에서 수정 인용.

넷째, 전문위원회는 전문가들의 에세이를 적극 활용한다. 이는 정책과 전략을 위한 핵심적인 장기적 이슈들을 찾아내는 데 많은 도움을 줄 것이다.

다섯째, 전문위원회는 핵심 인물 추적과 회의 모니터링을 적극 활용한다. 이는 정책과 전략의 중요한 변화를 추적하는 데 많은 도움을 줄 것이다(박영숙 외, 2007: 333).

3 이슈서베이

이슈서베이(Issue surveys)란 관련 전문가들의 의견 수렴을 통해 미래예측의 핵심이 되는 이슈를 확인하는 방법이다. 특정한 이슈를 확인하는 가장 확실한 방법은 관련 전문가들의 정보나 지식을 습득하는 것이다. 즉, 정책 델파이나 전문가 패널, 그리고 시나리오 워크숍(Scenario workshop) 등은 미래예측의 배경이 되는 정보(background information)를 얻는 데에도 매우 유용하게 활용될 수 있다.

환경스캐닝과 이슈서베이는 구분하지 않고, 이슈서베이를 넓은 의미의 환경스캐닝의 한 방법으로 사용되기도 한다. 즉, 데이터를 조사하는 환경스캐닝이나 전문가들에게 이슈를 확인하는 이슈서베이나 모두 미래예측을 하기 위한 초기환경 탐색의 기법들이라는 점에서 크게 구분할 필요는 없는 것이다.

이슈서베이에서 이슈를 확인할 때 고려해야 하는 사항들은 다음과 같다.

첫째, 미래예측의 핵심 분야(the area of interest)를 주도적으로 형성하는 핵심 기제들은 무엇인가?

둘째, 핵심 기제들은 어떤 종류의 문제와 욕구들을 발생시키는가?

셋째, 문제와 욕구들을 해결하기 위해서는 어떤 종류의 대안과 혁신들이 존재하는가?

넷째, 대안과 혁신들을 도출하기 위해서는 어떤 종류의 연구와 분석, 지식과 기술들이 요구되는가?

이슈서베이는 경우에 따라 미래예측의 초기 환경탐색에 그치지 않고, 그 자체가 하나의 미래예측 독립된 조사 주제로 완결되어 관리되는 경우도 있다. 이슈관리위원회(The Issue Management Association)의 회장인 W. Renfro는 이슈서베이의 과정을 다음과 같이 제시하였다.

첫째, 잠재적인 미래의 이슈들에 대해 광범위하게 탐색한다.

둘째, 미래의 이슈들의 배경과 잠재적 영향력에 대해서 조사한다.

셋째, 미래의 이슈들에 대해서 객관적으로 평가한다.

넷째, 미래의 이슈들에 대해서 효과적으로 예측하기 위해 전략개발을 한다(박영숙 외, 2007: 333).

>> 미래예측 사례

환경스캐닝과 이슈서베이 I: 과학기술부 첨단장비구축에 관한 정책연구

1. 사례 개요

한국행정학회(2005)에서는 미래 과학기술을 위한 대형 연구시설 및 장비구축에 관한 정채연구를 실행한 바 있다. 여기에서는 대형 첨단 장비구축의 정책우선순위 도출을 위해 미래예측을 실시했는데, 이를 위해 대형 첨단 장비구축의 대상 장비시설들이 무엇이 있는지, 어떠한 장비시설들을 포함시켜야 하는지에 대해서 환경스캐닝과 이슈서베이를 실시하였다. 과학기술 관련학회들의 연구보고서 및 발간 저널들과 해외 연구기관들을 스캐닝하는 한편, 국내 연구장비업체와 과학기술 전문가들을 대상으로 전문가 패널을 구성하여 토의하는 단계적 방식을 거쳐 대형 첨단 장비구축의 대상 장비시설들에 대한 후보 리스트를 압축해 나갔다.

2. 쟁점 및 시사점

위의 사례는 한국행정학회에서 진행한 과학기술 정책연구에서 미래예측을 위해 환경 스캐닝과 이슈 서베이를 실시한 사례를 설명하고 있다. 과학기술 첨단 장비에 관한 주제는 매우 전문성이 높은 분야이기 때문에 미래예측의 대상 이슈들이 초기에 생략될 가능성이 높은 분야이다. 이처럼 고도의 전문성을 지닌 분야일수록 초기에 광범위한 문헌 및 데이터 스캐닝 그리고 관련 분야 전문가들을 대상으로 한 전문가 패널 토의가 중요성을 지닌다고 할 수 있으며, 따라서 미래예측을 위한 초기 환경스캐닝과 이슈서베이는 매우 중요한 절차적 의의를 지닌다고 하겠다.

*자료: 권기헌 외, 『미래 과학기술을 위한 대형 연구시설 및 장비구축에 관한 정책연구』, 과학기술부, 2005.

>> 미래예측 사례

환경스캐닝과 이슈서베이 II:
서울시 미래 도시환경설계에 관한 연구

1. 사례 개요

서울시(2007)에서는 미래의 도시 환경의 중요성을 인식하고, 서울시를 세계디자인의 도시로 만들기 위하여 도시관리계획 환경성 검토를 실시하였다. 여기에서 문화와 환경, 산업과 디자인 등이 조화를 이룬 도시의 환경을 만들기 위해 미래예측을 실시했는데, 이를 위해 환경오염, 기후변화, 도시생태계, 시민건강, 에너지사용 등 시민생활에 미치는 영향에 대해서 환경스캐닝과 이슈서베이를 실시하였다. 도시디자인 관련학회들의 연구보고서 및 발간 저널들과 해외 유명한 도시들을 스캐닝하는 한편, 국내의 도시행정 및 도시디자인, 교통, 환경전문가 패널을 구성하여 토의하는 단계적 방식을 거쳐 환경성검토 대상에 대한 체크리스트를 압축해 나갔다.

*자료: 서울시, 『서울특별시 도시관리계획 환경성검토 업무지침』, 2007.

2. 쟁점 및 시사점

위의 사례는 서울시에서 진행한 도시관리계획의 환경성검토에서 미래예측을 위해 환경스캐닝과 이슈서베이를 실시한 사례를 설명하고 있다. 도시관리계획은 단순히 도시디자인 뿐만이 아니라, 환경, 교통, 문화재 등에 관한 주제가 복합적이고 종합적이며 매우 전문성이 높은 분야이기 때문에 환경스캐닝과 이슈서베이를 통하여 계획의 초기 단계에서 경시될 수 있는 여러 가지 문제요소들을 검토할 필요성이 특히 높은 분야이다. 주민들의 의견과 도시관리계획에 영향을 미치는 광범위한 분야의 전문가들과 계획 초기단계에서부터 심층적으로 토의하는 한편, 환경스캐닝과 이슈서베이를 통한 미래예측활동을 체계적으로 하는 것은 도시계획과 관련하여 타당성 높은 정책설계와 보다 안정적인 정책집행의 발판을 마련하는 일이라고 하겠다.

4 SWOT분석

SWOT분석이란 조직의 환경분석을 통해 강점(strength)과 약점(weakness), 기회(opportunity)와 위협(threat) 요인을 규정하고, 이를 토대로 미래에 대한 전략을 수립하는 기법이다. 네 요소의 첫 이니셜을 조합하여 SWOT라고 부른다. SWOT분석은 조직 자체와 조직이 처한 환경을 서로 연계시켜 종합적이고 균형잡힌 시각으로 분석하도록 유도하는 하나의 개념적 도구이다.

SWOT의 각각 개념을 알아보면, 우선 기회는 조직에 우호적인 여건으로 성공 가능성을 높여주는 요인이며, 위협은 조직의 활동을 위축시키거나 장애가 되는 요인이다. 한편 강점과 약점은 조직 내부의 요인들에 대한 장점과 약점을 말하는데, 조직 내부의 요인들로는 조직책임자(leader)의 리더십과 구성원(follower)의 역량, 인력이나 예산 등의 사용자원, 정보기술과 지식관리, 조직구조와 의사소통 등을 들 수 있다.

SWOT분석은 기회, 위협, 강점, 약점을 병렬적으로 나열하기보다 매트릭스를 만들어 요약하고 각각의 배합에 따른 전략을 함께 정리하는 것이 더욱 유용하다(유민봉, 2006: 271). 이는 어떤 조직의 내부환경을 분석하여 강점과 약점을 발견하고, 외부환경을 분석하여 기회와 위협을 찾아내어, 이를 토대로 강점은 최대화하고 약점은 최소화하고, 기회는 최대한 활용하고 위협은 최대한 억제하여 바람직한 미래를 수립하는 데 도움을 줄 수 있다.

SWOT분석은 여러 형태의 조직관리의 도구로 활용될 수 있는데, 여기에서는 미래예측과 관련하여 초기에 조직을 진단하는 도구로서 소개하고 있다.

1. 내부요인과 외부요인

(1) 내부요인

내부요인(internal factors)이란 조직의 내부에 존재하는 강점과 약점을 의미한다. 조직의 강점과 약점을 파악하기 위해서는 조직의 자원(resource)과 역량(capability)에 대한 분석이 수반되어야 한다.

(2) 외부요인

외부요인(external factors)이란 조직의 외부에서 제시되는 기회와 위협을 의미한다. 기회와 위협을 파악하기 위해서는 조직의 환경적 요소에 대한 체계적인 분석이 요구된다.

2. SWOT분석의 특징

이상에서 제시된 바와 같이 SWOT는 내부적 요소 2개-강점과 약점과 외부적 요소 2개-기회와 위협으로 이루어지기 때문에, 2×2 매트릭스로서 표현된다. SWOT분석은 통계적 방법은 아니지만, 조직 내부에 대한

표 4-1 SWOT분석의 2×2 전략

내적요소 / 외적요소	강점(S)	약점(W)
기회(O)	SO 전략 기회로부터 이익을 얻기 위해 강점을 활용하는 전략을 5~10개 정도 작성한다.	WO 전략 약점을 극복하면서 기회를 살리는 전략을 5~10개 정도 작성한다.
위협(T)	ST 전략 위협을 회피하기 위해 강점을 활용하는 전략을 5~10개 정도 작성한다.	WT 전략 약점을 최소화하고 위협을 회피하는 전략을 5~10개 정도 작성한다.

* 자료 : hppt://blog.naver.com/cobojo

학습(강점과 약점)을 수반하고 더불어 조직 외부에 대한 환경과의 역동적인 상호작용(기회와 위협)을 분석할 수 있는 방법이다.

3. SWOT분석의 한계

SWOT분석의 한계를 살펴보면 다음과 같다.

첫째, 환경인식의 기법이나 예측, 분석방법이 제대로 갖춰지지 않을 경우, 환경에 대한 자의적인 선별과 해석으로 중요한 환경요소들이 간과될 수 있다.

둘째, 강점과 약점에 대한 명확한 인식이 쉽지 않다. 즉, SWOT분석자의 전략지능의 여부에 따라서 그 내용이 달라지며 훌륭한 대안을 모색한 경우에도 그 대안이 수용되지 않고 기각되는 사례가 많다.

셋째, 강점인가 약점인가에 대한 구분은 실전에서 경험해야 아는 경우가 많으며, 각 대안들이 서로 어떠한 상관관계나 보완관계가 있는지, 환경의 돌파를 위한 대안인지 환경의 정비를 위한 대안인지에 대한 구분이 쉽지 않다.[3)]

3) http://kin.naver.com

>> 미래예측 사례

SWOT분석:
한국과학문화재단에 대한 조직진단

1. 사례 개요

성균관대학교 국정관리대학원(2006)에서는 한국과학문화재단 중장기 발전계획 수립연구를 실행한 바 있다. 여기에서는 한국과학문화재단(KSF)

그림 4-1 한국과학문화재단에 대한 SWOT분석

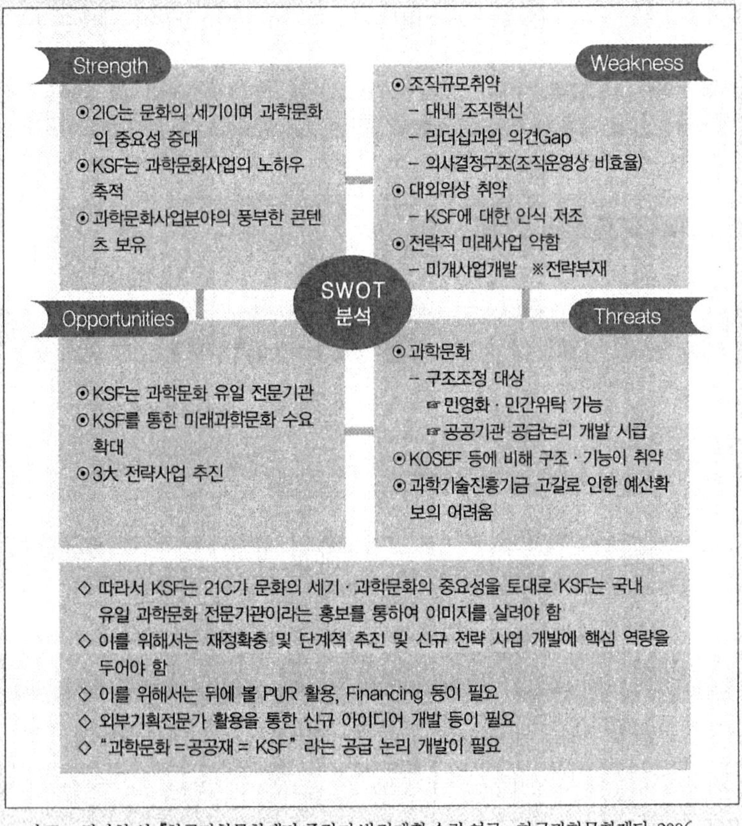

* 자료 : 권기헌 외, 『한국과학문화재단 중장기 발전계획 수립 연구』, 한국과학문화재단, 2006.

중장기 계획수립을 위해 미래예측을 실시하였으며, 이를 위해 초기의 조직진단을 위한 SWOT분석이 시행되었다. 분석 결과, 21세기는 문화의 세기이며 과학문화의 중요성이 증대되고 있다는 시대적 배경이 과학문화 전문기관으로서 KSF의 강점요인으로 작용하였으며, KSF가 그 동안 수행해 온 과학문화사업의 노하우와 풍부한 콘텐츠를 바탕으로 전략적 홍보를 시행한다면 미래과학문화의 수요 확대 및 KSF의 대외위상 강화를 도모할 수 있다는 점이 KSF의 기회요인으로 나타났다. 하지만, 조직규모의 취약과 전략적 미래사업의 부재 등은 KSF의 약점요인으로 분석되었으며, 과학재단(KOSEF)에 비해 대외위상이 취약하고 예산확보의 어려움 등은 미래 KSF 조직의 위기요인으로 분석되었다.

2. 쟁점 및 시사점

위의 사례는 성균관대학교에서 진행한 한국과학문화재단(KSF) 미래예측 사례를 설명하고 있다. SWOT분석은 그 자체가 하나의 조직진단의 도구로 활용되기도 하지만, 미래예측의 중요한 초기 진단의 방법으로 활용되기도 한다. 위의 사례는 한국과학문화재단(KSF)에 대한 SWOT분석을 토대로 KSF에 대한 초기 조직진단을 하였으며, 이러한 큰 그림을 바탕으로 한 초기자료는 KSF의 미래예측을 통한 미래전략 도출의 방향을 설정하는 도구로 활용될 수 있다는 점을 잘 보여주고 있다. 즉, SWOT분석을 통해 제시된 강점과 약점, 기회와 위기요인들은 추후 미래예측 대상의 이슈 리스트로서 활용될 수 있으며, 미래예측의 이슈진단으로서 SWOT분석의 중요성을 보여주고 있다.

제2절

미래예측의 연구방법 II:

통계적 분석과 관련된 미래예측기법

1 통계적 분석의 의의

미래예측에서 통계적 분석이 차지하는 의미는 매우 크다고 할 수 있다. 우리는 앞에서 미래예측(foresight)의 본질이 과거의 통계로부터 단순한 추세적 연장의 일부인 경제학적 예견(prediction)과는 확연하게 구분된다는 점을 살펴본 바 있다. 이러한 논의를 전제로 한다면, 통계적 분석은 미래예측에서 매우 중요한 분석적 수단이 될 수 있다. 통계적 분석 그 자체로 미래예측을 하는 것은 한계가 있지만, 뒤에서 살펴보게 될 전문가 조사나 정책 델파이 등과 결합하여 진행되는 통계적 분석은 미래예측의 과학성을 제고하는 데 크게 기여할 수 있기 때문이다. 시나리오 기법 역시도 전문가들의 통찰에 입각하여 미래의 시나리오에 대한 분석을 하는 것이지만, 이러한 과정에서 중요한 통계처리와 시뮬레이션 등 통계적 분석은 미래의 시나리오를 분석하는 데 있어서 매우 중요한 과학적 근거를 제공하게 될 것이다.

통계적 분석으로 많이 사용되는 기법들은 회귀분석, 시뮬레이션이 있으며, 회귀분석은 다시 횡단면분석과 시계열분석으로 분류된다. 미래예측과 관련하여서는 시계열분석이 매우 핵심적인 위치를 차지하게 되는데, 이러한 시계열분석으로 중요한 기법은 추세연장적 접근과 경향추정이 있다. 이 밖에도 통계적 분석은 많이 있는데, 여기에서는 AHP기법

그림 4-2 통계적 분석에서의 미래예측기법의 유형

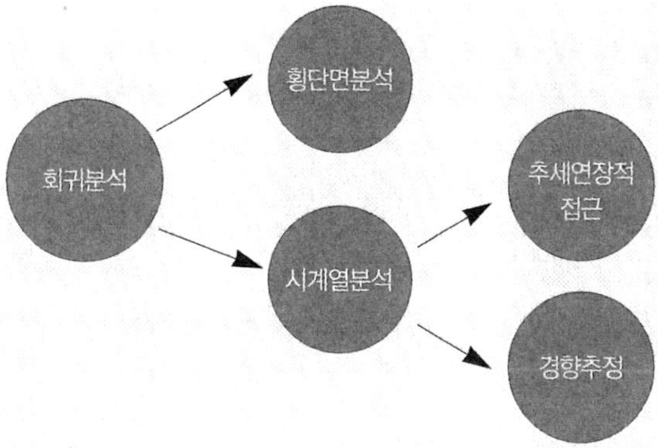

(Analytical hierarchy process), Bayesian모형(Bayesian model), 형태분석기법(Morphological analysis) 등에 대해서 알아보기로 한다.

2 회귀분석

회귀분석(regression analysis)은 변수들 간의 선형관계를 추정하는 데 유용한 기법으로 독립변수와 종속변수 간의 관계의 형태와 크기를 정확히 추정하는 통계방법이라 할 수 있다.

회귀분석은 독립변수와 종속변수들 간의 관계의 형태에 대하여 요약된 측정치를 제공하기 때문에 모형의 설계 및 활용에 유용하다. 정책분석가는 회귀분석을 통해 변수 간의 인과관계를 확인할 수 있으며,[4] 회귀분석은 어떤 독립변수가 종속변수의 원인인가를 정확하게 밝히게 한

4) 회귀분석 자체만으로 인과관계를 증명하지는 못한다. 하지만 ① 독립변수의 시간적 선행성, ② 독립변수와 종속변수 간의 이론적 연계성, ③ 허위 상관관계의 부재 등이 뒷받침된다면 회귀분석은 변수 간 인과관계를 확인하는 강력한 도구가 될 수 있다.

다는 점, 즉 원인변수와 결과변수를 구체화하게 한다는 점에서 큰 장점을 가지고 있다.

미래에 대한 예측성의 확보 또한 회귀분석의 장점이다 회귀분석은 과거의 데이터를 통해 회귀함수를 추정하게 되고 이를 통해 모집단을 유추하는 방법을 제시해 준다. 회귀분석은 평균적인 상황 속에서 기대되는 가치를 예측함으로써, 개별적 상황에 의한 불확실성은 회귀분석을 통해 극복될 수 있게 된다(이재억, 2003: 89). 하지만 회귀분석에서는 적절한 모형 선택이 중요하다. 회귀분석에서는 특정 자료가 일정한 모형을 따른다는 가정 하에 모수에 대한 유추를 하게 되는데, 적절한 모형을 선택하지 못하는 경우 가정이 성립하지 않으므로, 유추 자체의 의미가 사라진다. 또한 설명력을 높일 수 있는 독립변수가 선택되어야 한다.

회귀분석은 횡단면 분석과 시계열 분석으로 나눌 수 있으며, 선형 분석과 비선형 분석으로 나눌 수 있다.

1. 횡단면분석

분석단위가 시간이 아닌 형태의 분석을 횡단면분석(cross-sectional analysis)이라고 한다. 횡단면 분석도 종속변수의 형태가 선형으로 나타나는 형태에 대한 분석(OLS, GLS)과 비선형으로 나타나는 형태에 대한 분석(Poission Model, Logit, Probit, LPM모형 등)이 있다.

횡단면분석에서 가장 보편적으로 사용되는 것은 선형 회귀분석이다. 이는 가장 명확하고도 단순한 형태의 회귀분석으로서, 두 변수 간에 완벽한 선형 연관성이 존재하는 경우에 사용한다. 여기서 잠깐 계량분석에서 소개된 회귀함수의 기초개념에 대해 짚고 넘어가면 아래와 같다.[5] [그림 4-3]은 X와 Y 사이의 관계와 관련된 가상적 자료에 대한 산포도(Scattergram)다. 이 산포도에는 모두 4개의 사례가 있는데, 각 사례들마

5) 이하에서 소개한 회귀함수에 대한 설명은 Earl R. Babbie 저, 『사회조사방법론 (제11판)』. 고성호 역(2007: 632-634)를 토대로 구성하였음.

그림 4-3 X와 Y 값이 이루는 단순한 산포도

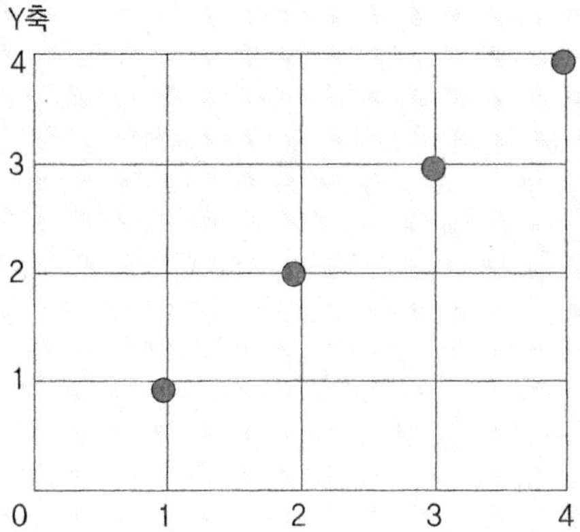

* 자료: Earl R. Babbie 저, 고성호 역, 2007 : 632-634.

다 X값과 Y값이 만나는 지점이 일직선상에 놓여 있다. 다시 말해, X값이 1이면 Y값도 1이고, X값이 2이면 Y값도 2이며, X값이 3이면 Y값도 3이고, X값이 4이면 Y값도 4이다. 이 경우 X와 Y 사이의 관계는 Y=X라는 함수 또는 회귀등식(regression equation)이나 회귀모형(regression model)으로 설명된다. 이와 같이 4개의 사례들이 정확히 일직선상에 놓여 있는 경우, 이 사례들의 정중앙을 관통하는 선 또한 Y=X이며, 이 선이 바로 회귀선(regression line)이 된다.

선형 회귀모형은 기술적(descriptive)으로 매우 유용해서, X와 Y 사이의 상관관계를 시각적으로 이해할 수 있게 해줄 뿐만 아니라, 두 변수 간의 관계를 가장 효율적으로 요약하게 해준다. 선형 회귀모형에는 기술적 유용성 이외에 추정적 유용성까지도 있어서, X와 Y의 구체적 값들을 예측하는 것 또한 가능케 한다. 이를테면, 위의 예의 경우 만일 X가 3.5이면 Y도 3.5라는 추정이 가능하다.

[그림 4-3]은 물론 가상적인 경우로서, 실제로 4개의 사례로 이루어진

그림 4-4 인구수와 범죄율 간의 산포도에 그어진 회귀선

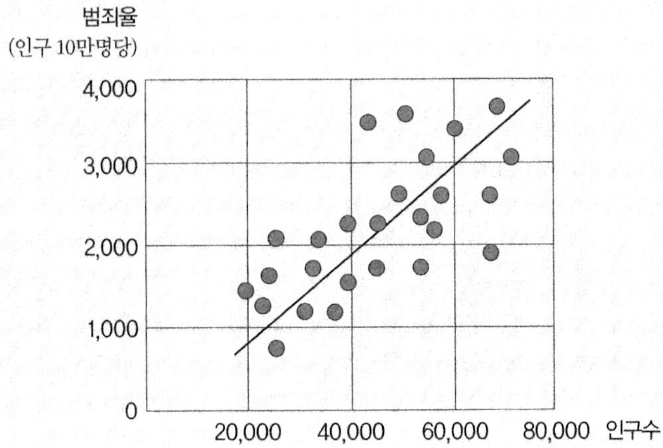

* 자료 : Earl R. Babbie 저, 고성호 역, 2007 : 632-634.

연구는 거의 없을 뿐더러 두 변수 간의 관계 또한 그처럼 완벽하게 선형인 경우는 거의 없다. 실제 상황에 보다 가까운 예는 [그림 4-4]일 것이다. 이 그림은 인구수(X)와 인구당 범죄율(Y) 사이의 관계에 관한 산포도다. 이 산포도에서 각 점은 도시를 나타내며, 이 점의 위치는 그 도시의 인구수와 범죄율을 나타낸다. [그림 4-3]에서와 마찬가지로, Y값(범죄율)은 X값(인구수)과 대체로 일치하므로, X값이 증가함에 따라 Y값도 증가하는 경향이 있다. 하지만 이 경우 X와 Y 사이의 연관관계는 [그림 4-3]보다는 명확하지 않다. [그림 4-4]의 경우 산포도 위의 모든 점들을 연결해 주는 직선은 없다. 다만 여러 점들의 정중앙을 관통하는 대략적인 선만을 그릴 수 있다. [그림 4-4]에는 이러한 추정선(fitted line)이 그려져 있다. 함수의 기본논리에 따르면, X와 Y 간의 직선은 $Y = \alpha + \beta X$라는 등식(방정식)으로 표현된다. 이 때, X와 Y는 각기 변수이며, α는 X가 0일 경우의 Y값(Y절편)이고, β는 이 함수의 기울기다. α와 β의 값을 알면, 각 X값에 해당하는 Y값을 계산해 낼 수 있다. 이상을 종

합하여 설명하면, 회귀분석은 이러한 산포도상의 모든 점들의 분포를 가장 잘 나타내주는 회귀선(regressed line)을 찾아내는 방법이라고 말할 수 있다. 회귀선은 독립변수와 종속변수 간의 연관관계를 수학적으로 기술해 줄 뿐 아니라, X값을 근거로 Y값을 추정하게 해준다. 예를 들어, [그림 4-4]의 경우에는 어떠한 도시의 인구수를 알면 그 도시의 범죄율을 추정적으로 예측할 수 있다.

>> 미래예측 사례

회귀분석과 요인분석을 이용한 투자 우선순위 예측

1. 사례 개요

한국행정학회(2005)에서는 미래 과학기술을 위한 대형 연구시설 및 장비구축에 관한 정책연구에서 대형 첨단 장비구축의 정책우선순위 도출을 위해 미래예측을 실시하였으며, 이를 위해 회귀분석과 요인분석을 실행하였다. 첨단 장비구축의 평가기준을 도출하기 위해 먼저 요인분석을 실시하였는데, 요인분석 적용 결과, 2개의 요인(요인1: 과학기술 차원; 요인2: 국가정책 차원)이 도출되었다(Varimax 회전방식). 이러한 요인분석결과를 기초로 18개 첨단장비에 대한 요인값(factor score)을 도출하였으며, 요인분석으로 도출된 과학기술차원(요인1)과 국가정책차원(요인2)을 독립변수로 하고, 도입필요성을 종속변수로 하여 회귀분석을 실시하였다 그 결과, 회귀분석의 가중치(w_1=과학기술차원표준화계수, w_2=국가정책차원표준화계수)를 산출할 수 있었다.

$Y_i = w_1X_1 + w_2X_2$ ························· 방정식 ①

X_1 = 과학기술차원　　　　X_2 = 국가정책차원

w_1 = 과학기술차원 가중치　　　　w_2 = 국가정책차원 가중치

$w_1 + w_2 = 1$

w_1 = 과학기술차원 표준화계수 = 0.6265

w_2 = 국가정책차원 표준화계수 = 0.3735

2. 가중치를 적용한 투자 우선순위 예측

위에서 도출된 가중치를 적용하여 전체 우선순위를 예측한 결과, 차세대 자기공명장치(NMR), 질량분석가속기(AMS), 자기공명영상시스템(MRI), 고분해능 질량분석기, 전자현미경 등은 상위 우선순위로 평가된 반면, 가속기 기반 중성자 연구설비, 냉중성자연구시설, 초전도 가속관 시험 제작 시설, 고에너지실험자료센터, 중성미자검출설비 등은 하위 우선순위로 평

표 4-2 전체우선순위 : 가중치 적용

첨단장비	가중평균	순위
차세대 자기공명장치(NMR)	4.014	1
질량분석가속기(AMS)	3.974	2
자기공명영상시스템(MRI)	3.908	3
고분해능 질량분석기(Mass Spectrometer)	3.860	4
전자현미경	3.830	5
제4세대 방사광 가속기	3.684	6
고자기장 연구장비	3.605	7
양성자가속기	3.346	8
극초단 광양자빔(Ultra-Short Optical Pulse Laser)	3.289	9
대전력저장공급시설	3.232	10
초전도특성평가시설	3.212	11
중대형 이온빔 가속기	3.135	12
핵융합로재료시험시설	3.100	13
가속기 기반 중성자 연구설비(Spallation Neutron Source)	3.069	14
냉중성자연구시설	2.855	15
초전도 가속관 시험/제작 시설	2.774	16
고에너지실험자료센터(대용량 자료시스템 포함)	2.764	17
중성미자검출설비	2.636	18

* 자료 : 권기헌 외, 『미래 과학기술을 위한 대형 연구시설 및 장비구축에 관한 정책연구』, 과학기술부, 2005.

가되었다. 이는 다른 형태의 가중치 분석에서도 동일한 결과를 보여주었는데, 이는 통계분석의 결과가 일관된다는 것을 의미한다(통계학적인 용어로 Robust함).

3. 쟁점 및 시사점

위의 사례는 한국행정학회에서 진행한 과학기술 정책연구에서 미래예측을 위해 요인분석과 회귀분석을 실시한 통계분석결과를 설명하고 있다. 또한 다양한 형태의 회귀함수식에도 불구하고 통계분석은 일관된 결과를 보여주고 있다는 점을 설명하고 있다. 이러한 요인분석과 회귀분석 결과는 미래예측의 신뢰성과 객관성을 제고하는 데 많은 기여를 하게 될 것이라는 점에서 통계분석이 미래예측에서 갖는 의미를 잘 보여주고 있는 사례라고 하겠다.

2. 시계열분석

분석단위가 시간의 형태로 나타나는 분석을 시계열분석(time-series analysis)이라고 한다. 시계열 분석은 과거로부터 현재에 이르는 변화를 분석함으로써 미래를 예측하는 방법인데, 시간을 독립변수로 둔다. 이를 테면, 미국의 범죄율은 해마다 증가하는 경향이 있는데, 시계열분석을 실시함으로써 이러한 변동의 장기적 추이를 관찰하고, 변동의 원인(인구증가, 경제여건의 부침)을 설명하며, 미래의 범죄율을 예측해 낼 수 있다(Earl R. Babbie, 고성호 역, 2007: 654). 이러한 시계연분석은 경제적 예측(forecasting)에 유용한 기법이다.

시계열분석에서는 시계열이 지속적 경향, 계절적 변동, 주기적 파동, 불규칙적 진동 등 네 가지 구성요소를 가지고 있으며, 이들 구성요소를 식별하여 미래 상태를 예측하는 데 이용하는 기법이다(김신복, 1991: 364-365). 지속적 경향은 종속변수의 선형형태를 의미하며, 계절적 변동·주기적 파동·불규칙적 진동 등은 종속변수의 비선형형태를 말한다.

그림 4-5 시계열 분석의 다양한 형태

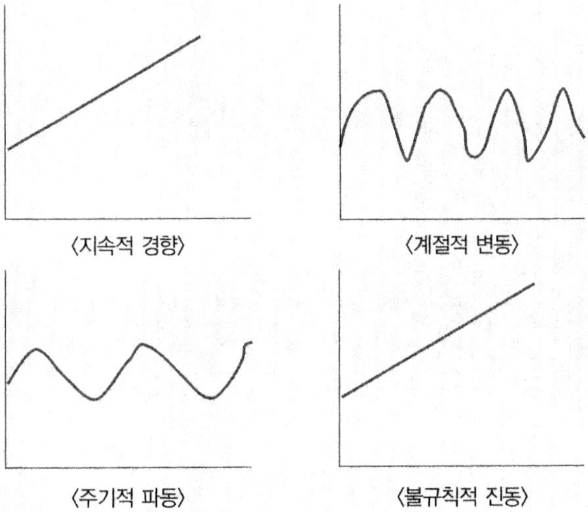

시간함수에 따라 경제성장을 예측하면 비교적 선형형태를 보이며, 주식 가격의 변동은 불규칙적 진동형태를 보인다.

지속적 경향이란 장기적으로 평탄하게 증가하거나 감소하는 것이고, 계절적 변동은 1년 혹은 그보다 짧은 기간을 주기적으로 반복해서 나타나는 것, 주기적 파동은 반복적으로 나타나는 주기가 수년간에 걸쳐 길어질 수 있는 것을 말한다. 마지막으로 불규칙적 진동은 규칙적인 방식이 없어 보이는 시계열상의 예측할 수 없는 변동을 말한다.

시계열분석으로서 미래예측에 많이 사용되는 기법으로는 추세연장(extrapolative approaches)과 경향추정(Trend extrapolation)을 들 수 있다.

(1) 추세연장

추세연장적 접근(extrapolative approaches)은 기존의 자료나 추정을 전제로 미래에 발생할 상황을 예측해보고자 하는 것이다. 미래예측 방법의 기본형으로서 가장 많이 활용되고 있는 추세연장적 접근은 현재와 과거의 자료에 근거하여 미래사회의 변화될 모습을 추세연장적으로 투사(projection)하는 방법이다. J. Naisbitt의 저서 「메가트렌드 2000」이 그 대표적 예이다(노동조, 2005: 109-110).

추세연장적 접근은 과거에 발생한 일들은 특별한 사건에 의해서 방해받지 않는 한 미래에 재연될 것이라는 전제하에 접근하는 방식으로 시계열자료에 의존한다. 즉, 추세연장적 접근은 과거에 관찰된 데이터의 패턴이 미래에도 일어날 것이라는 1) 지속성, 2) 규칙성, 그리고 3) 자료의 신뢰성과 타당성의 세 가지 가설에 기초하고 있다. 첫 번째와 두 번째의 지속성과 규칙성의 가정은 사회적 현상에서도 물리학에서 이야기하는 관성(inertia)이 존재한다는 것이다. 예를 들어 인구변화라는 현상에 관성이 존재한다는 말은 인구가 과거와 비슷한 모습으로 미래에도 변화할 것이라는 것을 의미한다(안문석, 1993: 58). 세 번째의 가정은 조사방법론에서 말하는 측정의 신뢰성 및 타당성의 조건이다. 이러한 세 가지 가정이 충족될 수 있어야 추세연장적 방법을 통하여 동태적인 사회변화를 이해하고, 미래의 일정 시점에서 발생할 가능성이 가장 높은 미래상태를 예측할 수 있다(남궁근, 1993: 170).

추세연장은 한 상황에서 얻은 경험을 다른 상황에서 일어날 정책 대안의 결과들을 예측하기 위한 기초 자료로서 활용될 수 있도록 해 준다. 추세연장적 방법에서 나타나는 공통된 패턴의 여러 형태를 살펴보면 다음과 같다.[6]

① 분산추세

분산추세는 어떤 일정한 추세를 발견할 수 없는 경우이기 때문에 미래를 예측하는 데 전혀 도움이 되지 못한다. 분포가 산만하게 이루어져

6) 분산추세, 수평추세, 비선형추세, 선형추세, 혼합추세에 대한 설명과 그림들은 전득주 외, 1992, 86-90에서 인용하였음.

있기 때문에 일관된 계속성을 발견할 수 없는 경우이다.

그림 4-6 분산추세의 형태

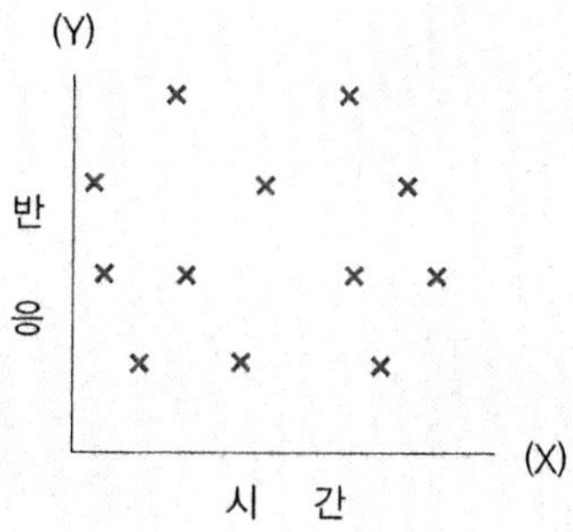

* 자료: 전득주 외, 1992, 86-90.

② **수평추세**

수평추세란 추세를 발견하는 데 평균치 적용의 경우이다. 왜냐하면 X의 변화(시간의 경과)에 따라 Y의 값(반응의 결과)이 최고치와 최저치로 일정한 비율로 나타나기 때문에 평균치를 반응의 추세로 볼 수 있다.

그림 4-7 수평추세의 형태

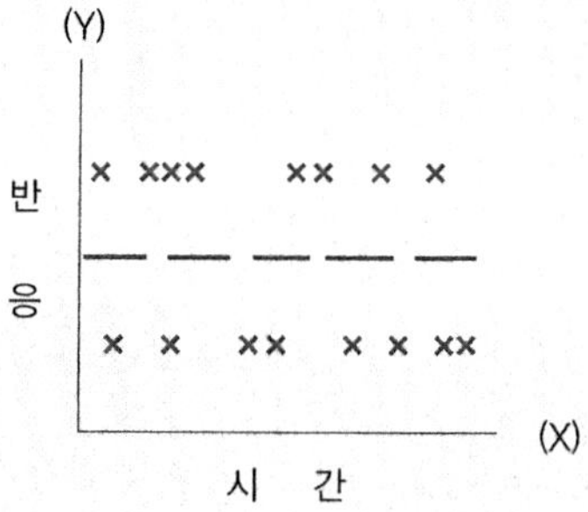

* 자료: 전득주 외, 1992, 86-90.

③ 비선형추세와 선형추세

선형추세는 회귀분석방법에 의한 예측방법이다. 회귀분석은 종속변수(Y)와 독립변수(X) 간의 상관관계를 산출하여 그것의 의미를 분석하는 계량적인 방법이다. 이는 과거의 경향이나 추세를 발견하여 미래를 예측하는 시계열분석에 해당된다. 비선형추세의 경우에는 전통적인 OLS나 GLS 방식의 회귀분석방법이 아닌 Logit, Probit, LPM 모형을 활용하여 측정하거나 ML(maximum likelihood)기법과 같은 비선형 분석방법을 사용하여 측정하게 된다.

그림 4-8 비선형추세와 선형추세

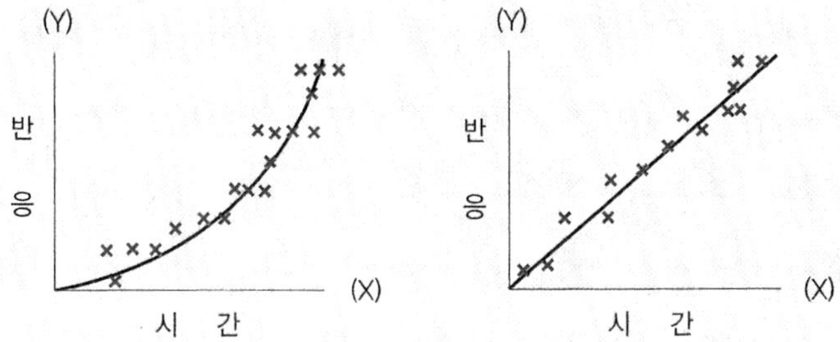

* 자료: 전득주 외, 1992, 86-90.

④ 혼합추세

혼합추세는 선형회귀법과 비선형회귀법의 두 가지 방법을 혼합하는 방식에 의거하여 데이터를 산출하고 추세를 발견할 수 있는 방법이다. 시계열 데이터에서 흔히 나타나는 자기상관관계(auto-correlation)의 문제점을 해소하고 측정하는 AR모형(Auto-regressive model)을 사용하게 된다.

그림 4-9 혼합추세의 형태

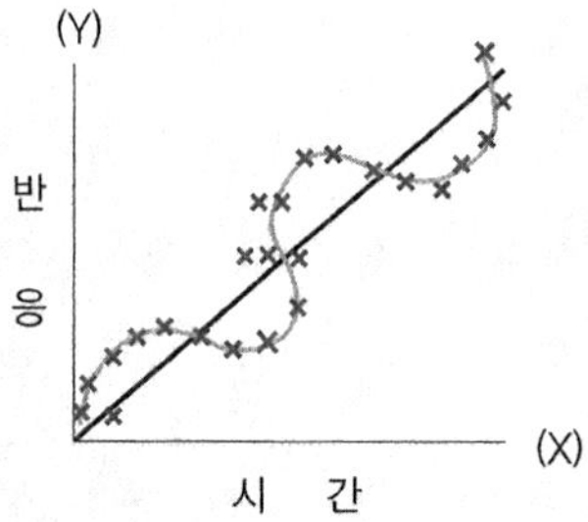

* 자료: 전득주 외, 1992, 86-90.

>> 미래예측 사례

추세연장: 보육교사의 수요전망

1. 사례 개요

이미화 외(2007: 285-296) 연구에서는 미래의 보육교사 공급의 조정을 위해 필수적인 절차라고 할 수 있는 보육교사의 수요를 추정하였다. 이를 위해 2002년부터 2005년까지의 자료에 근거한 시계열 분석을 사용하여, 2006년에서 2020년까지의 보육교사 수요를 예측하였다. 논문의 시계열분석에 따르면 보육교사의 수요는 연간 1,224에서 1,956으로 서서히 증가할 것으로 보인다. 따라서 현재의 무분별한 보육교사 공급을 지양하고, 중장기 정책기획을 통해 보육교사의 적절한 공급이 필요하다고 주장하였다.

2. 미래예측 방법: 추세연장적 접근

시계열이란 어떤 관측치 또는 통계량의 변화를 시간의 움직임에 따라서 포착하고 이것을 시간의 축으로 계열화한 것으로, 시간의 변화에 따라 측정된 시계열 자료의 시간적 변화의 발생구조를 통계적으로 규명하는 것을 목적으로 한다. 또한 시계열 자료에 기초한 수학적 모형을 작성하고, 이를 토대로 향후 변화 추이를 예측하는 기법이다.

위의 연구에서는 향후 보육시설 이용률을 추정하기 위하여 과거의 이용률을 변수로 한 시계열 예측방법을 이용하였다. 즉, 과거의 16개 시도별 이용률 자료를 이용하여 적합한 예측모형을 먼저 설정하고, 이를 통하여 2006년부터 2020년까지의 보육교사 수요를 추계하였다.

이 연구에서 분석되는 자료는 보육교사와 관련된 시계열자료가 2002년부터 2005년까지 4개년에 불과하므로 시계열자료의 분석모형 중에서 최소한의 자료만으로 예측이 가능하다고 알려진 로지스틱 예측모형을 기본으로 하고 시계열 회귀분석 모형을 보조적으로 활용하여 예측을 시도하였는데, 그 절차는 다음과 같았다.

① 2002년부터 2005년까지의 인구수와 보육시설 이용 아동수를 근거로 지난 4년간의 보육시설 이용률(인구수 대비 보육시설 이용 아동수)을 시도별, 연령별로 산출하였다.

② 시계열 기법을 이용하여 향후 15년간 보육시설 이용률을 시도별, 연령별로 예측하였다.

③ 산출된 향후 보육교사의 예측값을 사용하여 향후 15년간의 보육교사수 추이를 알아보고, 수급평가를 하기 위한 기초자료 제공을 위해 수요변동규모를 산출하였다.

＊자료: 이미화, 신나리, 김현철, 김문정(2007), "보육교사의 수요전망," 「아동학회지」 28(5): 285-296.

3. 쟁점 및 시사점

위의 사례는 미래 보육교사의 공급 정책을 좌우하는 보육교사 수요를 예측하는 데에 추세연장적 시계열분석을 적용하고 있다. 인구통계학적 변화와 같은 비교적 안정적인 변화를 가지는 자료를 근거로 추세연장법을 적용하여 분석함으로써 보육교사 공급에 대한 정책적 함의를 이끌어 낸 연구라고 평가할 수 있다.

(2) 경향추정

경향(trend)이란 어떤 이슈가 어느 시점에 도달하여 사회에 정착된 하나의 기본 흐름으로 자리잡은 것을 의미한다. 추세연장적 접근과 기본적으로 다르지 않으나, 추세가 하나의 경향으로 자리잡은 경우를 분석한다는 점에서 약간의 구별을 할 수 있을 뿐이다. 따라서 경향추정(trend extrapolation)은 현재의 중요한 문제를 포착하고, 그 문제의 역사적 경로(trajectory)를 통해 미래의 상황을 추정하고, 그 상황에 대한 의미를 해석하는 것이다. 경향추정은 인구 규모나 식량 생산량, 에너지 소비량, 기술개발 등의 투사에 주로 이용된다. 이 기법은 예측기간이 길어질수록 급격히 예측력이 떨어진다. 왜냐하면 장기화될수록 새로운 영향 요소들이 추가되거나, 다양한 요인들이 복합적으로 작용할 가능성이 커지기 때문이다. 또한 변화가 불연속적일 때는 예측이 빗나가기 쉽다(배규한, 2000, 45).

>> 미래예측 사례

경향추정:
시계열 모형을 이용한 통신망 트래픽 예측기법 연구

1. 사례 개요

시계열모형은 통신망 트래픽의 예측과 분석에 유용하게 쓰여 왔다. 김삼용(2007)의 연구에서는 통신망 트래픽의 예측을 위하여 다양한 시계열 모형을 소개하고 성능평가를 하였다. 이를 위하여 실제 통신망 트래픽 자료에 선형 및 비선형 시계열모형을 적용시키고, 비선형 시계열모형(ARCH, GARCH, IGARCH)이 선형 시계열(AR) 모형보다 예측의 정확도가 우수함을 보여주었다.

2. 선형시계열과 비선형시계열

- AR(Autoregressive) 모형: Box-Jenkins(1976)가 제안한 ARMA 모형의 일환인 AR(p) 모형은 시계열을 그 이전 시점의 시계열로 회귀시킨 모형이다.
- ARCH(Autoregressive Conditional Hetroscadastic) 모형: ARCH모형은 오차의 분산이 자기 회귀적으로 변하는 이분산성 모형으로 Engel (1982)에 의해 처음 제시되었다.
- GARCH(Generalized ARCH) 모형: GARCH 모형은 오차의 분산이 자기 회귀적으로 변하는 ARCH 모형의 일반화된 모형으로서 Bollerslev (1986)에 의해 제시되었다.
- IGARCH(Integrated GARCH) 모형: GARCH 모형에서는 자료가 정상성을 만족시켜야 한다. 하지만 이 조건이 만족되지 못할 때, 단위 근(unit root)을 가지는 모형과 유사한 모형이 제시될 수 있다.

위 논문에서는 모형의 예측 정확도를 비교하기 위해 RMSE(root mean squared error)를 이용하였다. 기존의 AR(2) 모형은 통신망 트래픽을 예측하는데 다른 비선형모형보다 우수하지 못하였다. 즉, 오차의 등분산 가정이 현실적이지 못하기 때문에 이분산성을 가정한 모형이 예측의 정확도가 더 높다고 할 수 있으며, 이분산성 모형에서는 RMSE 기준으로 볼 때 ARCH모형보다 GARCH나 IGARCH 모형이 예측의 정확도가 우수하였다.

＊자료: 김삼용(2007), "시계열 모형을 이용한 통신망 트래픽 예측기법 연구," 「응용통계연구」, 20(2): 219-227.

3. 쟁점 및 시사점

위의 사례는 통신망 트래픽 자료에서 선형시계열과 비선형시계열의 예측정확도를 비교하였는데, 선형시계열보다 비선형시계열이 더 정확하게 미래의 경향을 추적(fitting)하였다는 연구결과를 제시하고 있다. 하지만 이것은 이 사례에 특수한 경우를 의미하는 것이며, 선형시계열을 사용할지, 비선형시계열을 사용할지를 선택하는 것은 연구환경이나 연구사례의 맥락에 따라 적합한 방법이 달라질 수 있을 것이다.

3 시뮬레이션

시뮬레이션(simulation)은 정책대안의 미래예측에서 두 가지 의미를 포함한다. 첫째는, 정책대안의 실현으로 인해 어떠한 변화가 일어나는지를 실제로 그 정책대안을 실행하지 않고도 알아내는 방법으로, 실제체제를 모방한 고안물을 활용하는 방법이다(role play). 우주비행을 위해 우주에서와 같은 중력과 공간을 구성하고 미리 연습하도록 하는 것도 시뮬레이션 개념에 속한다. 역할연기(role play) 기법은 모의실험이라고도 한다. 모의실험은 실제 실험이 불가능하거나 복잡성으로 인해 정밀분석이 어려운 경우 실제체계와 유사한 모형의 구축을 통해 구성요소들 간의 역동적인 변화를 추정하는 방법이다(정재호, 2006: 123).

둘째는, 보다 분석적인 차원에서 민감도 분석(sensitivity analysis)과 같은 의미로서, 미래예측에 포함된 불확실성의 근거가 되는 가정에 대해 조금씩 변수 값을 미세하게 변화시킴으로써, 그로 인해 나타나는 결과들을 토대로 분석하는 기법이다. 시뮬레이션은 미래예측시스템(foresight system)의 역동성을 고려해야 할 때, 그리고 사건(event), 상태(state), 중재(interventions)에 관한 다양한 정책 대안들을 모색할 때, 또한 가정(assumption)이 변화할 수 있다는 점을 고려해야 할 때 매우 도움이 되는 통계기법이다. 시뮬레이션은 많은 변수를 다루는 것이 가능하며, 그래프, 차트 등의 세부적인 그래픽 형식을 제공할 수 있다.

시뮬레이션: 대기환경시뮬레이션

1. 사례 개요

김석철(2007)의 연구에서는 대기환경 시뮬레이션의 발전과 기법, 그리고 대기환경 시뮬레이션 이용사례가 소개되고 있다. 대기환경 시뮬레이션 기술은 대기환경 현상을 컴퓨터를 이용해 흉내내는 기술이다. 대기환경 시뮬레이션은 다양한 분야에서 활용된다. 대기 중으로 방출된 오염물질 혹은 악취물질의 이동을 분석해야 하는 환경분야뿐만 아니라, 유해가스 누출사고에 대비해야 하는 산업안전분야와 화생방전이나 테러와 관련되는

그림 4-10 강풍조건 하에서 건물 주변의 풍속분포 시뮬레이션 사례

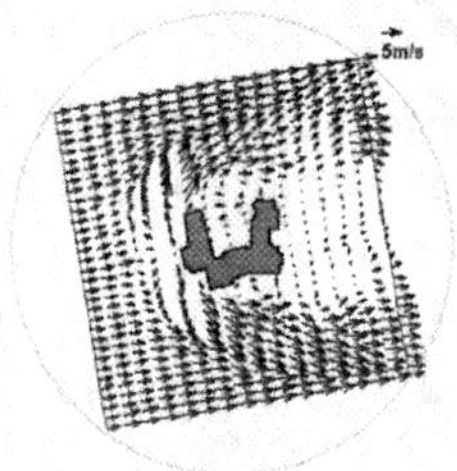

그림 4-11 도시공간에서 오염확산궤적 시뮬레이션 사례

* 자료: 김석철(2007), "대기환경 시뮬레이션," 「자연과 문명의 조화」 55(6): 74–81.

국방분야 등에서도 대기환경 시뮬레이션 기법이 사용된다. 태풍과 같은 강풍 하에서 장대교량이나 초고층건물 등의 인공구조물의 안전도나 보행자 위험도 평가 등의 토목안전 분야에서도 대기환경 시뮬레이션이 활용된다. 바람이 약하거나 정체되기 쉬운 도시공간에서 통풍환경을 분석하기 위해서 대기환경 시뮬레이션 기법이 사용된다. 대기환경 시뮬레이션을 통해서 도시계획이나 대규모 택지개발에서 자연적인 기류흐름을 유도하는 통풍통로를 구축할 수 있다. 인공구조물이 복잡하게 위치한 도시공간에서 대기확산 현상은 공간 및 시간에 대해서 변동성이 크기 때문에 시뮬레이션 오차가 크다. 정확한 기류정보를 생산하기가 어렵기 때문인데, 정교한 기법이 요구되므로 시뮬레이션에 요구되는 컴퓨터 연산량이 방대하게 요구되고 있다.

2. 쟁점 및 시사점

위에서 소개된 미래예측연구에서는 대기환경시뮬레이션의 발전과 기법, 그리고 대기환경 시뮬레이션 이용사례를 소개하고 있다. 이 연구에서는 대기 중으로 방출된 오염물질 혹은 악취물질의 이동을 분석해야 하는 환경분야뿐 아니라, 유해가스 누출사고에 대비해야 하는 산업안전분야와 화생방전이나 테러와 관련되는 국방분야 등에서도 대기환경 시뮬레이션 기법이 사용될 수 있다는 점을 보여주고 있다. 이 사례는 시뮬레이션이 민감도 분석에서 사용되는 것처럼 계량분석에도 활용되면서, 동시에 대기환경 시뮬레이션과 같이 컴퓨터 3D수치영상 기법을 활용한 비쥬얼 모니터링시스템으로도 활용될 수 있는 다의적인 개념임을 잘 보여주고 있다.

4 AHP기법

AHP(Analytical hierarchy process)는 복잡하고 조직화되어 있지 않은 문제 상황을 그 구성요소로 세분화해 나가는 방법이다. 정책분석에서는 쌍대비교(pairwise comparison)를 통해 정책수단들 간의 우선순위를 확

표 4-3 AHP 기법의 의미

단 어	의 미
Analytical	정량적 정보는 물론 정성적 정보도 이용하며, 수학적이고 논리적인 방법을 사용
Hierarchy	상황에 대한 이해를 반영하면서 의사결정 문제를 계층화 (Goal, Criteria, Sub-criteria, 그리고 Alternatives)
Process	실제의 의사결정은 학습, 논의 및 의견수렴과정을 포함

* 자료: 김광임, 2002: 470.

정짓는 기법으로 사용된다. 1970년대 초반, Saaty에 의하여 개발된 계층화 분석과정은 의사결정의 계층구조를 구성하고 있는 요소 간의 쌍대비교(pairwise comparison)에 의한 판단을 통하여 평가자의 지식, 경험 및 직관을 포착하고자 하는 의사결정방법론이며, 기존의 의사결정 체계에서 보면 다속성 의사결정의 선호보완이 가능한 모형으로 분류할 수 있다.

AHP기법은 의사결정자의 경험이나 지식이 주어진 문제에 사용되는 데이터 못지않게 중요한 가치를 지니고 있다는 사고에 토대를 두고 있기 때문에 수치로 표현할 수 있는 정량적 평가기준은 물론 흔히 의사결정문제에서 다루기 곤란하면서도 반드시 고려하지 않으면 안될 정성적 평가기준들도 비교적 쉽게 처리할 수 있다. 이러한 종합적 속성으로 인해 AHP기법은 최근 가장 많이 이용되고 있는 의사결정기법의 하나로 평가받고 있다(김형수, 2006: 20-23).

AHP의 분석절차는 다음과 같다(김형수, 2006: 20-23).

[단계 1] 의사결정 문제를 상호관련된 의사결정 사항들의 계층으로 분류하여 의사결정계층을 설정한다.

[단계 2] 의사결정 요소들 간의 쌍대비교로 판단자료를 수집한다.

[단계 3] 의사결정 속성들의 상대적 가중치를 추정한다.

[단계 4] 평가대상이 되는 여러 대안들에 대한 종합순위를 얻기 위하여 의사결정 속성들 간의 상대적인 가중치를 종합화한다.

AHP기법은 일반적으로 계층구성의 원리, 우선순위 설정의 원리, 논리적 일관성의 원리에 의해 구성·적용된다는 것과 관련하여 시나리오를 서술하는 데 사용될 수도 있다.

그림 4-12 AHP를 이용한 분석절차

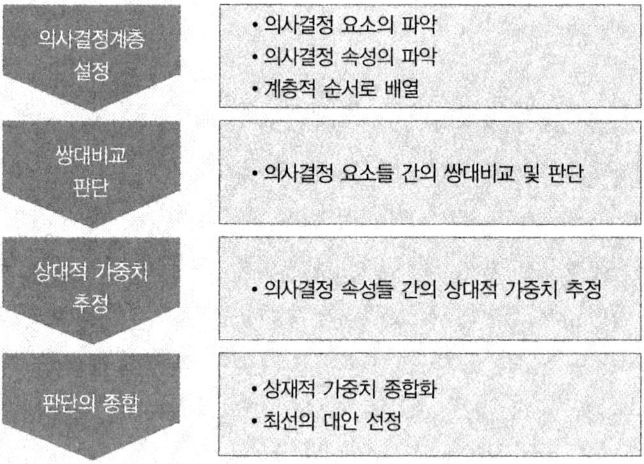

* 자료: 김형수, 2006: 20-23에서 수정.

>> 미래예측 사례

AHP 기법:
도시홍수 잠재위험도 및 피해액 산정

1. 사례 개요

도시홍수 재해관리기술 연구사업단(2006)은 도시화와 개발로 인하여 홍수에 대한 잠재성이 증가하고, 기후변화에 따른 기상이변 등으로 매년 도시지역에 홍수가 발생하고, 또한 지속적으로 크고 작은 피해가 발생하기 때문에, 홍수피해 가능성을 예측하고 피해발생시 그 정도를 가늠하는 것은 매우 중요한 일이라고 판단하였다. 이를 위해서는 구성요소와 세부요소들을 이용하여 잠재위험도를 산정해야 하고, 각 공식에서 가중치를 결정하여야 한다. 가중치 결정을 위하여 이 연구에서는 계층화 분석기법(AHP) 중 일부를 이용하였다.

* 자료: 김형수, 2006: 20-23.

2. 도시홍수 피해발생 잠재위험도

잠재위험도는 노출성과 취약성의 함수로 산정되며 연피해 기대치 개념과 최대 강우량을 이용하여 도시홍수에 대한 잠재위험도 산정의 기본 방향을 제시하였다.

(1) 도시홍수 피해발생 잠재위험도 산정방안

$$RP = fp(E,V)$$

RP : 잠재위험도
P : 위험성(홍수발생확률)
E : 노출성
V : 취약성

위의 식에서 위험성 요소는 홍수의 발생확률을 의미하는 것으로 정의하였다. 즉, 지속기간별 확률강우량이나 홍수의 발생확률을 나타낸다. 노출성은 위험성의 세부요소인 홍수에 따른 손실의 정도를 나타내며, 이를 표현하기 위해 지역별 공시지가와 인구를 세부요소로 하였다. 마지막으로, 취약성은 홍수방어능력의 부족성을 의미하는데, 이는 지역낙후도 지수와 홍수방어능력(내수방어능력(빗물펌프장), 댐 및 저수지, 외수방어능력(제방개수율))으로 측정하였다.

(2) 홍수피해발생 잠재위험도 산정방안을 위한 세부요소

① 구성항목

세부요소에는 위험성, 노출성, 취약성이 있으며, 각 세부요소들의 세부속성은 다음 표와 같다.

위험성	· 지속기간별 확률강우량이나 빈도별 홍수량 등을 이용 · 홍수사상의 발생확률을 고려
노출성	· 공시지가지수의 산정 : 표준지 공시지가 이용 · 인구밀도지수 산정 : 인구통계자료 이용
취약성	· 지역난후도 지수 : 한국계발연구원(2000) 예비타당성조사 수행을 위한 다기준분석 방안 연구 · 홍수방어능력시설 : 외수방어능력 : 개수율지수 댐 및 저수지 지수 : (조절 지수) 내수방어능력 : (배수 펌프장)

② **가중치 산정**

AHP 적용절차

[단계 1] 의사결정 문제를 상호관련된 의사결정 사항들의 계층으로 분류하여 의사결정계층을 설정한다.
[단계 2] 의사결정 요소들 간의 쌍대비교로 판단자료를 수집한다.
[단계 3] 의사결정 속성들의 상대적 가중치를 추정한다.
[단계 4] 평가대상이 되는 여러 대안들에 대한 종합순위를 얻기 위하여 의사결정 속성들 간의 상대적인 가중치를 종합화한다.

이 연구에서는 상대적 가중치를 산정하기 위하여 AHP기법을 이용하기로 하였기 때문에 위의 4단계의 적용절차를 모두 이행할 필요는 없고 [단계 3]까지만 수행하여 가중치를 산정하면 되었다.

표 4-4 쌍대비교의 기본척도(Saaty, 1980)

중요 정도	정 의
1	같음
3	약간 중요함
5	중요함
7	극히 중요함
9	절대적으로 중요함
2, 4, 6, 8은 각각 중간 정도의 중요도를 추정한다.	

표 4-5 AHP기법을 이용한 잠재위험도 가중치 산정결과

구분	노출성(0.52)		취약성(0.48)			
	인구밀도 지수	공시지가 지수	지역낙후도 지수	홍수방어능력 지수(0.76)		
				댐 및 저수지	배수펌프장	하천개수율
β	0.84	0.16	0.24	0.54	0.16	0.30

3. 쟁점 및 시사점

위 사례는 AHP기법을 활용한 도시홍수 잠재위험도 미래예측에 관한 사례이다. AHP기법은 의사결정의 계층구조를 구성하고 있는 요소 간의 쌍대비교(Pairwise comparison)에 의한 판단을 통하여 평가자의 지식, 경험 및 직관을 포착하고자 하는 의사결정방법론이라고 할 수 있는데, 미래예측과정에서 의사결정단계를 구조화하고 상대적 가중치를 산출하는 데 매우 유용하게 활용될 수 있는 기법이라고 할 수 있다. 특히 AHP기법은 의사결정자의 경험이나 지식이 주어진 문제에 사용되는 데이터 못지않게 중요한 가치를 지니고 있다는 사고에 토대를 두고 있기 때문에 수치로 표현할 수 있는 정량적 평가기준은 물론 흔히 의사결정문제에서 다루기 곤란하면서도 반드시 고려하지 않으면 안될 정성적 평가기준들도 비교적 쉽게 처리할 수 있기 때문에 AHP기법은 최근 가장 많이 활용되고 있는 분석기법의 하나로 평가받고 있다.

5 Bayesian모형

Bayesian 통계이론은 불확실한 상황 하에서 수집된 정보의 부분적인 신뢰를 기반으로 발생할 상황을 추론하는 것을 의미한다. 즉, 모든 가정(hypothesis)에 대한 사전확률(prior probability)이 주어지고, 현재의 관찰치가 주어졌을 때 사후확률을 계산해 냄으로써 새로운 가정을 추론해 내는 기법이다.[7] 따라서 Bayesian모형(Bayesian model)은 결정된 시나

리오에서 예상되는 경향을 파악하는 데 강력한 도구가 될 수 있다.

Bayesian모형의 분석절차는 다음과 같다.

첫째, 미래예측의 가능한 시나리오를 설정한다.

둘째, 실행시점에서 이용 가능한 정보와 관련지어 각각의 시나리오의 최초의 확률 또는 사전적(priori) 확률을 할당한다.

셋째, 발생하기 시작하는 사건들을 기록한다.

넷째, 관찰된 경험적 자료에 기반하여 각 시나리오 발생 확률을 조정한다.

다섯째, 각 시나리오의 발생확률 경향을 보여주기 위하여 획득된 결과들을 그래프화한다.

여섯째, Bayesian 통계 계산절차와 그래픽 기법에 해당되는 소프트웨어의 도움을 받는다(www.visiongc.com).

>> 미래예측 사례

Bayesian모형

1. 사례 개요

이라크가 미국의 공격에 앞서 제3자인 테러조직을 이용해 미국에 대한 대리공격을 감행할 가능성이 높다고 최근 미 중앙정보국(CIA) 분석보고서를 인용, 워싱턴 타임스가 25일 보도했다. 신문은 익명을 요구한 관리들을 인용해 이 분석이 '베이지안 모형'(Bayesian model)이라는 통계적 확률을 적용한 복잡한 과정에 근거한 것이라면서, 이러한 통계추정에 기초해 볼 때 이라크의 테러감행 확률이 85%를 넘고 있으며 미군의 군사행동이 시작되면 확률은 더 높아질 것이라고 전했다. 신문은 이같은 CIA의 보고서가 조지 W. 부시 미국 대통령이 7일 테러경보를 '황색'에서 '오렌

7) 베이즈 이론을 단순하게 논하면, H는 가정(Hypothesis), D는 데이터(Data), P(H)는 D를 얻기 전에 H에 관한 믿음을 확률적으로 표현한 것이고, P(H|D)는 D를 확보한 후 H에 관한 믿음의 확률적 표현을 나타낸다고 할 때, $P(H|D)=P(D|H)\times P(H)|P(D)$이 성립한다는 것이다.

지색' 으로 1단계 높인 것과 부합하고 있으며, 보고서 완성 이후인 지난 주 플로리다주 템파에서 팔레스타인 교수를 포함한 테러용의자들에 대한 체포도 이루어졌다고 설명했다.

*자료: 연합뉴스, 2003. 2. 25.

2. 쟁점 및 시사점

위의 사례는 이라크 전쟁 당시 미국에 대한 테러 위협이 증가하던 때에 이라크의 미국테러에 관하여 Bayesian모형을 통하여 발생 가능한 시나리오를 설정한 뒤 미국 정부가 미래예측을 한 것이다. 테러발생과 관련된 모든 가정에 대하여 사전확률이 주어지고, 현재의 관찰치가 주어진 다음 사후확률을 계산해 냄으로써, '대리테러' 라는 새로운 결과를 추론해낸 것이다. 이 사례는 Bayesian모형이 이라크 공격이라는 미국의 미래예측 시나리오에서 예상되는 여러 경향들을 파악하는 데 효과적인 통계적 도구가 되었다는점을 잘 보여 주고 있다.

6 형태분석기법

형태분석(Morphological analysis)이란 화학분야에서 사용되던 용어로 시료 속에 들어 있는 성분 물질들이 어떤 화합물 형태로 이루어져 있는가를 알아내는 분석을 의미한다. 따라서 형태분석법은 특정한 형상물을 구성하는 성분이나 요소로 분류해 그들 각각을 변화시키거나 발전시켜 총체적인 형상물의 형태를 분석하는 기법이다.

형태분석법은 캘리포니아 공과대학의 우주공학교수인 Fritz Zwicky 박사가 고안한 것이다. 이 기법은 신제품, 신기술의 개발이나 제품, 포장의 개량 등 사용범위가 대단히 넓다. Morphology의 원래 의미는 형태학이라고 하는 것인데, 가능한 해결책을 형태적으로 파악시키려고 하는 데서 그 명칭이 유래한다. 형태분석법에서는 어떤 물건의 요인(독립변수)

을 파악하고, 그 변수의 가능성을 정렬하여 형태적으로 배열하여 가능한 조합을 모두 생각해본다는 데 주안점을 두며, 형태분석법의 원칙은, "불가능하다고 명확하게 증명되지 않는 한, 어떤 것도 불가능하다고 할 수 없다"는 것이다(박영택, 2000).

Fritz Zwicky는 행태분석기법의 개발목적을 다음과 같이 설명하고 있다.[8)]

첫째, 문제 해결에 있어서 선입견과 사전에 평가를 내리는 것을 최대한 배제할 필요가 있다.
둘째, "만약 우리들이 합리적인 세계를 구축한다면 극복할 수 있는 인간 정신의 중대한 착오"를 없앨 필요가 있다.
셋째, 상호작용을 지배하는 모든 사물 중에서 그것이 물질적인 것인지 정신적인 것인지 진정한 상호 관계를 눈에 보이게 할 필요가 있다.
넷째, 인간의 아이디어, 개념 및 행동의 본성과 상호작용을 명확하게 이해할 필요가 있다.

자동차 설계를 위해 구성인자를 예로 들자면, 만일 이 자동차의 경우에 선택할 수 있는 휠이 2개, 브레이크 시스템 3개, 변속기 4개, 배터리 4개, 기타 구성요소가 5개라면 자동차라는 형태를 구성하는 방식은 1,440(2×3×4×5=1,440)의 형태로 구성될 수 있는 것이다.

형태분석법의 절차는 다음과 같다.

첫째, 문제를 정확하게 구체적으로 기술한다.
둘째, 가능한 한 많은 독립변수를 추출한다.
셋째, 2차원 혹은 그 이상으로 형태분석표를 그린다.
넷째, 독립변수별 속성 간의 결합(차트의 각각의 셀)을 통해 시나리오를 확정한다.
다섯째, 정책우선순위를 분석한다.

8) http://seri.org/forum/maple; http://blog.naver.com/ktwon73/20036174381.

제3절

요약 및 결론

미래예측(future foresight)은 바람직한 미래를 형성하기 위한 가치지향적 탐구이다. 이 절에서는 이슈의 확인과 통계적 분석과 관련된 미래예측하는 방법론에 대해서 살펴보았다. 미래예측의 이슈들을 확인하고 정리하는 방법으로서 환경스캐닝, 이슈서베이, SWOT분석 등을 검토하였으며, 이슈들의 진행 경로에 대한 통계적 분석 방법으로서 회귀분석 시뮬레이션, AHP기법, Baysian모델, 형태분석기법 등에 대해서 검토하였다. 이러한 계량기법들은 데이터의 형태를 그래픽으로 혹은 추정의 형태로 처리해 줌으로써 미래예측의 객관성과 신뢰성을 확보하는 기반이 된다. 하지만, 미래예측은 어디까지나 이러한 통계분석의 수준을 넘어서서 창의적 예측을 요구하므로, 이러한 분석방법과 함께 다음 장에서 검토하는 것과 같은 브레인스토밍, 전문가 패널, 정책 델파이, 시나리오 작성 등 전문가들의 주관적 판단이나 지식에 기초한 창의적 접근이 필요하다는 점을 인식할 필요가 있다.

5

Future Foresight & Policy Studies

미래예측의 연구방법 Ⅲ: 창의적 예측

미래예측(foresight)의 성공은 창의적 기법들을 활용하여
미래전략에 대한 귀중한 정보를
얼마나 이끌어 낼 수 있는가에 달려있다.

학 · 습 · 개 · 요

제5장에서는 미래예측의 연구방법 III인 창의적 예측에 대해서 검토한다. 미래예측의 시작단계로서 환경스캐닝, 이슈서베이, SWOT분석 등을 통해 미래예측 대상에 대한 관련 이슈들을 확인하고 나면, 회귀분석, 시뮬레이션, AHP기법 등을 통해 그러한 이슈가 어떻게 진행될지에 대해서 통계적으로 분석해 보고, 이에 더하여 전문가 판단에 기초하여 보다 창의적으로 미래를 예측하는 방법이 필요하게 된다. 통계적 분석에 더하여 전문가 판단이라는 창의적 예측에 들어가는 것이며, 이를 통해 보다 창조적인 대안에 대한 탐색과 개발이 가능해지는 것이다.

미래예측의 핵심은 이러한 창의적 기법들을 어떻게 활용하여 미래전략에 대한 귀중한 정보를 이끌어 낼 수 있는가에 달려 있다고 해도 과언이 아닐 정도로 전문가 패널, 시나리오 연구, 정책델파이 등 전문가 판단 기법들이 미래예측 방법에서 차지하는 비중은 크다고 할 수 있다.

미래예측은 결국 사회적이고 창조적인 과정이다. 미래예측은 조직의 성공에 핵심이 되는 새롭고 흥미로운 지식의 융합(knowledge fusion)을 키우는 상호작용의 과정이라고 할 수 있는데, 이러한 관점에서 이 장에서는 전문가 판단에 기초하여 미래의 전략에 대한 창의적 견해들을 이끌어내는 기법들에 대해 검토해 보기로 한다. 이 장에서 검토하는 창의적 예측의 방법론으로는 브레인스토밍, 전문가패널, 시나리오기법, 정책델파이, 교차영향분석, 실현성예측 등이 있다.

제 1 절

창의적 예측의 중요성

미래예측의 시작단계로서 환경스캐닝, 이슈서베이, SWOT분석 등을 통해 미래예측 대상에 대한 관련 이슈들을 확인하고 나면, 회귀분석, 시뮬레이션, AHP기법 등을 통해 그러한 이슈가 어떻게 진행될지에 대해서 통계적으로 예측해 보고, 이에 더하여 전문가 판단에 기초하여 보다 창의적으로 미래를 예측하는 방법이 필요하게 된다. 통계적 분석에 더하여 전문가 판단이라는 질적인 분석에 들어가는 것이다. 여기에서는 전문가 판단에 기초한 창의적 예측 방법으로서 브레인스토밍, 정책델파이, 전문가패널, 시나리오기법, 교차영향분석, 통찰적예측, 실현성예측 등에 대해서 검토하기로 한다.

미래예측의 핵심은 이러한 창의적 기법들을 어떻게 활용하여 미래전략에 대한 귀중한 정보를 이끌어 낼 수 있는가에 달려 있다고 해도 과언이 아닐 정도로, 전문가 판단 기법들이 미래예측 방법에서 차지하는 비중은 크다고 할 수 있다. 그리고 거기에 미래예측이 단순한 계량분석과는 차별되는 부분이 존재한다고 할 수 있다. 미래예측은 결국 사회적이고 창조적인 과정이다. 미래예측은 조직의 성공에 핵심이 되는 새롭고 흥미로운 지식의 융합(knowledge fusion)을 키우는 상호작용의 과정이라고 할 수 있는데, 이러한 관점에서 전문가 판단에 기초하여 미래의 전략에 대한 창의적 견해들을 이끌어내는 기법들은 매우 중요한 의미를 지닌다.

그림 5-1 미래 예측기법에 있어서 전문가 판단(창의적 예측)의 위치

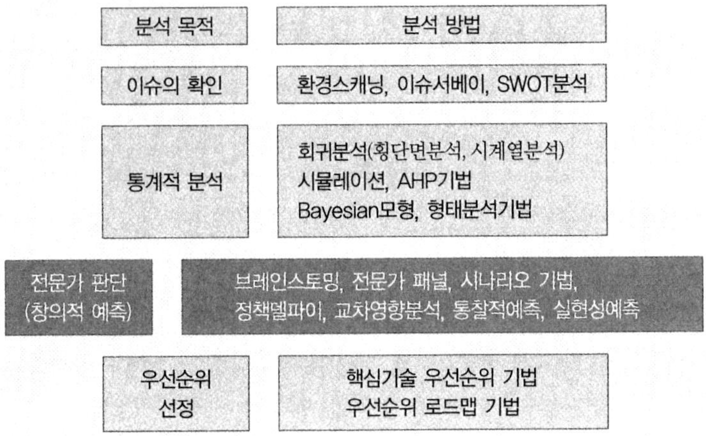

제2절 ■■■□

미래예측방법론의 지혜로운 적용:

양적분석과 질적분석의 조화

위에서 우리는 미래예측의 핵심은 창의적 예측에 달려 있을 정도로 질적 분석이 중요하다는 점을 강조하였다. 이러한 언급의 전제하에 실제 적용에 있어서는 양자를 병행하고 조화로운 활용을 할 필요가 있다. 실제로는 전문가 판단을 기초로 한 창의적 예측을 실행하는 과정에 있어서 통계적 분석이 매우 중요하게 활용되기 때문이다. 아래 〈표 5-1〉에는 양적 분석과 질적 분석의 활용방안이 제시되어 있다. 양적 추세분석이 주로 인구, 경제, 기술예측에 대한 통계적 분석을 통해 분석결과의 객관성과 논리성을 돋보이게 하는 장점이 있다면, 질적 추세분석은 불안정한 체제와 환경변화라는 제약 하에서 미래의 불확실성이 클 경우나 근본적 변화를 추구할 경우에 시나리오 기법이나 메가트렌드 예측을 하는 데 유리한 점이 있다. 또한 〈표 5-2〉에서 볼 수 있듯이, 미래예측방법론의 적용을 시기별로 보면, 단기(1~3년)의 경우에는 양적추세분석, 정책델파이, 통찰적예측 등이 주로 활용될 수 있으며, 중기(5~10년)의 경우에는 메가트렌드 예측이, 장기(10년 이상)의 경우에는 시나리오기법을 통한 미래비전과 전략도출이 필요하게 될 것이다. 하지만, 종합적으로 고찰하면 미래예측방법론들은 상호 지식융합적으로 병행 추진될 필요가 있으며, 최종적으로 정책결정권자가 정책적 선택이 가능하도록 다양한 형태의 토론 근거와 평가지표를 제공함으로써 미래의 전략수립에 도움을 주는 근거자료가 되어야 할 것이다.

표 5-1 미래예측방법론에 따른 용도 및 장단점

		용 도	장 점	단 점
양적추세분석		- 인구, 경제, 기술 예측 - 신뢰가능자료 장기축적 - 다른 방법과 병행 필요	- 객관성 및 논리성 - 전달 용이 - 저비용으로 경제성	- 분석결과의 비중립성 (기법 의존도 존재) - 고립되고 편향된 분석
질적추세분석	통찰적 예측	- 모든 분야의 메가트렌드 - 사회, 정치, 제도 부문 - 변화와 변화 영역에 주력	- 조기경보 수단 - 기회와 위협 제시 - 시나리오의 시발점 - 전체적 구도와 영감	- 통찰적 예측(개인적 주관)에 의존 - 장단기 추세 판별 어려움 존재 - 과도한 일반화 가능
	정책델파이	- 전 분야(특히, 기술예측) - 통상 여타 방법론과 병행 (특히, 전문가패널과 병행) - 전문가 집단 활용	- 개인보다 신뢰도 높음 - IT활용 시 신속 저렴 - 과학적 방법으로 간주	- 일부는 비판적 견해 (단지 최후의 예측 방법) - 전문가 추출의 어려움 존재
	시나리오 기법	- 불안정한 체제, 환경변화 - 미래 불확실성이 클 경우 - 근본적 변화를 추진할 경우 - 특정 분야에 실적이 높은 사람들이 시나리오 구성	- 대안적 미래 제시 (최고정책결정자가 선택 가능) - 다양한 용도 제공: 토론근거, 문제공유 조기경보, 평가지표 가상훈련, 전략수립	- 결정 및 실행에 어려움 존재(구체성 결여) - 계량화 필요(예산과 연계 미약) - 일부 정책자는 비선호 (명확한 방향 을 선호)

* 자료 : Perfomance and Innovation Unit, 2001a : 19에서 수정 인용.

표 5-2 미래예측방법론의 단계별 적용

	단기(1~3년)	중기(5~10년)	장기(10년 이상)
미래예측방법	양적추세분석 정책델파이 통찰적 예측 →	메가트렌드 → 시나리오기법 →	비전, 전략

* 자료 : Perfomance and Innovation Unit, 2001a : 4

제3절 브레인스토밍

1 개 념

브레인스토밍(brainstorming)은 즉흥적이고 자유분방하게 여러 가지 기발한 아이디어를 창안하는 활동이다. 가능한 한 많은 아이디어를 얻기 위해 활용되는 방법으로 여러 사람들이 머리에 떠오르는 대로 아이디어를 제시하게 하는 것이다. 따라서 좋은 아이디어를 많이 얻기 위해서는 관련된 분야에서 전문성을 인정받고 있는 인사뿐 아니라, 전문가는 아니지만 상상력이 풍부하고 선입견에 구애받지 않는 독창적인 사람, 그리고 당해 문제나 정책에 의해 직접적인 영향을 받는 관련자들로 구성하며, 4~12인 정도의 규모가 효과적이다.

브레인스토밍이란 특정한 미래의 상황에 대해 연관되는 모든 이들이 참여하여 자율적으로 의사를 표현하고, 그 의사들을 종합함으로써 중요한 아이디어를 얻고 방향을 설정하는 방식이다. 따라서 이 방법은 미래예측의 초기상황에서 활용도가 매우 높은 창의적 예측의 한 방식이다. 미래예측 대상에 대한 관련 이슈들을 확인하고, 이슈들에 대해 통계적인 방법으로 예측하여 자료들을 정리하고 나면, 전문가들의 판단에 기초하여 보다 창의적으로 미래를 예측하는 방법이 필요하게 되는데, 이때 첫 출발의 단계에서 미래예측의 방향 혹은 단계 등에 대해 아이디어를 모으는 방식으로 브레인스토밍이 필요할 때가 많다.

브레인스토밍에서 유의해야 할 사항은, 한 사람의 아이디어가 다른 사람의 아이디어 창출을 격발하도록 고안된 아이디어 산출을 위한 공식적인 그룹 토의과정 기법으로서 긍정적인 격려(encouragement)는 장려되는 반면, 비판(critique)은 최소화하도록 해야 한다는 것이다. 따라서 모임은 두 단계로 구조화되는 것이 일반적이다. 첫 번째 세션에서는 아무런 제약 없이 아이디어를 산출하고, 아이디어에 대한 비판과 평가는 최소화한다. 다음 세션에서는 아무런 제약 없이 아이디어를 평가한다. 브레인스토밍의 창시자인 Osborn은 참된 브레인스토밍 세션은 판단유예원칙(deferment of judgement principle)을 따르는 것이라는 점을 강조하면서, 추가로 다음과 같은 원칙을 제시하였다.

① **판단유예 원칙**

비판은 배제된다. 아이디어에 대한 반대적인 비판은 유보된다.

② **자유주의 원칙**

자유분방함은 환영받는다. 길들여지지 않은 아이디어일수록 더 좋다.

③ **다다익선 원칙**

아이디어가 많을수록 성공할 확률이 높다.

④ **결합개선 원칙**

결합과 개선을 추구하라. 자신의 아이디어를 내놓으려고 노력할 뿐만 아니라 남의 아이디어를 어떻게 더 개선할 수 있는지, 다른 아이디어와 재결합할 수 있는지 제안해야만 한다(Charles J. Clark, 2003: 64-65)

브레인스토밍의 장점은 자유로운 분위기 속에 창의성을 추구하며, 문제해결을 가능하게 할 수 있는 '기회(opportunity)'를 탐색하고, 문제해결에 장애 요인이 되는 '위협 요인(threats)'을 극복할 수 있게 해 준다는 점이다(류지성, 2007: 257). 브레인스토밍에서 아이디어 산출과 평가를 자유롭게 교환하는 이유는 아이디어를 제공하는 사람들이 자기가 비판을 받고 있다고 느껴 좋은 아이디어를 말하기를 꺼리는 것을 막기 위함이다. 그래서 흔히 뚱딴지 같거나 엉터리 같은 해결책들이 제시되기도 하지만 이러한 해결책들도 그 비현실성을 적절히 수정, 보완하면 훌륭한 정책대안이 될 수도 있다. 모든 아이디어가 제안되고 나면 비슷한 아이디어들을 통합하는 과정을 거쳐 전혀 실현 가능성이 없는 대안을 제거하거나 아이디어에 대한 서열 매김 등을 통해 몇 가지 대안으로 종합하는 것이 바람직하다(강근복, 2002: 112-113; 정정길 외, 2005: 337).

2 유 형

브레인스토밍에는 구조화된 브레인스토밍과 비 구조화된 브레인스토밍의 두 유형이 있다.

첫째, 구조화된 브레인스토밍에서는 브레인스토밍의 리더나 촉진자(facilitators)가 구조화된 브레인스토밍 세션에서 집단을 지도하고 통제하는 정도가 크다. 그리고 각각의 구성원에게 차례로 아이디어를 제시하거나 아니면 다음 라운드까지 그냥 통과하도록 한다. 따라서 모든 구성원은 아이디어를 내거나 그냥 통과하면서 브레인스토밍에 참여해야 한다. 이 방법은 어떤 한명이 논의를 주도하지 못하게 하고 심지어 "통과라고만 애기하는 구성원까지도 참여하게 한다. 반면에 일부 팀원들은 주기적으로 응답해야만 하는 데 대해서 부담을 느낄 수도 있다.

둘째, 비구조화 브레인스토밍에서는 구성원들이 그들의 마음에 아이디어가 떠오를 때 아이디어를 제시한다. 구조화된 브레인스토밍에서처럼 순환적인 토론이 없고, 만약 구성원들이 어떤 생각도 떠오르지 않는다면 '통과' 라고 대답할 필요도 없다. 이 방법의 약점은 논의를 주도하는 두, 세 명의 구성원이 있다는 점이며, 때로는 가장 말수가 없는 사람이 최상의 아이디어를 가지고 있을 수도 있다는 점을 주의하여야 한다(남기범, 2006: 176).

3 절 차

브레인스토밍이란 특정한 미래의 상황에 대해 연관되는 모든 이들이 참여하여 자율적으로 의사를 표현하게 함으로써 창의적 아이디어를 생성할 수 있는 장점을 지니는데, 이를 위해 다음과 같은 절차를 밟는다.

첫째, 자유로운 생각들이 지속적으로 나타나는 동안 그 아이디어들을 화이트보드나 컴퓨터에 적어놓는다. 여기서 가장 중요한 규칙은 다른 사람을 비방하거나 비판적 아이디어는 통제된다.

둘째, 초기 아이디어 생성단계 이후 보다 진지한 토의가 이어지며, 그 다음은 이 아이디어들을 군집화(clustering)하고, 중요도로 우선순위 분류를 한다. 역시 중요한 것은 이러한 아이디어들이 비방이나 비판적인 것이 아닌 친근한 감정을 유지하는 것들이어야 한다. 즉, 최적화된 분위기 조성으로 아이디어 창출에 도움을 줄 수 있어야 한다.

따라서 브레인스토밍은 아이디어를 얻고 이들을 종합하는 과정에서 미래예측의 사안들에 대해 중요한 방향 및 단계 설정을 해 주는 것으로서, 브레인스토밍 단독으로 미래예측의 보고서를 완성하는 방법론이 되기는 어렵다는 성격을 인식해야 할 것이다.

브레인스토밍과 미래예측 : 기후변화대응을 위한 국가전략 워크숍

1. 사례 개요

2007년 10월 11일 목요일. 서울 세종로 정부중앙청사 별관에서 한덕수 국무총리가 주재하는 "기후변화 대응을 위한 국가 전략 워크숍"이 열렸다. 이 워크숍에서는 세계적 관심사인 기후 변화 문제를 범국가적, 사회적 의제로 설정하고, 최근 국제적 핫이슈로 대두되고 있는 기후변화에 대응하는 국가전략을 마련하기 위해 브레인스토밍(brainstorming)법을 사용하였다. 이번 워크숍에서는 기후변화 관련 16개 부처의 담당 실장과 연구기관, 단체의 전문가 등 60여명이 참여하여, "기후 변화 대응을 위한 국가전략"을 주제로 기상청, 외교부, 산자부, 환경부, 지속가능발전위원회의 발표에 이어 참석자 간의 심도 있는 토론이 전개되었다. 이 자리에서 한 총리는 최근 기후변화가 경제, 사회 전반에 막대한 영향을 미치는 국제적, 국가적 의제임을 강조하는 한편, 향후 우리나라가 국제적 흐름에 적극적으로 대처하되 협상진행 상황을 고려하여 창의적이고 유연한 대응을 할 필요성을 강조하였고, 지자체, 기업, 시민단체, 국민의 동참을 적극 유도하는 범국가 차원의 체계적인 대응체계 구축의 필요성을 역설하였다.

2. 쟁점 및 시사점

위의 사례는 국무조정실에서 국무총리를 주재로 하여 "기후변화 대응을 위한 국가 전략 워크숍"에서 각 분야의 전문가를 초청해서 브레인스토밍의 기법을 사용했다는 것을 설명하고 있다. 세계적인 추세인 기후변화 대응을 위한 좋은 아이디어를 얻기 위해서 관련된 분야의 전문가들과 그와 관련된 실무자들이 한자리에 모여서 자유로운 토론을 함으로서 국가의 장기적인 정책 수립에 필요한 정책 아이디어를 얻으려고 했다는 점은 높게 평가되어야 할 것이다. 앞으로도 우리나라 정부에서는 미래지향적 정책형성을 위해 장기적 정책구상에 대한 미래예측과 함께 참여자들이 자유롭게 토론할 수 있는 브레인스토밍이 더욱 더 활성화될 필요가 있을 것이다.

>> 미래예측 사례

브레인스토밍과 미래예측 II : 경기도, 정책 아이디어 뱅크로 부상

1. 사례 개요

경기도는 지난 11일에 최근 교통국 직원들을 대상으로 실시한 대중교통 개선의 새로운 아이디어 개발과 정책반영을 위한 브레인스토밍을 통해 16건의 대중교통 개선방안 아이디어를 도출했다고 밝혔다.

교통국 직원들이 제시한 16가지 내용은 버스 하차단말기 개선, 버스 운전자 친절도 제고 방안, 버스차량 외부 고급화 방안(버스창문 통창 유치, 선팅), 버스차량 내 안내문 설치 표준화 방안, 시외버스 정류소별 승객 알림 서비스, 광역버스 운행체계 개선, 수원역 앞 교통혼잡 개선, 이용이 즐거운 테마버스 운행, 시내버스 휴대폰 무료충전기 설치, 버스노선 정보제공 다양화, BIS/BMS확대 등 버스정보 제공 강화, 시내버스 노선번호 개선 방안, 버스 정보 휴대폰 안내 및 마을버스 노선 확대 등이 주요 내용이다.

경기도의 이번의 브레인스토밍(brainstorming)에서는 이한준 경기도 정책특별보좌관, 손의영 서울시립대 교수, 김강수 한국개발연구원, 김기성 경기도버스운송사업조합이사장, 임효식 경기도 택시운송사업조합을 비롯 관계 공무원 등 10여 명이 참석했다.

* 자료 : 연합뉴스, 2007. 9. 11.

2. 쟁점 및 시사점

서울시의 버스노선 개편 이후에 상대적으로 경기도 버스는 불편함과 낙후함이 지적되어 왔다. 버스환승체계도 일정치 못하며, 심지어는 정류소

구분도 제대로 되어 있지 않고, 시외 농촌지역으로 운행되는 버스의 노선 안내가 제대로 되어 있지 않는 등 여러 문제점이 있는 것으로 비판받아 왔다.

위 사례는 경기도 버스의 여러 현안을 해결하기 위해서 여러 전문가들과 관계 공무원들이 한 자리에 모여서 브레인스토밍 방법을 사용하여 16가지의 주요 사안을 도출해 냈다는 내용을 설명하고 있다. 이는 각 전문가들이 자율적으로 참여하여 자율적으로 의사를 표현함으로써 창의적 아이디어를 도출해 낼 수 있는 브레인스토밍이 미래예측과 정책형성에 매우 중요하게 활용될 수 있다는 점을 예증해 주는 사례라고 할 수 있다.

4 응용기법

1. Futures Wheel 기법

(1) Futures Wheel 기본모형

브레인스토밍은 위에서 제시된 절차를 밟아서 진행시키면 되는 것이나, 이때 이와 관련하여 응용하면 좋은 방식이 Futures Wheel과 같은 기법이다. Futures Wheel 기법은 특정한 미래 트렌드, 사건, 이슈 혹은 결정과 관련하여 미래의 발생가능한 결과들의 범주들을 미래바퀴형 모양으로 중심에서부터 하나하나 나뭇가지 모양으로 펼쳐나감으로써 전문가 그룹의 아이디어를 그래픽하게 정리해주는 브레인스토밍 기법이다. 즉, 아이디어를 짜내는 토론과정(brainstorming)을 구조화한 것이다. 사회 트렌드나 미래에 일어날 잠재성 있는 사건을 종이 가운데 써놓고 중앙에서부터 바퀴모양으로 점차 생각을 확장해 나간다. 일차적 영향이나 결과물들로 첫 번째 고리를 만들고, 이차적 영향과 결과물들은 두 번째 고리를 만들어 간다. 이런 식으로 계속해서 영향들과 결과들이 고리의 형태로 겹겹이 생겨나다 보면 사회 트렌드나 사건에 대한 유용하고 구체적인 실행 결과들이 나타나게 된다(박영숙 외, 2007: 200). 이처럼 Futures Wheel 기법은 주어진 특정 트렌드에서 파생되는 다양한 사건과의 인과적 결합관계를 규명하는 미래예측 방법으로, 사건을 독립적으로 구별하여 분석하는 다른 미래예측과는 구별된다(하인호, 1996).

그림 중심으로부터 가장 단순하게 뻗은 첫 번째 미래바퀴형 가지를 1차 트렌드 영향(first-order impacts)이라고 하고, 이를 토대로 뻗은 두 번째 가지인 2차 트렌드 영향(second-order impacts), 세 번째 가지인 3차 트렌드 영향(third-order impacts) 등을 그려나갈 수 있다. 이러한 영향들은 마치 호수의 물결처럼 가운데 핵심으로부터 동심원을 그리며 바깥으로 퍼져나가는 모양을 띠게 된다. 따라서 Futures Wheel 기법은 어떻게 트렌드, 사건, 이슈 혹은 결정들이 미래에 생생하게 펼쳐질지에 대해 그림을 통해 보여주는 브레인스토밍 기법이라고 볼 수 있다.

전문가 그룹은 함께 예측할 미래 트렌드, 사건, 이슈 혹은 결정과 관련된 미래예측 대상 주제들을 결정한 후, 그러한 주제를 종이나 차트, 화이트보드 혹은 컴퓨터 프로젝터 같은 곳의 가운데 쓴다. 예를 들어, "점차 작아지고 저렴해지는 컴퓨터 커뮤니케이션 기기들"이라고 쓴다. 그 다음 그룹 리더는 그 주변에 타원형의 원을 그리고, 팀원들에게 가운데 주어진 주제와 동반해서 일어날 일이 어떤 것이 있을지에 대해 묻는다. 즉 주제가 미칠법한 1차 영향들을 묻는 것이다. 리더는 팀원들이 내는 의견들을 [그림 5-2]와 같이 살을 그려 점차 바퀴모양으로 펼쳐나간다.

타원들은 1차 영향 주변에 그려지도록 한다. 그 다음, 리더는 팀원들로 하여금 가운데 주제는 잊어버리고 1차 영향들로 만들어진 타원들 각각에 의해 생겨날 또 다른 2차 영향이나 결과물을 제시하도록 한다. 2차적 영향과 결과들이 제시되면 리더는 각각의 의견을 연결하여 두 번째 고리를 만들어낸다. 처음에는 이런 과정이 빠르게 진행된다. 참가자들은 별다른 생각없이 두 번째, 세 번째, 네 번째 생각나는 대로 의견을 내고 고리를 순서대로 만들어간다. 과정이 진행될수록 자신들의 생각이 그림으로 나타나면 그때야 그림을 보면서 다시 생각하고 고치면서 보다 '현실적'으로 만들어간다. 이러한 방식의 진행을 아이디어 토론과정의 명확화과정(clarification)이라고 부른다(박영숙 외, 2007: 202-204).

Futures Wheel이 종이와 연필만 있으면 그릴 수 있는 단순한 기술이고, 몇 명의 아이디어가 풍부한 사람들이 모이면 만들 수 있는 것이긴 하지만, 미래를 예측할 수 있는 매우 영향력있는 도구이다. Futures Wheel은 현재 기업의 미래 계획 팀이나 세계 정책입안자들이 앞으로 다가올 잠재 문제점들을 파악하고, 새로운 가능성, 시장, 상품, 서비스들을 활용하기 위한 전략을 짜는 데 이용되고 있다(박영숙 외, 2007: 199).

그림 5-2 Futures Wheel의 기본 형태

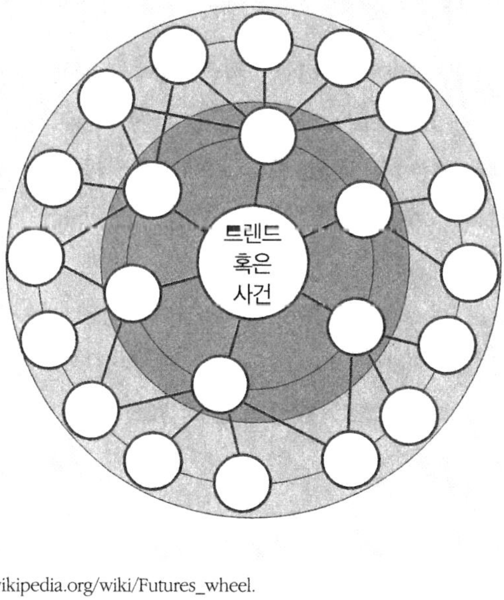

* 자료 : http://en.wikipedia.org/wiki/Futures_wheel.

그림 5-3 Futures Wheel의 버전 II

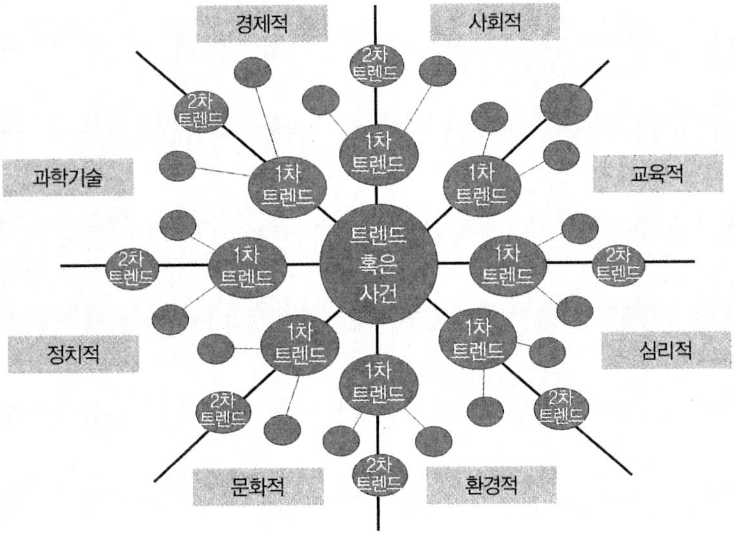

* 자료 : 박영숙 외, 2007: 214.

이하에서는 먼저, Futures Wheel의 기본 형태를 살펴본 후, 제롬 글렌(Jerome Glenn)이 정치, 경제, 사회, 문화, 환경, 기술 등을 고려하여 개발한 Futures Wheel 버전 Ⅱ와 이를 시계열로 적용하여 과거, 현재, 미래의 영향을 분석할 수 있도록 해주는 Futures Wheel 버전 3를 살펴보도록 한다.

Futures Wheel 버전 Ⅲ은 역사, 현재, 미래의 결과를 입체적으로 보여준다는 데에 그 의의가 있다. 이는 사회적 트렌드의 '진화과정'에 초점을 두는 것으로 다음 [그림 5-4]와 같이 표현될 수 있다.

그림 5-4 Futures Wheel의 버전 III: 과거, 현재, 미래의 영향

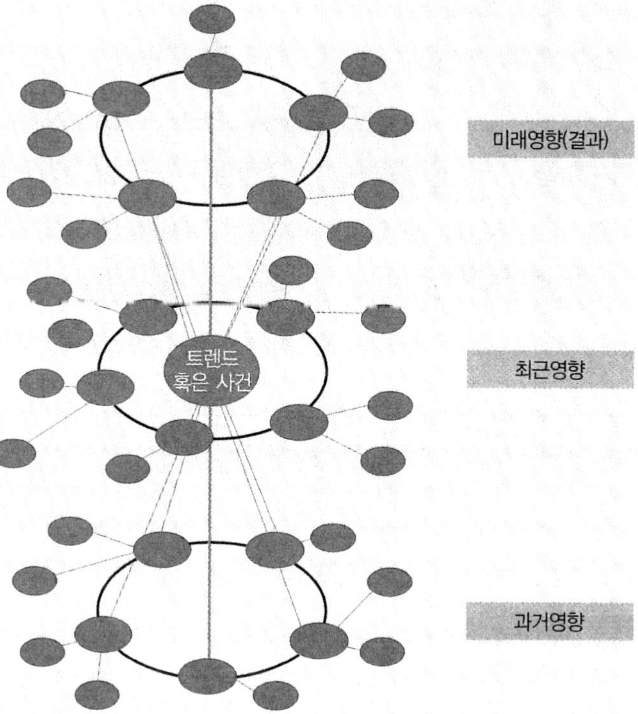

* 자료 : 박영숙 외, 2007 : 215.

(2) Futures Wheel 응용사례

Futures Wheel 모형을 실제 사례에 적용시킨 것을 살펴보면 다음과 같다. 이는 Futures Wheel 기법을 소프트웨어 유지와 개발에 따른 1차, 2차, 3차 트렌드 영향 분석에 적용한 사례이다.[1] 다음 그림에서 보듯이 1차 트렌드 영향 분석에서는 소프트웨어가 개발되면서 나타나는 사회,

---

1) Futures Wheel에 관한 이하 내용과 그림은 하인호, 「신경영 학습조직」, 삼성경제연구소, 1996; 박영숙 외, 「전략적 사고를 위한 미래예측」, 교보문고, 2007: 202 205 등을 토대로 정리한 것이다.

그림 5-5 Futures Wheel 기법: 1차 트렌드 영향들

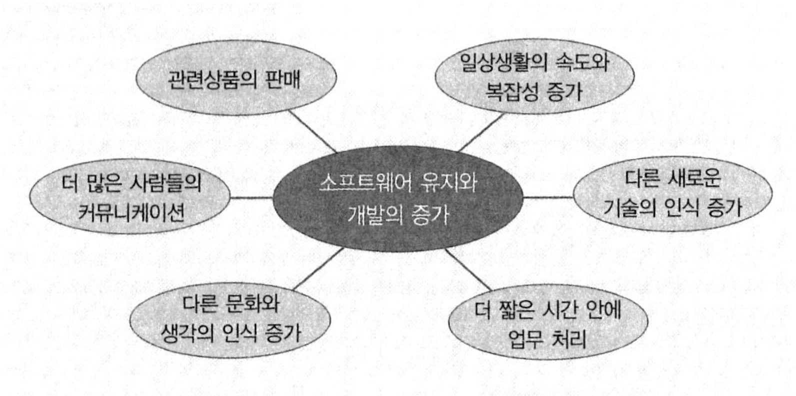

경제, 기술, 문화에 대한 1차적 영향들을 그림으로 예증하고 있으며, 2차 트렌드 영향 분석에서는 1차 트렌드 영향 요소들이 다시 세분화해서 영향을 미친 2차 요소들에 대한 분석을, 3차 트렌드 영향 분석에서는 2

그림 5-6 Futures Wheel 기법: 2차 트렌드 영향들

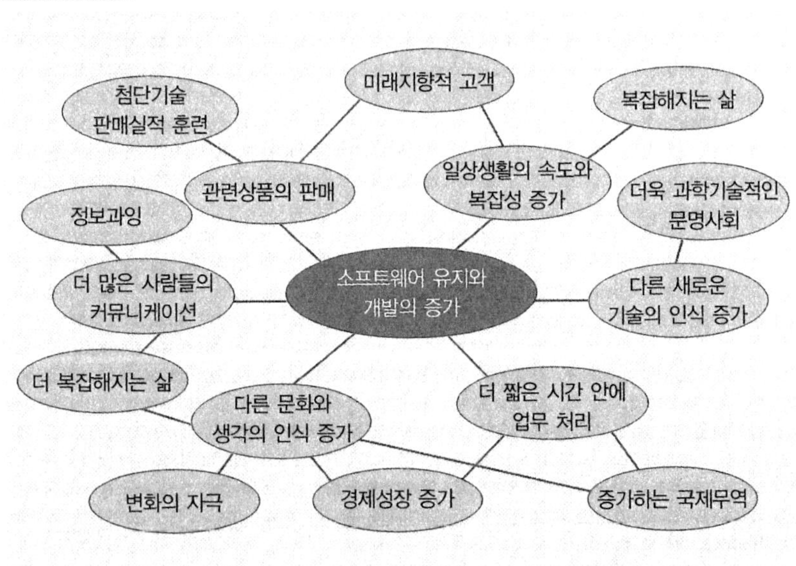

그림 5-7 Futures Wheel 기법: 3차 트렌드 영향들

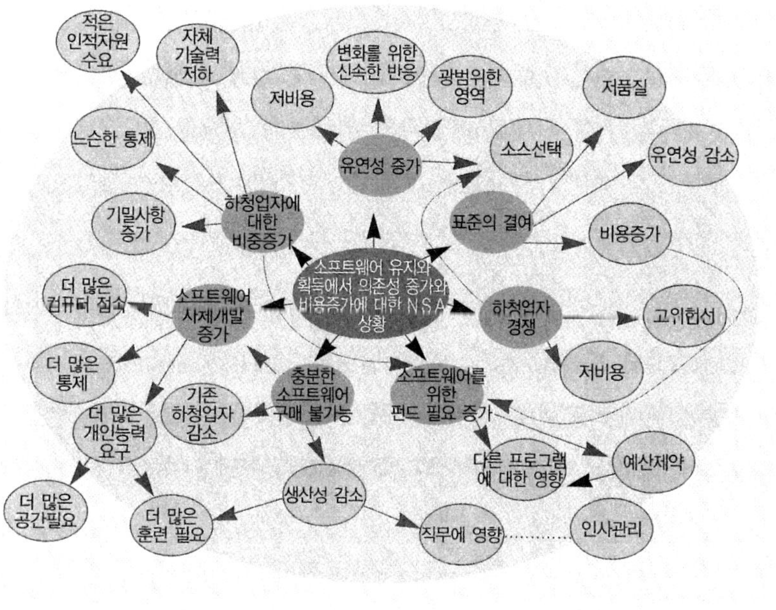

* 자료: 박영숙 외, 2007: 203-205.

차 트렌드 영향 요소들이 다시 더 세분화해서 영향을 미친 3차 요소들에 대한 분석을 보여주고 있다.

인간의 사고는 그림으로 보지 않으면 한정되어 있다. 그림으로 비쥬얼하게 예시하면서 1차, 2차, 3차의 브레인스토밍 과정을 거친다면 우리의 아이디어는 정제의 과정을 거치게 될 것이다. Futures Wheel은 아이디어 창출및 생각의 탄생을 도와준다는 의미에서 강력한 도구(powerful tool)가 되는 것이다.

(3) Futures Wheel 기법의 장단점

Futures Wheel 기법은 현재 사회의 트렌드나 미래에 미치게 될 영향들을 고려하거나 이를 예측하는 등의 상황에 주로 사용되는데, Futures

Wheel 기법을 사용함에 있어 발생되는 장점과 단점은 다음과 같다 (Benckendorff, 2007).

첫째, Futures Wheel 기법은 우선 참여자가 만들어 가는데 있어 특별한 교육이나 훈련이 필요하지 않기 때문에 쉽게 이해하고 적용할 수 있다. 하나의 주제에 대한 복잡하고 체계적인 생각을 이 기법을 통해 자극함으로써 다양한 의견들을 얻을 수 있으며, 이러한 다양한 의견에 대한 상호 작용을 분명하게 시각적으로 제공함으로써 복잡한 의견을 단순하게 정리할 수 있는 장점이 있다.

둘째, 1차, 2차, 3차 각각의 트렌드 영향으로 나누어 봄으로써, 단계에 따라 참여자가 대답을 할 수 있는 범위와 가지가 드러남으로써 대답의 유연성이 높아지게 된다. 동시에 참여자가 작성한 자료를 바로 받을 수 있기 때문에 자료 수집이 빠르며, 참가자들이 하나의 사건에 대해서 서로 다른 관점으로 대응하기 때문에 서로의 데이터를 그대로 모방(mimic)하지 않는 이상 똑같은 결론이 나올 수 없는 등 대답의 다양한 가능성을 도출해 낼 수 있다.

이와는 반대로 단점을 살펴보면 다음과 같다.

첫째, Futures Wheel 기법에서 사람들은 '판단의 집합체' 그 이상도 그 이하도 아니다. 하나의 영향이 다른 영향들이나 결과물과 관련하여 미치는 타이밍이 모호해지고 복잡해지면서 결과가 너무 단순해질 수 있

표 5-3 Futures Wheel 기법의 장점과 단점

장 점	단 점
• 참여자가 쉽게 이해함	• 판단의 집합체에 한정됨
• 복잡하고 체계적인 생각을 자극	• 일관성이 부족한 여러 방향의 결과 도출
• 복잡한 상호작용을 분명한 시각적 지도로 제공	• 참여자의 인식과 지식에 의한 한계
• 대답(respondents)의 유연성	• 과도한 정보량
• 빠른 자료수집	• 데이터분석의 복잡성과 많은 시간의 필요
• 모방하지 못함	• 높은 평가 비용

다(박영숙 외, 2007: 209). 예측한 결과에 있어서도 일관성을 갖는 다양한 결과물들이 나오면서 오히려 일정한 패턴을 찾지 못하고 복잡해질 수 있으며, 참가자의 인식과 지식에 의한 한계로 인하여 제한된 답변이 나올 수 있다.

둘째, 너무나 많은 의견들이 나오면서 과도한 정보로 인한 혼란이 일어날 수 있으며, 많은 양의 복잡한 데이터를 분석하는데 있어 많은 시간이 걸리게 된다. 이것은 결국 참가자에 관한 높은 평가비용과 분석비용으로 인해 높은 거래비용(transaction cost)을 초래할 수 있다.

2. Decision Tree 기법

의사결정나무(Decision Tree)는 미래에 진행될 트렌드, 사건, 이슈 혹은 결정들의 진행방식을 나무의 형태로 분석하는 기법이다. 이는 형태만 다를 뿐, 위의 Futures Wheel 기법처럼, 팀원들의 아이디어를 체계적으로 도와주는 브레인스토밍 방법의 한 종류이다. 뿌리, 본가지, 곁가지로 구성된 나무 형태를 한 의사결정 나무는 의사결정에서 고려해야 할 과거, 현재, 미래의 사건들을 체계적으로 정리해 주는데 많이 활용되는 기법이다. [그림 5-8]은 의사결정 나무를 그림형태로 표시한 것이다. 여기에서 뿌리는 조직의 노하우 혹은 기술수준들을 표시하고, 본가지는 조직규모를, 그리고 곁가지는 시장에서의 고려되어야 할 가능성과 변수들을 나타낸다.

가지 내에 결정이 갈라지는 분기점을 '결정점' 이라고 하며, 불확실한 사상이 갈라지는 분기점을 '불확실점' 이라고 한다. 현실의 복잡한 의사결정의 문제는 이와 같은 결정점과 불확실점에서 많은 가지가 갈라지고, 다시 몇 단계에 걸쳐 연결되는 나뭇가지 그림으로 나타낼 수 있다. 의사결정나무는 결정점과 불확실점과의 연쇄로서 나타낼 수 있는 의사결정 문제의 분석에 주로 쓰인다. 이처럼 의사결정 나무는 순환적 분할

그림 5-8 Decision Tree 기법: 과거, 현재, 미래의 의사결정 나무

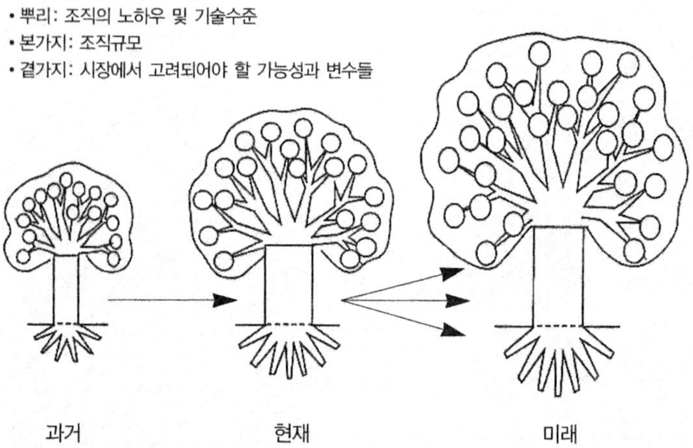

* 자료 : K. Radford, *Creating Futures: Scenario Planning as a Strategic Management Tool*, London: Economica, 1997.

(recursive partitioning) 방식을 이용하여 나무를 구축하는 기법으로, 위에서 말한 곁가지는 다시 나무의 가장 상단에 위치하는 뿌리마디(root node), 속성의 분리기준을 포함하는 내부마디(internal nodes), 마디와 마디를 이어주는 가지(link), 그리고 최종 분류를 의미하는 잎(leaf)들로 구성된다. Futures Wheel 기법과 마찬가지 방법으로 뿌리마디에서부터 시작하여 잎으로의 확장으로 모든 연결과정을 거치게 되면 비현실적이거나, 불필요한 속성들이 나무의 마디에 포함되어 있을 수 있는데, 이것이 소위 '과잉맞춤(overfitting)'이라 하며, 이 과잉맞춤으로 인해 불필요하게 복잡해진 나무의 의미없는 마디(속성)들을 제거하는 작업을 나무 '가지치기(pruning)'라 한다. 특히 가지치기 작업은 의사결정나무 모형을 구축할 때 거의 필수적으로 사용된다.[2] 의사결정 분야의 세계적인

2) http://tong.nate.com/hackks/36733642

석학인 스탠퍼드대 칼 스페츨러 교수도 "하나의 결정을 내리면 그 결정에서 또 다른 일이 벌어지고 또 다시 결정을 내려야 한다. 의사결정이라는 나무가 가지치기를 계속하는 것이다. 따라서 단계적으로 판단하고 평가하는 것이 중요하다"고 강조한 바 있다.[3)]

5 브레인스토밍과 통찰적 예측

브레인스토밍(Brainstorming)이 집단의 지혜를 빌어 미래의 비선을 묘사하거나 설명하려는 노력이라면, 통찰적 예측(Genius forecasting)은 개인의 지혜에 기초한 미래예측 방식이다. 즉, 통찰적 예측이란 개인의 통찰을 통해 미래의 비전을 묘사하거나 설명하는 것을 말하는 것이다. 예들 들어, 앨빈 토플러의 「미래 쇼크」, 「제3의 물결」, 「권력이동」, 「부의 미래」, 존 네이스비츠의 「메가트랜드」 등이 그 예가 된다. 이들은 종교적 예지자(Guru)들의 초자연적 예언들과는 달리, 매우 비판적이고 심도있는 사고를 통해 정확한 논거를 제시하기 때문에 과학적 타당성이 매우 높다고 할 수 있다. 따라서 통찰적 예측 역시도 개인 차원에서의 브레인스토밍의 과정을 거치는 것이며, 상당한 정도의 깊이있는 자료에 기초하여 미래의 공통 트렌드나 핵심 패턴을 추출하는 과정을 거치게 된다.

3) 매일경제, 2007. 10. 11

>> 미래예측 사례

통찰력 예측 :
"21세기도 미국이 지배, 유럽은 성장 동력 잃어 역사 테마파크 된다"

1. 사례 개요

미래학에 있어서 엘빈 토플러와 함께 통찰력과 예지능력에 있어서 양대 거두라고 할 수 있는 존 네이스비츠는 2007년 4월 27일 조선일보와의 인터뷰에서 다양한 이야기를 나눴다. 그 중에서 '미래를 읽어내는 비법'에 대해서도 논의가 있었는데, 네이스비츠의 예측이 현실화되는 비결에 대한 질문에서 "내가 하는 것만큼 다른 사람들이 한다면 누구나 미래를 읽을 수 있을 겁니다. 나는 하루 6~7시간씩 신문을 읽습니다. 다른 사람들은 직업이 있기 때문에 못하는 것을 나는 할 수 있죠. 다른 사람들이 일상생활에 매달리느라 바쁠 동안 나는 세계와 끊임없이 연결고리를 만들려고 분투하죠"라고 하였다.

또한 21세기 역시 미국이 중심으로 이끌게 될 것이라고 하고 유럽은 쇠퇴한다고 말하고 있다. 그리고 한국의 앞길에 대해서도 말해주고 있다. 그는 한국의 기업들이 중국과 일본의 틈 사이에 끼어 있다고 하면서 중국기업을 따돌리는 방안을 생각해야 한다고 했다. 한국의 기업들은 경쟁력이 중요하고 정부는 단지 기업들에게 "날개를 펼칠 수 있는 영양 가득한 토양을 제공"해야 한다고 강조하였다.

*자료: 인터넷 조선일보 2005. 4. 27.

2. 쟁점 및 시사점

위의 사례는 조선일보에서 미래학의 양대 산맥이라고 할 수 있는 존 네이스비츠를 인터뷰한 사례이다. 존 네이스비츠는 뛰어난 통찰력과 예지능력으로 '메가트렌드'와 '메가트렌드 2000'을 통해서 뛰어난 통찰력을 보여준 바 있다. 또한 그는 자신이 내다보는 미래에 대해서 다양한 근거를 제시해주고 있다. 존 네이스비츠는 하루에 많은 시간을 신문 읽기 등에 투자를 하면서 현재의 세계적인 흐름을 꼼꼼히 체크하고 있다고 하는 데, 이는 개인 차원의 브레인스토밍과 통찰적 예측의 과정을 거치면서 다양한 미래의 모습을 예측하고 있다는 점을 보여준다. 이 사례는 뛰어난 통찰적 예측을 위해서는 개인 차원에서의 브레인스토밍을 끊임없이 거쳐야 하며, 여기에 기초가 되는 통계자료나 근거들이 견고하게 뒷받침(feeding)되어야 한다는 점을 잘 보여주고 있다.

6 브레인스토밍을 넘어 하트스토밍

드림소사이어티의 저자이자 드림컴퍼니의 최고상상력책임자(CIO: Chief Imagination Officer)인 롤프 옌센은 "기업인들은 이제 브레인스토밍은 물론 하트스토밍(Heartstorming)을 해야 한다"고 역설했다. 고객이나 10년 뒤 기업 모습을 그리면서 꿈과 열정이 담겨 있는 '정말 이거다' 싶을 정도의 확신과 느낌, 즉 감성을 제품에 담아내야 한다는 것이다. 롤프 옌센은 "드림 소사이어티란 시장 욕구가 단순히 물질적인 부를 뛰어넘어 문화 · 가치 · 생각 · 정신과 같은 감성적인 것으로 변한 사회"라고 강조하면서, "기능(function)으로 경쟁하지 말고 디자인, 브랜드, 나아가 스토리로 상품을 차별화해야 한다"고 주장하였다.[4]

4) 매일경제, 2007. 10. 21

제4절

전문가패널

1 전문가패널

전문가패널(Expert panel)은 분석하고자 하는 분야에 전문가들을 섭외하여 그들이 토론 중에 얻은 생각이나 지식을 통해서 미래를 예측하는 것이다. 이때 전문가는 보통 15~20인으로 구성되고, 활동기간은 3~18개월 간 유지되며, 패널들 각자는 자신이 연구한 보고서를 제시한다(Michael Keenan, 2004: 1-2). 전문가패널에서의 전문가는 정책델파이에서 말하는 순수 전문가 집단보다는 전문가와 시민단체 등 다양한 이해관계자들이 참여하여 상당한 장기간 동안 존속된다는 특징이 있다. 전문가패널은 이러한 전문가들의 의견에 기초하여 미래의 가능성에 대한 창의적 탐구를 하는 기법으로서, 이 역시 하나의 독립된 미래예측기법이라기보다는 브레인스토밍, 정책델파이, 혹은 시나리오기법에서 병행적으로 활용되는 미래예측기법이다.

미래예측에 있어서 모형이나 이론을 활용하는 방법은 이론이나 전문지식의 부족, 통계의 부족 등으로 어려움에 부딪치는 경우가 많다. 따라서 전문가 패널에 기초한 토의와 판단, 창의적 발상은 매우 중요한 의의를 지닌다(정정길 외, 2005: 336). 즉, 미래예측에 있어서 가장 중요한 것은 창의력이다. Y. Dror는 정책대안 예측에 있어서 합리적 기법은 창의력에 대한 보조물에 지나지 않으며 창의력이야 말로 새롭고 더 좋은 대안을 예측하는 데 있어서 가장 핵심적인 방법이라고 주장했다.

그러나 창의력을 발휘하도록 고취되어야 한다는 원칙에는 모두 다 동의하지만 어떻게 하면 창의력을 발휘하도록 자극을 주고 동기를 부여하며 분위기를 조성할 수 있을까 하는 것은 실제로 더 어려운 과제이다. 개인 또는 집단의 판단력, 직관력, 통찰력을 기초로 하는 방법으로는 브레인스토밍, 정책델파이와 함께 전문가 패널 방식이 많이 활용된다.

2 전문가패널의 유형

전문가패널과 유사한 형태로 이루어지는 대면적 토론에는 소수의 인원에서 다수의 인원이 참여할 수 있는 다양한 방법이 있다. 이러한 대면적 토론은 대개 일회용 조직의 차원에서 호칭되는 것들이지만, 이들은 미래예측 전문가패널의 활동 과정에서 다양한 형태로 활용될 수 있다. 이들은 세미나(seminar), 심포지엄(symposium), 포럼(forum), 분임토의(group discussion) 등 다양한 형태로 불린다.

(1) 세미나

세미나(seminar)는 어떤 주요 주제에 관한 논의 내지 토론이 이루어지는 공식적인 모임으로서 전문가 회의라고도 한다. 사실 패널(panel), 심포지엄(symposium), 포럼(forum), 분임토의(group discussion) 등 나머지 유형들은 세미나의 특수한 형태로 볼 수 있다.

(2) 심포지엄

심포지엄(symposium)은 토론 주제에 관하여 복수(2~5)의 전문가들이 각각 서로 다른 측면에서 전문적인 의견을 발표하고 청중들의 질문을 중심으로 질의응답식으로 토론하는 방법이다.

(3) 포 럼

포럼(forum)은 보통 강의라든지 영화 상영이 있은 뒤 또는 패널, 심포지엄 등에 이어서 이루어지며, 특정 주제에 관하여 청중들에게 새로운 자료와 견해를 제공하여 주제에 대한 관심을 높이고 필요한 정보를 제공하여 문제를 명확하게 하여 그들 자신의 의견을 표명하도록 촉진하는 방법이다.

(4) 분임토의

분임토의(group discussion)는 사람들을 소속과 배경이 고루 섞인 10명 내외의 소집단으로 나누어 동일한 문제를 토론하고 그에 대한 해결 방안을 작성하게 하는 방법이다. 이는 분임집단별로 작성한 문제 해결 방안을 발표하고 토론하여 하나의 합리적인 문제 해결 방안을 모색하는 방법으로 소집단서 1차적인 토론이 이루어지게 되므로 시간을 절약할 수 있어 합리적인 대안을 개발하고 모색하는 데 유용하다(강근복, 2002: 110-112).

>> 미래예측 사례

전문가 포럼:
한 · 중 · 일 문화콘텐츠 산업 포럼

1. 사례 개요

'한 · 중 · 일 문화콘텐츠산업 포럼'은 지난 2002년에 중국 상하이에서 처음 개최한 이래 중국(문화부), 한국(문화관광부), 일본(경제산업성) 순서로 순회하면서 개최하고 있으며, 한 · 중 · 일 간의 문화 콘텐츠 분야 인적 네트워크 구축과 실질적 프로젝트 추진을 위해서 열리고 있다. 그 동안 문화콘텐츠산업 포럼에서는 3국 간의 정보교류와 프로젝트합작, 투자, 인력양성을 촉진하는 핵심플랫폼으로 인정하는 '문화콘텐츠선언'이 채택되었고, 각국의 문화산업 현황 및 정책 등을 주제로 열띤 토론을 해왔다. 여러 문화 콘텐츠 개발 및 애니메이션 산업 발전, 불법복제 방지, 지적재산권 보호, 방송 영상물 규제완화, 공동제작 및 전문인력 양성, 해외 공동마케팅 등 다양한 분야의 토론이 이어져왔다.

'한·중·일 문화콘텐츠산업 포럼'은 미래의 문화콘텐츠산업과 관련되어서 3개국간의 공동 협의 채널의 기능을 가지고 있으며, 공동경쟁력을 강화하기 위해서 상호 협력을 강화하기 위한 초석이 되는 것으로 평가받고 있다.

* 자료: 노컷뉴스, 2006. 12. 15.

2. 쟁점 및 시사점

위 사례는 '한·중·일 문화콘텐츠산업 포럼'을 소개하면서, 한·중·일의 문화콘텐츠산업의 발전을 위한 3개국의 노력을 담고 있는 소개하고 있다. 이 포럼에서는 각국의 정부 관계자들 및 다양한 분야의 문화콘텐츠 전문가들을 불러 모아 포럼의 형식으로 현재의 문화콘텐츠 산업을 되돌아보고 미래를 향한 발전적인 방향의 제시를 목적으로 하고 있는데, 이는 본문에서 소개한 전문가 포럼의 한 형태이다.

3 전문가패널의 방식

전문가패널은 대면적 토론법(meeting discussion)의 한 종류이지만, 미래예측에서 활용되는 전문가 패널은 일회용 토론이 아니라 적어도 3~18개월 정도 존속되는 패널의 형태를 지칭한다.

전문가패널은 한 사람의 지혜보다는 여러 사람의 지혜가 더 다양하며, 정확하고, 합리적일 것이라는 원칙에 입각하여 다수의 사람들이 대면적으로 상호 의견을 교환함으로써 다양하고 창의적인 의견들을 제시하는 방법을 의미한다. 이 방법은 여러 전문가들의 다양한 관점과 의견이 제시되므로 고려되는 변인(變因) 및 동원되는 정보의 양이 많다는 장점이 있지만, 집단 내의 압력이나 토론의 분위기 또는 인간관계나 체면 때문에 자신의 의견 표명에 제약을 받을 수 있다. 또한 달변가, 공격적인 사람, 연장자나 상급자 등의 의견에 의해서 결론이 크게 좌우되기도 하고, 다수의 판단이나 의견과는 엉뚱하게 다른 결론에 도달하는 등의 왜곡 현상이 일어날 가능성이 크다는 단점이 있으므로 모든 사람에게 참여의 기회를 보장하며, 의사소통이 원만히 이루어질 수 있도록 분위기를 조성하고 아이디어의 발의와 판단을 분리하여 자유스럽고 창의적인 대안의 개발을 촉진해야 한다(김신복, 1989: 359).

전문가패널을 구성하고 진행할 때 좀 더 다양하고 창조적인 예측이 가능하기 위해 고려해야 할 사항들이 있다.

첫째, 의사소통이 원만히 이루어질 수 있도록 분위기를 조성하고, 아이디어의 발의와 판단을 분리하여 자유스럽고 창의적인 대안의 개발을 촉진해야 한다.

둘째, 비슷한 사고를 가진 사람들에 의해 사고의 폭을 좁게 만들 우려가 있으므로 전문가의 연령, 교육수준, 경험, 가치관, 문화 및 직업 등을 다양화해 사고와 관점이 다양한 사람들의 참여를 통한 창의적인 토론이 이루어질 수 있도록 해야 한다.

셋째, 무엇보다 토론을 질서 있게 진행하고 토론 참여자들이 적극적으로 토론에 참여할 수 있도록 토론자들의 의견과 주장에 귀를 기울이며, 자신의 아이디어나 논평 등으로 회의를 지배하는 것을 피하는 능력 있는 토론 진행자의 역할이 중요하다(양도기, 1991: 255-259).

4 전문가패널의 구성

전문가패널은 브레인스토밍의 형식을 취하든지, 혹은 정책델파이나 통계적분석 등의 기법을 활용하여 주어진 주제에 대한 미래예측 보고서를 산출하게 된다. 전문가패널에서 제시하는 보고서는 권위성, 신뢰성, 정당성을 인정받을 수 있도록 분석결과는 객관성과 타당성을 확보해야 한다. 따라서 전문가패널의 구성 시에는 전문가들의 전문지식이나 이해관계 등을 고려하여 구성되어야 한다. 전문가패널을 구성하는 방법에는 1) 개인적 접촉(personal contacts), 2) 정책 이해관계자(stakeholders), 3) 전문가 단체를 공식 활용하는 방법(formal process) 등이 있는데, 이들을 구성할 때에는 다음과 같은 두 가지 원칙을 지키는 것이 좋다(Michael Keenan, 2004: 3-5).

첫째, 전문성(composition)의 원칙이다. 당해 패널이 수행할 임무의 전문성에 비추어 충분한 지식을 갖춘 패널들이 포함될 수 있도록 구성해야 한다.

둘째, 균형성(balance)의 원칙이다. 당해 패널이 수행할 임무의 결과가 어느 한쪽 방향으로 왜곡되는 일이 없도록 가치관, 견해, 입장, 학문 분야 등이 골고루 균형있게 포함되어야 한다.

그림 5-9 전문가패널의 유형, 방식 및 구성원리

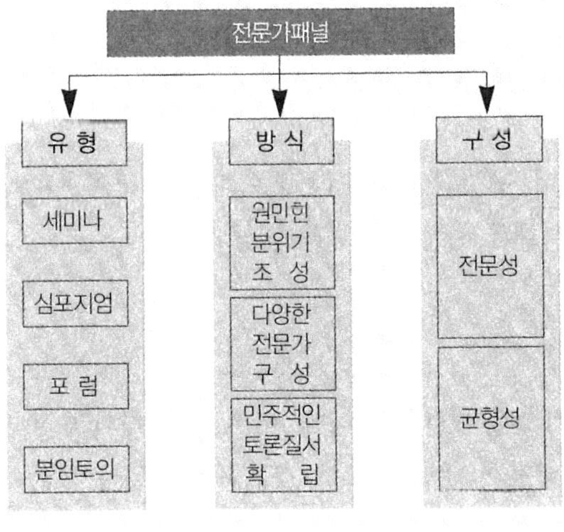

표 5-4 전문가패널 규모 : 유럽 과학기술 미래예측에 동원된 패널 규모

연구 프로젝트	패널의 규모	연구 분야
Austria	7	사회/기술
French KT 2005	9	사회/산업/기술
German Delphi 93	15	산업/기술
Hungarian TEP	7	산업/기술/사회
Ireland	8	산업/기술
Portugal	23	산업
Spain	8	산업
Sweden	8	사회/산업
UK1(1995)	15	산업/기술
UK2(2000)	15	산업/사회

* 자료 : Michael Keenan, 2004: 7.

전문가패널의 구성 규모에 대해서는 대개 15~20명을 원칙으로 하며, 주제나 국가에 따라 다소 차이를 보인다. 아래의 표는 유럽의 과학기술 예측에서 실제 구성되었던 패널의 규모를 정리해 놓은 도표이다.

5 전문가패널의 운영

전문가패널이 구성되면 패널의 운영과 관련하여 다음과 같은 다섯 가지 요소들에 대해 충분히 고려해야 한다.

1. 배경지식

첫째, 배경지식에 대한 검토이다. 이는 특정 분야의 미래예측을 위해 모인 취지와 배경에 대해 충분히 검토되어야 함을 말한다. 예를 들어, UK 기술예측 프로그램이라는 정평이 나 있는 미래예측 연구가 있는데,

여기에서는 정기적으로 UK 기술예측에 대해서 수정보완(update)이 이루어진다. 이러한 취지로 전문가 패널이 구성되었을 경우 전문가들에게 UK 기술예측 프로그램에 대한 배경지식과 관련 보고서들을 숙지시키는 단계가 필요하다.

2. 대상지식

둘째, 대상지식에 대한 검토이다. 이는 실제 미래예측이 이루어지는 구체적 활동에 대해 충분히 검토되어야 함을 말하는데, 이것이 사실상 가장 중요한 부분이라고 할 수 있다. 여기에서는 다음과 같은 요인에 대해 충분한 검토가 필요하다.

(1) 미래예측의 청사진: 목표, 수단, 범위

미래예측의 청사진은 어떠한 예측이 이루어져야 하는가에 관한 전체적 조망에 관한 것이다. 이를 위해서는 전문가들이 매우 창조적으로 '미래' 에 대해 생각할 수 있는 환경이 조성되어야 하며, 이를 토대로 미래예측의 구체적 목표는 무엇인지, 어떻게 하면 그러한 목표에 도달할 구체적 수단은 무엇인지에 대해서 토의하여야 한다. 또한 이와 관련하여 어느 정도의 장기적 전망(long-term)을 도입할 것인지에 대한 시간적 범주(time perspective)와 특정 주제와 관련하여 어느 정도의 가치관의 차이를 허용할 것인지에 대한 내용적 범수(issue perspective)에 대해서도 설정되어야 한다.

(2) 미래예측의 방법론

미래예측의 방법론은 어떤 미래예측 활동이 이루어질 것인가에 대해 규정한다. 앞서 언급한 바와 같이, 전문가패널은 하나의 접근양식이다. 여기에서는 브레인스토밍, 정책델파이, 시나리오기법, 통계적분석 등 다양한 형태의 미래예측 방법론이 도입될 수 있다. 핵심 방법론의 결정과 관련하여 고려될 사항으로는 다음과 같은 것들이 있다.

첫째, 미래예측 주제와 관련하여 어떠한 데이터가 필요한지에 대해서 고려해야 한다. 어떤 방법론을 사용할 것인가에 따라 필요한 데이터도 달라지게 된다.

둘째, 필요한 데이터를 어떻게 수집할 것인지에 대해서 고려해야 한다.

셋째, 통계분석은 구체적으로 어느 팀에 맡길 것인지에 대해서 고려해야 한다. 이는 프로젝트 팀, 패널 멤버, 혹은 외부 컨설팅 조직 등 다양한 형태로 검토할 수 있다.

넷째, 어느 정도의 광범위한 분석이 이루어질 것인지에 대해서 고려해야 한다. 시간, 예산, 전문성 등을 고려하여 일정한 범위를 설정해야 한다.

다섯째, 통계분석을 위해 필요한 첨단시설 및 기자재는 어떤 것이 있는지에 대해서 고려해야 한다. 시뮬레이션, 모의실험실, AHP, 정책델파이, 집단의사결정시스템(GDSS: Group Decisionmaking Support System) 등이 온라인상에서 토론되고 실시간으로 정리될 수 있는 첨단 기자재와 실험실(Lab)에 대해서도 검토되어야 한다.

3. 운영일정

운영일정에 대한 검토이다. 패널들이 정기적으로 만나는 일정에 대해서 미리 확정지어야 하며, 패널들이 산출하게 될 중간보고서의 제출 일정 및 세부 스케줄에 대해서도 미리 검토되어야 한다.

4. 패널구성

패널구성에 대한 검토이다. 대규모 예측사업의 경우에는 여러 분야의 전문가 패널의 구성이 필요하게 되는데, 하위 패널과 상위 패널의 관계, 수평적 패널들과의 연계 및 협조 등에 관한 검토가 필요하다.

5. 행정지원

마지막으로, 행정지원에 대한 검토가 필요하다. 전문가패널의 활동을 뒷받침하기 위한 인력지원, 기반시설, 재정예산 등 행정체계에 대해서도 충분한 검토와 지원이 이루어져야 한다.

그림 5-10 전문가패널의 운영원리: 배경지식, 대상지식, 패널구성 및 운영일정

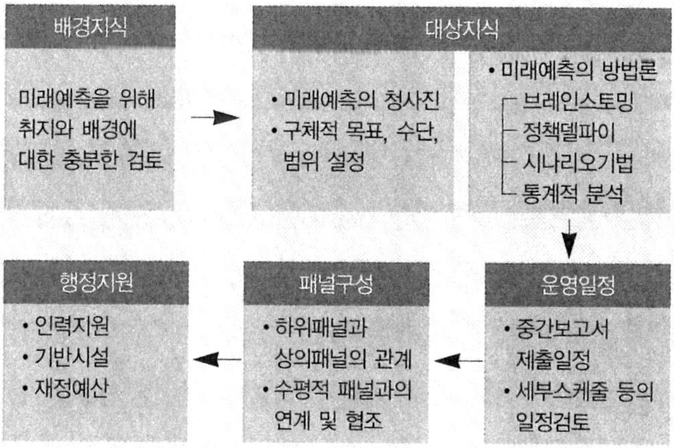

>> 미래예측 사례

전무가패널 :
EAI, 국가안보패널

1. 사례 개요

21세기는 변환과 복합의 세기이다. 21세기 한반도가 변환의 물결을 성공적으로 헤쳐나가 통일과 평화 그리고 번영의 결과를 성취하려는 복합적 요소에 대한 맥락적 검토가 필요하다. 외교안보는 국가이익과 밀접한 연관성을 맺고 있으며 국민의 삶과도 직결된 문제이다. 따라서 국가이익

에 대한 논의에 있어 정부의 역할뿐만 아니라 민간의 참여와 책임 역시 중요하며, 이러한 분야에서는 다양한 전문가의 참여와 토의를 통한 전문가 패널의 운영이 매우 중요하다.

EAI(동아시아연구회)에서는 18명의 외교안보 분야 전문가로 구성된 국가안보패널을 구성하고, 외교안보 분야의 아젠다 설정과 심층토의, 그리고 정책적 대안 제시를 위해 지속적인 환경스캐닝과 이슈서베이를 실시하고 있다. 매달 주요 현안을 선정하여 주제에 대한 심층 탐색을 시도하고 이와 관련된 주제발표와 전문가 토의를 전개하는 한편, 그 결과를 종합한 연구보고서 시리즈를 매달 발간하여 EAI 홈페이지와 중앙일보 지면을 통해 대중적으로 소개하고 있다.

* 자료 : http://www.eai.or.kr/korean/project/mainscr/projectDBCat2View.asp?cat1_code=10&cat1_name=외교안보&cat2_code=10&cat2_name=국가안보패널

2. 쟁점 및 시사점

위 사례는 EAI(동아시아연구회)에서 다양하게 형성된 전문가 패널 중 하나로서 외교안보센터의 활동을 소개하고 있으며, 그 중에서도 외교안보 분야의 아젠다 설정과 이슈의 확인, 주제와 관련된 전문가 패널 토의를 강조하고 있다. 국가안보는 국민의 생존과 안전에 직결된 소위 H. Lasswell(1951, 1970)이 말하는 "근본적 문제"에 해당되는 이슈이면서 동시에 불확실성과 불확정성으로 이루어진 분야이기에 더욱 더 미래예측이 중요한 분야이며, 다양한 전문가들의 토의가 중요한 분야라고 할 수 있다. 급변하는 국제 정세와 그 속에서의 한반도 안보가 어떤 형태로 변환될지에 대해 정확하게 예측할 수 있는 사람은 없다. 따라서 외교 분야의 전문가들로 패널을 구성하여 다양한 이슈(북한 핵문제, 북한 경제, 세계 여러 나라의 안보체제 및 그에 대응하는 한국의 전략, 동북아 경제협력체제 등)에 대해 심층적인 토론을 할 필요성이 있으며, 이러한 주제에 대한 면밀한 이슈의 확인을 위한 환경스캐닝, 이슈서베이, 그리고 이러한 활동에 기초한 전문가패널 토의, 시나리오 작성 및 정책델파이 등의 미래예측 활동이 매우 중요하다고 하겠다.

>> 미래예측 사례

전문가패널 II : 공항여객터미널 서비스 영향요소의 중요도 설정

1. 사례 개요

한국항공진흥협회에서 진행한 미래예측연구에서는 공항의 서비스에 영향을 미치는 요소들 중 실제적으로 중요하게 다루어져야 할 것이 무엇인지 알아보고, 그들이 갖는 중요도를 결정하기 위한 방법으로 전문가 패널을 채택하였다. 전문가는 전체 28명 중 공항계획자 7명(25%), 공항운영관리자 9명(32%), 공항디자이너 3명(11%), 연구기관 연구자 4명(14%), 항공사 운영관리자 3명(11%), 기타 2명(2%)으로 구성하였다.

* 자료: 박용화, 1995: 52-70.

(1) 전문가 설문조사

전문가들의 설문조사를 통해 서비스 영향요소에 대한 양적 요소와 질적 요소를 동시에 고려한 결과는 다음과 같다.

서비스 진행시설	지상접근시설
• 서비스 진행시간 • 서비스 절차의 복잡성 • 서비스 제공자의 친절도 • 전반적인 환경요인 • 서비스의 가변성	• 여행 소요시간 • 교통수단의 가용성 • 이용요금 • 여행의 쾌적함
대기시설	**편의시설**
• 혼잡도 • 안내표식시스템 • 내부 환경 • 좌석 가용성 • 편의시설에 대한 접근용이성	• 접근거리 • 선태의 다양성 • 소비자 가격 • 제공자의 친절도 • 가시성(visibility)

이동시설	주차시설
• 보행거리 • 표식시스템 • 층별이동 • 혼잡정도 • 장애인을 위한 보조시설 • 승객을 위한 보조시설 • 터미널 문턱 횡단보도의 수	• 공간성 • 주차창 접근의 용이성 • 주차요금 • 안내표식시스템 • 주차장과 터미널과의 연계

(2) 우선순위 선정 및 가중치 부여: 전문가패널 토의에 기초

한국항공진흥협회의 연구에서는 전문가 설문조사에 이어 각 시설물의 영향요소 개수에 따라 우선순위를 선정하여 중요도를 측정하였다. 이와 같은 우선순위 선정과 가중치의 적용 기준을 통해 아래와 같은 전문가 패널의 결과를 도출하였다.

표 5-5 각 서비스 시설별 영향요소 결정기준

서비스 서설별 영향요소	우선순위						기준 (요소순위×가중치)
■ 서비스 진행시설							
• 서비스 진행시간	16	9	3	0	0	0	15.3
• 서비스 절차의 복잡성	7	14	4	2	1	0	13.6
• 서비스 제공자의 친절도	1	4	4	10	8	1	8.9
• 전반적인 환경요인	1	0	11	6	5	5	8.3
• 서비스의 가변성	3	0	5	7	8	5	8.0
	0	1	1	3	6	17	4.7
■ 대기시설							
• 혼잡도	7	10	4	4	3	·	9.8
• 안내표식시스템	14	6	4	4	0	·	11.4
• 내부 환경	2	2	5	6	13	·	5.8
• 좌석 가용성	3	7	7	7	4	·	8.2
• 편의시설에 대한 접근용이성	2	3	8	7	8	·	6.8

■ 이동시설							
• 보행거리	15	5	4	2	1	1	14.0
• 표식시스템	10	15	3	4	0	0	13.9
• 층별이동	1	6	6	9	3	3	9.6
• 혼잡정도	1	3	8	6	7	3	8.8
• 장애인을 위한 보조시설	0	2	0	4	8	14	5.2
• 승객을 위한 보조시설							
• 터미널 문턱 횡단보도의수	1	1	7	3	9	7	7.3
■ 지상접근시설							
• 여행 소요시간	9	10	6	3	·	·	8.1
• 교통수단의 가용성	18	8	2	0	·	·	10.0
• 이용요금	1	5	4	18	·	·	4.5
• 여행의 쾌적함	0	5	16	7	·	·	5.4
■ 편의시설							
• 접근거리	8	8	3	4	2	3	11.9
• 선태의 다양성	11	5	5	1	4	2	12.4
• 소비자 가격	0	6	5	4	5	8	8.0
		4	7	8	6	1	9.7
• 제공자의 친절도	2	1	3	5	6	11	6.7
• 가시성(visibility)	2	4	5	6	5	3	10.1
■ 주차시설							
• 공간성	17	4	1	3	3	·	11.3
• 주차창 접근의 용이성	3	7	11	5	2	·	8.8
• 주차요금	1	1	3	3	20	·	4.4
• 안내표식 시스템	3	1	11	11	2	·	7.6
• 주차장과 터미널과의 연계	4	5	2	6	1	·	9.9

2. 쟁점 및 시사점

위 사례는 공항의 서비스 영향요소를 파악하는 데 있어서 전문가패널을 이용하여 그 우선순위와 중요도를 선정한 미래예측 연구결과를 소개하고 있다. 이 연구에서 서비스 수준과 질에 대한 개념은 공항에서는 가장 민감하게 다뤄지는 부분인데, 이는 양적 요소와 질적 요소를 모두 포함시키는 신중한 접근을 한 것으로 평가할 수 있다. 또한 이 연구는 해당 전문가들을 구성하여 전문가 패널 토의를 거치게 함으로써 서비스 영향요인을 다각도로 분석한 연구로 평가할 수 있다.

제5절 시나리오기법

1 시나리오의 의의

시나리오는 현재에서 미래시점까지의 경로를 서술하는 이야기(narration), 이미지(image), 또는 지도(map)를 의미하는 것이다. 시나리오는 무언가 미래에 결정을 하기 위해서 미래에 나타날 여러 가지 상황들이 어떻게 펼쳐질지를 알게 해주는 도구(Peter Schwarts, 1991)로 정의되거나, 단순한 예측(forecast)이 아니라 하나의 가능한 미래에 대한 비전을 명확하게 하는 도구(Michael Porter, 1996)로 정의된다. 즉, 시나리오는 단순한 예측(forecast)이 아니라, 미래의 '불확실성'을 적극적으로 해소하여 원하는 미래상(future vision)을 명확히 하고 체계적인 계획 수립에 결정적인 도움을 주기 때문에 미래예측(foresight) 과정에서 가장 많이 사용되는 기법이다. 이 기법은 다양한 환경 하에 발생하는 경로, 또는 어떻게 소망스러운 규범적 미래가 달성되는지에 대한 희망적인 질문에 초점이 맞춰지는 탐색적(exploratory) 방법이다.[5] 따라서 시나리오

---

5) 시나리오 기법의 설명에 참고한 자료는 다음과 같다. Ian Miles, *Foresight Tools: Scenario Planning*, PREST, University of Manchester, 2007; Miles and Keenan. *Handbook of Knowledge Society Foresight*. PREST, Manchester, 2003; Michael Keenan, "Technology Foresight: An Introduction," PREST, University of Manchester, 2004; Michael Keenan, "Using Experts and Stakeholder Panels in Technology Foresight: Principle and Practice," *PREST*, University of Manchester, 2004; Denis Loveridge, "Technology Foresight Methods," Working Paper, *PREST*, Manchester, 2005.

그림 5-11 전략적 사고의 유형

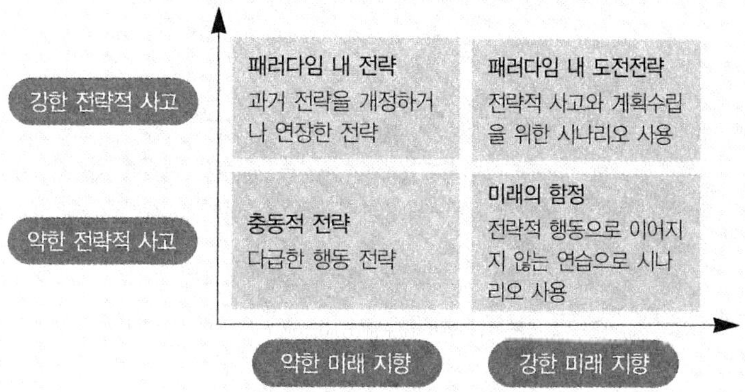

* 자료 : Mats Lindgren and Hans Bandhold, 2003에서 그림 재구성.

는 미래 복잡한 환경에 대한 창조적 서술이며, 훌륭한 시나리오는 신뢰성, 객관성, 도전성, 중요성, 일관성을 갖추었을 때 비로소 의미가 있다. 또한 시나리오는 구성에 있어서도 일회성이 아닌 지속적인 과정, 단기적이 아닌 장기적인 과정, 강한 전략적 사고임과 동시에 강한 미래 지향적 사고방식으로 변화무쌍한 미래환경에 대한 전략 수립을 위한 과정에 항상 포함시키는 것이 좋다(음수연, 2006: 4-5).

다음 〈표 5-6〉은 주요 선진국을 중심으로 이루어지고 있는 시나리오 사례를 든 것이다.

시나리오를 창출하는 가장 일반적인 방식은 전문가 패널을 통해서 하는 것이며, 전문가패널, 시나리오기법, 정책델파이는 대규모 미래예측 프로젝트라면 대부분 함께 진행되는 미래예측의 핵심 방법론이다. 시나리오는 셀 수 없는 미래의 상황에서 평가 가능한 한 관점을 제공해 주며, 그렇게 함으로써 이 기법은 참여자들이 미래에 대해 좀더 익숙하게 생각해 볼 수 있도록 하는 데 도움을 준다. 시나리오기법을 통해 전문가들은 필요로 되는 대안적 미래(alternative futures)를 보다 더 잘 이

표 5-6 선진국의 시나리오기법에 따른 미래전략 수립 사례

국가	주요내용
미국 (CIA/NIC)	• 미래학자, 역사학자, 과학자 등 각계 전문가 25명이 주도, 세계 각국 전문가 참여 • Trends 2010'(1997.11), Trends 2015'(2000.12), Mapping the Global future(2004.12)
영국 (DTI/OST)	• 1차, 16개 분야 중심 "Foresight Progress Report" 발표(1999) • 2차, 3가지 주제 11개 분야 중심 "Foresight Progress Report"발표(2002) • 미래를 더욱 명백히 할 3차 프로젝트 추진 중
독일 (교육연구부)	• 교육연구부 주축으로 사회 각계 약 1,500여명 참여(2001.4 ~) • 1차 결과로 4개 시나리오 구성 이후 현재 핵심연구과제 발굴 중
일본 (경제재정자문위원회)	• 경제재정, 경쟁력, 생활 · 지역, 세계화 등 4개 분과 구성(2004. 9) • 일본의 21세기 비전 발표(2005. 4)

* 자료 : http://www.trend.re.kr/attachment/5421971555.pdf.

해하고, 이를 통해 비선형적 전략(nonlinear strategy)과 정책도구(policy drivers)들을 더 잘 개발할 수 있다. '좋은' 시나리오의 특징으로는 1) 다수의 견해를 통해 다양한 논리를 개발할 수 있어야 하며, 2) 정량적

표 5-7 시나리오기법의 특징

특징	주요내용
다수견해 (multiple views)	• 미래에 대한 한 가지 이상의 견해를 포함 • 좋은 시나리오는 다양한 논리를 개발
정량적 변화 (qualitative change)	• 사회적 가치, 기술변화 등 정량적인 동인을 분석
객관성 (objective)	• 희망하는 미래가 아닌 발생할 수 있는 것을 서술
추상성 (open-ended)	• 시나리오는 구체적인 서술을 제공하지는 않음
중요성 (relevant)	• 가까운 미래 상황에 의미를 줌(정책결정에 중요한 요인분석)

* 자료 : Hassan Masum, 2003; http://www.trend.re.kr/attachment/5421971555.pdf

변화를 분석하며, 3) 미래의 발생가능성을 서술하는 객관성을 지니며, 4) 추상적 수준의 견해를 압축적으로 표현하며, 5) 가까운 장래 상황에 대한 의미를 포함하여 정책결정에 중요한 요인분석을 제공해 주는 것이어야 한다.

2 시나리오의 유형

1. 역동적 시나리오와 정태적 시나리오

시나리오는 탐구하는 미래의 형태가 역동적 경향인지 아니면 정태적 사건에 초점을 두는지에 따라 역동적 시나리오와 정태적 시나리오로 구분할 수 있다.

첫째, 역동적 시나리오(dynamic scenario)는 미래 시나리오에 대한 탐구형태가 역동적인 미래의 사건 혹은 경향 발달에 관심을 둔다. 즉 역동적 시나리오는 동태적인 미래 역사(future histories)에 초점을 둔다.

둘째, 정태적 시나리오(static scenario)는 미래 시나리오에 대한 탐구

그림 5-12 역동적 시나리오와 정태적 시나리오

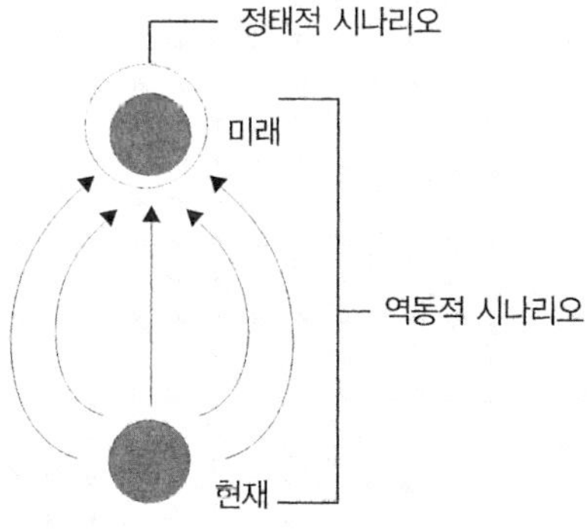

형태가 미래의 어떤 시점에 관심을 둔다. 즉, 정태적 시나리오는 미래의 정태적인 이미지(images of the future)에 초점을 둔다.

2. 탐구적 시나리오와 규범적 시나리오

시나리오는 현재로부터 시작하여 미래를 탐구하는 형태인지 아니면 미래에서 출발하여 '어떻게' 미래에 도달할 것인지에 대한 규범적인 형태인지에 따라 탐구적 시나리오와 규범적 시나리오로 구분할 수 있다.

첫째, 탐구적 시나리오(extrapolative scenario)는 현재로부터 시작하여 미래를 탐구하는 형태의 시나리오이다. 이는 현재로부터 시작하여 "만약 …한다면"의 질문형태를 띠게 되며, 현재에서 미래의 목표를 탐구하는, 즉 외부로 가는 시나리오 형태(outward bounding)를 띠게 된다. 탐구적 시나리오는 기본적으로 현재로부터 시작하여, 만일 성장률이 x% 이거나 y%이면 어떤 형태의 미래가 올 것인가에 대한 내용을 담은 시나리오 형태이다.

둘째, 규범적 시나리오(normative scenario)는 미래에서 출발하여 '어떻게' 미래에 도달할 것인지에 대한 규범적인 형태의 시나리오이다. 이는 미래의 어떤 시점에서 시작하여 '어떻게'의 질문형태를 띠게 되며, 미래에서 현재로 가는 우선순위를 정하는 즉, 내부로 가는 시나리오 형태(inward bounding)를 띠게 된다. 규범적 시나리오는 기본적으로 미래에서 출발하여, 현재보다 x% 더 큰 미래에 도달하기 위해서는 어떻게 해야 할까에 대한 내용을 담은 시나리오 형태이다.

하지만 이러한 분류는 서로 배타적이라기보다는 두 가지 동향 모두 시나리오 분석에 사용될 수 있으며, 실제 분석에서는 이러한 양극 형태의 변형들도 많이 발견된다. 또한 실제 분석에서는 정책 우선순위를 설정하기 위한 규범적 시나리오 접근방식("성공 시나리오")과 함께 미래 탐구적 목표를 설정하는 탐구적 시나리오가 병행하여 사용되는 것이 오히려 더 유용하다는 점도 발견되었다.

3. 단순 시나리오와 복수 시나리오

시나리오는 미래에 대한 하나의 비전에 집중하는 형태인지 아니면 복수의 다양한 가능성을 개발하는 형태인지에 따라 단순 시나리오와 복수 시나리오로 구분할 수 있다.

첫째, 단순 시나리오(singular visions scenario)는 미래에 대한 하나의 비전에 집중한다. 이는 1) 미래와 관련된 특징들을 명확하게 설명할 필요가 있을 때, 2) 미래와 관련된 일관되지 않은 여러 설명들을 통합할 필요가 있을 때, 3) 미래와 관련된 비전을 다듬고 보강할 수 있도록 하나의 비전을 제시할 필요가 있을 때 매우 유용하게 사용될 수 있다. 시나리오 연구라 함은 보통은 여러 가지 실상(factual)과 반실상(counter-factual)에 대한 대체적인 형태의 복수 시나리오를 그리는 것이지만, 이러한 단순 시나리오는 하나의 이상적인 비전을 제시하거나 혹은 가장 잘 예측된 미래의 중요 경향에 대한 관심을 부각시킬 필요가 있을 때 매우 효과적으로 사용되는 형태이다.

>> 미래예측 사례

초고속정보통신의 발달 경로:
실상과 반실상의 시나리오 예측

1. 사례 개요

초고속으로 상징되는 오늘날의 정보통신기술은 이미 정치 · 경제 · 사회 · 복지 · 문화 등 모든 분야에서, 그리고 생산 · 유통 · 소비 등 모든 과정에 걸쳐 국민, 정부, 기업 모두의 행동양식을 빠른 속도로 변화시켜 나가고 있다. 한국전산원(1995)에서는 초고속정보통신기반의 구축에 따르는 사회적 비용절감효과에 관한 분석을 한 바 있다. 초고속정보통신망 구축 시 효과가 현저하게 나타날 것으로 예상되는 분야, 즉 의료, 환경, 재해관리, 민원행정, 제조업, 물류, 교육 등 7개 분야를 중심으로 초고속정보통신

기반 구축사업의 완결시점인 2015년까지 향후 20년 간의 활용에 따른 비용절감효과를 분석하였는데, 이하에서는 이 연구를 통해 제시된 실상과 반실상의 예측 시나리오에 대해서 간략히 요약해 본다.

2. 실상(factual)과 반실상(counterfactual)에 대한 예측 시나리오

초고속 연구는 우선 2015년을 목표년도로 삼아 향후 20년 간에 걸쳐 초고속정보통신망의 구축과 활용에 따라 나타나게 될 비용절감효과 또는 편익을 추정하기 위해 정보화의 진전과정에 대한 두 가지 시나리오를 토대로 예측을 하고 있다. 하나는 초고속정보통신망이 완전하게 구축되어 활용될 때 나타날 총편익을 나타내 주는 시나리오이고, 다른 하나는 초고속정보통신망이 구축되지 않았다고 가정할 때 발생하게 될 상황이나 상태에 대한 시나리오이다.

여기서 이 연구는 이 두 시나리오 사이의 차이에서 발생하는 편익의 차이를 계량적으로 추정해 내는 작업을 하고 있다. 먼저 전자에 해당하는 미래 정보화의 시나리오는 초고속정보통신망이 완료되는 2015년경에 이르면 정보화가 거의 완벽한 수준에 도달하여 100%의 효과를 발휘하게 될 것을 전제로 진행되는 형태이다. 여기에서 말하는 정보화 수준에는 초고속인터넷만이 아니라 당연히 기존의 정보화가 포함되어 있으며, 향후 정보화수준의 향상은 주로 초고속정보통신망에 의해 주도될 것임을 전제하고 있다. 이러한 전제와 가정을 보여주고 있는 것이 바로 [그림 5-13]에서 유형 A로 표시되고 있는 정보화의 궤적이다.

다음으로 반실상 또는 기본 시나리오로서는 초고속정보통신망 구축 및 활용의 시발점을 1995년으로 삼아 1995년 현재의 정보화가 1996년 이후 2015년까지 20년 간에 걸쳐 아래 [그림 5-13]과 같이 세 가지 유형의 궤적을 그려나갈 것으로 가정하였다. 여기에서 유형 B는 1995년 현재의 정보화수준의 효과가 시간의 경과에 따라 점차 크게 나타날 것으로 가정하는 경우이고, 유형 D는 그것이 점차 감소할 것을, 유형 C는 현재의 수준이 계속 유지될 것으로 가정할 때의 궤적이다. 이 가운데 이 연구에서는 초고속으로 인한 편익의 과대추정이나 과소추정의 위험성을 최소화할 수 있는 가장 보수적인 가정을 대변하고 있다고 볼 수 있는 유형 C를 선정하고 있다.

그림 5-13 실상과 반실상의 예측 시나리오

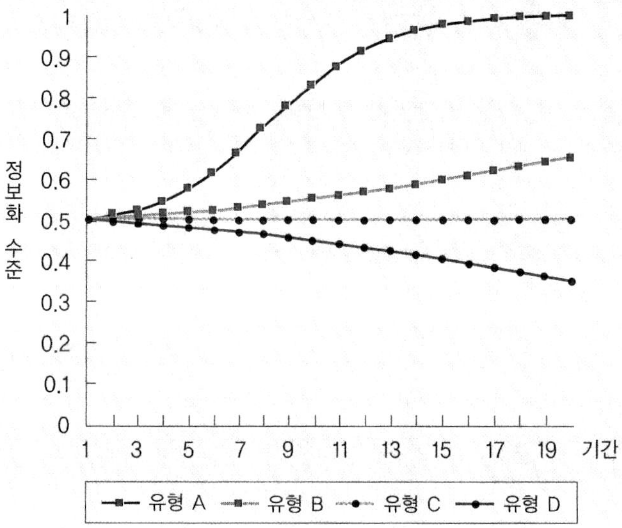

* 자료: 최병선, 김동건, 김동욱, 권기헌, 1995.

3. 쟁점 및 시사점

위의 사례는 실상과 반실상에 대한 예측 시나리오에 대한 내용을 소개하고 있다. 이처럼 시나리오 연구에서는 단순 시나리오보다는 복수 시나리오에 기초한 예측연구가 주종을 이루고 있다는 것을 보여주고 있지만, 단순 시나리오의 경우에도 1) 미래와 관련된 특징들을 명확하게 설명할 필요가 있을 때, 2) 미래와 관련된 일관되지 않은 여러 설명들을 통합할 필요가 있을 때, 3) 미래와 관련된 비전을 다듬고 보강할 수 있도록 하나의 비전에 집중할 필요가 있을 때 유용하게 사용되는 방법이라는 점을 인식할 필요가 있다.

둘째, 복수 시나리오(multiple scenarios)는 미래에 대한 다양한 가능성과 기회를 제시하는 형태의 시나리오이다. 이는 가장 일반적인 형태의 시나리오인데, 많은 시나리오 연구에서는 복수 시나리오의 사용을 권장하고 있다. 미래는 불확실하고 단 하나의 시나리오의 분석은 우리가 직면해야 할 기회와 도전의 범위에 대해 많은 것을 전달해 주지 못하기 때문이다. 복수 시나리오 기법은 다음과 같은 기능을 한다.

첫째, 미래에 대한 몇 가지 기회(chance)와 가능성(possibility)을 다양하게 보여줌으로써 널리 받아들여진 상식이 경우에 따라서는 잘못된 것임을 알려준다.

둘째, 미래에 대한 몇 가지 경향(trend)과 반대경향(conter-trend)들이 어떻게 전개되고 상호작용할 것인지를 보여주는 한편, 이러한 기본 경향에 대한 변형들은 어떻게 전개될 것인지에 대해 설명해 준다.

셋째, 미래에 대한 몇 가지 발달 경로(trajectory)들을 다양하게 보여줌으로써(한 가지 경로 이외에 다른 경로가 있음을 보여줌으로써), 미래와 관련된 정책과 전략의 확고한 결론에 대해 검증할 수 있게 해준다.

넷째, 미래에 대한 몇 가지 변화 동인(change drivers)들이 어떻게 전개되고 상호작용할 것인지를 다양하게 보여 줌으로써 미래에 대한 상당히 다른 '세계관'이 존재할 수 있음을 보여주고, 서로 다른 견해를 주장하는 전문가들 사이에 대화와 토론이 촉진될 수 있는 계기를 마련해 준다.

복수의 시나리오 사례: UK Foresight "Environmental" Scenarios

1. 사례 개요

복수 시나리오(multiple scenarios)는 미래에 대한 다양한 가능성과 기회를 제시하는 형태의 시나리오이다. 복수의 시나리오를 담은 미래연구는 많이 존재하지만, 영국의 미래예측 프로그램에서의 환경미래예측은 많은 점을 시사해 주고 있다. 영국의 환경미래예측연구는 개인과 공동체, 자치와 상호의존을 두 가지 차원으로 하여 여러 형태의 시나리오가 가능하다는 점을 제시해 주었다. 이 스팩트럼에서 제시되는 네 가지 축들은 다음과 같이 설명된다.

첫째, '개인' 부분은 개인적 소비와 개인적 자유가 지배하는 영역이다. 이 때 통치는 시장 규제와 법과 질서를 확립하는 것에 주로 한정된다.

둘째, '공동체' 부분은 공익, 미래, 형평, 그리고 참여가 규범이다. 시민사회는 강하고 자원은 훨씬 더 많이 규제되는 시장을 통해 배분된다.

그림 5-14 영국의 '환경' 미래예측 시나리오

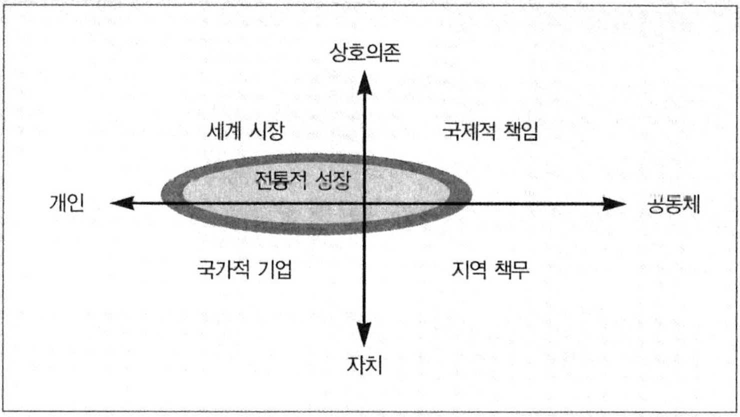

* 자료 : Berkhout & Hentin(2002); http://europa.eu.int/comm/research/industrial-_technologies/27-03-03_futman_enhtml

셋째, '자치' 부분은 국가(국가적 기업) 수준과 지역(지역 책무) 수준에서 높은 수준의 경제적 힘과 정치적 힘을 보유한다.

넷째, '상호의존' 부분은 국가(국가적 기업) 수준과 지역(지역 책무) 수준을 떠나 세계(세계 시장) 수준과 국제(국제적 책임)의 영향권으로 들어가는 영역이다.

2. 쟁점 및 시사점

복수 시나리오는 미래의 다양한 형태의 가능성을 제시해 주는 시나리오 연구의 전형적 형태이다. 위에서 제시된 복수 시나리오 연구사례는 사회적 가치와 정치적 가치 그리고 통치의 본질에 대한 두 가지 차원을 제시하고, 이를 기초로 여러 형태의 시나리오를 제시했다는 점에서 매우 깊은 이론적 의의를 지닌다. 여기에서의 '가치'란 환경영역에 있어서 소비자와 정책 입안자들의 선택을 움직이는 밑에 깔려 있는 원칙을 의미한다. 개인과 공동체, 자치와 상호의존이라는 두 가지 차원을 토대로 한 환경예측은 정책적으로 중요한 가치가 있을 뿐만 아니라, 이론적으로도 매우 의미있는 함의 및 시사점을 던져 준다고 하겠다.

3 시나리오 프로세스

시나리오는 미래예측 과정의 한 요소로서 미래예측의 중요한 대안적 미래들을 제시해 준다. 여기서 시나리오는 미래의 가능성과 비전의 경로를 의미하는데, 이는 1) 미래의 가능성에 대해 상당히 체계적인 방식으로 추론한 미래의 경로이며, 2) 미래의 가능성에 대해 상당히 진지한 방식으로 역사적 의미를 얻으려 노력하는 미래의 비전을 의미한다.

시나리오는 미래예측 과정 내에서도 광범위한 활동을 다루기 위해 사용되는데, 토의를 시작하고 패널로부터 아이디어를 얻어 내기 위한 토의 자료, 패널 그룹이 그들의 주장을 정리하기 위한 도구, 정책의 확고

함에 대한 검증의 도구, 그리고 광범위한 청중에게 미래예측 결과를 전달하기 위한 프리젠테이션 도구로서 사용될 수 있다. 즉, 시나리오는 미래예측의 중요한 도구일 뿐만 아니라, 패널 그룹들 간의 비전의 상호교환 및 광범위한 청중에 유포될 수 있는 활동의 산물로서 활용될 수 있는 것이다. 이러한 시나리오를 만들어 내는 방법은 매우 다양한데, 시뮬레이션 모델의 결과와 같은 통계적 분석의 산물에서부터, 전문가로 구성된 패널 팀의 작업, 워크숍, 그리고 보다 더 많은 외부 전문가들의 다양한 견해의 서술에까지 이른다.

시나리오 기법은 1) 무엇이 미래의 영향요인인가? 2) 무엇이 불확실한가? 3) 무엇이 피할 수 없는 상황인가? 등의 질문들을 다음의 각 단계에 적용함으로써 이루어지게 되는데, 공식적인 연구절차를 설명하기에 앞서 시나리오 연구에서 밟아야 할 간략한 프로세스를 보면 다음과 같다.

첫째, 미래의 초점이 되는 이슈를 확인한다.
둘째, 미래의 환경 하에서 핵심적인 요인이나 트렌드를 확인한다.
셋째, 미래의 핵심적인 요인이나 트렌드를 설정한다.
넷째, 시나리오 논리를 선택한다.
다섯째, 시나리오 유형을 추출한다.
여섯째, 목표들의 검토를 통해서 방향이나 지침을 선정한다.
일곱째, 정책적 함의를 도출한다.

시나리오 프로세스의 첫째, 둘째, 셋째의 절차는 환경스캐닝, 이슈서베이, SWOT분석 등과 같은 이슈의 확인 예측방법과 함께 진행될 수 있으며, 이러한 이슈의 확인과 분석의 절차를 거쳐 논리와 유형을 선택하는 단계로 들어가게 된다. 아래에서는 이러한 간략한 연구절차에 대한 기초지식을 토대로 좀더 공식적인 시나리오 프로세스의 단계를 1) 시나리오 형성, 2) 시나리오 워크숍을 위한 디자인, 3) 시나리오 워크숍의 활동, 4) 시나리오 워크숍의 결과로 나누어서 살펴보기로 한다.

1. 시나리오 형성

시나리오는 매우 광범위한 방법으로 개발될 수 있다. 시나리오는 전문가패널의 활동의 일환으로 준비되거나 보다 작은 그룹의 전문가들로 구성된 시나리오 워크숍에서 준비되는 것이 보통이나, 정책델파이나 다른 설문조사 결과에서 유도되기도 한다. 거의 모든 미래예측 방식이 시나리오 형성(Scenario generation) 작업을 위한 기회가 될 수 있다.

시나리오 형성 방법을 좀더 구체적으로 살펴보면 다음과 같다.

첫째, 전문가 패널은 가장 일반적인 시나리오 형성 형태이다. 전문가 패널은 문헌 검토 혹은 개념 분석에 기초하여 시나리오 구조를 형성할 수 있다.

둘째, 시나리오 구성을 위한 시나리오 워크숍을 따로 구성해서 시나리오를 형성할 수도 있는데, 이러한 전문가 워크숍은 시나리오 초기 구성뿐만 아니라 추후 진행에 관해서도 면밀한 검토 작업을 통해 후속조치를 계속해 나갈 수 있다.

셋째, 정책델파이나 다른 설문조사 결과에서 시나리오가 생성될 수 있다. 정책델파이를 통해 전문가들에게 미래에 대한 다양한 경로들에 대해 설문조사함으로써 시나리오의 경로들을 구성할 수 있다.

넷째, 통계적 예측과 같은 방법을 통해 추세연장적 접근이나 Monte Carlo 시뮬레이션 분석의 결과물(예를 들어 가능한 컴퓨터 모델을 반복적으로 실행한 분석의 결과물)들의 조합에서 귀납적으로 가장 가능성 있는 시나리오 경로를 도출할 수 있다.

다섯째, 통찰적 예측과 같은 방법을 통해 미래에 대해 정보를 잘 갖춘 개인들의 통찰적 예지에 의거하여 시나리오가 구성될 수 있다.

여섯째, 시나리오 구성은 대면적 회의를 통하거나 혹은 인터넷을 활용한 온라인 회의를 통해서 구성될 수 있다.

이처럼 우리는 다양한 형태의 시나리오 연구가 가능하다는 것을 알

그림 5-15 시나리오 형성방법 : 전문가패널, 정책델파이, 시나리오 워크숍

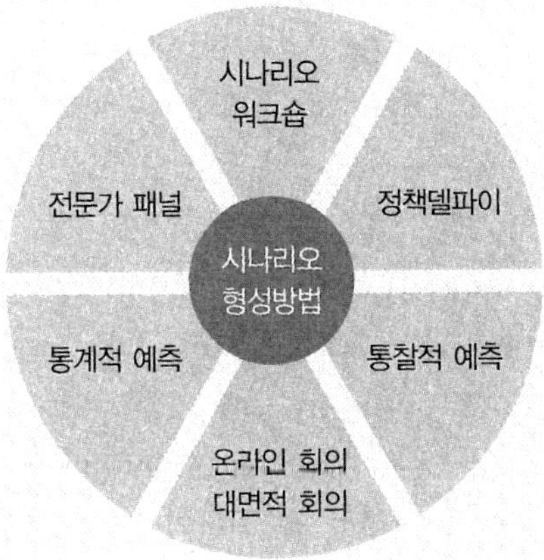

수 있으며, 시나리오 형성은 모든 미래예측의 방법론과 결합되어 도출될 수 있다는 점을 알 수 있다. 이러한 배경지식을 기초로 아래에서는 시나리오 워크숍 방법을 좀더 구체적으로 살펴보고자 한다. 시나리오 워크숍 방법은 시나리오 연구를 위해 전문가들이 모여서 토론하는 과정을 거치는 방법이므로 그 과정에서 다음과 같은 유용성을 지니게 된다.

첫째, 미래에 대한 일관된 비전의 생성을 가능하게 해 준다. 미래에 직면한 주요 결정에 관해 일관된 분석을 가능케 해준다.

둘째, 정책 우선순위 밝히기, 비선과 목표 설정, 비전 달성의 기대효과 등에 대해서 명확하게 보여줌으로써 정책기획에 대한 유인으로 활용될 수 있다.

셋째, 시나리오 워크숍에 모인 전문가들을 네트워크화하여 그들이 가진 지식의 통합을 가능하게 하고, 더 나아가 시나리오 형성에 핵심 정책 관계자를 참여시킴으로써 정책결정자들과 전문가들이 활발한 토론 및 브레인스토밍에 기초한 시나리오 완성을 이끌어낼 수 있게 된다.

한국의 시나리오 연구: 2030년 한국 '4가지 시나리오'

1. 사례 개요

정보통신정책연구원(KISDI)에서 최근 "디지털사회의 미래예측방법론 연구" 보고서에서 미래를 예측하는 방법론들을 소개하고, 미국과 유럽의 미래연구에서 주로 사용되는 시나리오기법을 한국사회에 적용해 '2030년 경 미래한국' 4가지 시나리오를 제시했다. 이 보고서에서는 전문가들의 예측과 전망에 초점을 둔 델파이조사와 시나리오기법을 소개했다.

연구보고서에서는 시나리오기법을 활용하여, "스코틀랜드의 2015년의 미래를 예측한 시나리오 연구", "미국 방위산업의 미래를 예측한 시나리오 연구", "인터넷의 미래를 예측한 시나리오 연구", "세계의 미래예측 시나리오 연구" 등 미래예측의 방법론 활용에 대해서 분석하였고, 이를 토대로 2030년 경 한국의 미래에 대한 시나리오를 4개로 제시했다.

(1) Vision 2030 시나리오

"Vision 2030 시나리오"에서는 글로벌 개방, 기술 우위 확보, 인구문제 해결, 사회인프라 선진화를 통한 "국가경쟁력, 삶의 질 세계 10위 이내의 한국"을 이룰 수 있다고 본다.

(2) Again 1997 시나리오

"Again 1997 시나리오"에서는 글로벌 폐쇄, 기술 우위 실패, 인구문제 대응 미흡, 사회인프라 낙후로 인한 "경제붕괴와 사회 해체로 아노미상태의 한국"의 가능성을 제시하고 있다.

(3) Gloomy Silver 시나리오

"Gloomy Silver 시나리오"에서는 글로벌 개방, 기술 우위 확보, 인구문제 대응 미흡, 사회인프라 낙후로 인한 "국가와 소수 기업은 잘 사는, 그러나 국민은 배고픈 한국"의 가능성을 제시하고 있다.

(4) My Way 시나리오

"My Way 시나리오"에서는 글로벌 개방 지연, 기술 우위 실패, 인구문제 해소, 사회인프라 안정 등의 요소 때문에 사회적 합의의 실패가 이뤄질 수 있다고 분석하고 있다.

*자료: 파이낸셜 뉴스, 2007. 2. 20.

2. 쟁점 및 시사점

KISDI의 미래예측 시나리오 연구는 미래연구 방법론의 필요성을 구체적으로 제시하고, 미래예측방법론을 활용해서 2030년경의 한국의 미래에 대한 시나리오를 제시하고 있다. 이 연구에서 사용한 주요 미래예측 기법은 정책델파이연구와 시나리오기법으로서, 특히 시나리오기법을 사용해서 2030년의 미래 한국의 모습에 대해서 예측을 하고 있다. 시나리오 생성을 위해서는 먼저 전문가 패널 토의를 통해 기본 시나리오를 창출하고, 정책델파이와 시나리오기법을 병행해 나갈 필요가 있는데, 무엇보다 논리의 구성과 탄탄한 근거, 그리고 설득력 있는 스토리의 전개 등이 전제되어야 할 것이다.

2. 시나리오 워크숍을 위한 디자인

시나리오 워크숍을 본격적으로 실행하기 전에 워크숍을 디자인해야 한다. 이는 앞에서 살펴본 전문가 패널의 디자인과도 같은 개념이다. 워크숍 디자인을 통해 얻을 수 있는 유용성은 다음과 같다.

첫째, 시나리오 워크숍 디자인을 통해 워크숍 참여 전문가들과 관심 있는 사람들을 유도할 수 있으며, 이러한 과정을 통해 전문가들의 참여를 확인할 수 있다. 시나리오 워크숍에 참여할 전문가들을 접촉하는 방법은 전문가 패널을 구성하는 방법과 같다. 즉, 1) 개인적 접촉(personal contacts), 2) 정책 이해관계자(stakeholders), 3) 전문가 단체를 공식 활용하는 방법(formal proccss) 등이 있으며, 이들을 구성할 때에는 진문성(composition)의 원칙과 균형성(balance)의 원칙을 준수하여 충분한 시나리오 지식을 갖춘 전문가들이 참여하고 다양한 형태의 가치관과 견해를 갖춘 전문가들이 골고루 포함될 수 있도록 해야 한다. 다만 시나리오기법의 경우 전문가패널과 굳이 차이점을 두자면 시나리오 작성에 있어서는 특정 분야의 실적이 높은 사람들을 참여시키는 것이 더욱 중요하다는 점이다.

둘째, 시나리오 워크숍 디자인을 통해 워크숍 참여 전문가들에게 공동 정보를 제공할 수 있다. 이러한 과정을 통해 시나리오 워크숍에서 어떤 배경연구가 필요한지, 그리고 어떤 자료들을 수집해야 하는지에 대해서 결정할 수 있게 된다.

셋째, 시나리오 워크숍 디자인을 통해 워크숍 절차를 정의할 수 있게 된다. 이러한 과정을 통해 어떤 연구 분야를 선택할 것인지, 어떤 연구 주제에 심화할 것인지, 그리고 어떤 시나리오 방법론을 활용할 것인지에 대해 결정할 수 있게 된다.

▶▶ 시민참여의 중요성

시나리오 워크숍의 디자인과 관련해서 시민참여의 중요성을 강조할 필요가 있다. 고객 혹은 시민들의 참여를 통해 시나리오 작업의 지지세력을 구축할 수 있고, 연구 메시지를 보다 효과적으로 전파할 수 있는 것이다. 시나리오 작업이 궁극적으로 미래 정책결정에 효과적으로 기여할 수 있게 하기 위해서는 시민참여의 차원이 최대화되도록 하는 시나리오 워크숍 디자인이 필요하다. 그리고 시민참여를 강조하는 이러한 방향이 최근 거버넌스 및 미래예측 추세에 부합하는 흐름이기도 한다.

3. 시나리오 워크숍

(1) 이슈의 확인 및 배경자료의 검토

시나리오 워크숍(Scenario workshop)은 시나리오 작업의 본격적 구축을 위해 이슈의 확인이라든지 배경자료의 검토를 먼저 시작하는 것이 일반적이다. 시나리오 작업을 위해서는 환경스캐닝, 이슈서베이, SWOT 분석 등이 먼저 이루어져야 하며, 관련 통계나 정책델파이 자료 혹은 컴퓨터 시뮬레이션 결과들을 먼저 검토할 필요가 있다. 이러한 배경자료들은 조직, 지역, 혹은 국가 차원에서 여러 하부 영역에서 관련된 요소들로 구성되어 있으며, 배경자료들은 해당 영역의 경향을 보여줌으로써 해당 자료의 역동성과 체계성 등이 잘 표현되어 있어야 한다. 어떤 경우에는 다른 전문가 팀이 준비한 배경 시나리오를 검토하는 것으로 시작하기도 한다. 이러한 배경자료들은 시나리오 워크숍 참여자들에게 몇 개의 시나리오를 구상할 토대를 제공해 주며, 참여자들 자신이 선호하는 시나리오와 비교할 준거를 제시해 준다.

(2) 시나리오 워크숍의 활동

시나리오 워크숍은 본격적으로 시나리오를 창출하고, 이를 면밀하게 검토하는 단계이다. 시나리오 워크숍에서는 1) 정보, 견해, 그리고 통찰력의 교환이 이루어지고, 2) 동의, 의견 불일치, 그리고 불확실한 점들을 명확히 하는 과정을 거쳐 몇 가지 대안의 시나리오 완성이 이루어진다. 이와 함께 이러한 활동의 부산물로서 참여자들 사이에 1) 미래에 대한 새로운 공동의 이해가 생성되고, 2) 미래 활동을 지원하기 위해 새로운 행동 계획과 수단들이 개발되기도 한다. 미래예측 활동이 단순한 미래 예측을 넘어서서 미래의 바람직한 수단에 대한 창조의 의미를 강하게 지니고 있기에, 시나리오 워크숍의 활동도 단순한 시나리오의 완성을 넘어서서 새로운 미래 지향적 행동까지도 창출된다는 점에서 커다란 의미를 부여할 수 있다.

시나리오 워크숍은 대체로 하루 이상 지속되고 경우에 따라서는 수주일의 작업을 요하기도 한다. 시나리오 워크숍은 수십명의 참여자들을 포함하게 되는데, 경우에 따라서는 분과별 주제로 구분하여 미시적 시나리오를 자세하게 탐구하는 6~12명 정도의 소그룹을 몇 개 구성할 수도 있다. 시나리오 워크숍은 적어도 한 명의 촉진자(facilitator)의 진행으로 수행되는데, 참여자들 간에 역할 분담을 통해 기록하는 일, 플립 차트에서 자료를 정리하는 일, 필요한 일이 발생하는 대로 집행 이슈를 도와주는 일, 분석하고 예측하는 일 등이 종합적으로 수행되어야 한다.

시나리오 워크숍에서 시나리오를 직접 작성할 때 주의해야 할 사항으로는 다음과 같은 것들이 있다.

첫째, '가장 가능성이 무난한' 중도적 시나리오는 피하는 것이 좋다. 너무 뻔하고 안이한 중도적 시나리오는 피하는 것이 좋은데, 그 이유는 정책결정자들이 이것을 계획해야 할 미래로 다룰 가능성이 존재하기 때문이다.

둘째, 청중에게 너무 '논리의 비약이 크고' 따라서 작업의 신뢰를 잃게 할 시나리오는 피하는 것이 좋다.

셋째, 시나리오 연구의 이전 단계에서 개발된 넓은 범위의 시나리오에서 제시하는 주요 변수(parameter) 및 약간의 변형된 형태들도 예시할 수 있는 시나리오를 선택하는 것이 바람직하다.

넷째, 자극적이고 흥미로운 고찰과 사례를 통해 청중의 주의를 끌 수 있는 시나리오를 구성하고, 표현 양식도 오디오(audio)와 비쥬얼(visual)을 포함하여 다양한 형태의 역동성을 살리는 것이 바람직하다.

4. 시나리오 워크숍의 결과

시나리오 워크숍의 결과는 몇 가지 형태를 취할 수 있다. 가장 보편적인 활동은 시나리오 워크숍의 결과를 출판할 연구 보고서의 제작이다. 이러한 "코드화된 지식"(codified knowledge)은 미래예측과 관련된 필요한 경고의 형식을 취함으로써 정부의 정책에 활용될 수도 있고, 지속적인 미래예측작업의 요소로 공급되기도 하며, 그리고 다음 워크숍에 환류되어 활용될 수도 있다.

시나리오의 결과물은 삽화, 소설의 단편, 그리고 신문기사 모방 등으로 예시된 형태의 추론적이고 설명적인 방식으로 표현될 수도 있고, 도표, 그래프, 그리고 이와 유사한 체계의 통계적 형태로 표현될 수도 있다. 특히 현대적 시나리오의 표현방법은 오디오(audio)와 비쥬얼(visual)의 매체양식을 활용하여 매우 다양해졌으며, 시나리오 표현의 역동적 강조 및 프리젠테이션 스타일은 광범위한 청중의 주의를 끄는 데 더욱 효과적인 것으로 밝혀졌다.

5. 시나리오와 정책연구

시나리오기법이 현대적 정책연구에 주는 의의를 정리하면 다음과 같다.

첫째, 시나리오기법은 정책과정에 더 넓은 범위의 지식을 활용할 수 있게 해 준다. 시나리오 연구는 전문가의 참여를 통해 객관적 기술예측의 효율성을 제고하는 한편, 시민의 참여를 통해 민주적인 정책결정방식을 활성화시키는 데 기여하였다.

둘째, 시나리오기법은 정책토론의 활성화에 많은 도움을 준다. 시나리오 연구는 정책전문가가 이미 믿고 있는 것을 많은 전문가와 이해관계자들이 참여하여 광범위한 토론에 기초한 정책결정방식을 취할 수 있도록 하는 데 기여하였다

셋째, 시나리오기법은 정책집행의 수용성을 확보하는 데 많은 도움을 준다. 정책결정이 자동적으로 정책행동으로 옮겨지지는 않는다. 시나리오 연구를 통한 미래예측과 정책분석은 전문가와 이해관계자들의 광범위한 참여와 토론을 가능케 해 줌으로써 정책집행의 수용성을 확보하는 데 기여하였다.

넷째, 시나리오기법은 정책평가 및 환류의 과정에서 보다 많은 양의

그림 5-16 시나리오 워크숍 프로세스

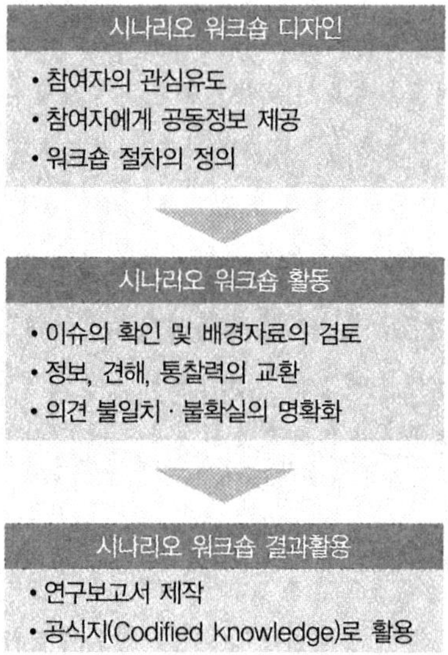

정보를 제공하는 데 도움을 주었다. 시나리오 연구는 고객과 스폰서에게 이전에 그들에게 부족했던 많은 양의 정보를 제공하는 기회를 제공해 줌으로써 보다 원활한 정책환류와 정책학습이 실현될 수 있도록 하는 데 기여하였다.

4 미래예측에서의 시나리오

'미래예측' 이라는 용어는 온갖 종류의 활동에 적용되지만, 미래연구를 하는 학자들은 전문가 패널, 시나리오 워크숍 혹은 정책델파이에서 활용되는 보다 진지한 형태의 토론과 다양한 방법론의 활용을 중시한다. 또한 이러한 관점에서 미래연구학자들은 전문가 패널, 시나리오 워크숍 혹은 정책델파이에서 보여주는 보다 장기적 형태의 연구와 다양한 방법론의 활용, 네트워크 형성, 정책결정과 정책기획의 강한 연계 등의 특성을 지닌 미래예측 방법론을 "완전한 미래예측"(fully-fledged foresight)이라고 부르며, 단순한 미래예측과 구분하였다. 이러한 "완전한 미래예측"이 지니는 특성은 다음과 같다.[6]

첫째, 미래예측은 정책결정과 깊이 관련되어 있다. 미래예측은 미래의 조직, 사회, 국가 단위의 예비적 전략을 개발하기 위해 주요 변화의 동인과 지식의 출처를 모으는 작업으로서, 정책결정, 정책기획, 정책설계 및 우선순위 목록 준비 외에, 미래비전을 지향하는 전략적 비전을 상세히 설명하는 과정이다. 이러한 총체적 노력은 전문가 패널이든 시나리오 워크숍이든 구성원 모두의 공동 참여의식과 네트워크 과정을 통해서만이 성취 가능한 행위이다. 이는 특정 계획 혹은 고정된 우선순위보다는 변화하는 상황에 대해 더욱 민감하게 반응해야 하는 행위이며, 전략적 비전에는 단순한 유토피아의 추구가 아니라 더 나은 미래의 기회와 가능성을 탐색하려는 진지한 노력을 토대로 오늘의 결정과 기획 그리고 행동이 명확하게 표시되어 있어야 한다.

둘째, 미래예측은 광범위한 참여를 끌어내는 것을 강조한다. 미래예측은 중앙의 정책 결정자가 단편적 지식을 얻을 목적으로 한 두 개의 계량기법만을 사용하는 단순한 기술 관리적 노력을 의미하지는 않는다. 이는 사회의 여러 장소에 존재하는 다양한 지식에 접근하기 위해 정책결정에 더 넓은 범위의 사람들을 포함하려는 민주주의적 노력을 의미한다. 또한, 이는 '미래예측 문화'의 확립을 지향하는 것이며, 따라서 미래예측 목표 중 하나는 지적인 지식 자원과 네트워크 멤버들의 전략적 지향을 더 잘 인식하고 있는 여러 정책 행위자들 간에 지식융합의 네트워크를 확립하는 것이다. 미래예측의 목적은 단순히 더 나은 보고서

6) www.foren.irc.es을 참조. FOREN(2001)에서 발행된 *Practical Guide to Regional Foresight* 참조할 것.

와 정책의 결과를 내려는 단편적인 목적에 있는 것이 아니며, 미래예측 프로그램의 목표들 가운데 하나는 국가혁신 체계를 재활성화하기 위한 목적을 가지고 정부, 기업, 시민사회에 존재하는 다양한 형태의 정책입안자, 기업자본가, 시민행동가, 과학전문가들이 모여 보다 향상된 네트워크를 확립하는 것이다. 따라서 미래예측은 흔히 종래의 전통적인 미래연구나 정책연구에서 사용되는 좁은 범위의 전문가 범위를 훨씬 넘는 다양한 행위자와 이해관계자들을 포함하는 참여적 방법을 적용하는 것이며, 광범위한 참여와 토론, 분석과 연구의 상호작용을 강조하는 행위이다. 이러한 의미에서 새로운 형태의 미래연구는 현대 정책이론에서 지향하는 통섭적 접근과 탈실증주의적 접근 그리고 숙의적 정책분석의 지향과 맥을 같이한다고 볼 수 있다(권기헌, 2007a: 19-20; 258-259).

이러한 "완전한 미래예측"(fully-fledged foresight)의 관점에서 시나리오 워크숍 접근 방식은 매우 중요한 의미를 지닌다. 시나리오 워크숍에서는 시나리오 구성 과정에서 미래의 전개과정 및 발달전략과 관련하여 활발한 참여 및 토론, 그리고 견해의 교환이 이루어진다는 점을 주목할 필요가 있으며, 이는 특히 미래예측의 네트워크 목표와 관련하여 중요한 의미를 지닌다. 이는 전문가 패널 및 정책델파이에서도 마찬가지인데, 이들이 다른 단순하고 단편적인 예측활동과 차이가 나는 대목이다. 따라서 보다 국가적인 차원에서의 광범위한 미래전망에 기초한 미래예측활동들은 여기에서 언급한 것과 같은 보다 공식적인(formal) 형태의 전문가 패널, 시나리오 워크숍 혹은 정책델파이 방식을 준수하여 시나리오를 개발하고 정책델파이를 실행하는 한편, 이러한 과정에서 많은 패널과 이슈 그룹의 활동들을 중심으로 미래에 대한 창조적 전망과 대안 그리고 기회와 가능성에 대한 열린 토론의 자세를 견지하는 것이 매우 중요한 것이다.

5 시나리오 연구사례

1. 게놈학 시나리오 워크숍

(1) 사례 개요

경제사회연구위원회(ESRC: Economic and Social Research Council)는 게놈학에 대한 사회적 연구의 우선순위에 관한 결정 및 결정 과정에서 광범위한 여론 수렴을 위해 미래연구소(IAF: Institute for Alternative Futures)에 2002년 1월 대규모 시나리오 워크숍을 운영할 권한을 부여하였다. IAF는 "최선의 추측"에 기초한 시나리오, "규범적 예측"에 기초한 시나리오, 그리고 두 가지 "구조적으로 다른" 어려운 상태의 시나리오로 구성된 네 가지 시나리오를 개발하였는데, 이들이 시나리오 워크숍에서 게놈학의 적용이 매우 다른 정도와 패턴의 성공을 거두는 것을 그리는 네 가지 시나리오들은 다음과 같다.[7)]

① 제1시나리오

게놈학 기업: 주로 선진국가들, 부유한 사람들 그리고 회사들에게 혜택이 돌아가는 형태로 예상되는 시나리오

② 제2시나리오

모든 사람을 위한 게놈학: 평등과 지속가능성을 증가시키기 위해 개발된 게놈학이 적용되는 형태의 규범적 시나리오

③ 제3시나리오

깨어진 약속: 게놈학 적용은 일반적으로 불충분하게 작용하여, 여러 이유로 실패한다는 어려운 상태의 시나리오

④ 제4시나리오

통제에서 벗어남: 게놈학은 국제적 그리고 환경적으로 위험한 불안정

7) 자료는 www.altfutures.com 참조하였음.

한 힘의 근원이 되는 최악의 상태의 시나리오

(2) 토론을 위한 질문

각 시나리오의 설명은 연구 그룹이 만들었고, 보다 전문적으로 시나리오의 하나 혹은 다른 것에 초점을 둔 세부 시나리오 구성은 특별 팀의 형태인 브레이크 아웃 팀(Break Out Team)들이 만들었다. 각 그룹들에게는 게놈학 혁명 본질을 설명하는 배경문서들이 전달되었고, 이들은 이러한 배경문서들을 토대로 각각의 시나리오를 작성하고 시나리오에 대한 토론을 요청받았는데, 이때 주어진 토론을 위한 질문들은 다음과 같다.

① 게놈학에 대한 사회적 비판은 무엇인가?
② 게놈학은 어떤 종류의 사회적 압력에 직면하게 될 것인가?
③ 게놈학이 기여할 수 있는 최적의 기여는?
④ 게놈학에 대한 특정 시나리오가 채택되고 진행되었을 때, 이 특정 시나리오 진행의 세부 지표(표지판)로는 어떤 것들이 있는가?

이상의 시나리오 분석은 이 작업에서 사용된 과정 중에서 중요한 단계로 작용하였다. 시나리오 분석은 연구 주제에 대한 수많은 보고서를 산출하게 만들었으며, 이러한 과정은 시나리오 워크샵의 연구 우선순위와 방향설정에 많은 도움을 주었다. 또한 이러한 시나리오 분석은 참여자가 게놈학 분야의 사회적 영향에 대해 긴급한 주제들을 개발하고 우선순위를 정하는데 많은 도움을 주었다.

(3) 시나리오 예측결과

이상의 시나리오 분석과정을 거쳐서 도출된 각각의 시나리오에 대한 예측결과는 다음과 같다.

① 제1시나리오: 게놈학 기업

"게놈학 기업" 시나리오는 주로 선진국가들, 부유한 사람들 그리고 회사들에게 혜택이 돌아가는 형태로 예상되는 시나리오이다. 이는 현재의 상태에서 국제적 차원에서의 정책적 개입이 없다면 가장 발생할 가능성이 높은 "최선의 추측"에 기초한 시나리오이다. 의료 서비스의 게놈학 사용, 새로운 산업 구조와 소유권의 등장, 성장하고 있는 그리고 새로운 사회적 분열 등이 이 시나리오에서 등장하는 사회현상의 대표적 양상들이며, 이 때 표지판은 1) 계속되는 합병, 2) 공공과 민간기업 분야 사이의 점점 증가하는 분열, 3) 개인들 사이의 불평등을 들 수 있다.

② **제2시나리오: 모든 사람을 위한 게놈학**

"모든 사람을 위한 게놈학" 시나리오는 평등과 지속가능성을 증가시키기 위해 개발된 게놈학이 적용되는 형태의 규범적 시나리오이다. 이는 인류의 이상과 규범을 담은 미래의 모습을 그린 "규범적 예측"에 기초한 시나리오이다. 게놈학 및 생물학 무기를 규제할 수 있는 국제기구의 발달, 평등과 지속 가능성을 지지할 게놈학 응용연구의 지속적 개발, 새로운 기술을 위한 가치에 대한 평가지표 개발 등이 이 시나리오에서 등장하는 바람직한 사회현상의 대표적 양상들이며, 이 때 표지판은 1) 국제기구의 발달, 2) 문화적으로 창조적인 국제 리더의 등장, 3) 새로운 기술의 가치를 위한 평가지표의 개발 등을 들 수 있다.

③ **제3시나리오: 깨어진 약속**

"깨어진 약속" 시나리오는 게놈학 적용은 일반적으로 불충분하게 작용하여, 여러 이유로 실패한다는 어려운 상태를 반영하는 시나리오이다. 이는 게놈학 연구 진전에 대한 부정적 재평가, 게놈학 제품 사용에 대한 반성적 사회 분위기 등으로 인해 게놈학에서 제시하는 희망적 환상은 깨어진다는 내용을 담은 시나리오이다. 이 때 표지판으로는 1) 전형적으로 보수적인 영국의 한 도시에서 녹색당의 승리, 2) Monsato 같이 큰 바이오테크 회사의 파산, 3) 게놈학 혁신과 관련된 심각한 질병의 발생, 그리고 이와 같은 심각한 부작용 때문에 영국에서 Golden Rice(황금쌀)을 태우는 사건 등을 들 수 있다.

④ **제4시나리오: 통제에서 벗어남**

"통제에서 벗어남" 시나리오는 게놈학은 국제적 그리고 환경적으로 위험한 불안정한 힘의 근원이 된다는 최악의 상태의 시나리오이다. 이는 게놈학의 주도권을 잡은 국가와 다국적기업, 그리고 국제조직의 본질적 속성 등으로 인해 게놈학의 연구기관과 다국적기업들이 통제에서 벗어나 국제 환경적으로 아주 위험한 불안정한 상태에 돌입하게 된다는 최악의 상태를 반영하는 시나리오이다. 이 때 표지판으로는 1) 다국적기업의 부정적 행태, 2) 중국이 Monsanto 같은 큰 바이오테크 회사를 매각함, 3) 그리고 항의자들의 그린피스를 공격하는 파괴적 행위 등을 포함한다.

>> 미래예측 사례

시나리오 연구:
게놈학 시나리오 워크숍

1. 사례 개요

미래연구소(IAF: Institute for Alternative Futures)는 게놈학에 대한 사회적 연구의 우선순위에 관한 결정을 위해 시나리오 연구를 진행하였다. IAF는 "최선의 추측"에 기초한 한 가지 시나리오, "규범적 예측"에 기초한 한 가지 시나리오, 그리고 두 가지 "구조적으로 다른" 어려운 상태의 시나리오로 구성된 네 가지 시나리오를 개발하였는데, 이들이 시나리오 워크숍에서 게놈학의 적용이 매우 다른 정도와 패턴의 성공을 거두는 것을 그리는 네 가지 시나리오들은 다음과 같다.

1) 제1시나리오: 게놈학 기업-주로 선진국가들, 부유한 사람들 그리고 회사들에게 혜택이 돌아가는 형태로 예상되는 시나리오
2) 제2시나리오: 모든 사람을 위한 게놈학-평등과 지속가능성을 증가시키기 위해 개발된 게놈학이 적용되는 형태의 규범적 시나리오

3) 제3시나리오: 깨어진 약속-게놈학 적용은 일반적으로 불충분하게 작용하여, 여러 이유로 실패한다는 어려운 상태의 시나리오

4) 제4시나리오: 통제에서 벗어남-게놈학은 국제적 그리고 환경적으로 위험한 불안정한 힘의 근원이 되는 최악의 상태의 시나리오

* 자료: www.altfutures.com

2. 쟁점 및 시사점

위의 사례는 대규모 시나리오 워크숍에 기초한 국제적 시나리오 연구의 대표적인 모습을 보여준다. 게놈학 시나리오 워크숍은 시나리오 구성 과정에서 미래의 전개과정 및 발달전략과 관련하여 활발한 참여 및 토론이 장기간에 걸쳐서 이루어진 메가 프로젝트의 대표적인 형태이다. 특히 이 시나리오 연구는 토론 과정에서 많은 패널과 이슈 그룹의 활동들을 중심으로 미래에 대한 창조적 전망과 대안 그리고 도덕적 책임감에 대한 진지한 자세를 보여준 시나리오 워크숍으로 평가된다. 이 시나리오 연구의 결과, 게놈학에 대한 미래의 불투명한 전망과 책임 문제를 제기하는 등 세계적인 주의를 환기시키는 계기가 되었다. 또한 게놈학과 같은 미래 산업의 불확실성을 감소시키기 위한 세계적 이슈에 대한 혁신연구, 세계적 행위자와 변화하는 산업구조에 대한 연구, 게놈학의 환경시스템 영향과 생태학 지식의 공동활용 등이 강조되는 계기를 마련하였다.

2. '성공' 시나리오: 나노테크놀루지 시나리오 워크숍

(1) 사례 개요

영국의 과학기술청(OST: Office of Science and Technology)은 2001년에 국립물리실험실(NPL: National Physics Laboratory)과 나노테크놀로지연구소에 나노테크놀리지 분야에서 영국의 가능성과 잠재성에 대한 워크숍을 하라고 위탁하였다. 나노테크놀로지 시나리오는 '성공' 시나리

오 방법의 대표적인 예에 속하는데, 이러한 '성공' 시나리오는 미래의 성공 가능성과 잠재성을 도출하고 이를 성취하기 위한 정책 우선순위와 방법론을 토론한다는 점에서 매우 중요한 의미를 갖는다. 여기에서 접근한 '성공' 시나리오는 일반적인 것보다는 더 단기적인 미래(5년에서 10년)에 초점을 둔 연구이다.[8)]

(2) '성공' 시나리오의 의의

'성공' 시나리오에 담겨야 하는 필수적인 요소로는 다음과 같은 두 가지 요소가 있다.

첫째, 소망성(desirability)이다. '성공' 시나리오는 관련 주제를 대표하는 스폰서 조직 혹은 그보다 더 넓은 공동체가 성취할 수 있는 혹은 동경할 수 있는 바람직스러운 비전을 포착해야 한다.

둘째, 신뢰성(credibility)이다. '성공' 시나리오는 넓은 범위의 관심을 반영하는 다양한 분야의 전문가들의 도움을 통해 매우 신뢰성 높은 연구결과를 내놓아야 한다.

'성공' 시나리오의 개발은, '미래'와 '성공'이 지니는 시나리오의 성격으로 인해, 다음과 같은 유용한 기능을 갖는다.

첫째, '성공'과 관련된 목표에 관해 토론하고 협의하는 과정은 참여자들 간의 상호 이해와 공유된 지식을 만드는 데 많은 기여를 한다.

둘째, '성공' 지표의 개발은 시나리오를 모호한 포부 이상으로 정확히 무엇을 논의하고 있는지, 목표가 성취되고 있는지, 그리고 목표가 어느 정도 성취되고 있는지를 명확히 해준다.

셋째, '성공' 시나리오는 관련된 사람들이 뛰어난 것을 목표로 하고 '기준' 경계 이상을 과감하게 생각하도록 도전하는 도전적 목표를 형

8) http//:les1.man.ac.uk/cric, www.ost.govuk/policy/futures/ict/info.htm www.ost.gov.uk/policy/futures/biotechnology/scenario.htm www.dti.gov.uk/innovation/nanotechnologyreport.pdf 등을 참조하였음.

성한다.

넷째, "성공" 시나리오는 관련된 사람들의 참여적 과정을 토대로 행동 계획안들이 개발되고 우선순위가 설립된다.

(3) 나노테크놀로지 시나리오 분석과정

① 준비단계 워크숍: 디자인과 배경 연구

나노테크놀로지 시나리오 워크숍에서는, 앞에서 언급한 것처럼, 워크숍 디자인이 주의 깊게 계획되고, 전문가들을 모집하였으며, 배경연구를 실행하였다. 시나리오 지원 스폰서와 시나리오 팀 사이에 일련의 회의를 통해 워크숍 디자인은 조율되었으며, 시나리오 워크숍 접근 방식에 대한 합의가 있었다.

나노테크놀로지 워크숍에서는 영국과 비교되는 경쟁 국가들의 경험에 대해 벤치마킹하는 한편 나노테크놀로지가 중요한 영향력을 가질 것이라고 받아들여진 여섯 개의 적용 분야들에 대해 중점적으로 검토하였다. 이러한 여섯 개의 적용 분야는 1) 약의 전달, 2) 정보학, 3) 기기공학(기준과 도량형학), 4) 새로운 물질, 5) 센서와 작동장치, 6) 조직공학과 의료기구 등인데, 이러한 분야의 각각에서 주요 경향, 추진동력 그리고 기술 발달들을 토의하고, 이를 기초로 이러한 분야의 각각에서 가장 개연성이 높은 미래(plausible future)를 밝히려는 노력이 있었다. 참여자는 분야별로 배정되어 배경자료에 대한 진지한 검토와 연구를 토대로 논의를 진행하였다.

② 본회의 단계

나노테크놀로지 시나리오 워크숍에서 진행된 본회의 단계에서의 주요 내용은 다음과 같다. '성공' 시나리오 워크숍은 대개 이러한 내용의 범주하에서 진행되는 것으로 이해하면 된다.

첫째, 본회의는 시나리오 작업 그룹회의 이전, 이후 그리고 때로는 사이 사이에 있었다. 나노테크놀로지 워크숍의 본회의는 여섯 차례의 회기가 열렸으며, 이를 준비하기 위한 워크숍 디자인과 배경연구는 두 차례의 회기를 통해 준비되었다.

둘째, 시나리오 워크숍에서의 출발점은 '추진자'와 '형성자'를 검토하는 것이다. 이는 분야별로 사건을 촉발시키는 추진자와 사건을 진행시키는 형성자를 구분하는 것인데, 이러한 작업은 미래의 기술예측의 형태를 명확하게 하는 데 도움을 준다. 또한 정치, 경제, 사회, 기술, 환경, 가치라는 범주로 나누어서, 이러한 요소들과 이슈들을 둘러싸고 진행되는 기술 및 사건의 진행 패턴에 대해 분석하도록 하는데, 이러한 분류체계는 워크숍 초기에 '형성적' 요소들을 명확하게 하는 데 매우 유용한 자극이 된다.

셋째, '추진적' 요소들에 대해서도 동일한 과정이 적용된다. 참여자가 배경연구들을 토대로 정치, 경제, 사회, 기술, 환경, 가치라는 범주로 나누어서, 이러한 요소들과 이슈들을 둘러싸고 진행되는 기술 및 사건의 '추진자'(추진동인 및 추진요소)에 대해서도 브레인스토밍의 과정을 거친다. 브레인스토밍의 과정은 본질적으로 흥미롭고 유익한 분위기 하에서 진행되어야 하며, 참여자들은 배경자료를 토대로 아이디어를 심사숙고하면서 개념적 틀을 구성해 나간다. 일반적으로 토론은 가능성이 있는 요소들을 먼저 체계적으로 작업하고, 어어 한 영역의 발달을 형성하도록 요청받는 하위그룹의 '추진자'와 '형성자'에 대해서 탐색해나가는 방식을 취한다.

넷째, '성공' 시나리오 워크숍에서는 각 분야에서 무엇이 성공을 구성하는지에 대해서 분석해야 하는데, 이는 목적과 수단, 원인과 결과의 인과관계 구조를 명확히 할 것을 요청한다. 예컨대, 영국에서 어떤 과학기술 분야가 세계적 리드를 유지할 수 있는지, 어떤 과학기술 분야가 집중적인 지원을 통해 세계적 수준으로 부상할 수 있는지, 그리고 어떤 분야의 어떤 과학기술들이 현실적으로 성취될 수 있는지에 대한 명확한 인과적 사고를 통해 미래의 시나리오를 정리해 나가는 것이다. 또한 '성공'을 구성하는 요소 중에서 효율성, 형평성, 지속가능성 등 어떤 기준과 가치를 토대로 '성공'을 규정하는지를 규명해야 한다. 이러한 과정에서 배경정보, 참여자의 지식, 그리고 그들의 개념적 틀을 토대로 광범위한 논의와 숙의를 통해 참여자들 간의 공유된 이해에 도달할 수 있도록 노력해야 한다.

다섯째, '성공' 요인에 대한 다양한 요소들의 인과관계가 정립되고 나면, 시나리오 워크숍의 다음 과제는, 그들이 개발한 시나리오를 규정하고, 성공은 어떻게 생겼는지, 주요 추진자와 형성자들은 무엇인지, 그들을 어떻게 움직이도록 할 수 있는지에 관해 간결하게 묘사하는 것이다. '성공' 시나리오는 신뢰할 수 있고 또 낙관적이어야 하기 때문에, 이 작업은 다른 그룹들의 시나리오 요소들과 일관성에 대한 검토를 필요로 한다. '성공' 요인에 대한 다양한 요소, 그들 간의 인과관계, 그리고 이들을 토대로 한 시나리오, 시나리오 목표의 달성 전략과 가능성, '성공' 지표의 개발(가급적 양적인 추정 포함), 그리고 그들 간의 일관성 등이 본회의에서 발표될 프리젠테이션의 기초를 형성한다. 이러한 프리젠테이션을 토대로 다시 연구하고 토론하면서, 수정 · 보완의 과정을 거치면서 완성된 시나리오를 작성해 나가는 것이다.

>> 미래예측 사례

시나리오 연구2:
'성공' 시나리오: 나노테크놀로지 시나리오 워크숍

1. 사례 개요

영국의 과학기술청(OST: Office of Science and Technology)은 2001년에 나노테크놀리지 분야에서 영국의 가능성과 잠재성에 대한 미래예측을 위해 시나리오 연구를 진행하였다. 이 연구는 '성공' 시나리오 방법의 사례라고 할 수 있는데, 이러한 '성공' 시나리오는 미래의 성공 가능성과 잠재성을 도출하고 이를 성취하기 위한 정책 우선순위와 방법론을 토론한다는 점에서 매우 중요한 의미를 갖는다.

2. '성공' 시나리오의 주요 질문

나노테크놀로지 시나리오 워크숍에서 논의되었던 '성공' 지표들과 변화 '추진자'와 '형성자', 그리고 이러한 주제에 접근하는 시나리오 질문의 기본 틀에 대해서 간략히 소개하면 다음과 같다.

(1) 무엇이 '성공'을 구성하는가?

무엇이 '성공'을 구성하는지에 대한 '성공' 지표들로는 다음과 같은 것들이 있다.

① 주요 제품과 적용
② 최종소비자 성과에 제품의 영향
③ 국내와 세계 최종소비자 시장 크기와 영국의 시장점유율
④ 산업구조
⑤ 비즈니스모델(고부가 가치)
⑥ 공급사슬에서 영국 회사들의 위치는?
⑦ GDP/고용에 대한 영향은? 내부로의 투자에 대한 영향은?
⑧ 우리의 경쟁자들과 비교해서 우리는 어떤지?
⑨ 첨단연구는 어디에? 영국은 어디에 서 있는지?
⑩ 다른 주안점들: 2001년의 시점에서 2006년까지 얼마나 많은 변화가 예상되는지?

(2) 무엇이 변화를 가능케 하는가?

무엇이 변화를 가능하게 만드는지에 대한 변화 '추진자'이며 '형성자'는 다음과 같은 것들이 있다.

① 연구의 질
② 연구의 소유권
③ 과학기술의 활용 가능성
④ 재정규모
⑤ 수단, 기준
⑥ 기본시설과 제조능력(조립능력)
⑦ 산업과 시장의 구조와 조직
⑧ 규제 환경
⑨ 의료서비스정책과 다른 공공분야 시장

⑩ 지적재산권 제도

⑪ 다른 이슈들(참여자 자신의 이슈를 보충)

(3) 우리가 경쟁자를 이기고 있는지 우리가 어떻게 아는가?

우리가 경쟁자를 이기고 있는지 우리가 어떻게 아는가와 관련된 질문에서 참고할 지표들로는 다음과 같은 것들이 있다.

① 다른 나라와의 비교 성과

② 세계적 회사들이 첨단으로 인정하는 영국의 연구

③ 고부가가치 특허 자산을 모으는 영국 회사들

④ 영국 창업사에 투자하는 벤처 자본가와 내부 투자자

⑤ 국제적 협력

⑥ 영국 제품의 가치를 추구하는(인정하는) 최종소비자(시장점유율)

⑦ 영국 내에서 설비의 사용 가능성(크기)

⑧ 관련 분야의 졸업생과 대학원생의 수

⑨ 다른 이슈들(참여자 자신의 이슈를 보충)

3. 시나리오 요약

시나리오가 작성되었다면, 연구팀이 개발한 시나리오의 성격을 규정하고 요약하는 단계를 거친다. 이때 고려할 질문 체크리스트는 다음과 같다.

① 성공이 어떻게 생겼는지?

② 중요한 추진자와 형성자는 무엇인지

③ 그것들을 어떻게 작동시킬 수 있는지?

④ '성공' 요소들은 일관된 것인지?

⑤ '성공' 시나리오는 신뢰할 수 있고 낙관적인 내용을 담고 있는지?

또한, 시나리오를 특징지을 때 참고할 질문 체크리스트는 다음과 같다.

① 영국의 현재 적용분야에서의 활동 수준은?

② 영국의 세계시장에서의 영향력은? 영국의 시장점유율은?

③ 영국의 적용 분야에서의 성장 가능성은? 어떤 종류의 회사에서? 어떤 수준으로?

④ 영국의 적용 분야에서의 기업들은 어떤 종류의 기업들인가? 얼마나 큰 기업들인가? 혹은 중소기업들인가?

⑤ 영국의 관련된 나노테크놀로지 분야에서 산업계의 대학에 대한 투자는 얼마나 되는지?

시나리오의 이름을 규정하고 다른 그룹이 빨리 파악할 수 있는 방식으로 서술해 나가면서, 이것에 대한 간단한 프리젠테이션을 준비해야 한다. 이러한 과정을 거쳐 다른 그룹들의 시나리오들을 대조하고 그것들이 일관되어 있는지 혹은 일치하지 않는지를 검토해야 하며, 그리고 그것이 함축하는 의미가 무엇인지에 대해 파악해야 한다.

* 자료: http//:les1.man.ac.uk/cric,
www.ost.gov.uk/policy/futures/ict/info.htm
www.ost.gov.uk/policy/futures/biotechnology/scenario.htm
www.dti.gov.uk/innovation/nanotechnologyreport.pdf

3. 미국 방위산업의 미래예측 시나리오[9)]

(1) 사례 개요

미국 방위산업의 미래예측 시나리오 연구에서는 1) 미국의 시장 주도 2) 위험한 가난 3) 지역 시장 4) 평화와 번영 5) 우선순위의 혼란 6) 고립주의라는 여섯 개의 시나리오를 제시하였다.

(2) 시나리오 내용

① '미국의 시장 주도' 시나리오

'미국의 시장 주도' 시나리오는 전통적인 경영 환경과 연관되어 있는 시나리오이다. 이 시나리오에서는 불안에 대응할 수 있도록 군사력이 충분히 준비되어야만 한다는 전 세계의 국가들 간의 합의를 전제로 진행하고 있다. 이 시나리오에서는 유럽, 아시아, 그리고 북미 내에서 매우 경쟁적인 무역 블록이 형성될 것으로 예상하고 있다. 세 지역은 에너지와 자원에 대한 주도권을 위해 경쟁을 하는 동시에 개발도상국 내

9) 이 사례는 최항섭, 2006에서 인용함.

에서의 긴장과 불안에 직면하게 되며, 지역 분쟁의 위험성이 큰 제3세계에서는 국가재정에 있어 군사력에 집중하게 된다. 많은 국가들은 미국이 보유하고 있는 군사력을 빌어 무장하고자 하며, 이에 따라 '미국이 시장을 주도'한다는 시나리오이다.

② '위험한 가난' 시나리오

'위험한 가난' 시나리오에서는 전 세계적으로 불안감과 미국에 대한 적개심이 매우 높다. 각국은 국방에서 큰 규모의 지출을 필요로 하고, 경제는 적자 상태로 장기적인 불황에 처해 있고, 무역에 있어서 극심한 경쟁이 이루어진다. 동유럽의 불안은 지속되고, 유럽연합의 발전은 미비하다. 또한 일본과 미국의 끊이지 않는 무역 분쟁, 미국의 적자, GATT의 붕괴는 정치와 경제의 불안을 동반하는 장기적이고 전 세계적인 경기 후퇴를 가져온다. 빈곤으로 인해 양산된 민족주의 이데올로기는 중동과 개발도상국 내에서 긴장을 야기하게 된다.

③ '지역시장' 시나리오

'지역시장' 시나리오에서는 미국의 방위 산업체들을 위한 활력 넘치는 방위산업시장을 제안한다. 안보에 대한 불안감이 매우 높아서 세계적 무기 시장이 형성될 것으로 예측된다. 하지만 안보에 대한 위협은 국지적이며, 미국 방위산업체는 대부분의 공격자와 방어자 모두 원하는 바를 충족시킬 수 있는 능력을 보유하고 있다. 전 세계적으로 긴장이 고조됨에도 불구하고, 이 시나리오에서 미국은 국제적인 질서 유지자로서의 역할을 수행하기보다는 자국의 경제 회복에 초점을 맞출 것으로 예상된다. 이 시나리오에서 국제적인 분쟁은 국지적인 수준에서 이루어지는 경향을 보이게 되기 때문이다. 이러한 분쟁에 간헐적으로 미국이 관여할 것이기 때문에, 민족주의와 지역 권력을 확장하려는 움직임은 권력의 지역 균형에 초점을 맞출 것이다.

④ **'평화와 번영' 시나리오**

'평화와 번영' 시나리오에서 세계는 국방에 낮은 우선순위를 둔다. 국가 안보보다는 경제적인 활력에 초점이 맞춰진다. 군사적인 분쟁은 주로 국지적이며, 세계의 경제는 무역과 상호 의존이 증가로 인해 번성한다. 방위산업은 꾸준히 위축된 상태를 유지할 것이다. 아시아와 유럽에서 이루어지는 무역과 생산의 증가 추세는 미국의 새로운 교육과 경제부흥과 조화를 이룰 것으로 예측된다. 국가정책의 중요한 도구로써 군사력을 사용하는 일은 없어질 것이고, 민족주의는 세계정치에서 일종의 계산된 힘으로 사용하기 위해 유지될 것이다. 하지만 경제성장이 지속됨으로써 자원에 대한 접근 가능성과 환경오염이 심각해지고, 이는 각국이 서로에 대한 적개심을 갖게 되는 원인이 될 수도 있다.

⑤ **'우선순위의 혼란' 시나리오**

'우선순위의 혼란' 시나리오에서는 명확한 적이 없기 때문에, 미국 정부의 국방에 대한 지출은 매우 유동적이 될 것이다. 그 결과, 국지적인 방위산업 시장에 무기를 공급하는 것이 미국 방위산업체의 안정을 위한 중요 요소가 될 것이다. 이 시나리오에서 제시하고 있는 딜레마는 미국 정부의 불안정함으로 인해 국가의 우선순위를 선정하는 데 어려움을 겪는다는 것이다. 세계적으로 안보 욕구가 일어나고 경제 재구성이 필요함에도 불구하고, 불안정한 정책으로 인해 고통이 야기될 것이다. 또한 자원의 부족은 세계를 극심한 경쟁체제로 몰고 갈 것이다.

⑥ **'고립주의' 시나리오**

'고립주의' 시나리오에서는 세계적으로 불안감이 매우 낮으며, 위험이 분산되어 있고, 강력한 경제력을 가지고 있는 상황을 가리킨다. 비록 성장률은 낮지만 안정적인 미국의 틈새시장은 안보를 위해 막대한 투자를 하게 되지만, 미국 방위산업체를 통해 무기를 구매하는 것은 꺼려질 것으로 보인다. 이러한 경향에 따라서 대다수의 무기산업들은 해외로 이

동할 것이다. 미국이 철수한 후에는 무기 구입을 위한 지출은 더욱 감소할 것이다. 이는 인근 국가들 간의 방위 협약이나 인접국의 권력 영향권에 들 수 있다는 가능성을 보여준다. 무기에 돈을 쓰지 않음으로써 경제 회복은 가속화되지만 미국의 '고립주의'는 심화될 것이다.

(3) 쟁점 및 시사점

위의 사례는 대규모 시나리오 워크숍에 기초한 미국 방위산업의 미래예측 시나리오를 잘 보여주고 있다. 이러한 시나리오 분석은 대안적인 시나리오에서 국방에 대한 지출을 예측할 수 있도록 해 준다(그림 5-17 참조).

각각의 시나리오들은 서로 상이한 방위산업의 조건을 제시하고 있으며, 또한 중거리 탄도탄 방위업체의 작업그룹이 각각의 시나리오들의 동인들에 대한 의견을 가지고 있기 때문에, 이러한 시나리오는 정부 및 기업의 장기적 방위산업 전략기획에 많은 시사점을 던져 준다(최항섭, 2006).

그림 5-17 미국 방위산업의 미래예측 시나리오

* 자료: 최항섭, 2006.

시나리오 연구:
미국 방위산업의 미래예측 시나리오

1. 사례 개요

미국 방위산업의 미래예측 시나리오 연구에서는 1) 미국의 시장 주도 2) 위험한 가난 3) 지역시장 4) 평화와 번영 5) 우선순위의 혼란 6) 고립주의라는 여섯 개의 시나리오를 제시하였다.

(1) '미국의 시장 주도' 시나리오

'미국의 시장 주도' 시나리오에서는 유럽, 아시아, 그리고 북미 내에서 매우 경쟁적인 무역블록이 형성될 것으로 예상한다. 세 지역은 에너지와 자원에 대한 주도권을 위해 경쟁을 하는 동시에 개발도상국 내에서의 긴장과 불안에 직면하게 되며, 지역분쟁의 위험성이 큰 제3세계에서는 국가재정에 있어 군사력에 집중하게 되는데, 많은 국가들은 미국이 보유하고 있는 군사력을 빌어 무장하고자 하며, 이에 따라 '미국이 시장을 주도' 한다는 시나리오이다.

(2) '위험한 가난' 시나리오

'위험한 가난' 시나리오에서는 전 세계적으로 불안감과 미국에 대한 적개심이 매우 높다. 각국은 국방에서 큰 규모의 지출을 필요로 하고, 경제는 적자 상태로 장기적인 불황에 처해 있고, 무역에 있어서 극심한 경쟁이 이루어진다.

(3) '지역 시장' 시나리오

'지역시장' 시나리오에서는 미국의 방위 산업체들을 위한 활력 넘치는 방위산업 시장을 제안한다. 안보에 대한 불안감이 매우 높아서 세계적 무기시장이 형성될 것으로 예측된다. 하지만 안보에 대한 위협은 국지적이다.

(4) '평화와 번영' 시나리오

'평화와 번영' 시나리오에서 세계는 국방에 낮은 우선순위를 둔다. 국가안보보다는 경제적인 활력에 초점이 맞춰진다. 군사적인 분쟁은 주로 국지적이며, 세계의 경제는 무역과 상호 의존이 증가로 인해 번성한다.

(5) '우선순위의 혼란' 시나리오

'우선순위의 혼란' 시나리오에서는 명확한 적이 없기 때문에, 미국 정부의 국방에 대한 지출은 매우 유동적이 될 것이다. 이 시나리오에서 제시하고 있는 딜레마는 미국 정부의 불안정함으로 인해 국가의 우선순위를 선정하는 데 어려움을 겪는다는 것이다.

(6) '고립주의' 시나리오

'고립주의' 시나리오에서는 세계적으로 불안감이 매우 낮으며, 위험이 분산되어 있고, 강력한 경제력을 가지고 있는 상황을 가리킨다. 비록 성장률은 낮지만 안정적인 미국의 틈새시장은 안보를 위해 막대한 투자를 하게 되지만 미국 방위산업체를 통해 무기를 구매하는 것은 꺼려질 것으로 보인다. 이러한 경향에 따라서 대다수의 무기산업들은 해외로 이동하게 되며 미국의 '고립주의'는 심화될 것이다.

* 자료: 최항섭, 2006.

2. 쟁점 및 시사점

위의 사례는 대규모 시나리오 워크숍에 기초한 미국 방위산업의 미래 예측 시나리오를 잘 보여주고 있다. 이러한 시나리오 분석은 대안적인 시나리오에서 국방에 대한 지출을 예측할 수 있도록 해 준다. 각각의 시나리오들은 서로 상이한 방위산업의 조건을 제시하고 있으며, 또한 중거리 탄도탄 방위업체의 작업 그룹이 각각의 시나리오들의 동인들에 대한 의견을 가지고 있기 때문에, 이러한 시나리오는 정부 및 기업의 장기적 방위산업 전략기획에 많은 정책적 시사점을 던져 준다(최항섭, 2006).

4. 세계 미래에 관한 두 가지 시나리오[10)]

(1) 사례 개요

미국 GBN의 회장이자 세계적으로 명성 있는 미래학자인 피터 슈와츠(Peter Schwarts)는 "불안정 세대인가?"라는 기조연설에서 청중들에게

10) 이 사례는 최항섭, 2006에서 인용함.

자녀들의 삶이 자신들의 삶보다 나아질 것이라고 생각하는 사람이 몇 명인지에 대한 질문으로 연설을 시작했다. 그러자 단지 10% 내외의 사람들만이 긍정적인 답변을 하였으며, 이는 지난 10년 전과는 확실히 다른 양상이었다. 이와 같은 과도한 비관주의는 피터 슈와츠가 2000년에 제시했던 두 가지 전혀 다른 시나리오 중의 하나와 유사한 것이었다. 그가 2000년에 제시한 두 가지 시나리오는 다음과 같다.

낙관적 징후	비판적 징후
U.S 생산성 증가	고용 성장 침체
새로운 기술 확산	소득 격차 심화
성장 잠재력 증가	범죄 및 테러리즘 증가
다자 기업의 증가	환경 파괴
세계무역 장벽 붕괴	OECD의 정치적 리더십 약화
아시아의 성장(take-off)	무역 분쟁 증가
남아메리아카 경제성장	동과 변동
중앙유럽의 상황 개선	보스니아와 아프리카의 민족분쟁
환경문제에 대한 인식의 증가	반이민 정서 확산
	보수 정치

* 자료: B. Joseph Pine Ⅱ, 2000

(2) 시나리오에 정당성을 부여하는 근거

① 비관적 시나리오: 무정부 상태로의 추락

피터 슈와츠가 "무정부 상태로의 추락(Descent into Anarchy)"이라고 명명한 첫 번째 시나리오에서는 미국과 러시아는 중앙아시아에서의 갈등으로 인해 위기에 처해 있다. 광대한 지역을 점거하고 있는 마약 거물들과 극심한 인종차별 그리고 곳곳에서의 작은 분쟁들, 미국에서 테러들이 빈번하게 발생할 것이다. 이러한 상황들은 세계적으로 경제가 호황일 때에도 함께 여전히 존재할 것이다. 피터 슈와츠가 제시한 불안정성을 유발하는 요인들은 다음과 같다.

ⓐ 요인 1: 경제 악화와 변동

개발도상국들에서의 인건비 하락, 서비스 경제로의 이동, 규모 축소를 위한 지속적인 압력과 글로벌 경쟁의 증가, 재택근무 등이 이러한 추세에 속한다.

ⓑ 요인 2: 기술적인 변화의 촉진

기술적인 발전과 사용의 성장에는 제한이 없는 것으로 보인다. 슈와츠는 매주 10%씩 증가하는 수많은 온라인 비즈니스의 수를 지적했다.

ⓒ 요인 3: 수입격차의 확대

1973년 이래로 산업화된 국가들의 경제구조는 경제성장의 결과를 균등하게 분배하지 못해 왔다. 그 결과 미국에서는 수입격차가 발생하고 유럽에서는 고용격차가 발생했다.

ⓓ 요인 4: 아시아의 위협

일본, 한국, 홍콩, 싱가포르, 말레이시아, 중국 그리고 나머지 아시아 국가들의 영향력이 커지면서, 지난 5000년간의 유럽에 의한 지배를 곧 청산하게 될 것이다. 아시아의 영향력은 우선 경제적인 측면에서 나타나며, 곧 문화적 · 정치적인 측면에서 또한 나타날 것이다.

ⓔ 요인 5: 아프리카와 러시아의 체제 붕괴

아프리카와 러시아의 체제 붕괴는 전 세계적으로 큰 타격을 주며, 이는 좋든 나쁘든 어떠한 방법으로든 회복이 되긴 하겠지만, 결국 불안정한 방법들로밖에 회복되지 않는다.

ⓕ 요인 6: 냉전 종식 후 갈등의 억제

지난 50년 동안, 대부분의 투쟁가들은 감금되어 왔으나, 근래에는 도처에 투쟁가들이 존재한다. 이들은 냉전 종식 후 갈등이 억제되어온 상태이다.

이러한 그리고 여타의 요인들로 인해, 사실상 모든 국가, 지역, 산업 분야에서 전 세계적인 혼란이 증가하고 있다. 경제적인 그리고 국가적인 자산이 꾸준히 증가함에도 불구하고, 불안과 혼동 그리고 비판주의가 증가하면서 빈부격차가 점점 심해지고 있다는 것을 알 수 있다.

② 낙관적 시나리오: 네트워크 서핑

피터 슈와츠는 좀 더 만족스럽고 낙관적인 시나리오가 있으며 이를 '네트워크 서핑'(Surfing the Net Waves)이라고 명명했다. 광범위한 틀에서 개개인을 위한 독특한 제품과 서비스를 의미하는 '제한된 틀(narrow-catching)'로 우리가 어떻게 옮겨가는지가, 개별 소비자들에게 더욱 더 가격경쟁력이 있고, 개성적인 가치를 부여하는 컴퓨터, 자동차 그리고 다양한 전자제품 산업 분야가 어떻게 변화해 가는지가 이 시나리오에서 그려지고 있다.

이 시나리오는 매우 가능성이 높으나, 동시에 다음과 같은 요인들을 전제로 한다.

ⓐ 요인 1: UN 안전보장이사회로부터 나온 중앙아시아와 중동 간의 공동 평화유지 노력

ⓑ 요인 2: 신기술을 더욱 더 사용하기 쉽고 접근하기 쉽게 만들고, 기술적 문맹률을 낮추기 위해 교육을 증진함으로써 경제의 구

그림 5-18 '네트워크 서핑'과 '무정부 상태로의 추락' 시나리오 비교

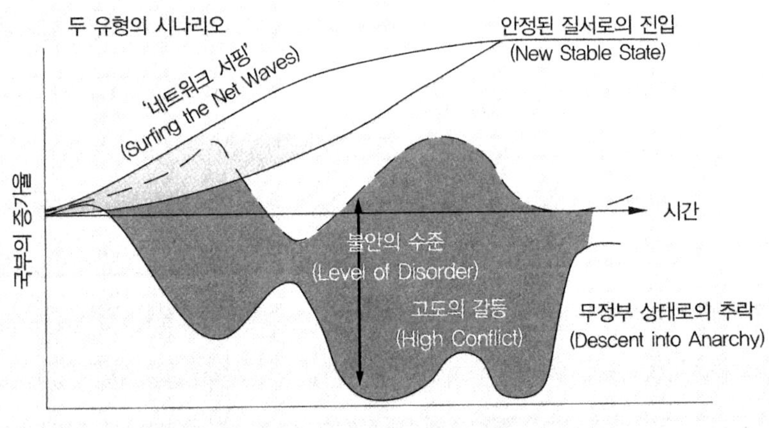

* 자료: Global Business Network, 2000

조적 변화를 관리

ⓒ 요인 3: 다각적인 조치를 통한 범죄와 전쟁의 감소

ⓓ 요인 4: 지난 10년간 ECC가 사용해 온 것과 같은 새로운 국제무역기구를 효과적으로 사용

ⓔ 요인 5: 국내적으로는 범죄 근절

ⓕ 요인 6: 인구 강국인 중국과 인도가 속해 있는 아시아를 제2국, 제3국들이 아닌 선진국가들로 만들 수 있는 방법 모색

ⓖ 요인 7: 중국의 산업화로 이슈가 되고 있는 환경 갈등의 해소 방안 모색

(3) 쟁점 및 시사점 : 시나리오 간의 비교

긍정적인 시나리오인 '네트워크 서핑'은 결국 새로운 안정적인 상태로 접어들면서 부가 크게 증가하는 성장률을 보이고 있다. 그러나 그림 아랫 부분에 표시되어 있는 '무정부 상태로의 추락'은 잠재적으로 감소하고 있는 부의 형성과, 심한 변동성 그리고 고도의 갈등을 보여준다. 아직은 우리가 예측할 수 없는 훗날 만연하게 될 시나리오에서 보여주는 기간 동안 이 두 시나리오 사이에는 중요한 공통점이 있다는 것을 염두에 두어야 한다(그림 5-18 참조).

피터 슈와츠는 인류가 과학 기술의 인터넷 물결을 타고 혁신을 통해 미래로 나아가는 것에는 낙관적이다. 그러나 그는 성공하기 위해서는 누구도 전 세계적인 책임을 지지 않았던 제1차 세계대전 이후와 빈대되는 제2차 세계대전 후에 나타난 국제적 리더십과 유사한 형태의 새로운 리더십이 등장해야 한다는 점을 강조했다. 이러한 글로벌 리더십은 갈등(분쟁)들을 해소할 것이며, 격차를 완화하고, 무정부 상태로의 추락을 사실상 막아줄 것이라고 예측하였다(최항섭, 2006).

시나리오 연구:
세계 미래에 관한 두 가지 시나리오

1. 사례 개요

미국 GBN의 회장이자 세계적으로 명성 있는 미래학자인 피터 슈와츠(Peter Schwarts)는 "불안정 세대인가?"라는 기조연설에서 청중들에게 자녀들의 삶이 자신들의 삶보다 나아질 것이라고 생각하는 사람이 몇 명인지에 대한 질문으로 연설을 시작했다. 그러자 단지 10% 내외의 사람들만이 긍정적인 답변을 하였으며, 이는 지난 10년 전과는 확실히 다른 양상이었다. 피터 슈와츠가 제시한 시나리오는 다음과 같다.

(1) 비관적 시나리오: 무정부 상태로의 추락

피터 슈와츠가 "무정부 상태로의 추락(Descent into Anarchy)"이라고 명명한 첫 번째 시나리오에서는 미국과 러시아는 중앙아시아에서의 갈등으로 인해 위기에 처해있다. 광대한 지역을 점거하고 있는 마약 거물들과 극심한 인종차별 그리고 곳곳에서의 작은 분쟁들, 미국에서 테러들이 빈번하게 발생할 것이다. 그리고 이러한 상황들은 세계적으로 경제가 호황일 때에도 함께 여전히 존재할 것이다.

(2) 낙관적 시나리오: 네트워크 서핑

피터 슈와츠는 좀 더 만족스럽고 낙관적인 시나리오가 있으며 이를 "네트워크 서핑(Surfing the Net Waves)"이라고 명명했다. 광범위한 틀에서 개개인을 위한 독특한 제품과 서비스를 의미하는 "제한된 틀(narrow-catching)"로 우리가 어떻게 옮겨가는지가, 개별 소비자들에게 더욱 더 가격 경쟁력이 있고, 개성적인 가치를 부여하는 컴퓨터, 자동차 그리고 다양한 전자제품 산업 분야가 어떻게 변화해 가는지가 이 시나리오에서 그려지고 있다.

2. 쟁점 및 시사점: 시나리오 간의 비교

긍정적인 시나리오인 "네트워크 서핑"은 결국 새로운 안정적인 상태로 접어들면서 부가 크게 증가하는 성장률을 보이고 있다. 그러나 그림 아랫부분에 표시되어 있는 "무정부 상태로의 추락"은 잠재적으로 감소하고 있는 부의 형성과, 심한 변동성 그리고 고도의 갈등을 보여준다. 아직은 우리가 예측할 수 없는 훗날 만연하게 될 시나리오에서 보여주는 기간 동안 이 두 시나리오 사이에는 중요한 공통점이 있다는 것을 염두에 두어야 한다.

피터 슈와츠는 인류가 과학 기술의 인터넷 물결을 타고 혁신을 통해 미래로 나아가는 것에는 낙관적이다. 그러나 그는 성공하기 위해서는 누구도 전 세계적인 책임을 지지 않았던 제1차 세계대전 이후와 반대되는 제2차 세계대전 후에 나타난 국제적 리더십과 유사한 형태의 새로운 리더십이 등장해야 한다는 점을 강조했다. 이러한 글로벌 리더십은 갈등(분쟁)을 해소할 것이며, 격차를 완화하고, 무정부 상태로의 추락을 사실상 막아줄 것이라고 예측하였다(최항섭, 2006).

6 시나리오 연구의 유의점

시나리오기법은 매우 강력한 미래예측의 도구이지만, 시나리오 구성에 있어 주의할 사항들을 살펴보면 다음과 같다.[11)]

첫째, 대안적 시나리오들이 특정 의사결정이나 전략적 계획수립 과정과 전혀 관련되어 있지 않을 때 시나리오는 비효율적이 될 수밖에 없다. 대안적 시나리오가 조직의 전략과 관계가 없다면 조직의 의사결정자들이나 전략 수행자들이 시나리오에 대해 관심과 관여가 부족할 것은 자명한 일이다. 즉, 대안적 시나리오 구성은 조직의 의사결정과정이나 전략 수립과정과 완전하게 통합될 때 최선의 결과를 성취할 수 있다.

---

11) 음수연. 2006. "미래를 주도하기 위한 전략적 사고: 대안적 시나리오를 이용한 미래예측방법," 「정보통신정책」, 18(18)에서 인용함.

둘째, 대안적 시나리오가 전략 수립에 있어 지금까지와 유사한 방식으로 진행될 것이라는 생각을 가지고 있을 때 큰 문제를 일으킬 수 있다. 대안적 시나리오가 사람들의 통상적인 시각에 도전하며, 이미 가지고 있는 사고들의 한계를 벗어났을 때에는 적잖은 당혹감을 드러내게 된다. 그러므로 시나리오가 전략 수립에 있어서 조직이 예측하지 못한 방식이지만 역동적이고 독창적인 방식으로 조직의 의사결정자들과 전략 수행자, 그리고 구성원들의 사고를 도와주는 도구라는 점이 숙지되어야 한다.

셋째, 시나리오가 사용하기 어렵다는 생각을 가지고 있을 때이다. 시나리오는 적어도 3~4개월 동안의 헌신적인 노력이 요구되는 작업이다. 따라서 시나리오가 어떤 현상을 설명해주는 이론적 모델에 그친다면, 시나리오의 개발은 무척 비효율적인 결과를 초래하게 될 것이다.

마지막으로 대안적 시나리오를 무력하게 만드는 상황은 시나리오에는 가장 좋은 미래를 그린 것과 나쁜 미래를 그린 것의 두 가지만 존재한다는 생각을 가지고 있을 때이다. 또한 사람들은 상황이 점점 더 나빠지고 있을 때 그것이 결국 완전히 황폐한 상황에 이를 때까지 더더욱 악화될 것이라고 기대하는 습관이 있다. 미래는 그런 식으로 과도하게 단순화되어져서는 예측이 불가능하며, 곳곳에 숨겨져 있는 위험들에 대해 창조적으로 대응할 수 있다는 점을 전제로 시나리오가 준비되어야 한다(음수연, 2006).

7 요약 및 결론

이상에서 살펴본 시나리오 연구는 전문가 패널과 함께 미래예측에서 매우 중요한 의미를 지닌다. 미래예측은 이슈의 확인, 통계적 분석, 브레인스토밍, 정책델파이, 교차영향분석, 실현성예측 등의 방법을 활용하지만, 이러한 대규모 단위의 미래예측의 활동의 전문가 패널이나 시나리오 워크숍의 조직형태를 통해 이러한 방법론들이 차용되는 형식을 띠는 것이다.

'미래예측'이라는 용어는 온갖 종류의 활동에 적용되지만, 미래연구를 하는 학자들은 전문가 패널이나 시나리오 워크숍에서 보여주는 보다 진지한 형태의 토론과 다양한 방법론의 활용, 장기적 형태의 연구와 전문가 네트워크 형성, 정책결정과 정책기획의 강한 연계 등의 특성을 지닌 미래예측 방법론을 '완전한 미래예측'(fully-fledged foresight)이라고 불렀다. 이러한 형태의 시나리오 연구는 정책결정과 깊이 관련되어 있으면서 동시에 정책기획, 정책설계 및 정책우선순위와 관련된 전략적 비전을 제시해 준다.

또한 참여자 모두의 공동 참여의식과 네트워크 과정을 강조하여 미래예측 문화의 확립을 지향한다. 즉, 보다 상위 차원의 목표인 국가혁신체계를 활성화하기 위한 목표를 가지고 정부, 기업, 시민사회에 존재하는 다양한 형태의 전문가들이 참여하여 보다 향상된 형태의 네트워크를 확립하고 광범위한 참여와 토론, 분석과 연구의 상호작용을 강조하는 것이다. 이러한 새로운 형태의 본격적인 미래연구는 현대 정책이론에서 지향하는 통섭적 접근과 탈실증주의적 접근 그리고 숙의적 정책분석의 지향과 맥을 같이 한다고 하겠다.

다음 절에서는 브레인스토밍, 전문가패널, 시나리오 워크숍이 이러한 근본적 기조 하에 활용될 수 있는 각론적 방법론으로 정책델파이, 교차영향분석, 실현성예측 기법들에 대해 살펴보기로 한다.

제6절

미래예측 델파이

1 미래예측 델파이의 개념

미래예측 델파이(Delphi) 기법은 전문가들의 주관적 견해를 최대한 살리기 위해 전문가들끼리 반복적으로 의견을 수렴하는 것으로, 그리스 신화의 태양신인 아폴로가 미래를 통찰하고 신탁을 하였다는 '델피의 신전'에서 유래된 것이다. 델파이 기법은 전문가패널를 통해서 진행되는 경우가 많으며, 앞에서 언급한 것처럼, 정책델파이, 전문가패널, 시나리오기법은 대규모 미래예측 프로젝트라면 대부분 함께 진행되는 미래예측의 핵심 방법론이다.

미래예측 델파이(delphi technique)는 전문가들로부터 미래의 사건들에 대한 계명된 판단(informed judgement)을 체계적으로 얻어내고 교환하며 개발하는 직관적 예측방법이다. 미래예측 델파이는 1950년대 미국 랜드(Rand)연구소에 의해서 처음 개발되었다. 전문가들 의견조사는 적어도 두 번 이상 반복 순환되며, 전문가들이 자신들의 의견을 수정할 수 있는 가능성을 열어둔다. 이때 특정 전문가들의 판단이 형성된 이유를 지속적으로 조사하는 것이다. 이후 추가적으로 반복된 전문가 의견조사 과정에서 전문가들의 의견이 한 곳으로 모아진다면, 이 때 모아진 의견은 전문가들의 공통되고 공유된 의견이나 전망 내지는 예측이라 할 수 있다.

고전적인 델파이는 단순한 미래예측, 특히 미래의 사건 변화에 대한 전문가들 간의 합의 도출을 위해 개발된 것인데 비해, 정책델파이는 정책 문제의 잠재적인 해결 방안을 둘러싸고 다양하게 제기되는 의견들을 노출시키고 종합함으로써 바람직한 대안의 개발을 위해 델파이 방법을 응용한 것이다. 즉, 정책결정 과정에서는 이해관계와 관점, 입장을 달리하는 다양한 참여자들이 서로 다른 선호와 판단에 입각하여 다양한 정책대안을 제기하고 지지하게 되는데, 이때 정책델파이는 여러 사람들의 다양한 입장과 정책대안들을 드러냄으로써 창의적이고 바람직한 대안을 개발하는 데 목적이 있다(강근복, 2002: 115).

미래예측 델파이 방법은 설문지를 이용하거나 컴퓨터를 이용할 수 있는데, 이러한 델파이의 일반적 절차를 살펴보면 다음 〈표 5-8〉 및 [그림 5-19]와 같다.

표 5-8 미래예측 델파이 기법의 일반적 절차

단 계	절 차
사전준비단계	▪ 이슈의 명료화 ▪ 전문가 선정 ▪ 설문조사 설계
설뮤조사단계	▪ 1차 설문조사 실시 및 설문결과 분석 ▪ 2차 설문서 개발 ▪ 2차 설문조사 실시 및 설문결과 분석 ▪ 3차 설문서 개발 ▪ 3차 설문조사 실시 및 실문결과 분석 * 필요시 다음 설문조사 실시 (설문서 개발 → 설문조사 → 설문결과 분석)
평가 및 정리단계	▪ 결과의 정리 및 평가 ▪ 최종보고서 작성

그림 5-19 미래예측 델파이 순서도

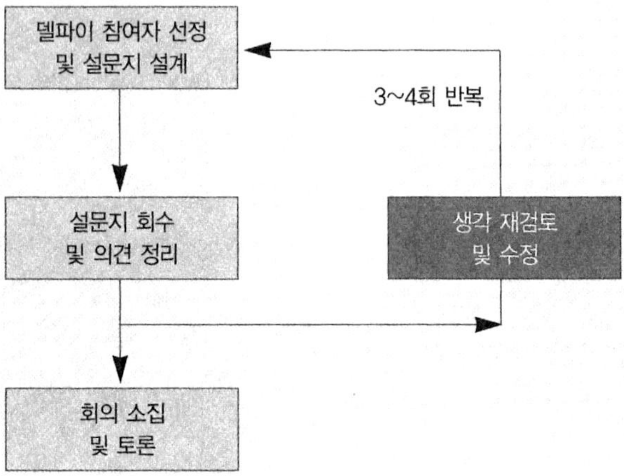

2 고전적 델파이

1. 고전적 델파이의 개념

고전적 델파이기법(Classical Delphi)은 미래사건에 대한 전문가들의 의견을 체계적으로 종합하는 직관적 예측방법으로서, 1948년 미국 랜드(Rand)연구소에서 개발되어 군사, 교육, 기술, 판매수송, 매스미디어, 의료, 정보처리, 연구개발, 스페이스탐색, 주택, 생활의 질 등 광범위한 미래예측활동에 활용되어 왔다(최봉기, 2004: 474). 공공부문과 민간부문의 많은 한 집단의 전문가들이 공동작업을 하고 그들의 아이디어를 공유함으로써 얻을 수 있는 많은 이점들을 최대한으로 살릴 수 있도록 하는 것으로 전문가들의 의견을 조사하는 데 사용하는 방법이다. 처음에는 주로 군사분야에서 활용되었으나, 점차 확대되어 교육, 사회, 문화, 연구개발 등 여러 분야에 활용되고 있다.

고전적 델파이는 일련의 설문을 통해 전문가 그룹의 합의를 도출해내는 과정이다. 반복되는 예측횟수를 '라운드'(round)라고 한다. 일반적으로 설문서가 설문의 나열에 그치는 데 반해, 델파이 설문서는 설문뿐만 아니라, 패널리스트들이 특정 주제에 대해 합의한 분포와 반대의견 등에 대한 정보까지 제공해 주는 역할을 한다. '설문지'는 보통 네 종류의 질문으로 나뉠 수 있는데, 이는 다음의 표와 같다.

표 5-9 델파이 설문지 질문의 종류

종류	내용
확실성 척도	확실히 믿을만함 – 믿을만함 – 믿기 어려움 – 확실히 믿기 어려움
중요성 척도	매우 중요 – 중요 – 조금 중요 – 중요치 않음 – 매우 중요치 않음
소망성 척도	매우 바람직함 – 바람직함 – 바람직하지 않음 – 매우 바람직하지 않음
실현가능성 척도	확실히 실현 가능 – 아마도 실현 가능 – 아마도 실현 불가능 – 확실히 실현 불가능

* 자료 : 백승기, 2006: 133에서 수정.

델파이 설문서는 그룹 패널리스트 간의 상호 의견교환을 가능케 해주는 매개체인 셈이다. 델파이에 참여하는 전문가의 그룹을 '패널'(panel)이라 한다. 그리고 설문을 회수하고 종합하며 정리하는 등 델파이 전 과정을 주관하는 자를 '총괄수행자'(moderator)라고 일컫는다.

2. 고전적 델파이의 특성

고전적 델파이 기법은 일반적으로 다음과 같은 특성을 가지고 있다.

(1) 익명성

델파이 수행과정에서 패널리스트 간에 누가 참여하고 누가 어떤 의견을 제시하였는지 알려주지 않음으로써 익명성이 보장된다. 이러한 익명성 보상에는 몇 가지 장점이 있다. 첫째, 패널리스트들은 명성있는 특정

개인의 영향력을 배제할 수 있고, 다른 의견에 대해 공정한 입장에서 평가를 할 수 있다. 둘째, 패널리스트들은 반대의견을 자유롭게 제안할 수 있으며, 이른바 사회적 체면이나 친분관계 등에 아무런 훼손 없이 자기주장을 펼 수 있도록 해준다.

(2) 반복 · 환류

델파이 총괄수행자(moderator)는 회수된 예측결과를 종합하여 응답자에 알려주고 자신의 의견을 수정 응답할 기회를 준다. 응답자는 다른 사람들의 의견을 검토하고 다시 자신의 의견을 제시한다(이때 응답자는 같은 의견을 계속 반복할 필요는 없다). 이러한 수정응답의 장점은 전문가 그룹이 목적달성 또는 합의를 합의 그 자체에 매달리게 되는 경향으로부터 해방시켜 준다.

(3) 계량화

델파이기법은 그룹 전체의 의견을 통계적으로 집계하고 각각의 주제에 대해 그룹의견의 평균 또는 분산 등 분포적 특성을 제시해 준다.

그림 5-20 고전적 델파이기법의 특징

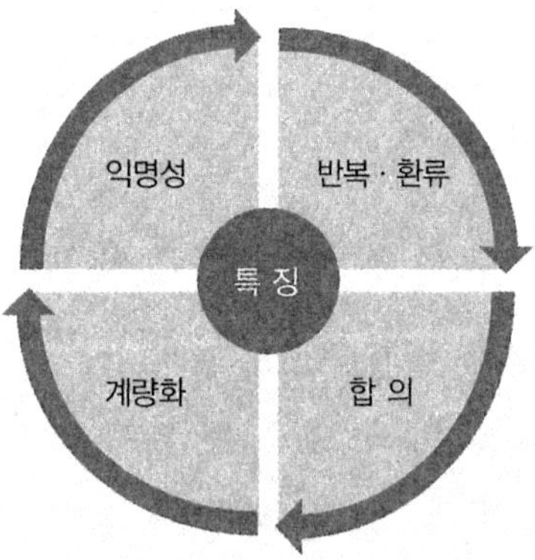

* 자료: 김성제, 2005: 306; 산업자원부, 2000: 70.

그림 5-21 고전적 델파이기법의 모형

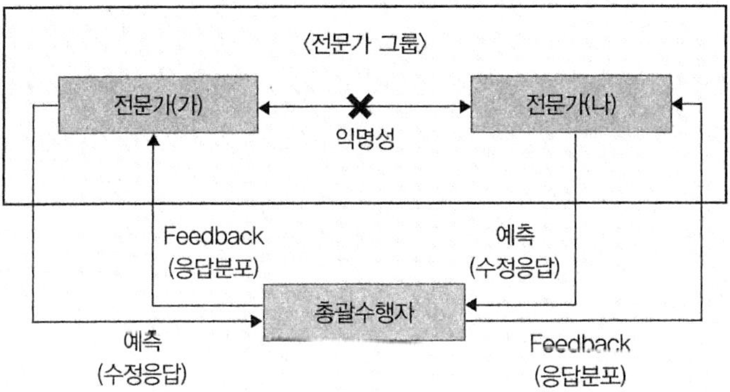

* 자료: 산업자원부, 2000: 71.

(4) 합 의

몇 차례의 회람 후에 결국은 전문가들이 합의하는 아이디어를 내도록 유도한다.

3. 고전적 델파이의 진행과정

Rand연구소에 의해 수행된 고전적 델파이 진행과정은 다음과 같이 4 라운드로 구성되어 있다.[12)]

(1) 제1라운드 설문

제1라운드 설문에서는 전문가들에게 각 분야의 예측대상이 되는 기술과제를 제안하고 그 발전추세를 예측하도록 요구한다. 이 경우 장점은 전문가가 총괄수행자보다는 각 분야에 대한 기술발전 동향을 잘 인지하고 있다는 점이다. 이것은 환경스캐닝 혹은 이슈서베이와 같은 기능을

12) 과학기술 미래예측의 방법론과 활용방안에 대해서는, TOC, 1996, *Use of the Delphi Process in Foresight Studies*, Denis Loveridge 참조할 것.

한다. 만약에 총괄수행자가 제1라운드 설문서를 확정하여 설문을 실시하면 총괄수행자가 인지하지 못한 분야가 빠질 수 있다.

설문서가 회수되면, 총괄수행자는 종합 정리하여 중복 또는 유사 주제는 하나로 통합하고 적절치 못한 주제는 삭제한다. 예측대상 주제를 명확하고 단순하게 작성하는 등 다음 라운드부터 반복 사용될 설문서 작성을 완료한다. 따라서 제1라운드 설문은 본격적인 예측을 위한 사전적인 브레인스토밍 성격을 지니는 것이며, 이슈의 확인과 같은 역할을 하는 것이다.

(2) 제2라운드 설문

전문가 패널들로부터 예측대상 주제가 확정된 설문서를 받아서 각 주제에 대해 실현시기를 예측하게 된다. 실현시기는 연도(또는 월)로 응답할 수 있고, 실현이 불가능할 경우 '비실현' 그리고 예측기간의 한계를 넘어설 경우 '추후실현' 등으로 응답할 수 있다. 간혹 실현시기에 대해 특정 시점보다는 시구간으로 응답을 요구하기도 한다. 이는 총괄수행자가 조사업무의 효율성을 감안하여 결정할 수 있다.

설문서를 회수하면 총괄수행자는 각 주제에 대한 예측결과를 집계하고 통계적 분포를 구한다. 통계적 분포로서, 일반적으로 세 번째 사분위수(75%에 해당하는 시점)에서 첫 번째 사분위수(25%에 해당하는 시점)를 뺀 값인 사분위수 범위(IQR: inter-quartile range)를 이용하며, 총괄수행자는 중위수(median)와 상 · 하위 사분위수(upper and lower quartile)를 계산한다. 중위수는 응답자의 예측시기를 이른 시점부터 순서대로 나열했을 때 50%에 해당하는 응답자가 예측한 실현시기를 의미한다. 즉, 중위수를 중심으로 응답자의 50%는 중위수 이전에 실현될 것으로, 나머지 50%는 중위수 이후에 실현될 것으로 예측한 중간 시점을 나타낸다. 상위 · 하위 사분위수는 중위수와 마찬가지로 예측 결과의 분포를 나타내주는 것으로, 상위 사분위수는 응답자들 중 75%인 세 번째 사분위수, 하위 사분위수는 25%인 첫 번째 사분위수에 해당하는 응답자가 예측한 실현시기를 각각 나타낸다. 이러한 통계적 대표값은 응답결과의 분포를 보여준다. 여기서 상위 사분위수에서 하위 사분위수를 뺀 것을 전문가들의 의견에 대한 '수렴도'(measure of spread) 혹은 '사분위수 범위'(IQR)라 한다. 제3라운드의 설문서에서는 이러한 분석결과를 각 응답자에게 제공한다.

(3) 제3라운드 설문

전문가들은 각 주제에 대한 예측시기의 분포자료를 받아보고, 제2라운드 설문에서 응답했던 자신의 예측결과를 수정할 기회를 갖는다. 물론 자신의 응답을 수정하지 않을 수도 있다. 이 때 수정했건 아니했건, 자신의 응답이 IQR 밖에 위치할 경우 이에 대한 이유를 서술하도록 한다. 특히 다른 전문가들이 고려하지 않았을 가능성이 있는 요인이나 사실들을 열거하도록 한다. 응답자는 익명이 보장된 상태에서 대면회의방식과 달리 자유로이 의견을 개진할 수 있다.

제3라운드 설문서가 회수되면, 총괄수행자는 제2라운드와 마찬가지로 응답결과에 대한 분포를 통계적으로 처리하고, 예측시기가 IQR 밖으로 벗어난 이유들을 정리한다. 그리고 이러한 내용을 포함한 제4라운드 설문서를 작성한다.

(4) 제4라운드 설문

전문가들은 예측시기 분포와 예측시기에 대한 전문가들의 수정된 견해를 받게 된다. 이를 바탕으로 다시 예측을 수정할 수 있는 기회가 주어지게 된다. 총괄수행자의 요구에 따라 예측시기가 IQR 밖에 있을 경우 이에 대한 소견을 밝히도록 한다. 추가로 총괄수행자는 제3라운드 설문의 견해에 대한 코멘트를 받을 수 있다. 코멘트를 요구받을 경우 전문가는 본인의 예측시기와 상관없이 제3라운드 설문의 소견에 대해 적절한 코멘트를 할 수 있다.

제4라운드 설문이 회수되면, 총괄수행자는 다시 통계적 처리를 하고 중위수와 상 · 하위 사분위수를 구한다. 그리고 코멘트에 대해 종합 정리를 한다. 경우에 따라 전문가 패널이 합의에 이르지 못하는데, 이 때 코멘트에 대한 분석은 유용하게 활용될 수 있다. 일반적으로 이런 경우를 대비하여 전문가 패널에 코멘트를 요청한다.

델파이 과정이 모두 끝나면 최종 결과로서 제4라운드의 응답결과를 이용하여 예측시기(이때 통상적으로 대표적인 예측시기로는 중위수를 취한다), 예측시기에 대한 IQR(세 번째 사분위 시점에서 첫 번째 사분위 시점을 뺀다), 그리고 전문가들의 의견을 종합 정리하여 제공한다. 이러한 결과는 일반적인 대면회의 결과보다 한결 유용한 정보를 많이 담고 있다.

델파이 연구 결과에서 얻을 수 있는 이점은 통계적 결과로서 객관적인 결론을 도출할 수 있다는 점이다. 분포의 개요(outline)와 중간점(median)을 제시하고, 나아가 의견수렴도(IQR: inter-quartile range)를 상 · 하 사분위수를 이용하여 제시할 수 있다는 점이다. IQR이 좁다는

그림 5-22 미래예측 델파이 기법의 IQR 예측 범위

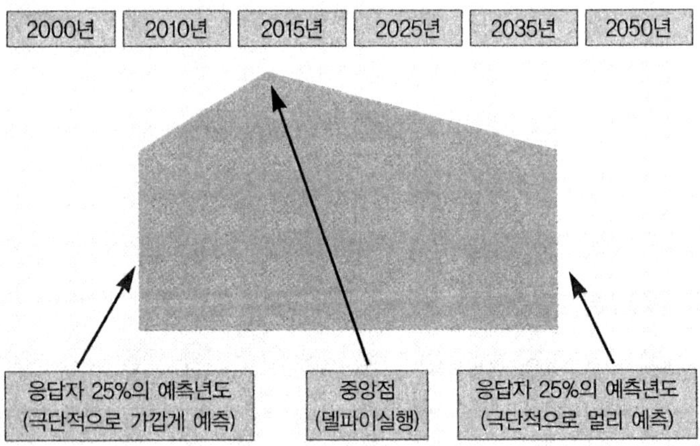

* 자료: 박영숙 외, 2007: 159.

그림 5-23 고전적 델파이의 과정과 효과

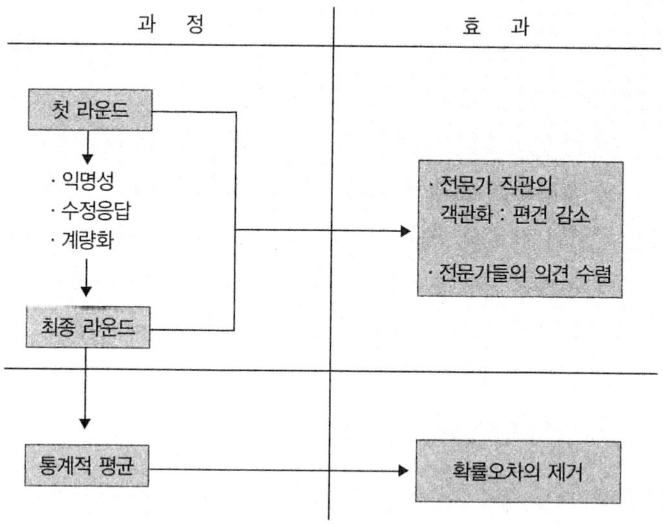

것은 수렴도가 높다는 것을 의미하며, IQR이 넓다는 것은 수렴도가 낮다는 것을 의미한다. IQR을 예측 수행 시점에서 예측시점(중위수)까지의 기간으로 나눈 비율은 수렴도를 나타내주는 또 하나의 유용한 지표가 된다.

각 주제에 대한 전문가의 코멘트는 전문가들이 예측에 중요한 영향을 미친다고 생각하는 요인들을 요약한 것으로서, 이러한 전문가 코멘트는 델파이의 정량적 결과를 정성적 측면에서 보완해 줄 수 있다는 큰 이점을 지니고 있다. 델파이 과정은 전문가 패널이 안정적인 결론에 이르거나 라운드를 거듭해도 별다른 변동을 보이지 않게 되면 성공적인 것으로 간주한다.

고전적 델파이를 이용한 여러 연구결과를 보면 전문가 패널은 주어진 주제에 대해 제1라운드에서 합의에 도달하는 경우가 많으며, 자주 제2

라운드에서 예측치가 큰 폭으로 변동하는 경우도 있다. 그러나 각 전문가들이 이에 대한 이유를 제시함으로써 다음 라운드의 예측에서는 의견을 수렴해 가는 것이 일반적으로 나타나고 있다. 이러한 점이 일반적인 여론조사와 델파이가 다른 점이라 할 수 있다.

전문가 패널의 구성원이 다른 전문가의 의견에 영향을 받아 자기의 예측을 항상 수정하는 것은 아니다. 이들은 대면(對面) 패널리스트와 마찬가지로, 자신의 예측을 계속 주장할 기회를 가지고 있다. 델파이의 장점은 자신의 주장을 견지하거나 수정할 수 있는 상황과 기회를 가지면서, 자신의 체면을 조금도 손상받지 않을 수 있다는 데 있다.

4. 고전적 델파이기법의 장단점

고전적 델파이기법은 흔히 초점에서 벗어나거나 주변을 맴도는 경우가 많은 등의 대면적 회의에서 나타나는 부작용을 최소화시켜주며, 통제된 환류의 효과를 가지게 된다는 장점을 가지고 있다. 또한 산재되어 있는 많은 수의 다양한 전문가들을 포함시킬 수 있으므로 연구의 타당성과 신뢰성을 높일 수 있고, 참여 전문가들 간의 대면적 접촉을 필요로 하지 않기 때문에, 비용 면에서 다른 방법들에 비해 경제적이라고 할 수 있다. 그리고 많은 전문가들의 의견을 통계적인 방법을 통해 과학적인 자료로 수합하여 피드백 할 수 있다는 장점이 있다.

하지만 고전적 델파이기법은 참여자들 각자의 전문영역에 의한 집착으로 인해 거시적인 전망과 예측을 못하는 경우가 발생하며, 자질있는 전문가의 선정이 어렵다는 단점이 있다. 또한 고전적 델파이의 기본원칙인 익명성으로 인해 응답의 신뢰도 문제가 발생하며, 델파이 과정상 응답이 불성실하거나, 조작될 가능성이 존재하는 등의 문제점도 안고 있다.

표 5-10 고전적 델파이기법의 장단점

장점	단점
환류과정 반복으로 인한 계속적인 관심유도	응답자의 불성실한 응답이나 조작가능성
익명성보장으로 결론 왜곡과 표현 제약 방지	전문가들의 자질과 역량부족 가능성
통계적인 결과처리로 인한 객관성 확보	
단계반복으로 인한 더 높은 신뢰성, 정확성 확보	설문의 정확성과 신뢰성 문제

* 자료 : 김성제, 2005: 308-309.

>> 미래예측 사례

고전적 델파이의 응용 형태

고전적 델파이는 4라운드에 걸친 델파이 과정을 거친다. 그러나 델파이의 이용이 증가하면서 고전적인 델파이는 여러 가지 형태로 변형되어 실시되어 왔다. 대표적인 예를 들어 보면 다음과 같다(Martino, 1993)

1. 라운드 횟수

고전적인 델파이는 4라운드에 걸쳐 수행된다. 어떤 경우에는 5라운드 이상 실시되는 경우도 있다. 그러나 델파이 실행에는 4라운드면 충분하다는 것이 여러 연구에서 입증되고 있다. 고전적인 4라운드 델파이가 축소 실시되는 경우도 있는데, 만약 총괄수행자가 제3라운드에서 요구하는 전문가의 반대의견을 원치 않는 경우에 제4라운드를 생략할 수 있을 것이다. 그리고 제1라운드에서 미리 확정된 미래예측 대상주제를 제공할 수 있다면 역시 생략할 수 있다. 이처럼 라운드를 생략해도 델파이는 여전히 대면회의방식에 비해 많은 장점을 지닌다. 즉 제2라운드 델파이가 한 사람의 전문가나 대면회의방식에 의존하는 것보다는 합리적인 결과를 제공할 수 있다.

2. 복수시점 예측

고전적인 델파이에서는 각 전문가가 한 주제에 대한 실현시기를 응답한다. 경우에 따라서는 50%의 실현확률 하에서 실현시기를 표시한다. 그러나 델파이의 다른 응용에서는 전문가에게 3가지의 실현시기를 요구하기도 한다. 이 때 각 시기에 대해서 "실현가능성이 거의 없음", "실현가능성이 높음"이라든가 또는 각각에 대해 "10%~", "50%~", "90%~" 등의 확률을 부여하기도 한다. 이처럼 실현시기에 대해 복수응답을 요구하는 경우, 실현시기에 대한 통계적 대표값은 "50%~"의 확률로 응답된 표본에서 중위수(median)를 취하고, 패널의 의견수렴 정도는 "10%~"의 표본의 중위수와 "90%~"의 표본의 중위수를 이용하여 구한다. 이는 한 예에 불과하며, 실제에 있어서 총괄수행자는 예측시기에 대해 여러 가지 형태로 설문을 설계할 수 있다.

3. 실시간(on-line) 델파이

델파이는 설문서 대신 컴퓨터를 이용하여 수행할 수 있다. 패널전문가는 중앙컴퓨터와 연결하여 각 주제와 이에 대한 미래예측 결과를 추적할 수 있도록 하고, 최근의 결과에 대한 검토 및 수정의 기회를 갖는다. 이러한 실시간 또는 on-line 델파이는 패널의 전문가가 스스로 원하는 횟수만큼 수정과 검토의견을 짧은 시간에 제시할 수 있다는 점에서 매우 유용하고, 전문가 개개인이 수시로 델파이에 참여하게 됨으로써 단시간 내에 결과에 대한 안정성에 도달할 수 있다.

4. 선택적 익명성

델파이는 대면상황 하에서도 활용될 수 있다. 의견은 실명으로 발표되고 토론되나, 예측은 익명이 보장되도록 비밀투표를 통해 이루어지는 것이다. 이러한 과정을 몇 차례 반복하여 실시할 수 있다. 비밀투표는 컴퓨터를 이용할 수 있을 것이다.

3 정책델파이

1. 정책델파이의 개념

고전적 델파이기법(Classical Delphi)은 단순한 미래예측, 특히 미래의 사건변화에 대한 전문가들 간의 합의도출을 위해 개발된 것인데 비해, 정책델파이(Policy Delphi)는 정부의 정책문제에 대한 잠재적인 해결방안을 둘러싸고 다양하게 제기되는 의견들을 노출시키고 종합함으로써 바람직한 대안의 개발을 위해 델파이기법을 응용한 것이다. 즉, 정책결정 과정에서는 이해관계와 관점, 입장을 달리하는 다양한 참여자들이 서로 다른 선호와 판단에 입각하여 다양한 정책대안을 제기하고 지지하게 되는데, 이 때 정책델파이는 여러 사람들의 다양한 입장과 정책대안들을 드러냄으로써 창의적이고 바람직한 대안을 개발하는 데 목적이 있다. 이러한 정책델파이는 대면적 토론이 갖는 문제점을 극복하기 위해 델파이 방법의 기본논리를 적용하여 정책문제의 해결을 위한 정책대안을 개발하기 위한 방법이다(강근복, 2002: 115).

2. 정책델파이의 목적

정책델파이의 목적은 객관적인 입장에서 지혜를 모으려는 일반적인 델파이의 목적과는 다르다고 할 수 있겠다. 이 때문에 정책델파이는 일반적인 델파이와는 다른 특징이 있다. 우선 정책델파이는 정책대안이나 정책대안의 결과를 제시하는 첫 번째 단계에서는 누가 어떤 의견을 제시했는지 모르게 하지만 대강의 의견들이 종합되어 몇 가지 대립되는 정책대안이나 결과가 표면화된 이후에는 공개적인 토론을 하며(선택적 익명성), 서로 다른 의견들을 공개적으로 도출하도록 하고, 대립된 견해를 최대한 활용하여 여러 가지 정책대안을 창출하고 정책대안의 결과도 예측하도록 한다(유도된 의견대립).

3. 정책델파이의 과정

우선, 정책분석팀이 델파이 참여자를 선정하고 설문지를 설계한다. 대체적으로 첫 단계에서 쓰여질 설문내용은 개방형 질문인 경우가 많지만, 정책분석팀이 정책문제와 가능한 해결방안에 대해 잘 알고 있는 경우는 비교적 구성적(선택적)일 수 있다. 이렇게 설계된 설문지에 문제해결을 위해 하나 또는 두세 가지의 대안을 적거나 설문지에 제시된 대안목록 중에서 선택하면 되는데, 이 때 중요한 것은 의견제시는 익명으로 한다는 것이다.

설문지가 회수되면 분석팀은 응답결과를 분석하여 델파이 참여자들의 의견을 파악하여 정리한다. 정리된 대안들이 다시 참여자들에게 제공되면, 참여자들은 다른 사람들의 의견을 검토한 후 가장 좋다고 생각하는 대안을 우선순위를 정하여 선택하거나, 혹은 자신의 의견을 제시하도록 한다.

설문지를 회수하고, 의견을 정리하고, 다시 설문하는 절차를 몇 차례 되풀이한다. 이 과정에서 각자는 자신의 의견을 자유롭게 진술할 수 있는 기회를 가질 수 있어야 하고, 자신의 주장이 다른 사람의 것과 다를 경우 어떻게 다르며 왜 다른가에 대한 전제조건들을 검토할 수 있어야 한다. 그리고 자신의 생각을 재검토하고 수정할 수 있어야 한다. 이런 과정을 여러 번 거쳐 대안이 2~3개로 압축되면, 마지막으로 회의를 소집해서 설문에 대한 응답을 통해 충분히 드러나지 않은 가정, 대안의

그림 5-24 정책델파이의 과정

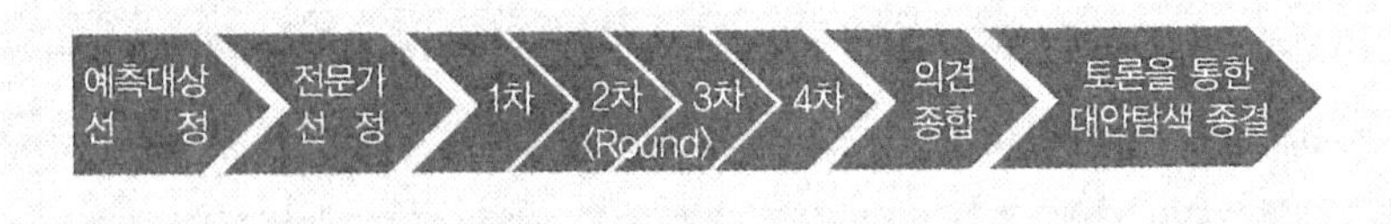

특징, 비용과 효과 등을 밀도 있게 토론함으로써 대안 탐색을 마무리 짓는다.

4. 정책델파이의 원칙

전통적 델파이의 한계점을 극복하기 위해 1960년대 말에 복잡한 정책문제에 적절한 새로운 절차를 만들어 내려는 시도로 개발된 기법이다. 정책델파이기법은 전통적인 델파이기법의 반복, 통제된 환류라는 두 가지 원칙 이외에, 다음의 새로운 원칙들을 가지고 있다.

첫째, 선택적 익명: 정책델파이기법의 참가자들은 예측의 초기 단계에서는 익명으로 응답을 하지만, 정책대안들에 대한 주장들이 표면화된 후에는 공개적으로 토론을 벌이게 한다.

둘째, 식견 있는 다수의 참여: 참가자들을 선발하는 과정은 '전문성' 자체보다는 흥미와 식견이라는 기준에 바탕을 둔다.

셋째, 양극화된 통계처리: 개인의 판단을 집약할 때, 불일치와 갈등을 의도적으로 부각시키는 수치를 사용한다.

넷째, 구조화된 갈등유도: 갈등은 정책 이슈의 정상적인 모습이라는 가정에 입각하여, 대안과 결과를 창조적으로 탐색하는 데 있어서 의견상의 차이를 이용하는 모든 시도가 이루어진다.

다섯째, 컴퓨터를 이용한 회의방식: 떨어져 있는 개개인들 간의 의견교환을 익명상태로 계속 진행시키는 데 컴퓨터가 이용될 수 있다. 컴퓨터 회의방식에서는 여러 번에 걸친 델파이 과정이 필요 없게 된다(Dunn, 2005).

이를 표로 정리하면 다음과 같다.

표 5-11 고전적 델파이와 정책델파이의 차이

구 분	고전적 델파이	정책델파이
적 용	일반문제에 대한 예측	정책문제에 대한 예측
응 답 자	단일 영역의 분야 전문가를 응답자로 선정	정책전문가와 이해관계자 등 다양한 전문가 선정
익 명 성	철저한 격리성과 익명성 보장	선택적 익명성 (중간에 상호교차 토론 허용)
통계처리	의견의 대표값, 평균치(중위값) 중시	의견차이나 갈등을 부각시키는 양극화된 통계처리
합 의	합의 도출	구조화된 갈등유도 (극단적 · 대립된 견해도 존중, 이를 유도)
토 론	없음	컴퓨터를 통한 회의 가능

>> 미래예측 사례

정책델파이기법의 적용

1. 사례 개요

정책델파이기법을 적용하여 남북교류협력사업의 성격을 진단한 연구를 살펴보기로 한다. 이는 정책델파이 기법을 활용하여 "남북한 지방자치단체의 교류 · 협력 전망과 접경 지역의 기능변화"를 미래예측한 것이다.[13)]

2. 남북교류협력사업의 성격 진단

〈표 5-12〉는 남북교류협력사업의 경제적 · 인적 교류, 지역개발, 체육 · 문화 및 민간관광교류의 부문별 기여도를 살펴, 이 사업의 성격을 진단하는 모습을 보여준다.

13) 이 사례는 황지욱, 「델파이기업을 활용한 남북한 지방자체단체의 교류 · 협력 전망과 접경시역의 기능변화」, 2004를 토대로 요약 정리한 것이다.

표 5-12 남북교류협력사업의 단체별 기능과 역할에 관한 설문결과

1.1 제시된 각각의 교류와 협력부분에 대한 기여도(응답자 수)

가. 경제교류 : ① 절대적( ) ② 상당부분(9) ③ 일정부분 국한(4) ④ 미미함(5) ⑤ 전혀 무관( )
나. 인력교류 : ① 절대적( ) ② 상당부분(8) ③ 일정부분 국한(5) ④ 미미함(5) ⑤ 전혀 무관( )
다. 지역개발 : ① 절대적( ) ② 상당부분(1) ③ 일정부분 국한(8) ④ 미미함(5) ⑤ 전혀 무관(4)
라. 체육/문화 : ① 절대적( ) ② 상당부분(9) ③ 일정부분 국한(4) ④ 미미함(5) ⑤ 전혀 무관( )
마. 민간관광 : ① 절대적( ) ② 상당부분(9) ③ 일정부분 국한(4) ④ 미미함(5) ⑤ 전혀 무관( )

1.2 문항 1.1의 항목을 상대적으로 비교할 경우 기여도에 따른 우선순위

우선순위	경제교류	인적교류	지역개발	체육/문화	민간관광
1순위	4	3			7
2순위	3	7	2	2	2
3순위	6	3		4	6
4순위	4	1	5	3	3
5순위	1	2	11	5	
결 과	3순위	2순위	5순위	4순위	1순위

3. 남북교류협력사업의 추진 방향

〈표 5-13〉을 통해 중앙정부, 지방정부 및 민간의 참여도를 살펴 참여단체 추세를 살펴본 뒤, 앞으로 남북교류 · 협력사업을 활성화시키기 위해 중앙정부, 지방자치단체, 인도적 지원의 민간단체, 민간기업체의 4개 단체 중 어떠한 단체의 기능과 역할이 강화되어야 할지를 살펴볼 수 있다.

표 5-13 남북교류협력사업의 단체별 기능과 역할에 관한 설문결과

2.1 정부(중앙, 지방) 및 민간단체(민간기업 제외)의 남북교류 추진에 있어서 차이점

① 완전히 다름( ) ② 상당 부분 다름(7) ③ 일정부분 국한(3)
④ 거의 차이 없음(7) ⑤ 전혀 차이 없음( )

2.2 남부교류를 활성화시키고자 할 때 기능과 역할이 강화되어야 할 단체?(우선순위)

우선순위	중앙정부	지방자치단체	인도적 지원의 민간단체	민간기업체
1순위	9		2	5
2순위	1	5	1	7
3순위	3	6	3	2
4순위	2	3	8	1
결 과	1순위	3순위	4순위	2순위

2.3 앞으로 남북교류협력사업이 추진되어야 할 방향(중앙정부, 지방정부 및 민간을 망라한 관점)

① 인도적 지원 중심의 교류(2)
② 쌍방의 경제발전을 위한 상호교류(13)
③ 민족동질성 회복을 위한 체육/문화의 인적교류(3)
④ 균형적 지역발전을 위한 교류( )

4. 남북교류협력사업의 추진 정책

다음으로 〈표 5-14〉을 통해 현 단계와 차기 단계에서 추진해야 할 남북교류협력사업의 항목을 살펴봄으로써 구체적인 남북교류의 방안을 모색할 수 있다.

표 5-14 지방자치단체가 추진하여야 할 남북교류협력사업의 항목

3.1 지방자치단체가 남북교류협력사업을 추진할 경우 적절한 추진사안(적절하다고 생각하는 항목에 표시한 결과)

① 정치적 사안( ) ② 외교적 사안( ) ③ 국방적 사안( )
④ 행정적 사안(6) ⑤ 경제적 사안(12) ⑥ 인도적 사안(11)
⑦ 문화/체육교류(14) ⑧ 지역개발(15) ⑨ 방재/예방사임(15)
⑩ 농, 축산 물자 생산 및 기술교류(14)

3.2 문항 3.1에서 추진이 적절하다고 표기된 항목 중 현단계, 차기 단계 및 장기적 입장에서 추진될 항목(해당하지 않을 경우 칸을 비워둠)

	①	②	③	④	⑤	⑥	⑦	⑧	⑨	⑩
현 단 계				2	4	10	13	3	11	11
차기단계				3	3		1	8	2	2
장 기				1	5	1		4	2	2

5. 남북 교류협력사업의 최종 전략: 최종 시나리오의 개발

마지막으로 [그림 5-25]는 앞의 세 가지 설문지를 1차설문과 2차설문을 통해서 일정한 합의를 도출한 것으로 남북교류협력사업의 최종적인 추진전략, 즉 시나리오라 할 수 있다.

그림 5-25 지방자치단체의 남북교류 · 협력관련 단계별 추진전략

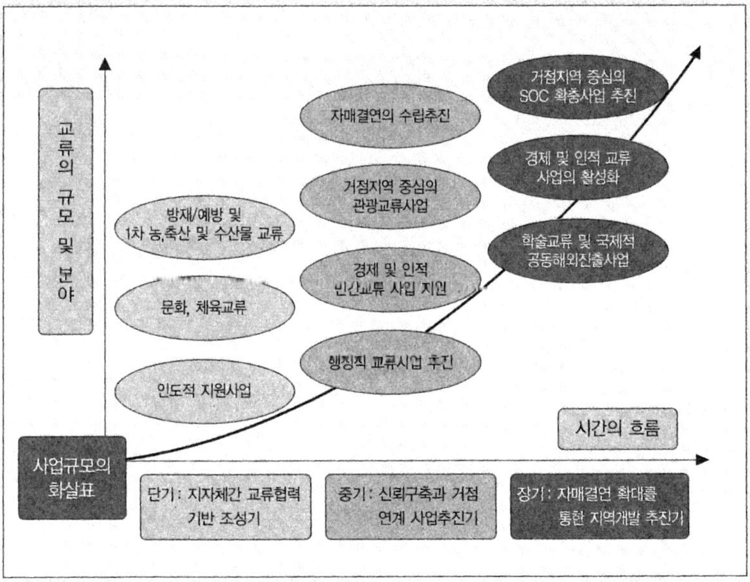

정책델파이기법 II:
정책델파이를 이용한 국토의 미래상 연구

1. 사례 개요

국토연구원에서는 정책델파이기법을 적용하여 국토에 대한 비전과 장기계획을 수립한 바 있다. 국토의 미래 모습에 대해서는 다양하고 상충된 의견이 존재할 수 있으므로 체계적인 국토의 모습을 예측하기 위해서는 이 분야에 대한 전문가의 의견을 수렴할 필요가 있었으며, 이에 국토의 미래상에 대한 기존의 연구를 분석하고 그 약점을 보완하면서 환경의 변화에 적절한 연구설계를 수립하여 정책델파이 조사를 실시한 것이다.[14] 국토의 미래상 연구를 델파이기법의 일반적 절차에 따라 정리하면 다음과 같다.

표 5-15 국토 미래상 전망 델파이 조사 내용

단 계	절 차	내 용
사전 준비 단계	• 이슈의 명료화	① 2020년 인구 · 경제활동 및 국토의 모습에 대한 전망 ② 2020년까지 강조된 국토정책의 방향 ③ 2020년까지 각 현상이 나타날 가능성과 발생가능 시기
	• 전문가 선정	대한국토 · 도시계획학회 회원, 한국지역학회 회원, 미래학회 회원 관련 공무원, 연구기고나 종사자 등 300명
	• 설문조사 설계	국토연구원 내 전문가 대상 사전조사 실시 후 설문항목을 확정하고 2라운드 설문조사 계획 수립
설문 조사 단계	• 1차 설문조사 실시 및 설문 결과 분석	1999년 2월 6일 ~ 2월 24일까지 전문가 300명에게 설문조사를 실시하여 192명(64%) 응답
	• 2차 설문서 개발	1차 설문조사 결과를 바탕으로 발생가능 현상 및 발생가능 시기에 대한 평가 및 2차 설문서 개발

14) 주성재. 1999. "델파이조사를 통해 본 국토미래상 전망" 「국토연구」. 제28권

	• 2차 설문조사 실시 및 설문 결과 분석	1999년 2월 27일 ~ 3월 15일까지 전문가 300명에게 설문조사를 실시하여 184명(64%) 응답
평가 및 정리 단계	• 결과의 정리 및 평가	2020년 국토 미래상을 총괄 · 도시구조 및 주거환경 · SOC · 지역개발 · 통일의 분야로 정리하고 각 분야별 발생 가능한 구체적 현상과 그 가능시기를 제시 1996년 연구 결과와 비교 분석
	• 최종보고서 작성	조사 결과의 종합 및 비교 분석 후 정책시사점 제시

2. 쟁점 및 시사점

국토의 미래상 연구는 고전적 델파이분석의 절차에 따라 이루어진 연구로서, 구체적 항목은 물론 항목별 발생 시기 등을 파악하고 정책적 시사점을 도출하였다는 점에서 고전적 델파이를 근간으로 하면서 정책델파이를 보완적으로 활용한 사례라고 할 수 있다. 또한 이 사례는 1차 및 2차 설문조사를 각각 약 15일 만에 신속하게 실시함으로써 델파이분석의 단점으로 지적되는 설문조사의 순환속도가 느리고 시간이 많이 걸린다는 문제를 보완한 사례이다. 특히, 300명의 대규모 패널을 대상으로 하면서도 신속한 조사가 이루어진 연구로 평가할 수 있다.

제7절 ■■■□

교차영향분석

1 교차영향분석의 개념

정책델파이처럼, 교차영향분석(Cross-impact analysis)은 전문가 견해에 기반한 방식으로 확률적 결과를 도출하는 분석법이다. 이것은 전문가들에게 발생 가능한 사건들을 물어보고 한 사건이 일어날 때와 일어나지 않을 때에 다른 사건들의 발생확률 등을 물어보는 접근법이다.

교차영향분석은 일련의 사건들이나 추세 또는 자료들의 상호관계를 보여주는 기법으로서, "다른 사건이 일어났느냐 일어나지 않았느냐"에 기초하여 미래의 어떤 사건이 일어날 확률에 대해서 식견 있는 판단을 이끌어내는 기법이다. 즉 한 가지의 사건이 아닌 여러 가지의 사건을 놓고, 한 가지 사건이 일어날 확률을 구하고, 그 사건이 선행되었을 경우 나머지 사건이 일어날 확률을 구하는 방법을 말한다.

2 교차영향분석의 과정

교차영향분석에 쓰이는 기본적인 분석도구는 교차영향행렬(cross-impact matrix)이다. 이 행렬은 행과 열에 잠재적으로 관련된 사건들을 나열한 대칭적인 표를 말한다. 교차영향분석이 특히 적합한 유형의 예측 문제는 상호 의존적인 사건들이 포함된 문제이다. 교차영향분석은 조건확률의 원리를 따르는데, 조건확률이란 한 사건의 발생확률이 다른 사건에 종속적이라는 것이다. 즉 두 사건은 독립적인 아니라는 것을 말한다.

교차영향분석은 다음 네 과정을 밟는다.

첫째, 미래에 발생하게 될 사건의 확인과 특정 시점에서 발생하게 될 확률을 추정한다.
둘째, 발생하리라고 예측되는 사건들 사이의 상호의존성을 평가한다.
셋째, 어떤 사건의 발생으로 인해 영향을 받게 되는 다른 사건의 발생확률의 변화를 추정한다.
넷째, 미래 사건들이 발생하게 될 확률을 재평가한다(백승기, 2005: 142).

교차영향분석은 다른 관련된 사건의 발생을 촉진하거나 억제하는 사건을 식별하는 데 목적이 있으며, 고전적 델파이를 보완하기 위하여 고안된 방법이다. 주로 사건들의 연결 관계를 파악하는 데 이용된다. 고전적 델파이기법은 미래의 사건을 상호 분리된 독립사건으로 가정하지만, 교차영향분석법은 "한 사건은 다른 사건의 발생을 촉진시키거나 또는 억제한다"라는 원칙에 근거하고 있다(하인호, 1995: 223).

3 교차영향분석의 요소

교차영향분석은 연결의 방향 · 강도 · 시차 등 연결관계의 세 가지 측면을 고려한다. 영향력의 방향은 하나의 사건이 다른 사건의 발생에 영향을 미치는 방향에 대해서 나타내며, 영향력의 강도는 하나의 사건 발생이 다른 사건의 발생 여부에 미치는 영향력의 강도를 의미한다. 마지막으로 영향력의 시차는 서로 연계되어 있는 사건들 사이의 시간적 간격, 즉 한 사건의 발생이 다른 사건의 발생에 즉각적으로 영향을 미치게 되는지, 일정한 시간이 지난 뒤에 미치는지를 말한다.

교차영향분석은 [그림 5-26]과 같은 교차영향행렬(cross-impact matrix)을 만들어 활용한다. [그림 5-26]은 세 가지 사건, E1, E2, E3 간의 상호작용 관계를 보여주는 것으로, 사건들의 발생시기를 미래예측하고 난 후, 영향의 방향, 강도 및 시차라는 요소를 함께 고려해서 작성한 것이다. [그림 5-26]에서 각각의 행과 열은 세 가지 미래사건이 열거되어 있고, 사건의 발생확률은 각각 P1, P2, P3으로, 세 사건의 발생순서는 E1, E2, E3 순으로 예측되었다. 표 내의 각 항의 내용은 사건들 사이의 상호 관계를 나타낸다(강근복, 2002: 146; Dunn, 1981: 234-237).

그림 5-26 교차영향 행렬표

사건	사건의 발생(P=1.0)		
	E1	E2	E3
E1		촉진	촉진
		0.2	0.5
		즉시	5년
E2	감소		촉진
	-0.3		0.3
	3년		5년
E3	감소	감소	
	-0.5	-0.1	
	6년	8년	

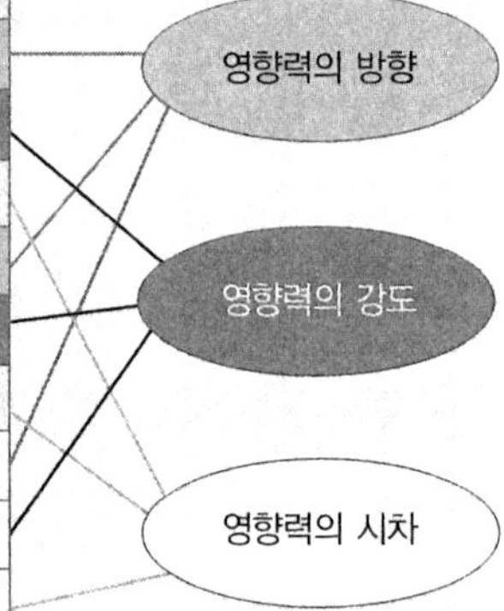

* 자료: 강근복 2002: 146

4 교차영향분석의 사례

교차영향분석의 기본적 논리를 다음의 간단한 사례를 통해서 살펴볼 수 있다(나기산 외, 1994: 299-301). 전통적 델파이를 진행하기 위해 소집된 전문가 집단이 네 개의 사건(E1, E2, E3, E4)이 장차 일어날 확률을 추정했다고 가정하자. 이 사건은 각각 휘발유 값이 갤런당 3달러로 인상(E1), 교외 인구의 도시집중(E2), 범죄 건수가 두 배로 증가(E3), 전동차의 대량 생산(E4) 등이라고 가정하자. 각 사건의 확률은 P1=0.5, P2=0.5, P3=0.6, P4=0.2이다. 이러한 주관적 추정 하에서 이들 사건 중 어떤 사건이 일어난다면 다른 사건들의 발생 확률이 얼마나 달라질 것인가를 아래 표에서 알아보자.

표 5-16 교차영향분석 : 휘발유값, 인구집중, 범죄건수, 차량생산

	E1	E2	E3	E4
E1		0.7	0.8	0.5
E2	0.4		0.7	0.4
E3	0.5	0.4		0.1
E4	0.4	0.5	0.7	

사건	사건확률
E1 : 휘발유 값이 갤런당 3달러로 인상	P1 = 0.5
E2 : 교외 인구의 도시 집중	P2 = 0.5
E3 : 범죄 건수가 두 배로 증가	P3 = 0.6
E4 : 전동차의 대량 생산	P4 = 0.2

* 자료 : 나기산 외, 1994: 299-301.

휘발유 값이 갤런당 3달러가 됨에 따라 인구의 도시집중확률은 0.5에서 0.7로, 범죄발생확률이 두 배가 되는 확률은 0.6에서 0.8로, 전동차 대량생산확률은 0.2에서 0.5로 각각 주관적 확률이 바뀌었다. 반대 경우

의 예를 들어보면, 인구의 도시집중은 휘발유 값이 갤런당 3달러로 인상될 가능성을 0.5에서 0.4로 줄인다. 이것은 교외에 살던 사람들이 도시로 이주함에 따라 주행거리가 줄어들어 석유회사들이 가격 경쟁을 더 하게 될 것이라는 가정에 입각하고 있다. 마지막으로, 상호간 아무런 관계가 없는 사건 연결도 있다. 범죄율의 증가가 휘발유 값이 3달러로 인상되는 확률에 아무런 영향이 없고(0.5), 전동차의 대량생산이 인구의 도시집중에 아무런 영향이 없다(0.5).

5 교차영향분석의 장단점

교차영향분석은 산만한 구조를 가진 여러 문제들 사이의 상호의존관계를 파악·예측하는 데 유용하며, 넓은 범위의 맥락에서 여러 사건을 분석할 수 있다. 또한 한 사람의 분석가에 의해서 수행될 수도 있을 뿐만 아니라, 정책델파이기법을 사용하여 여러 사람의 분석을 종합함으로써 주관적 판단의 정확성을 높일 수도 있다. 이러한 방법론 간의 융합은 미래 사건의 가능성 변화나, 정책기획 연구에 중요한 변화가 될 수 있다(박영숙 외, 2007: 240-241). 그러나 교차영향분석은 교차영향행렬을 구성하고 진행하는 데 비용과 시간이 많이 들고, 예측할 사건의 수가 많으면 분석이 복잡해진다는 단점이 있다. 그리고 모든 가능한 상호관련된 사건들이 분석에 포함되었는지 확신할 수 없고, 때로는 컴퓨터 프로그램이 필요하다는 점, 행렬계산의 기술적 어려움, 전통적 델파이기법과 마찬가지로 전문가들의 합의를 지나치게 강조한다는 점에서 한계점을 드러낸다.

제8절 실현성 예측

1 실현성 예측의 의의

실현성 예측(Feasibility foresight)은 정책분야의 미래예측을 위해 보다 신중한 정책수단의 실현가능성을 예측하는 방법이다. 실현성 예측은 정책관련자들의 미래행태를 예측하기 위하여 특별히 설계된 것으로, 정책분석가가 여러 정책대안들의 채택이나 집행을 지지하거나 반대함에 있어 정책관련자들의 예상되는 영향에 관하여 예측하는 것을 도와준다. 실현성이라는 개념은 어떠한 정책대안이 장차 정책으로 채택될 수 있는 '채택가능성'과 채택된 이후 성공적으로 집행될 수 있는 '집행가능성'을 동시에 내포하는 개념이다. 아무리 바람직한 정책대안이라고 하더라도 그것이 정책으로 채택될 수 없거나, 채택된다고 하더라도 집행될 수 없는 것이라면 그것을 실현성 높은 대안이라고 평가할 수는 없을 것이다(최봉기, 2004: 261-262).

통찰적 예측이 미래에 대해 정보를 잘 갖춘 개인들의 통찰적 예지에 의존하는 방법인데 비해, 실현성 예측은 정책분야에서 보다 신중한 접근을 위해 정책이 실시되기 이전에 실현성에 대해 예측하는 것을 의미한다. 이는 정치적 갈등이 존재하고 권력이나 기타 자원들의 배분이 동등하지 않은 조건에서 정책대안의 예상되는 결과를 예측해보는 데 적합하다. 실현성 예측에서 고려되는 중요한 요소는 1) 이슈에 대한 입장,

2) 가용한 자원, 3) 자원의 상대적 서열 등이다(Dunn, 1981: 240-241).

실현성 예측은 정책관련자의 행태를 예견 또는 투사할 수 있게 하는 관련 이론이나 가용한 경험적 자료가 없는 상태에서 정책관련자들의 미래행태를 예측하는 데 유용하게 이용될 수 있다. 또한 실현성 예측은 정책분석과 미래예측에 있어 정치적 실현가능성과 정책집행의 타당성 확인을 소홀히 할 수 있는 문제점을 해결할 수 있는 방법이다.

실현성 예측은 다른 판단적 예측기법들과 마찬가지로 주관적 판단을 뒷받침하는 가정이나 논증을 표면화시킬 수 있는 체계적인 방법을 제시하지 못한다는 한계가 있는데, 이러한 한계는 정책델파이의 절차를 채택함으로써 극복할 수 있다. 또 실현성 예측은 정책관련자들의 입장이 독립적으로 동시에 일어난다고 가정하는데, 이 가정의 비현실성은 시간의 경과에 따른 입장의 상호의존성을 파악하기 위하여 변형된 교차영향분석을 사용함으로써 해결될 수 있다(Dunn, 나기산 역, 2005).

>> 미래예측 사례

인터넷 민원발급 '올스톱': 미래예측 실패사례

1. 사례 개요

행정자치부의 '전자정부'와 대법원·국세청의 인터넷 민원업무 등 사실상 정부의 인터넷 민원발급 서비스가 전면 중단됐다. 이로 인해 법원과 일선 구청·동사무소 등 민원창구는 평소보다 많은 민원인이 몰려 혼란을 빚었다. 이에 따라 정부는 29일 총리공관에서 이해찬 총리 주재로 국정현안 정책조정회의를 열고, 인터넷 민원서류 위·변조 사범에 대한 처벌강화 등 대책마련에 나섰지만, 뾰족한 근절책을 찾지 못해 애를 태웠다.

한편 전자정부와 법원 인터넷 민원이 중단되면서, 각 기관에는 민원인이 크게 몰렸다. 28일 오전 한 때 서울중앙지법 중부등기소의 부동산 등본 발급 사무실에는 평소보다 훨씬 많은 20여 명의 민원인이 번호표를 뽑아들고 순서를 기다렸다. 그러나 오후 들어서는 대기자가 3배 이상 늘어나 북새통을 이뤘다. 서울중앙지법이 잠정 집계한 바에 따르면, 인터넷 민원발급 서비스 중단 이후 지역 등기소를 포함한 중앙지법의 민원 발급량이 평소보다 약 12% 증가했으며, 하루 민원인은 800명에서 1,500명으로, 대기 시간은 4분에서 30분으로 크게 증가했다.

* 자료: 서울신문, 2005. 9. 28

2. 쟁점 및 시사점

위의 사례는 지난 9월 말 인터넷 민원발급증명서의 위조방법 및 위조서류가 인터넷에 확산되면서, 정부는 해당 문제의 심각성으로 인해 현재 진행 중인 인터넷 증명서 발급시스템을 전면 중단하였다는 내용이다. 이로 인해 그 동안 집에서 또는 회사에서 바로 발급되었던 각종 등기서류들이 동사무소나 등기소에 직접 가야만 발급이 가능하게 되어 민원량이 급증하게 되었고, 그로 인해 일선행정기관으로 민원인이 몰려 행정서비스 공급에 혼란이 오게 되었다는 것이다.

이러한 문제점이 발생한 이유는 인터넷 행정서비스업무라는 정책의 정책대안의 미래예측 과정에서 해당 정책을 시행함으로 인해서 나타날 수 있는 여러 가지 가능성에 대해서 제대로 예측하지 못했기 때문이다.

정책을 집행하기에 앞서 해당 정책이 어떠한 결과를 가져올지에 대해서 예측하는 것은 단순히 그것이 가져올 혜택만을 예측하는 것이 아니라 해당 정책대안이 가져올 수 있는 문제점이나 부작용 또한 예측을 해야만 한다. 하지만 인터넷 행정서비스 업무정책에 대해서 예측했을 때에는 그 정책이 가져올 혜택에 대해서만 예측하고, 그것이 가져올 문제점에 대해서는 전혀 살펴보지 않았기 때문에 문제가 크게 발생한 것이다.

이러한 문제는 비단 위의 사례에서만 일어난 것이 아닐 것이다. 무조건 선진국의 정책이라고 해서 받아들이고, 해당 정책이 무조건 좋다고만 생각하고 정책을 결정하는 행태는 모두 정책실패 가능성을 내포하고 있다고 하겠다. 삼성자동차 문제나 카드정책으로 인한 신용불량자 급증 그리고 그로 인한 경기침체 등도 모두 유사한 정책결과 예측에 대한 실패사례라고 할 수 있다.

2 실현성 예측 방법

1. 정책델파이

정책델파이 방법(policy delphi)은 정책대안의 결과를 예측하는데 뿐만이 아니라 대안들 간의 우선순위를 비교 · 평가하는 데도 적절하게 이용된다. 원래 델파이 방법이 전문가들로부터 미래의 사건들에 대한 계명된 판단(informed judgement)을 체계적으로 얻어내고, 교환하며, 개발하는 직관적 예측방법(Dunn, 1981: 195-210)이기 때문에, 정책대안들이 과연 어느 정도 실현성을 갖는가를 예측하고 만약 여러 가지 제약적인 조건으로 인해 실현성이 낮은 경우 이를 증대시킬 수 있는 방안을 얻어내는 데에도 많은 도움을 준다.

2. 정책집단분석방법

정책집단분석방법(policy group analysis)은 정책대안의 실현성을 예측하기 위한 방법이다(Dunn, 1981: 206-210). 이 방법은 정책의 결정과 집행을 둘러싼 정치적 갈등이 전개되고 관련 집단 사이에 권력을 비롯한 정치 · 경제적 자원이 불균등하게 배분된 상황에서 정책대안의 채택과 집행을 위한 노력이 어떠한 결과를 가져올 것인지를 예측하는 데 적합하다. 정책집단분석방법에서는 관련 정책집단들의 1) 정책대안에 대한 입장, 2) 가용 자원, 3) 자원의 상대적 영향력에 대해 주관적 추정을 하고, 이를 종합적으로 고려하여 정책대안의 실현성을 예측한다.

(1) 정책대안에 대한 입장

미래예측분석가는 특정 정책대안에 관심을 갖고 있는 집단을 확인하고 이들이 하나 또는 여러 개의 대안들에 대해 지지 또는 반대 혹은 무관심한 입장을 취하는지 확률을 추정한다. 관련 집단이 취하게 될 입장을 추정한 후, 부호로 표시한다. 전적으로 지지할 경우에는 +1, 전적으로 반대할 경우에는 −1, 무관심한 입장일 경우에는 0으로 표시한다. 이 추정 값은 각 관련 집단이 지지(0에서 +1 사이) 또는 반대(0에서 −1 사이)하는 입장에서 당해 문제에 얼마만큼 관심을 가지는지를 나타낸다.

(2) 가용자원

미래예측분석가는 관련 정책집단들이 각 입장을 추구하는 데 이용가능한 자원들을 주관적으로 추정한다. 이용가능자원에는 집단의 신망도, 합법성, 예산, 참모, 정보접근성, 통신망 등이 포함된다. 정책관련자들은 언제나 그들의 자원이 필요한 다른 이슈들에 대한 입장도 갖고 있기에, 가용자원은 정책관련자가 갖고 있는 총자원의 일부분으로 표현된다. 가용자원의 척도는 소수 또는 분수로 나타내고 0부터 1까지의 값을 갖는다.

(3) 자원의 상대적 영향력

미래예측분석가는 각 정책관련자의 자원의 영향력에 대한 상대적 서열을 정한다. 정책관련자가 가지고 있는 '권력(power)' 이나 '영향력(influence)' 의 척도인 자원의 상대적 서열은 각 정책관련자에게 가용한 정치적 자원과 조직적 자원의 크기에 관한 정보를 제공한다. 각 집단의 자원 규모에 대한 상대적 서열은 0에서 1까지의 수치를 써서 주정지를 나타낸다.

이상에서 제시된 요소들을 종합적으로 고려하여 총 실현가능성지수는 다음 그림과 같이 계산된다.

그림 5-27 실현성 예측방법: 정책집단분석방법

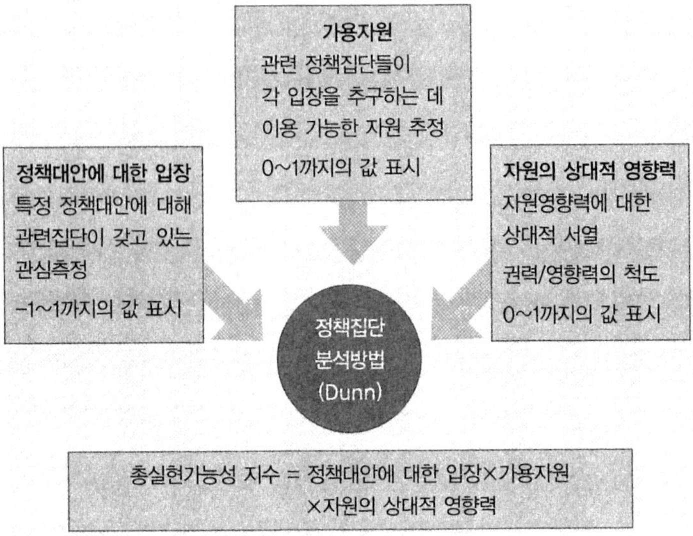

3. 정책집단 분석방법의 사례

(1) 전 제

대도시의 한 미래예측분석가는 다음 해의 지출을 충당하기 위해 지방재산세를 평균 1% 인상하는 정책대안을 검토하고 있다고 가정하자. 다른 대안은 그 액수만큼의 도시업무를 위한 지출을 감축하는 방안인데, 이것은 공무원 1,500명을 해고하는 결과를 초래한다. 대부분의 공무원이 노조에 가입하고 있고, 파업의 위협이 크기에 시장은 예산삭감방안을 망설이고 있다. 지방 납세자집단은 설사 업무결손이 있더라도 세금인상은 강력히 반대할 것으로 알려져 있다.

▣ 대안 A: 지방 재산세 평균 1% 인상

정책관련자	찬반 입장	확률	가용자원 비율	자원의 상대적 서열	실현가능성 점수
시장	+1	0.2	0.2	0.4	0.016
시의회	−1	0.6	0.7	0.8	−0.336
납세자 집단	−1	0.9	0.8	1.0	−0.720
공무원 단체	+1	0.9	0.6	0.6	0.324
언론	+1	0.1	0.5	0.2	0.010

⇒ 실현가능성점수=찬반입장×확률×가용자원 비율×자원의 상대적 영향력

총실현가능성점수(F)=각 집단의 실현 가능성 점수를 합산한 값

$=\sum F=-0.706$

총실현가능성지수(TF)$=\sum F/n=-0.706/5=-0.14$

조정된 총실현가능성지수(TF adj)$=TF\div(2/5)=-0.14/(0.4)=-0.35$

▣ 대안 B: 예산 삭감

정책관련자	찬반 입장	확률	가용자원 비율	자원의 상대적 서열	실현가능성 점수
시장	+1	0.8	0.2	0.4	0.192
시의회	+1	0.4	0.5	0.8	0.160
납세자 집단	+1	0.9	0.7	1.0	0.630
공무원 단체	−1	0.9	0.8	0.6	−0.432
언론	−1	0.1	0.5	0.2	−0.010

⇒ 실현가능성점수=찬반입장×확률×가용자원 비율×자원의 상대적 서열

총실현가능성점수(F)=각 집단의 실현 가능성 점수를 합산한 값

$=\sum F=0.540$

총실현가능성지수(TF)$=\sum F/n=0.54/5=0.11$

조정된 총실현가능성지수(TF adj)$=TF\div(3/5)=0.11/(0.60)=0.183$

>> 용어해설

조정된 총실현가능성지수

대안 A의 경우 지수의 음의 최대값은 긍정적인 입장에 대한 부정적인 입장의 수에 달려 있다. 두 개의 음의 실현 가능성 점수가 완벽하다면(즉, −1.0) 그리고 다른 정책관련자들은 무관심하다면(0.0), 이 경우 개개의 실현가능성점수의 최대값은 −2가 될 것이다. 이것을 정책관련자수(n=5)로 나누면 그 대안에 대해 최대한의 반대가 있는데도 −0.40이 된다. 이러한 이유로 TF의 최대값 TF max=2/5=0.40이 된다. 조정된 지수의 값을 구하려면 원래 TF값을 그 최대값으로 나누면 된다. 조정된 지수의 값을 구하려면 원래 TF값을 그 최대값으로 나누면 되므로 조정된 지수의 값은 −0.35가 된다. (TF adj=TF/TF max=−0.14/0.40=−0.35)

대안 B의 경우, 지수의 양의 최대값은 부정적인 입장에 대한 긍정적인 입장의 수에 달려 있다. 세 개의 양의 실현가능성점수가 완벽하다면(즉, +1.0) 그리고 다른 정책 관련자들이 무관심하다면(0.0), 이 경우 개개의 실현가능성점수의 최대값은 3.0이 될 것이다. 이것을 정책관련자 수(n=5)로 나누면 그 값이 0.60이 된다. TF의 최대값 TF max=3/5=0.60이 된다. 조정된 지수의 값은 0.183이 된다.
(TF adj=TF/TF max=0.11/0.60=0.183)

(2) 미래예측결과

대안 A의 세금인상안은 실현가능성이 없음을 예측해준다. 대안 A의 지수의 부호가 음(−)인 것은 세금 인상에 대해 지지보다 반대가 많음을 가리킨다. 반대로 대안 B의 예산삭감안에 대한 총실현가능성지수(조정된 지수)는 값은 작지만 양(+)의 부호이다. 총실현가능성지수는 −1부터 +1까지의 값을 갖고, 이것으로 여러 정책대안들의 실현가능성을 비교할 수 있다. 그런데 조정된 총실현가능성지수는 지수가 취할 수 있는 최대값은 그 부호(+, −)와 취해진 입장의 수에 달려 있기에 조정이 필요하다는 것을 나타낸다.

'비전 2030' 결정적 허점

1. 사례 개요

정부가 8월 30일 발표한 국가 장기종합전략 「비전 2030-함께 가는 희망 한국」은 엄밀히 보면 그 동안 참여정부가 추진해온 각종 로드 맵을 집대성한 짜깁기 작품이다. 한국은 2010년대에 선진국에 진입하고 2020년대 세계일류국가 도약, 2030년에는 세계 8위 경제대국 및 '삶의 질' 세계 10위에 이르는 꿈 같은 미래가 '일류국가'라는 큰 틀 속에서 정리됐다.

그러나 2030년까지 한국을 이끌어갈 '비전'은 그 내용이 공개되자마자 실현 가능성과 타당성에 의문을 부르고 있다. 당장 야당은 1천 600조원의 천문학적인 국민의 혈세로 국민의 고통만 가중시키는 '비전(費錢) 2030이고, 고통(苦痛) 2030'이라고 비난하고 있다.

'비전 2030'의 결정적인 하자는 정작 다른 데 있다. 애당초 미래전략 보고서로서 '기본기' 조차 갖추지 못했으므로 비전 제시가 소설쓰기 수준이라는 전문가의 혹독한 비판이 나오는 것이다. 세계미래전략기획 전문가 대표는 "미래비전 전략보고서는 15년 후 정도를 내다봐야 하고, 미래예측 방법을 반드시 2~3가지 사용해야 하며, 지난 20년간의 데이터를 입력시켜 시뮬레이션을 거쳐야 한다. 또 외국전문가나 지구촌 시각을 투입하는 것이 국제적인 룰"이라고 한다. 이는 10년 혹은 20년 뒤를 예측하는 미래전략이 신뢰를 얻기 위해서는 신뢰성 높고 타당성 높은 과학적인 방법론이 선세되어야 한다는 의미이다.

이번 정부의 '비전 2030'은 이런 국제적인 룰은 전혀 지켜지지 않았다. 이 때문에 첨난과학기술의 발전, 경제의 글로벌화, 서비스 산업에서의 여성 역할 확대 등 현재와 전혀 다를 것으로 전망되는 20~30년 후의 미래적 상황이 변수로 고려되지도 않았다. 또 통일 비용, 국민연금의 고갈 가능성 등 핵심적인 요인도 반영하지 않고 있다. 반면 미국 · 영국 등은 수년전부터 'CIA 2020보고서' '영국미래전략청 2020보고서' 같은 치밀한 증거에 기반한 체계적인 미래전략보고서를 내놓으며, 급변하는 미래사회에 전략적으로 대비하고 있다.

＊자료: 영남일보, 2006. 9. 3

2. 쟁점 및 시사점

위 사례는 정부의 비전 2030은 공식적인 미래예측이 아니라, 참여정부의 정책로드맵에 불과하다는 비판을 담고 있다. 미래예측은 이를 위해 선행되어야 할 조건들, 이를테면 3~6개월 정도 이상의 기간을 통해 각 분야의 전문가들이 모여 수차례로 전문가 토의를 거치면서 동시에 정책델파이와 시나리오기법을 거치는, 즉 적어도 세 가지 이상의 방법론(triangulation)을 적용하는 근거에 기반한 예측(evidence-based foresight)이 되어야 한다.

이와 함께, 과거 데이터의 시뮬레이션과 통계분석, 그리고 미래에 중요한 변수로 작용할 것 같은 요인에 대한 고려 등이 동시에 병행되어야 한다.

제9절

요약 및 결론

미래연구(future studies)는 미래의 문제를 탐구하는 학문으로서 과거나 현재에 관한 일련의 추세적 연장에 그치지 않고 미래의 대안을 창조하고, 그러한 대안의 선택과 결정을 통해서 미래의 바람직한 대안을 개발하는 학문이다. 이 절에서는 미래에 대한 창의적 예측의 방법론으로서 브레인스토밍, 전문가패널, 시나리오기법, 정책델파이, 교차영향분석 등 전문가들의 주관적 판단이나 전문적 지식에 기초한 창조적 접근에 대해 살펴보았다. 미래예측의 통계적 기법들은 데이터의 형태를 그래픽으로 혹은 추정의 형태로 처리해 줌으로써 미래예측의 객관성과 신뢰성을 확보하는 기반이 되지만, 미래연구는 어디까지나 이러한 통계분석의 수준을 넘어서서 창의적 예측에 기초한 창조적 대안 개발을 요구하고 있는 것이다.

미래예측의 시작단계로서 환경스캐닝, 이슈서베이, SWOT분석 등을 통해 미래예측 대상에 대한 관련 이슈들을 확인하고 나면, 회귀분석, 시뮬레이션, AHP기법 등을 통해 그러한 이슈가 어떻게 진행될지에 대해서 통계적으로 예측해 보고, 이에 더하여 전문가 판단에 기초하여 보다 창의적으로 미래를 예측하는 방법이 필요하게 된다. 통계적 분석에 더하여 전문가 판단이라는 질적인 분석에 들어가는 것이며, 이를 통해 보다 창조적인 대안에 대한 탐색과 개발이 가능해지는 것이다.

미래예측의 핵심은 이러한 창의적 기법들을 어떻게 활용하여 미래전략에 대한 귀중한 정보를 이끌어 낼 수 있는가에 달려 있다고 해도 과언이 아닐 정도로, 전문가패널, 시나리오기법, 정책델파이 등 전문가 판단 기법들이 미래예측 방법에서 차지하는 비중은 매우 크다고 할 수 있다. 그리고 거기에 미래예측이 단순한 계량분석과는 차별되는 부분이 존재한다고 할 수 있다. 미래예측은 결국 사회적이고 창조적인 과정이다. 미래예측은 조직의 성공에 핵심이 되는 새롭고 흥미로운 지식의 융합(knowledge fusion)을 키우는 상호작용의 과정이라고 할 수 있는데, 이러한 관점에서 이 장에서 소개한 전문가 판단에 기초하여 미래의 전략에 대한 창의적 견해들을 이끌어내는 기법들은 매우 중요한 의미를 지닌다고 하겠다.

6

Future Foresight & Policy Studies

미래예측의 연구방법 IV: 우선순위 예측

미래예측(foresight)은 이슈의 확인,
통계적 분석, 창의적 판단의 과정을 거쳐
우선순위 분석을 통해 완성된다.

학 · 습 · 개 · 요

제6장에서는 마지막으로 미래예측의 연구방법 IV인 우선순위 예측에 대해서 검토한다. 미래연구(future studies)는 미래의 문제를 탐구하는 학문으로서 과거나 현재에 관한 일련의 추세적 연장에 그치지 않고, 미래의 대안을 창조하고 미래의 정책을 기획하는 학문이다. 미래예측은 1) 이슈의 확인, 2) 통계적 분석, 3) 전문가 판단의 과정을 거쳐 우선순위 분석을 통해 완성되는 것이며, 따라서 정책 우선순위를 분석하고 거기에 대한 논리적 정당성을 제시하는 일은 미래예측에서 매우 중요한 의미를 지닌다. 더욱이 미래예측이란 단순히 몇 가지 계량분석방법론을 통해 미래를 단순히 예측하는 데 그치는 것이 아니라, 국가혁신이라는 관점에서 미래의 보다 나은 창조적 대안들을 적극적으로 개발하고, 창조하며, 정책의 우선순위 선정에 따른 정책기획까지도 포함하는 폭넓은 미래지향적 사고의 과정이라고 보았을 때, 우선순위 분석은 미래예측을 마무리한다는 매우 중요한 의미를 지닌다고 할 수 있다.

지식기반경제 하에서 과학기술의 중요성이 부각되면서 첨단산업, 기초과학, 정보통신 등을 포함한 국가 과학기술 분야의 미래예측이 매우 중요해지고 있는데, 이러한 관점에서도 이 장에서 검토하는 핵심기술 우선순위 기법(Critical or key technologies)과 우선순위 로드맵 기법(Technology Roadmapping)은 10~30년 뒤를 내다보면서 국가가 우선적으로 투자해야 할 국가과학기술지도를 제시해 줄 수 있는 국가경쟁력과 국가성장동력 창출의 핵심기법들이라고 할 수 있다.

이 장에서는 이러한 의의를 지닌 핵심기술 우선순위 기법과 우선순위 로드맵 기법에 대해서 검토하기로 하는데, 여기에서는 이를 미국, 독일, 호주, OECD 등의 미래예측사례와 연계하여 고찰해 봄으로써 미래예측의 실사구시적 의미를 되새겨 보기로 한다.

제 1 절

우선순위 분석의 의의

미래예측은 1) 이슈의 확인, 2) 통계적 분석, 3) 전문가 판단의 과정을 거쳐 우선순위 분석을 통해 완성된다. 투자우선순위(priority) 분석, 국가과학지도(map)의 구성, 그리고 로드맵(roadmap) 구성은 기술예측에서 특히 중요하다. 일반 미래예측의 경우에는 정책 우선순위를 구성하지 않고 일반적인 미래상황에 대한 예측으로 그치는 경우도 많이 있지만 정책이 포함된 미래예측의 경우에는 투자우선순위와 이에 기초한 정책우선순위의 선정이 핵심이라고 할 수 있을 정도로 중요하다. 정책우선순위의 선정이 잘못되면 모든 예측이 다 소용없어진다고 할 수 있다. 하지만 우선순위 분석이 통계적 분석 및 전문가 판단과 따로 떨어져서 분석될 수는 없는 일이다. 앞에서의 분석과 연계하여 우선순위 선정이 이루어지게 된다. 다만 여기에서는 핵심기술우선순위기법과 로드맵우선순위기법을 통해 우선순위 선정에서 고려해야 할 요소들을 정확히 한번 짚어보기로 한다.

제2절

핵심기술 우선순위 기법

핵심기술 우선순위(Critical or key technologies) 선정은 가장 우선시되는 기술을 선정함으로써 핵심기술로 나타나게 될 미래의 상황에 적합하게 대응하고자 하는 것이다. 이는 미래 고부가가치 핵심기술을 국가적으로 선정함으로써 국가 경쟁력과 국민의 삶의 질적 향상을 제고한다는 의미를 지닌다. 미래 사회의 비전을 실현하기 위한 전략적 선택과 집중적 투자가 필요한 중점 핵심기술의 정책우선순위를 고려하는 것은 매우 중요한 의의를 지니며, 특히 지식기반경제 하에서 과학기술의 중요성이 부각되면서 첨단산업, 기초과학, 정보통신 등을 포함한 국가 과학기술 분야의 미래예측이 매우 중요해지고 있다.

1. 핵심기술의 정의

정책의 지속적인 성장과 국가경쟁력 향상을 위한 기술을 전략적으로 선정함에 있어 핵심기술의 정의는 매우 중요한 첫 단추이다. 핵심기술 전략의 수립은 정책의 적합성을 유지하는 것이 중요한데, 핵심기술전략은 기본적으로 기술타겟(what to do)을 결정하고, 최적의 기술획득전략(how to do)을 수립하는 것이다. 기술타겟을 결정할 때에는 미래핵심기술(pacing technology), 핵심기술(key technology), 기반기술(base technology) 별로 목표를 설정할 필요가 있다.[1)]

1) http://www.tenopa.co.kr/service/service01.asp 참고.

① 기반기술(base technology): 국가경쟁력 유지에는 기여하지 않지만 기본적으로 확보되어야 하는 기술
② 핵심기술(key technology): 현재 핵심사업의 경쟁력 유지를 위한 기술
③ 미래핵심기술(pacing technology): 미래 유망사업을 개척하거나 경쟁력 확보를 위한 기술

핵심기술을 정의하는 데 있어 고려되어야 할 질문들은 다음과 같다.

첫째, 핵심기술들의 정책적 적합성은 얼마나 되는가?
둘째, 핵심기술들과 비핵심기술들은 상호 구별 가능한 정도인가?
셋째, 핵심기술들의 도출 과정과 결과는 신뢰할 수 있으며 재생산 가능한가?

핵심기술의 정의에 대한 기술정책의 패러다임은 과거 단일 건수 위주의 임무지향적 기술정책에서 기초과학기술과 기초과학기반조성을 동시에 강조하는 기술정책 패러다임으로 전환되고 있다. 즉, 기존의 기술정책 패러다임이 특정 프로젝트의 수행을 통해 기술적 성과를 얻어내는 임무지향적 기술정책이었다면, 최근에는 기존의 임무지향적 기술정책에서 연구개발의 기반조성과 하부구조를 강조하는 기술정책 패러다임으로 전환되고 있는 것이다. 지식정보사회에서 경쟁력의 원천은 재화가 아닌 지식과 지적 자본이기에 과학기술 인력 및 연구개발 인력이 효율적인 연구활동을 수행할 수 있도록 하는 과학기술 인프라의 구축이 핵심적인 기술로서 강조되고 있는 추세이다.

핵심기술로서의 과학기술 인프라 구축은 과학기술 두뇌확보 및 효과적인 국제협력사업의 추진을 가능하게 해주며, 이러한 과학기술 인프라 구축은 국내의 젊고 유능한 과학기술 고급인력의 두뇌유출을 방지함과 동시에 해외 과학기술 고급인력의 효과적인 유치·활용을 위한 긍정적인 유인체계로 작용할 수 있게 해 준다. 더 나아가, 국제적인 연구개발사업의 유치(인간 유전자 프로젝트, 고에너지 물리 등)를 가능하게 해주며,

국내과학자들의 국제적 연구개발사업에의 참여(기후변화, 테러, 질병 등)도 가능하게 해준다.

우리나라에서도 국가과학기술위원회(2002)에서 정책델파이방법 및 이슈서베이 방법 등을 통하여 10년 후 국가경제 및 미래사회의 기반이 될 국가과학 기술발전 5대 비전과 13개 발전방향을 수립하고, 이를 중심으로 49개의 전략제품 · 기능과 97개의 핵심기술을 선정하였다. 이를 위해 기획단 및 실무위원회와 소위원회를 포함한 450여명의 산 · 학 · 연 전문가들이 참여하였다.

여기에서는 핵심기술의 성격을 다음과 같이 제시하였다(한국과학기술기획평가원, 2003).

첫째, 우리나라의 산업 경쟁력을 강화하는 데 필수적으로 중요하고 수요지향적인 기술로서 미래 수요가 큰 기술

둘째, 필요 기술을 모두 망라하는 것이 아니라, 동원할 수 있는 인적 · 물적 자원과 성공 잠재력 등을 종합적으로 고려하여 전략적으로 선택된 기술

셋째, 기여하는 산업 분야가 2개 이상일 경우에는 공통적으로 쓰일 수 있는 기술 등으로 정의하였다.

2. 핵심기술의 우선순위 선정

핵심기술 우선순위의 선정은 핵심기술의 미래 우선순위를 도출하여 우선순위에 따라 기술개발 추진계획을 수립하는 데 기여한다(한국교통연구원, 2004). 핵심기술의 우선순위 선정 시 고려해야 할 중요한 질문들은 다음과 같다.

첫째, R&D의 핵심 분야는 무엇인가?
둘째, 정부 혹은 공공자금을 지원받아야 하는 핵심적인 기술들은 무엇인가?
셋째, 핵심기술을 선택하는 데 어떤 기준이 적용되어야 하는가?

넷째, 핵심기술을 실행하는데 있어 논의되어야 하는 것 중 가장 중요한 고려사항은 무엇인가?

앞서 언급한 한국행정학회(2005)의 「미래 과학기술을 위한 대형 연구시설 및 장비구축에 관한 정책연구」에서도 이러한 국가가 미래에 직면한 핵심기술에 대한 투자우선순위를 도출하는 연구였다. 이 정책연구에서는 우선순위 선정 기준의 다각적인 검토를 위해 먼저 미국 국가과학재단(NSF)과 독일의 과학기술위원회(German Science Council)의 과학 및 기술 기준들을 검토하고, 이를 토대로 과학기술차원과 국가정책차원이라고 하는 두 가지 큰 축의 핵심기술 우선순위 기준을 제시하였다. 또한 투자 우선순위 선정의 객관성과 타당성을 제고하기 위해 설문조사에 토대를 둔 통계적 분석과 함께 브레인스토밍과 정책델파이를 함께 병행함으로써 양적 연구와 질적 연구를 접목시켰다.

또한 한국과학기술연구원(2006)의 「정부출연연구기관의 전략기술지도 작성에 관한 사전 연구」에서는 정부출연의 경우 전략형 기술기획방법의 추진이 중요하다고 하며, 기술전략의 수립 과정을 크게 환경분석단계, 기술전개구상단계, 기술전략책정단계로 구분하였으며, 핵심기술의 우선순위 선정을 위해 다음과 같은 질문을 제시하였다.

첫째, 어떤 기술이 조직의 임무와 비전에 부합되는가?
둘째, 어떤 기술이 미래 기술 혁신을 주도할 것인가?
셋째, 어떤 기술이 조직의 기술개발역량을 극대화 할 수 있는가?

이 외 전략기술의 선택, 기술개발 목표설정, 기술획득방법의 선택, R&D 투자수준의 결정, 시장진입의 시기, R&D 조직과 관련정책의 결정 등을 기술전략에서 선택해야 할 중요 요인으로 선정하였다.

또한 과학기술부(2002)에서는 국가기술지도 작성에서 사용되었던 다음과 같은 핵심기술 우선순위 선정기준들을 사용하였다.

(1) 전략적 중요성

전략적 중요성은 전략적 국가연구개발사업의 추진을 통한 기술혁신 및 국가발전의 측면에서 중요한 정도를 의미한다. 이것의 세부항목으로는 ① 국제적 중요도(해당 기술이 세계 각국에서 얼마만큼 전략적으로 중요하게 판단하여 연구개발을 수행 또는 계획하고 있는가)와 ② 국가 경쟁력 기여도(해당 기술의 개발을 통하여 국가위상 및 국방 강화, 삶의 질 향상, 산업경쟁력 강화 등 국가경쟁력 제고에 얼마만큼 전략적으로 기여하는가)를 고려한다.

(2) 기술개발 수준

기술개발 수준은 해당기술 분야에서 현재 국내의 기술개발 능력 수준을 의미한다. 이것의 세부항목으로는 ① 경쟁적 위치(선진국과 비교했을 때 해당기술 분야에서 현재 국내기술력의 경쟁적 위치)와 ② 연구인프라(해당 기술의 개발에 필요한 연구인력과 연구기자재 및 장비의 보유 정도 등 국내의 해당기술 연구개발 능력 정도)를 고려한다.

(3) 기술개발 가능성

기술개발 가능성은 기술개발에 성공하여 원천기술을 확보하고 세계적으로 경쟁우위를 차지할 수 있는지의 여부를 의미한다. 이것의 세부항목으로는 ① 기술확보 가능성(10년 동안의 장기투자를 통하여 연구개발에 성공하고 해당 기술의 원천기술을 확보할 수 있는 가능성 정도)과 ② 세계적 경쟁우위성(선진국과 비교하여 해당 기술의 보유가 세계적 경쟁 우위를 확보하게 하는 가능성 정도)을 고려한다.

(4) 경제적 파급효과

경제적 파급효과는 해당 기술이 경제발전에 미치는 파급효과의 정도를 의미한다. 이것의 세부항목으로는 ① 시장성 및 성장성(향후 10년간 투자했을 때 향후 국내외 시장의 규모 확대 정도)와 ② 이익창출 가능성

그림 6-1 핵심기술의 우선순위 선정절차 : 미래 첨단연구시설 투자우선순위

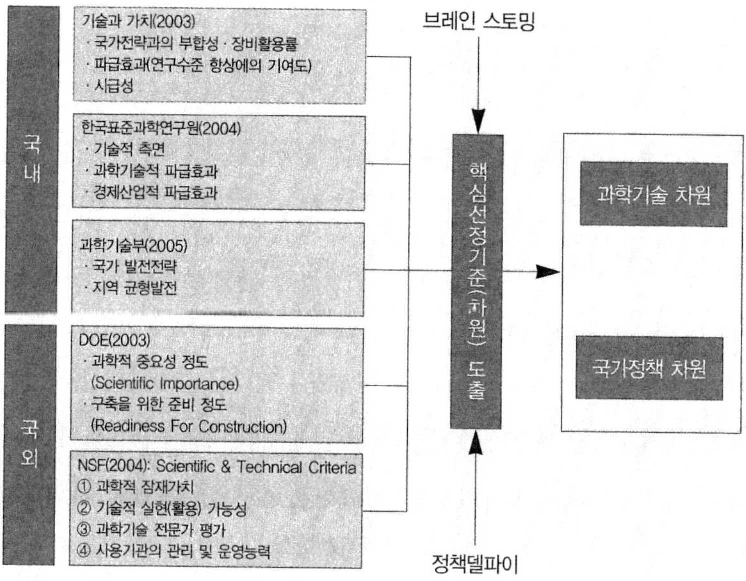

* 자료 : 한국행정학회(권기헌, 김태영, 차용진, 이홍재), 2005 : 14

및 새로운 산업의 창출 가능성을 고려한다(한국과학기술기획평가원, 2003).[2)]

다음으로 선진외국의 핵심기술 우선순위 선정기준을 살펴보기로 하자. 먼저, NSF(2004)의 핵심기술 우선순위 선정기준은 다음과 같다.

2) 정보통신부(2004)에서는 정보통신 핵심기술 우선순위를 선정함에 있어 다음과 같은 기준을 제시한 바 있다. ① 국책성(파급효과는 크지만, 투자 규모나 투자회수기간, 실패 위험 등의 측면에서 민간 주도가 곤란하여 정부 주도가 필요한 정도), ② 기술성(추구하는 목표 수준이 높고, 목표달성방법이 차별적 첨단적이며, 개발 기술의 지적재산권 획득이 높은 정도), ③ 핵심성(적용될 제품의 서비스의 차별화된 성능이나 가격경쟁력을 확보함에 있어 기술적 · 경제적으로 결정적인 역할을 수행하는 정도), ④ 경쟁성(기술우위국 대비 승산이 있는 분야로서, 이미 경쟁우위를 확보한 분야거나 지속적 연구개발을 통해 경쟁우위 확대가 가능한 정도) ⑤ 시장성(기술개발로 얻어지는 시장규모 및 성장률 정도 또는 개발기술이 관련산업에 미치는 영향의 정도) 등을 기술선택의 중요한 기준으로 제시하였다(한국과학기술연구정보원, 2004).

첫째, 과학적 잠재가치는 얼마나 되는가?
둘째, 기술적 활용가능성은 얼마나 되는가?
셋째, 과학기술 전문가의 당해 기술에 대한 평가는 어떠한가?
넷째, 핵심기술 선정시 당해 기술을 운영할 사용기관의 관리 및 운영능력은 얼마나 되는가?

독일(2003)의 German Science Council은 German Wissenschaftsrat's Large-scale Facilities for Basic Scientific Research에서 핵심기술 우선순위를 위한 선정기준을 개발하였는데, 전문가 관점과 정책적 관점 등의 2가지 차원으로 구별하였다.

첫째, 전문가 차원에서는 1) 대형연구시설의 과학적 발전 가능성, 2) 대형연구시설의 기술적 혁신 가능성, 3) 관련 기관의 과학기술적 역량, 4) 사용자 수용가능성, 5) 연구의 중요도(기술이전, 국제경쟁력, 과학 후속 세대 양성) 등을 제시하였다.
둘째, 정책적 차원에서는 1) 과학적 잠재성, 2) 정책목표 수행가능성, 3) 과학적 개념의 실현가능성, 4) 과학적 발전가능성(연구조사 분야에 대한 국가적, 국제적 과학 개발의 함의) 등을 제시하였다.

호주(2002)는 The National Research Priorities Taskforce에서 핵심기술 우선순위를 위한 선정기준을 개발하였는데, 투자효과성 차원과 연구기여도 등의 2가지 차원으로 구별하였다.

첫째, 투자효과성 차원에서는 1) 국가적 차원의 공동활용 정도, 2) 사회문화적 적합성, 3) 국가적 역량 구축 정도(전문성, 경험, 기술적 역량), 4) 연구기반시설의 활용 가능성, 5) 국제협력 가능성, 6) 투자파급효과 등을 제시하였다.
둘째, 연구기여도 차원에서는 1) 상용화 가능성, 2) 지식기반 및 과학기술 혁신에의 기여도 등을 제시하였다.

마지막으로, OECD(1992)는 OECD FORUM ON MEGA-SCIENCE POLICY ISSUES에서 핵심기술 우선순위를 위한 선정기준을 개발하였는데, 과학기술 기여도 차원과 국가에의 기여도 등의 2가지 차원으로 구별하였다. OECD기준은 이상의 연구들을 종합할만한 매우 포괄적인 핵심기술 우선순위 선정기준을 제시한 것으로 평가할 수 있다.

첫째, 과학기술 기여도 차원에서는 1) 과학적 중요도(제안된 기술은 큰 중요성을 갖는 과학기술적 영역을 발전시키고, 그것이 국제적인 연구 선도의 끝에 위치하는가), 2) 수요적 규모(제안된 기술들의 성공을 지휘할 뛰어난 과학자와 기술자들의 커뮤니티가 있는가), 3) 독창성(제안된 기술이 국가에 특별히 적합한 독창성은 있는가), 4) 파급효과(제안된 기술이 학제간 연구를 육성하는데 어떠한 파급효과를 가질 것인가), 5) 국제적 협력성(제안된 기술은 해외의 연구자들을 국내로 유인할 수 있는 국제적 과학 공동연구를 부흥시킬 것인가) 등을 제시하였다.

둘째, 국가기여도 차원에서는 1) 산업적 중요도(제안된 기술을 활용한 연구결과물은 새로운 국가산업을 발전시킬 수 있는가), 2) 사회적 중요도(제안된 기술은 지식의 진보, 경제성장, 건강, 환경, 복지, 국가안보에 중요성을 가진 것인가), 3) 국제경쟁력(제안된 기술은 국가적지위와 국가경쟁력을 강화시킬 것인가) 등을 제시하였다.

>> 용어설명

National Science Foundation(NSF, 미국국가과학재단)

NSF는 모든 분야의 기초과학과 공학(의학 제외)을 지원하는 유일한 연방기관으로, 천문학에서 지질학, 동물학에까지 다양한 분야를 망라하고 있다. 또 현재에는 불가능해보이지만 미래에는 당연하게 여겨질 첨단기술 즉, 높은 수익이 기대되는 대신 높은 위험도 수반하는 아이디어에도 적극적 지원을 아끼지 않고 있다. 매년 NSF는 미국과 세계 전역에의 약

20만 명의 과학자, 엔지니어, 교육자, 대학생을 지원한다. '지구 끝까지'라는 표현이 어울릴 정도로 과학과 연계된 다양한 분야를 지원하고 있으며, 첨단기술을 발굴하고 이 분야에서 활약하는 미국의 과학자들에게 연구기금과 장비를 제공하는 임무를 수행하고 있다.

주목할 점은 NSF가 첨단과학, 공학기술을 발굴하고 지원하는 과정이 상위하향(top-down)방식이 아니라는 데 있다. NSF는 하위상향(bottom-up)방식을 사용하는데, 연구집단과의 지속적인 접촉을 통해 타당하다고 여겨지고 특별한 발전을 이룰 수 있는 분야에 연구기금을 지원하고 있다. NSF에서 일한 경력이 없는 과학자, 엔지니어, 교육자로 구성된 독립적인 패널들이 대상이 되는 기술들에 지원결정을 내린다. 각 분야의 전문가 풀(pool)을 통해 패널들을 선정하고, 이들의 평가는 기밀에 부쳐진다. 매년 약 5만여 명의 평가단이 첨단기술 평가 작업에 참여하고 있다.

패널들은 '실적평가시스템(merit review)' 이라고 불리는 프로세스를 통해 가장 우선순위에 있는 프로젝트를 결정하고 기금을 지원한다. 엄청난 양의 연구와 토의과정을 거친 후에야 비로소 개별평가패널이 최종 추천을 하게 된다.

* 자료 : www.nsf.gov.

3. 핵심기술 우선순위 선정 절차

핵심기술을 선정하기 위해서는 다음과 같은 절차를 밟는다.

첫째, 집단 전문가(cohort of experts for consultation)를 선정한다.
둘째, 핵심기술들의 목록표를 만든다.
셋째, 목록화된 핵심기술들을 유형화하고 우선순위를 가린다.
넷째, 핵심기술의 우선순위를 관련 정책결정자에게 제안한다.

「미래 과학기술을 위한 대형 연구시설 및 장비구축에 관한 정책연구」(2005)에서도 이러한 국가가 미래에 직면한 핵심기술에 대한 투자우선순위 분석을 위해 핵심기술 우선순위 선정절차를 단계별로 밟으면서 신중하게 접근하였다. 이를 위해 다음과 같은 단계별 접근을 취하였다.

첫째, 집단 전문가(cohort of experts for consultation)를 선정하였다. 과학기술의 포괄성에 비추어, IT(정보기술), BT(생명공학), NT(나노기술), ST(우주기술), ET(환경기술) 등의 전문가들이 균형되게 포함될 수 있도록 기초과학 관련 38개의 학회와 기초과학연구자들에게 자문을 구하였다. 즉, 학문간 균형성과 함께 지역적 균형성을 고려하여 집단전문가를 선정하였다.

둘째, 핵심기술들의 목록표를 만들었다. 핵심기술의 목록표를 만드는 과정에서도 세 차례에 걸친 전문가 심층의견조사를 통해 선행연구에서 도출된 핵심기술 후보 목록에 대한 검증을 시도하였다. 먼저, 1차타당성검증에서는 기초과학 전문가 심층의견조사를 통해 핵심기술 후보 목록을 개괄적으로 선정하였다. 2차타당성검증에서는 기초과학연구자, 한국기초과학지원연구원 등 핵심기술 관련 전문가(물리, 화학, 생물, 지구과학, 기초과학 일반)의 심층의견조사를 통해 12개의 핵심기술을 선정하였다. 마지막으로 3차타당성검증에서는 각 분야별(IT, BT, NT, ST, ET) 유사 중복 목록의 조정, 핵심기술의 각 분야별(BT, NT, ET, IT, ST) 균형 배정, 기초연구분야 예산(비용) 등을 고려하여 최종 후보목록을 도출하는 과정을 거쳤다.

셋째, 목록화된 핵심기술들을 유형화하고 우선순위를 선정하였다. 이 단계에서는 무엇보다도 우선순위 선정기준을 먼저 도출하는 것이 중요한데, 앞서 언급한 바와 같이, 미국의 NSF, 독일, 호주, OECD 등의 선진국의 핵심기술 우선순위 기준들을 벤치마킹하여 포괄적이면서도 상호배타적인 핵심기술 우선순위 선정기준을 도출하였다. 핵심기술 우선순위 선정기준이 도출되면, 이 기준들에 따라서 핵심기술들을 유형화하게 된다. 최종 도출된 우선순위 선정기준은 국가정책차원과 과학기술차원으로 구분되었으며, 국가정책차원의 경우에는 6개, 과학기술차원의 경우에는 5개의 세부 선정기준이 포함되었다(표 6-1 참조).

표 6-1 핵심기술 우선순위 선정기준 : 미래 첨단연구시설 투자우선순위

구 분	핵심기술 세부 선정기준
과학 기술 차원	– 과학적 중요성(장점, 잠재성, 기회) – 기술적 준비성 – 대형연구시설 및 장비의 활용률 – 대형연구시설 및 장비의 공동 활용 정도(BT, NT, ET, IT, ST 등) – 사용기관의 관리 및 운영능력
국가 정책 차원	– 국가 과학발전에의 부합 정도(NTRM, 차세대 성장동력 핵심기술과의 부합정도) – 국가 정책적 차원의 시급성 – 대형연구시설 및 장비의 과학기술적 파급성 – 대형연구시설 및 장비의 경제산업적 파급성 – 학제간/기초과학 연구수요의 대응성 – 관련 정부기관과의 형평성

* 자료 : 한국행정학회, 2005 : 159.

그림 6-2 핵심기술 우선순위 선정 논리 및 절차 : 미래 첨단연구시설 투자우선순위

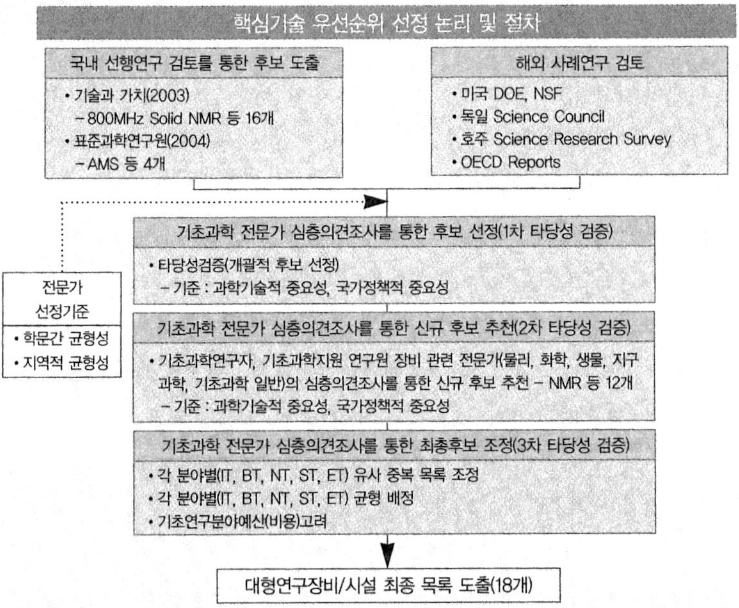

* 자료 : 한국행정학회, 2005 : 19.

마지막으로, 핵심기술의 우선순위를 관련 정책결정자에게 제안하였다. 이 단계에서 중요한 것은 시각적인(visual)인 발표형식을 갖추는 것이다. 가급적 시각적인 도표(table)와 그림(figures), 그리고 과학기술지도(science map) 등에 대한 입체적 구성을 통해 미래 국가과학기술 투자의 총체적인 로드맵을 제시하는 것이 중요하다(그림 6-2 참조).

표 6-2 핵심기술 우선순위 분석 : 미래 첨단연구시설 투자우선순위 분석

시설/장비	전체순위 (단순평균)	과학기술차원순위 (단순평균)	국가정책차원순위 (단순평균)	전체순위 (가중치적용)
차세대 자기공명장치(NMR)	1	1	1	1
질량분석가속기(AMS)	2	2	2	2
자기공명영상시스템(MRI)	3	3	3	3
고분해능 질량분석기 (Mass Spectrometer)	4	4	5	4
전자현미경	5	5	4	5
제4세대 방사광 가속기	6	6	7	6
고자기장 연구장비	7	7	6	7
양성자가속기	8	8	8	8
극초단 광양자빔 (Ultra-Short Optical Pulse Laser)	9	9	9	9
대전력저장공급시설	10	10	11	10
초전도특성평가시설	11	11	10	11
핵융합로재료시험시설	12	14	12	13
중대형 이온빔 가속기	13	12	13	12
가속기 기반 중성자 연구설비 (Spallation Neutron Source)	14	13	14	14
냉중성자연구시설	15	15	15	15
고에너지실험자료센터 (대용량 자료시스템 포함)	16	17	16	17
초전도 가속관 시험/제작 시설	17	16	17	16
중성미자검출설비	18	18	18	18

* 자료 : 한국행정학회, 2005 : 159.

핵심기술 우선순위 기법:
태동기원천기술개발사업의 기획연구

1. 사례 개요

태동기원천기술개발사업은 미래 신산업 창출과 과학기술역량 강화를 위하여 국가가 전략적으로 태동기술(Emerging Technology)을 선정하고 원천기술 선점과 기술주도권을 확보하기 위해 집중 육성하는 기술개발사업이다. 한국과학기술평가원에서는 핵심기술 우선순위 기법을 사용하여 10대 태동기술 분야를 선정하였고, 199개의 사업서를 접수받아 요소기술들을 도출하였다.

* 자료: 한국과학기술평가원, 2007.

2. 사례내용

(1) 유망요소기술의 도출체계

유망요소기술은 정부 16개 기관에서 워킹그룹(W/G) 멤버를 추천받아

그림 6-3 유망요소기술 도출 절차

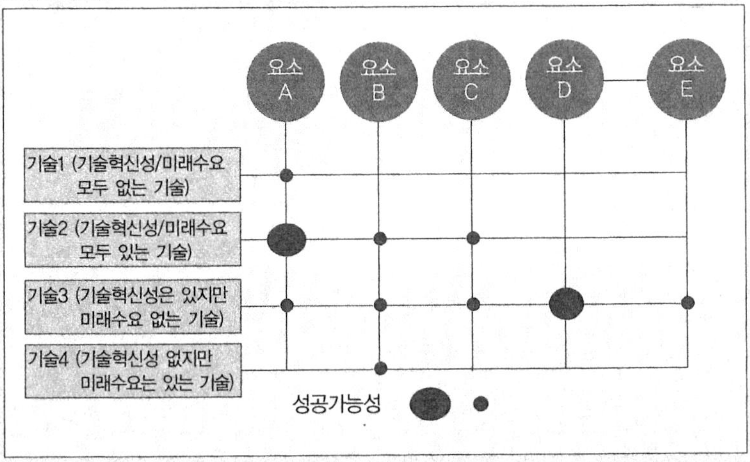

사업의 유망요소 기술 도출을 위한 전문분과를 구성·운영하였다. 유망요소기술 수요조사는 기술혁신성, 미래수요성 등을 중심으로 평가되었다.

워킹그룹(W/G)은 나노, 정보, 에너지, 환경, 바이오 분야 전문가로 구성되었으며, 전문분과별로 해당 분야 제안 기술에 대한 매력도, 적합도 평가를 통해 우선순위를 설정하였다. 매력도는 기술의 혁신성, 트렌드 부합성 등 해당 기술에 대한 관심도 평가를 수행하였으며, 적합도는 정부지원의 타당성 등에 대한 연구지원의 적절성을 평가하였다.

그림 6-4 유망요소기술 도출 절차

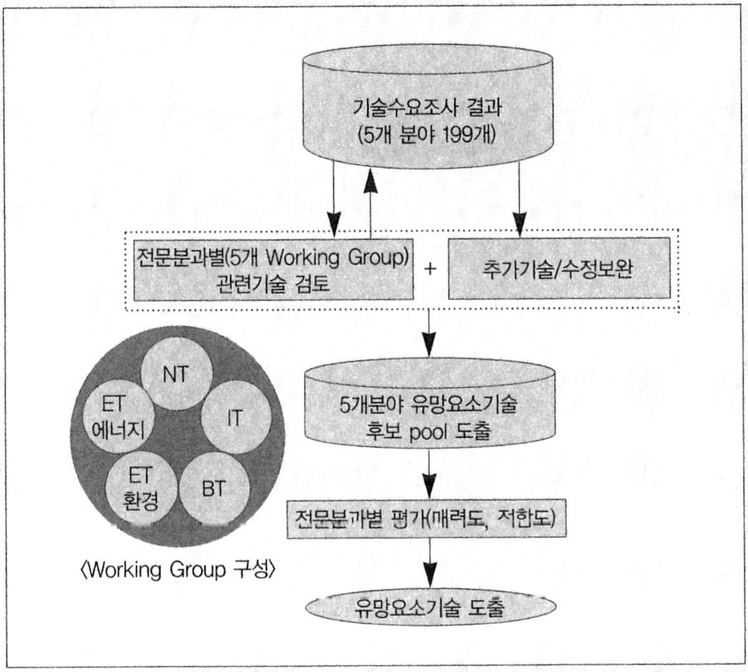

전문 분과별 고려사항은 다음과 같았다.

첫째, 급속히 발전하는 연구영역에 대한 선행논문분석 결과를 지향하여 트렌드 부합성을 최대한 반영한다.

둘째, 해외에서 중점적으로 추진하고 있는 기술분야 중 한국의 현실에 적절한 분야를 적극 반영한다.

셋째, 국내외 특허출원이 되어 있어 이미 선행특허가 많이 존재하는 경우를 지양한다.

넷째, 국내 과학기술역량을 고려할 때 성공 가능한 분야를 지향한다.

(2) 우선순위 선정과정 및 평가기준

우선순위 선정은 매력도 평가, 적합도 평가 및 종합평가의 3단계 평가를 통해 프로젝트의 성공 여부를 예측한 후 추진 여부 및 우선순위 등을 결정하였다.

- 1단계 매력도 평가: 매력이 있는지 없는지를 판단하여 평가
- 2단계 적합도 평가: 매력이 있는 프로젝트의 적합도를 평가
- 3단계 종합평가: 종합평가(매력도+적합도)로 성공 여부를 예측

그림 6-5 프로젝트 평가의 성공확률

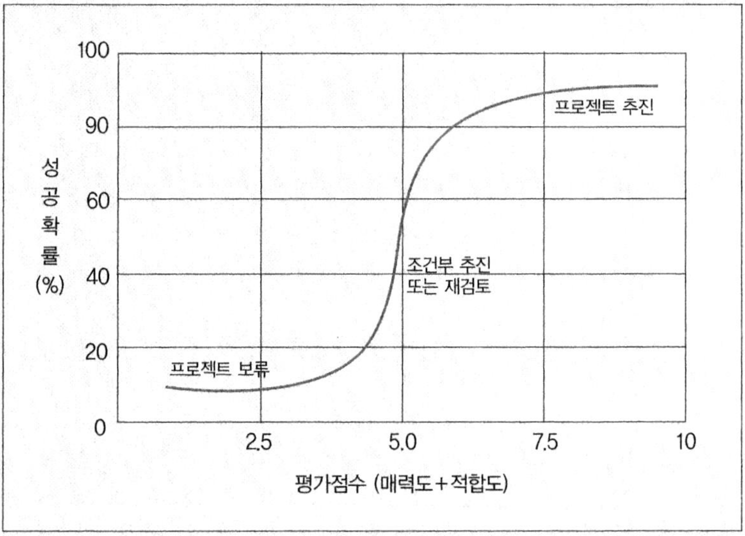

우선순위는 아래 그림에서와 같이 SWOT의 기본 개념을 활용하여 평가한 후 종합분석을 통해 도출을 시도하고, 동시에 분과별 다양성 및 해당 분야의 특성 등을 감안하여 분과별 종합평가기준을 총괄기획실무위원

회에서 결정하였다. 분과별로 매력도, 적합도 평가를 실시하기 전에 전문가 W/G에서 본 사업의 취지에 적합하지 않다고 판단되는 유망요소기술 제안서를 순차적으로 탈락시키고 유사한 분야는 통합하였다.

그림 6-6 우선순위 설정(Priority Settings) 전략

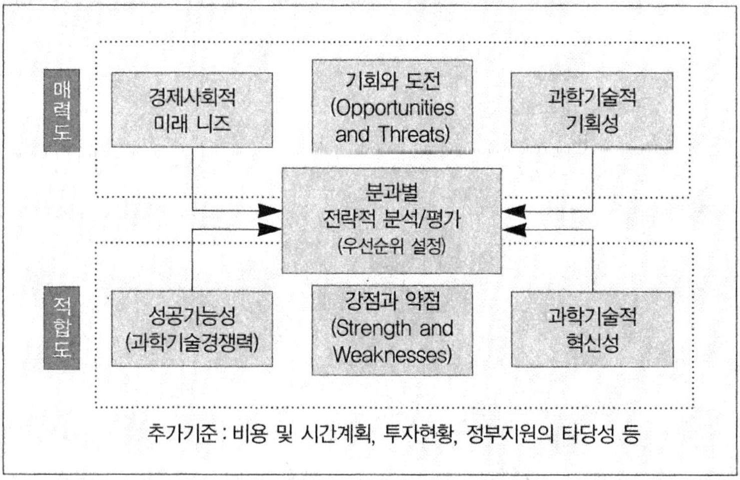

(3) 태동기술 분야의 유망요소기술 도출 결과

위와 같은 선정평가를 통해 15개 유망요소기술 후보를 도출하였다. 바이오(생명과학/공학) 분야가 5개 기술 분야로 가장 큰 비중을 차지하고 있으며 그 다음 나노분야에서 2개 유망요소기술이 도출되었다.

기술 분야별	10대 태동기술 분야명	유망요소기술명
Emerging Nano Technology & Materials	1. 나노 · 고기능성 소재기술	1-1. 융합나노구조체 합성 및 응용기술 1-2. 분자디바이스기술
Emerging Electronics & Information Systems	2. 초고성능 컴퓨팅기술	2-1. 양자컴퓨팅기술
	3. 인지과학 · 로봇기술	3-1. 뉴런 · 반도체 하이브리드칩기반 인공신경계 기술

Emerging Energy & Environmental Systems	4. 기후변화 예측 · 대응기술	4-1. 초고감도 케모(바이오) 검지 및 시스템 기술
	5. 청정 · 신재생 에너지기술	5-1. Micropower Generator기술 5-2. 신개념 연료전지기술
	6. 생태계보존 · 복원기술	6-1. 초고효율 오염저감기술
Emerging Life Sciences & Applications	7. 고부가 생물자원기술	7-1. Genomic Nutritioneering 기술
	8. 재생 의과학기술	8-1. BINT 기반 세포재생 및 분화기술
	9. 생체방어기술	9-1. 초고감도 (케모)바이오 검지 및 시스템 기술
	10. 맞춤의약 · 신약기술	10-1. 복합단백질 분자구조규명기술 10-2. CNT 및 나노물질 기반 생체영상 기술 10-3. 나노바이오입자를 이용한 창약 기술 10-4. 체질맞춤의학기술

3. 쟁점 및 시사점

미래 신산업 창출과 과학기술역량 강화를 위하여 국가는 전략적으로 태동기술(Emerging Technology)의 우선순위를 선정할 필요가 있다. 이에 위 사례에서는 한국과학기술평가원에서 핵심기술 우선순위 기법을 사용하여 10대 태동기술 분야를 선정하였고, 199개의 사업서를 접수받아 요소기술들을 도출한 내용을 소개하고 있다. 본문에서 논의한 바와 같이, 이 연구에 있어서도 선정기준을 매력도와 적합도로 구분하고, 매력도는 다시 기술의 혁신성, 트렌드 부합성 등 해당 기술에 대한 관심도 평가를 수행하고, 적합도는 정부지원의 타당성을 평가하는 등 매우 신중한 접근을 취한 것으로 생각된다. 또한, 우선순위 분석방법론에 있어서도 SWOT 분석 및 S-확률기법을 도입하는 등 매우 체계적인 추진을 한 것으로 평가된다.

제3절

우선순위 로드맵 기법

1 우선순위 로드맵의 의의

우선순위 로드맵은 불확실성이 높은 미래 수요를 충족시키기 위해 향후 개발해야 할 미래기술 방향 및 대안을 탐색하기 위한 미래기획 방법이다(Kostoff & Schaller, 2001; Petrick & Echols, 2004). 우선순위 로드맵은 현존하는 기술들의 기술적 발전 속도와 한계점에 대한 분석을 토대로 이러한 한계를 극복하고 새로운 기술혁신을 창출할 수 있는 새로운 기술적 대안들을 탐색하는 데 기여할 수 있다.

우선순위 로드맵은 주로 민간부문에서 미래 불확실성에 대처하기 위해 미래 유망기술과 제품개발을 위한 중장기 전략의 수단으로 광범위하게 작성되어 왔으나(Groenveld, 1997: Petrick & Echols, 2004; Willyard & McClees, 1987), 최근에는 기술로드맵이 개별기업이나 산업을 넘어 국가수준에서 미래유망기술을 도출하는 과학기술정책의 목적으로 활용 범위가 확대되고 있다(이경재, 2006; Petrick & Echols, 2004; Phaal et al., 2004). 선국국가들은 국가 차원의 미래유망기술을 전망하고 정책적 측면에서의 기술개발의 우선순위 설정을 위해 다양한 방법론들을 전개해 왔으며, 기술예측(technology foresight)이나 기술로드맵(technology roadmap) 등과 같은 방법론들을 적극적으로 활용하고 있다(Martin & Irvine, 1989; Martin & Jognston, 1999).

국가수준의 우선순위 로드맵은 국가혁신체제 구축에 이바지할 수 있도록 과학기술 분야의 미래예측, 기획, 그리고 우선순위 의사결정에 관련된 사항들을 제시하고자 하는 방법론이다. 이는 국가경쟁력 향상을 위한 핵심기술을 확보하기 위한 산 · 학 · 연과의 목표 및 전략의 공유를 이끌어냄으로써, 국가적 수요를 만족시켜 줄 핵심기술들에 관한 공감대를 형성하고, 국가기술정책에 대한 기본방향을 제공해 주는 데 그 목적이 있다(국가과학기술위원회, 2002).

2 우선순위 로드맵의 작성과정

우선순위 로드맵 기법은 성과목표(performance target)에 도달할 수 있는 핵심기술 또는 기술격차(technology gap)를 확인하고, 관련 구성원들 간 연구활동을 조정함으로써 연구 · 개발(R&D) 투자 관련 정책결정을 조율할 수 있는 미래지도(future map)를 제공한다.

따라서 우선순위 로드맵 기법은 정책기획과 기술전략을 지원하기 위한 첨단산업에서 광범위하게 이용되며, 다차원적 시간에 기반한 그래픽 차트로 구성된다. 이 차트에는 미래 기술개발과 시장수요의 관련성이 표현되어야 한다.

우선순위 로드맵은 기술로드맵(TRM: Technology Road Map)이라고도 하며, 연구개발 또는 신정책개발 부문의 운영을 위한 마스터플랜이라고 할 수 있다.

우선순위 로드맵을 작성하는 과정은 1) 시장변화의 동인 파악 및 미래포지션 설정(Market Driver ldentification &Future Position Setting), 2)제품, 기술, 역량에 대한 요구조건 정의(Product, Technology, Capability Requirements Definition), 3) 역량 및 경쟁력 분석 및 전략 설정(Capability Gap-Competitveness Analysis & Strategy Setting), 4) 다양한 대안평가

표 6-3 우선순위 로드맵 작성과정

단계	내용	설명
1 단계	시장변화의 동인 파악 및 미래 포지션 설정(Market Driver Identification & Future Position Setting)	대내외 시장 동향 및 고객 니즈 분석 등을 통하여 시장변화의 동인(market driver)을 파악하고 미래 포지션을 설정
2 단계	제품, 기술, 역량에 대한 요구조건 정의(Product, Technology, Capability Requirements Definition)	미래 포지션 목표를 달성하기 위한 제품, 기술, 역량에 대한 요구조건을 도출 정의하는 단계
3 단계	역량 및 경쟁력 분석 및 전략 설정(Capability-Gap-Competitveness Analysis & Strategy Setting)	자사의 역량(capability)을 평가하고, 요구조건목표와의 갭을 평가하고, 타사와의 경쟁력을 평가한 후, 전략(목표 및 수단)을 설정하는 단계
4 단계	다양한 대안평가 및 우선순위 설정(Portfolio Analysis and Priority Setting)	다양한 프로젝드 대인을 구세화하고, 프로젝트 포트폴리오 분석평가를 통하여 투자 우선순위를 설정하는 단계
5 단계	우선순위로드맵 도출(Technology Roadmap Development)	선택된 실행 프로젝트에 대하여 주요 사업(기술)영역 및 기능영역별로 주요 목표 및 활동을 시간 차원으로 전개하고, 시각적으로 도식화하는 우선순위로드맵 도출 단계

* 자료 : http://www.tenopa.co.kr/service/service01.asp.

및 우선순위 설정(Portfolio Analysis and Priority Setting), 5) 우선순위 로드맵 도출(TechnologyRoadmap Development) 등을 거쳐서 완성된다(표 6-3 참조).

3 우선순위 로드맵의 사례

우선순위 로드맵 기법에 관해서는 미국 연방정부의 에너지개발부(2003) 미래예측 정책사례가 매우 중요한 방법들을 제시해주고 있다. 미국의 에너지개발부(DOE, 2003)에서는 과학계, DOE연구소, 자문위원회 등을 통하여 수집된 내용을 바탕으로 향후 2023년까지 미국이 과학분야에서의 세계적 리더십을 구축하기 위해 요구되는 핵심기술 28개를 발굴하고 이에 따른 우선순위와 로드맵을 제시하였다.

1. 우선순위 분석 매트릭스

미국의 에너지 개발부(DOE)의 과학국(Office of Science)에서는 그들이 지원하는 분야(핵융합, 재료, 생물학 및 환경, 고에너지물리, 원자물리, 첨단과학계산 등)를 대상으로 핵심기술들을 발굴하는 한편, 6개의 분야별 자문위원회는 53개 시설을 추천하고, 이를 2가지 기준인 과학적 중요성, 건설을 위한 준비 정도로 각각 평가하여 최종적으로 핵심기술 28개를 선정하였다.

과학적 중요성이라는 기준에 대해 자문위원회는 그들이 추천한 시설을 3개의 범주(가장 높은 과학적 중요성, 두번째 과학적 중요성, 평가하기 어려운 과학적 중요성)로 구분하였으며, 또한 건설의 준비성에 따라 시설들을 '단기', '중기', '장기'로 시설들을 분류하였다. 그 결과 '가장 높은 과학적 중요성'은 건설의 준비성에 따라 A, B, C로 분류되었고, '두번째 과학적 중요성'은 범주 D로, '평가하기 어려운 과학적 중요성'은 범주 E로 분류하는 등 매우 입체적인 핵심기술 로드맵을 제시할 수 있었다.

>> 용어설명

DOE: Department of Energy, Office of Science

미국 에너지개발부(DOE) 과학국(OS)은 미국 내 기초 물리학 연구 기금의 40%를 지원할 정도로 해당 분야에서 가장 큰 연구지원기관이다. 과학국은 고연료 에너지학, 핵물리학과 융합에너지학과 같은 국가의 연구 프로그램을 감독하기도 한다.

과학국(OS)은 기초 에너지학, 생물 및 환경학 그리고 컴퓨터과학의 기초 연구 프로그램을 관리한다. 게다가 재료공학, 화학공학에 있어 연방정부의 최대 연구기금 출연기관이며, 기후변화, 지질학, 게놈학과 과학 교육과 같은 독특한 분야도 지원하고 있으며, 여섯 개의 학제 간 프로그램(고등과학컴퓨터 연구, 기초에너지과학, 생물 및 환경 연구, 융합에너지과학,

고연료물리학, 핵물리학)을 통해 연구 포트폴리오를 관리하고 있다.

과학국은 또한 연구 투자의 대략적인 방향을 다듬고, 우선순위기술을 구분하며, 지원대상이 될 최고의 과학연구제안서를 결정하기 위해 상호평가와 연방자문위원회를 광범위하게 활용하고 있다. 그리고 21,500명 이상의 연구자들이 이용하는 R&D기관의 건설과 운영을 감독하고, 전국적으로 300여 개 이상의 대학교에 연구기금을 지원한다.

* 자료 : www.sc.doe.gov.

그림 6-7 미국 DOE의 핵심기술 우선순위 분석 절차

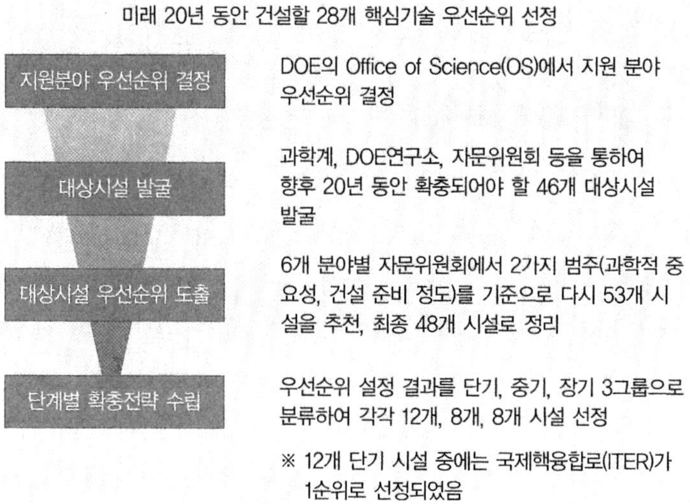

* 자료 : 한국행정학회, 2005 : 4.

표 6-4 미국 DOE의 핵심기술 우선순위 분석 매트릭스

↑ 과학적 중요성			
	범주A 가장 높은 과학적 중요성, 건설 준비성 측면에서 단기	범주B 가장 높은 과학적 중요성, 건설 준비성 측면에서 중기	범주C 가장 높은 과학적 중요성, 건설 준비성 측면에서 장기
	←	범주D 두 번째 과학적 중요성, 건설준비성에 따라 변함	→
	←	범주E 평가하기 어려운 과학적 중요성 건설준비성에 따라 변함	→
		건설의 준비성 →	

* 자료 : 한국행정학회, 2005 : 46.

2. 우선순위 분석 로드맵

미국의 에너지개발부(DOE, 2003)에서는 더 나아가 28개 핵심기술들을 단기, 중기, 장기 등 3그룹으로 분류하여 각각 12개, 8개, 8개 시설을 선정하고, 이들에 대한 입체적인 정책로드맵을 제시하였다. 이러한 핵심기술 우선순위 로드맵에서 20년 간의 미래예측이 포함되어 있으며, 각 핵심기술별로 투자 최적시기가 제시되어 있다(표 6-5 참조). 단기, 중기, 장기적 구축 시설 중 국제핵융합로(ITER) 시설이 1순위로 선정되었다.

단기구축 대상 핵심기술은 12개인데, 제1순위는 ITER, 2순위는 UltraScale Scientific Computing Capability, 공동 3순위(3개 시설)는 Joint Dark Energy Mission; Linac Coherent Light Source; Protein Production and Tags Facility; Rare Isotopes Accelerator이며, 기타(6개 시설)로 구성되어 있다. 중기구축 대상 핵심기술은 8개인데, 이들은 Linear Collider, Analysis and Modeling of Cellular Systems, SNS 2-4MW Upgrade, SNS Second Target Station, Whole Proteome Analysis,

표 6-5 DOE의 핵심기술 우선순위 로드맵

U.S DOE에서 제시한 핵심기술 20년의 투자 최적시기				
	우선순위	사업	시설	현재 ◀———▶ 미래
	1	FES	ITER	
	2	ASCR	Ultra Scale Scientific Computing Capability	
		HEP	Joint Dark Energy Mission	
	3	BES	Linac Coherent Light Source	
단기		BER	Protein Production and Tags	
		NP	Rare Isotope Accelerator	
		BER	Characterization and Imaging	
		NP	CEBAF Upgrade	
	7	ASCR	Esnet Upgrade	
		ASCR	NERSC Upgrade	
		BES	Transmission Electron Achromatic Microscope	
	12	HEP	BTeV	
	13	HEP	Linear Collider	
		BER	Analysis and Modeling of Cellular Systems	
	14	BES	SNS 2-4MW Upgrade	
중기		BES	SNS Second Target Station	
		BER	Whole Proteome Analysis	
		NP	Double Beta Decay Underground Detector	
	18	FES	Next Step Spherical Tokamak	
		NP	RHIC Ⅱ	
	21	BES	National Synchrotron Light Source Upgrade	
		HEP	Super Neutrino Beam	
		BES	Advanced Light Source Upgrade	
장기		BES	Advanced Photon Source Upgrade	
		NP	eRHIC	
	23	FES	Fusion Energy Contingency	
		BES	HFIR Second Cold Source and Guide Hall	
		FES	Integrated Beam Experiment	

투자최적점 ■　　단기 ▩　　중기 □　　장기 □

사업 : ASCR = Advanced Scientific Computing Research　　FES = Fusion Energy Sciences
BES = Basic Energy Science　　HEP = High Energy Physics
BER = Biological and Environmental Research　　NP = Nuclear Physics

* 자료 : 한국행정학회, 2005 : 49.

Double Beta Decay Underground Detector, Next Step Spherical Tokamak, RHIC Ⅱ 등이다. 장기구축 대상 핵심기술도 8개인데, 이들은 National Synchrotron Light Source Upgrade, Super Neutrino Beam, Advanced Light Source Upgrade, Advanced Photon Source Upgrade, eRHIC, Fusion Energy Contingency, HFIR Second Cold Source and Guide Hall, Integrated Beam Experiment 등으로 구성되어 있다(표 6-5 참조).

3. 국내 사례

최근 국내에서도 미래유망기술에 대한 전망과 기술개발 방향설정을 위한 국가수준의 우선순위 로드맵의 작성과 활용이 증가하고 있다. 이는 과거의 선진국 의존형의 기술획득에서 벗어나 우리나라도 세계적인 기술 선도국으로 부상하기 위한 정책적 노력의 일환으로 이해할 수 있다(박상문, 2006: 3). 특히, 범정부 차원 또는 개별 정부부처 차원의 우선순위 로드맵 수립은 과거와는 다른 새로운 과학기술기획으로, 국가차원의 핵심기술기획 수단으로 급속히 활용되고 있으며, 파급효과나 영향력의 측면에서 볼 때 우선순위 로드맵을 통한 국가수준의 기술기획 방법론의 중요성은 매우 크다고 볼 수 있다.

실제로 국내에서는 2002년 국가기술로드맵 작성 이후 2003년부터 정부 주요 부처별, 공공부문 및 민간부문에서 주력산업이나 핵심기술분야를 중심으로 전략적 기술기획 또는 우선순위 로드맵 작성이 증가하였다. 대표적인 형태로는 산업자원부에서 추진한 '차세대 성장동력'과 '산업기술로드맵', '정보통신부의 IT839', 과학기술위원회의 '미래국가유망기술21' 등은 국가수준의 미래유망산업의 기술을 도출하고 핵심기술발전 방향을 제시한 대표적 사례들이다(조현대 외, 2004: 박상문 외, 2006).

한국행정학회(2005)의 연구에서도 미래 과학기술을 위한 첨단 연구시설에 대한 우선순위 로드맵을 마련하였다. 여기에서는 18개 핵심시설들을 단기, 중기, 장기 등 3그룹으로 분류하여 각각 2개, 8개, 8개 시설을 선정하고, 이들에 대한 입체적인 정책로드맵을 제시하였다. 이러한 핵심기술 우선순위 로드맵에서 15년간의 미래예측이 포함되어 있으며, 각 핵심기술별로 투자시기가 제시되어 있다(그림 6-8 참조). 단기, 중기, 장기적 구축 시설 중 차세대자기공명장치(NMR) 시설이 1순위로 선정되었다.

단기구축 대상 핵심기술은 2개인데, 이들은 자기공명영상시스템(MRI)과 질량분석가속기(AMS)이다. 중기구축 대상 핵심기술은 8개인데, 이들은 차세대자기공명장치(NMR), 전자현미경, 고자기장연구장비, 극초단광양자빔, 초전도특성평가시설, 대전력저장공급시설, 핵융합로재료시험시설, 고분해능질량분석기이다. 장기구축 대상 핵심기술은 8개인데, 이들은 제4세대방사광가속기, 양성자가속기, 가속기기반중성자연구설비, 중성미자검

그림 6-8 미래 과학기술을 위한 첨단 연구시설에 대한 투자 우선순위 : 단기, 중기, 장기

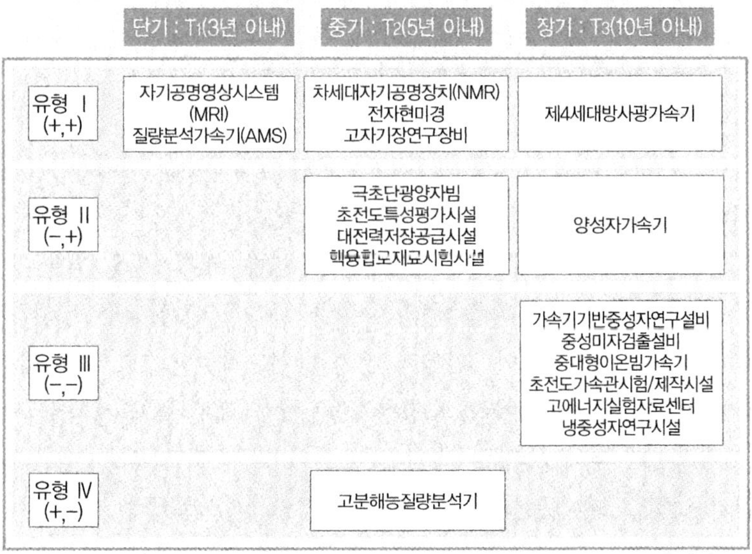

* 자료 : 한국행정학회(권기헌, 김태영, 차용진, 이홍재), 2005 : 153.

그림 6-9 미래 과학기술을 위한 첨단 연구시설에 대한 투자 우선순위 로드맵

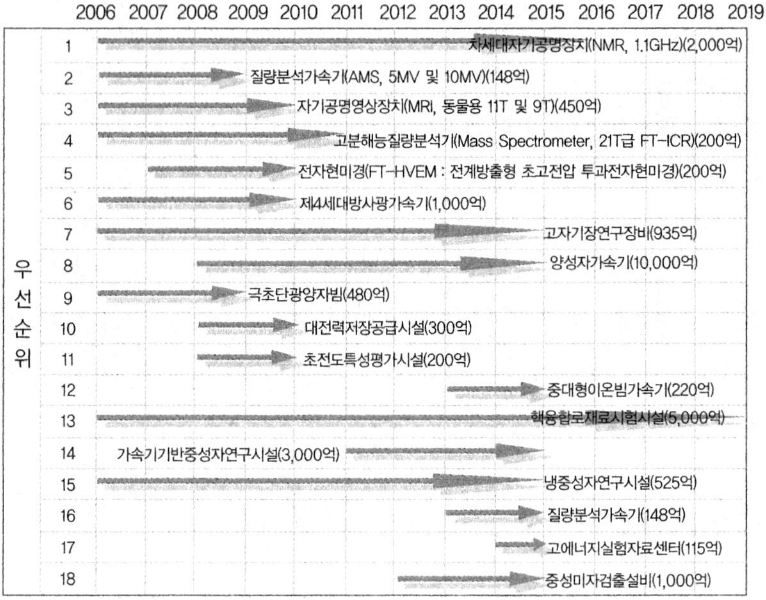

* 자료 : 한국행정학회(권기헌, 김태영, 차용진, 이홍재), 2005 : 183.

출설비, 중대형이온빔가속기, 초전도가속관시험/제작시설, 고에너지실험자료센터, 냉중성자연구시설 등이다(그림 6-9 참조).

또한 한국행정학회(2005)의 연구에서는 미래 과학기술을 위한 첨단 연구시설에 대한 투자 우선순위의 분석을 과학기술차원, 국가정책차원, 도입시기차원으로 나누어 3차원적 분석을 시도하였다(그림 6-10 참조). 과학기술차원, 국가정책차원, 도입시기차원에서 모두 높게 평가된 시설은 1~5번으로 나타났는데, 이들은 차세대자기공명장치(NMR), 질량분석가속기(AMS), 고분해능질량분석기, 자기공명영상시스템(MRI), 전자현미경 등이다.

그림 6-10 미래 과학기술을 위한 첨단 연구시설에 대한 투자 우선순위 : 과학기술차원, 국가정책차원, 도입시기차원

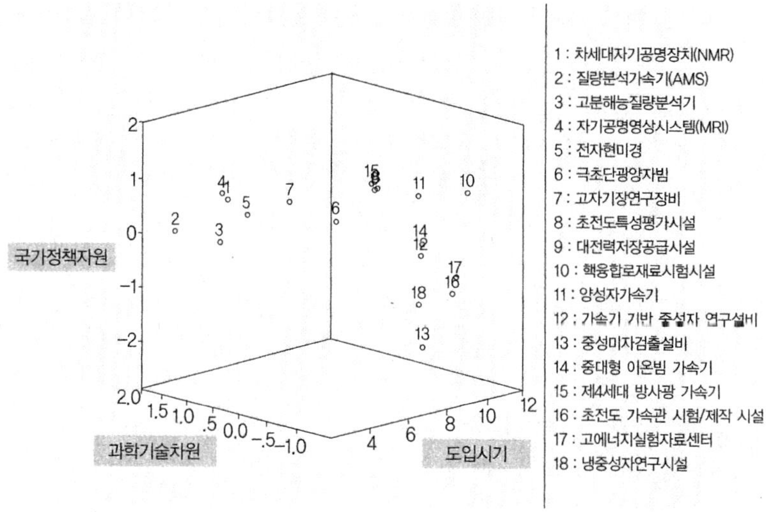

* 자료 : 한국행정학회(권기헌, 김태영, 차용진, 이홍재), 2005 : 150.

>> 미래예측 사례

우선순위 로드맵: 국가기상기술(MTRM) 연구

1. 사례 개요

2007년 5월 기상청은 국가기상기술 연구를 통하여 국내 · 외 기상기술 정책 · 동향 및 연구 개발투자 현황을 파악하고, 현재의 기술수준 및 시장 규모, 미래 기상업무의 신기술을 조사하고 예측하였다. 장기적인 기술 로드맵인 기상기술지도(MTRM) 작성을 통해, 국내 · 외 기상기술 여건 변화에 대응이 가능한 기상기술 개발의 기본방향과 체제를 기획하고, 기상업무의 효과성과 능률성을 제고할 수 있을 것으로 기대하고 있다.

2. 기상기술지도(MTRM) 작성과정

기상기술지도(MTRM)의 작성과정은 다음과 같다.

첫째, 기상기술 동향조사(환경스캐닝)를 통하여 국내외 기상기술 개발 정책 및 연구개발 투자현황을 분석하고, 기술수준 및 시장규모 조사 및 예측을 통하여 전문가들과 사회적 파급효과와 시장규모 및 전망을 파악하였다.

둘째, 분야별 핵심기술 선정을 통하여 벤치마킹(Bench Marking) 국가를 설정하여, 기술개발 성격에 대한 목표 및 테마를 설정하여 기술개발 우선순위를 설정하였다. 특히, 기술개발 우선순위 설정은 중요성과 시급성을 고려하여 정책적 기술개발의 우선순위를 제시하였다.

마지막으로 기술 로드맵 작성을 통하여 시대적으로 요구되는 기상기술지도(MTRM)를 제시하였다.

＊자료 : 한국기상학회, 2007.

3. 쟁점 및 시사점

위 사례는 국가기상기술 연구를 통하여 현재의 기술수준 및 시장규모, 미래 기상업무의 신기술을 예측하고, 이를 토대로 장기적인 기술 로드맵인 기상기술지도(MTRM) 작성하였다는 내용을 소개하고 있다. 국가기상기술 연구는 국내 기상기술의 패러다임의 변화에 따라 독자기술을 꾀하고, 세기적 기상 및 기후 환경변화에 대응하며, 국내 산업기상정보를 선진국 수준으로 확보하기 위해 꼭 필요한 연구이다. 이러한 장기적 기술 로드맵은 기상기술을 조사하여 향후 10년까지 이용할 기상기술개발 전략도를 작성하게 해줌으로써 우리나라의 기상기술 경쟁력 제고는 물론 향후 이 분야의 국제협력을 주도할 수 있게 해주는 효과를 기대할 수 있다.

4. 우선순위 로드맵의 정기적 평가

(1) 우선순위 로드맵의 평가단계

미국 에너지 개발부(DOE)에서는 우선순위 로드맵을 정한 뒤에도 이를 최종적인 결론으로 받아들이는 것이 아니라, 정기적으로 평가하기 위한 평가단계를 마련하였다. 핵심기술 우선순위 로드맵의 평가단계는 기초평가와 실적평가로 이루어진다(그림 6-11 참조).

첫째, 기초평가에서는 모든 제안된 핵심기술들에 대한 기초평가를 수행한다. 기초평가 단계에서는 제안된 모든 핵심기술 애플리케이션들이 기술적으로 적절하고 실현가능성 있는지에 대해 평가한다.

둘째, 실적평가에서는 기초평가가 이루어지고 난 후, 다음의 5가지의 기준의 적용을 통해 실적평가시스템(merit-review system)에 근거한 각각의 핵심기술 애플리케이션들에 대해 평가한다. 실적평가의 기준은 다음과 같다.

그림 6-11 미국 DOE의 우선순위 로드맵 평가추진체계

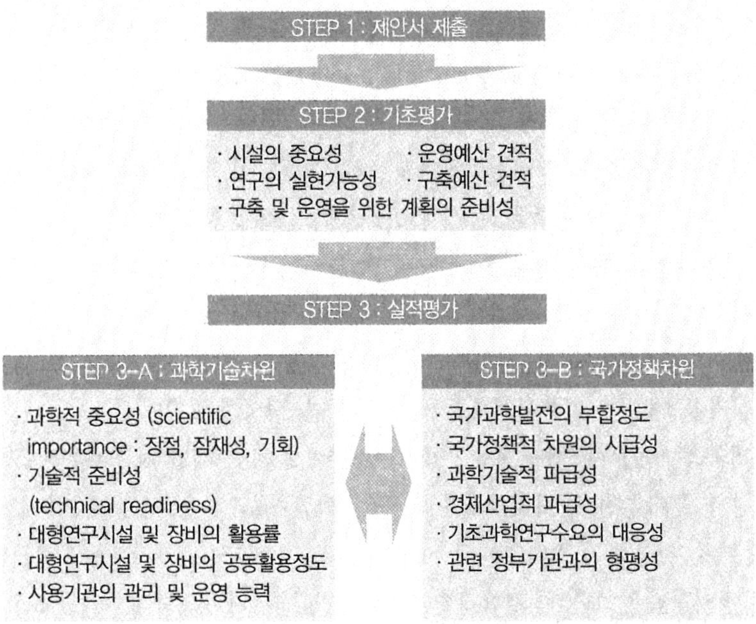

① 핵심기술의 과학기술적 장점이나 교육적 효과
② 제안된 방법이나 접근방법의 적합성(appropriateness)
③ 지원자의 개인적 능력과 제안된 자원의 적격성
④ 제안된 예산의 합리성과 적합성
⑤ 유용성에 관한 정보와 부처에서 판단하기에 적절한 요인들

DOE는 이외에도 핵심기술들 간의 적절한 균형을 보장할 수 있는 정책요인, 핵심기술 담당자의 능력, 핵심기술들에 대한 기술적 평가결과(findings), 부처 임무와의 관련성 및 제안된 핵심기술의 중요성과 관련성, 재정지원 가능성 등의 기준들을 적절한 범위에서 고려하게 된다.

(2) 우선순위 로드맵의 평가 추진체계

미국의 에너지개발부(DOE)에서는 우선순위로드맵 평가의 추진체계를 갖추고 공식적인 평가절차를 밟는다.

미국의 DOE는 핵심기술 우선순위 로드맵 평가의 추진체제를 위해 자문위원회(Advisory Committees)를 구성하고 있는데, 이는 다시 여섯 개의 하위 과학 분야별 조직으로 구성되어 있다. 자문위원회는 기본적으로 대학, 국가적 실험실, 에너지 관련 연구 및 산업계의 대표자들로 구성되어 있으며, 이들은 정기적으로 핵심기술 우선순위 로드맵의 평가를 담당한다. 자문위원회는 국가의 효과적인 연구를 위해 국가 전체의 핵심기술 우선순위를 나타내는 장기예측에 참여하는 한편, 핵심기술 우선순위 로드맵에 대한 정기적인 평가와 검증을 통해 보다 적실성 높은 핵심기술 개발이 이루어지도록 하는 역할을 담당하고 있다.

미국의 국가과학재단(NSF, 2004)에서는 에너지 개발부(DOE)와 같은 에너지 분야뿐만 아니라, 국가 전체의 핵심기술 우선순위 로드맵 평가를 위한 지침을 마련하였는데, 이러한 NSF의 핵심기술 우선순위 로드맵의 평가단계는 1단계 과학기술적 기준, 2단계 기관전략적 기준, 3단계 국가적 기준으로 나누어진다(표 6-6 참조).

첫째, 제1단계 과학기술적 기준에서는 1) 과학적 장점, 잠재성, 기회, 2) 기술적 준비성, 3) 과학적 신뢰성, 4) 기관 운영능력에 대해 평가한다. 이는 해당 분야의 전문가들에 의해 평가된다.

둘째, 제2단계 기관전략적 기준에서는 1) 과학적 균형발전의 효과성(기관 차원), 2) 학제간 연구수요의 대응성, 3) 다른기관에 대한 책임성, 4) 교육 및 노동력 발전 효과성, 5) 발전 및 구축에 대한 준비성에 대해 평가한다. 이는 기관 자문위원회에서 평가한다.

셋째, 제3단계 국가적 기준에서는 1) 과학연구 변화 잠재성, 2) 과학연구 국가저 선도 잠재성, 3) 다양한 참여자에 대한 편이성, 4) 시급성, 5) 국가적 우선순위 효과성, 6) 과학계의 지원정도, 7) 과학적 균형발전(국가차원)에 대해 평가한다. 이는 국가과학위원회에서 평가한다.

표 6-6 미국 NSF의 우선순위 로드맵 평가 추진체계

단계별 선정기준	세부내용	평가자
1단계 과학기술적 기준	· 과학적 장점, 잠재성, 기회 · 기술적 준비성 · 과학적 신뢰성 · 기관 운영능력	해당 분야
2단계 기관전략적 기준	· 과학적 균형발전의 효과성(기관 차원) · 학제간 연구수요의 대응성 · 다른 기관에 대한 책임성 · 교육 및 노동력 발전 효과성 · 발전 및 구축에 대한 준비성	기관자문위원회
3단계 국가적 기준	· 과학연구 변화 잠재성 · 과학연구 국가적 선도 잠재성 · 다양한 참여자에 대한 편익성 · 시급성 · 국가적 우선순위 효과성 · 과학계의 지원 정도 · 과학적 균형발전(국가 차원)	국가과학위원회

따라서 NSF의 핵심기술 우선순위 로드맵 평가의 추진체계는 다단계의 평가로 이루어지며, 각 단계별 기준들에 대한 상세한 지침을 마련하였다는 데에서 많은 정책적 학습요인을 제시해주고 있다.

5. 한국의 우선순위 로드맵 평가체제

우리나라에서도 국가연구개발사업평가의 우선순위 로드맵 평가를 위한 추진체계를 갖추어서 실행하고 있다. 예비분석을 거쳐, 1) 장기 대규모 사업, 2) 중복조정 · 연계 필요사업, 3) 다수기관 공동추진사업에 대해서는 정례평가를 시행하며, 국가 · 사회적 현안 사업에 대해서는 수시평가를 시행하고 있다. 사업별 성과평가 결과 필요하다고 판단 시에는 특정평가를 시행하게 된다. 또한 기술개발 부처의 경우에는 자체평가를

그림 6-12 국가연구개발사업평가 추진체계

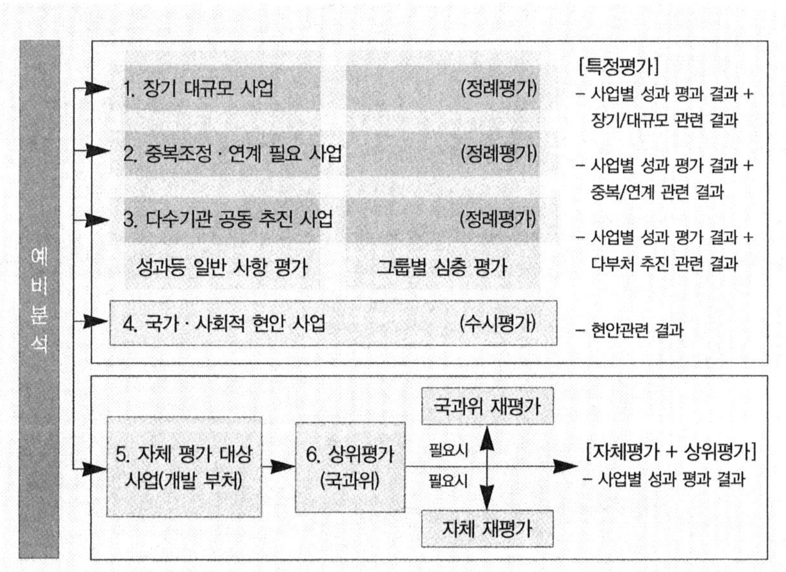

＊자료 : www.kistep.re.kr

시행하며, 이를 국가과학기술위원회에서 상위평가를 하게 된다. 이에 따라 사업별 성과평가 결과는 자체평가와 상위평가를 합하여 내리게 된다(그림 6-12 참조).

또한, 국가연구개발사업평가와 관련하여 우리나라에서는 평가관련 데이터베이스 구축과 지식관리를 위해 국가과학기술종합정보시스템(NTIS)을 갖추고 있다.

한국과학기술평가원에서 과학기술 혁신본부와 긴밀한 협의체제하에 전문과제를 관리하고 있으며, 국가 R&D 사업 및 전문과제, 주요 통계정보 도출, 평가항목 및 평가방법 도출 등의 업무를 추진하고 있다(그림 6-13 참조).

그림 6-13 국가과학기술종합정보시스템(NTIS) 추진체계

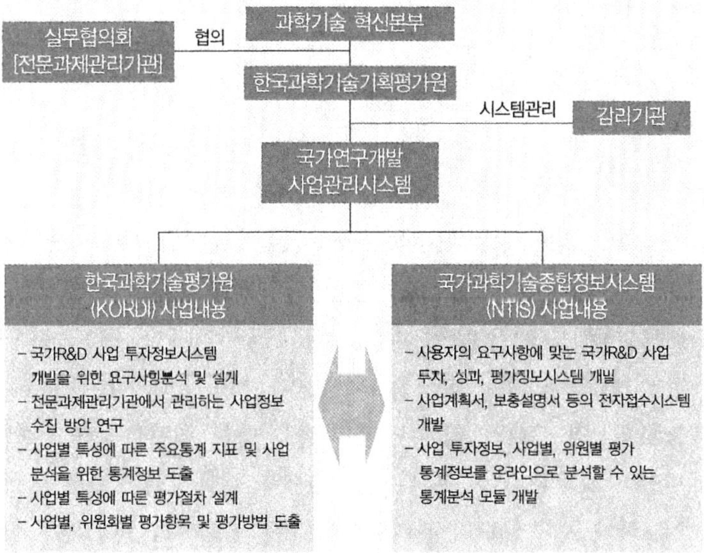

* 자료 : www.kistep.re.kr.

6. 우선순위 로드맵 작성의 유의사항

우선순위 로드맵은 이상에서 논의한 바와 같이 국가과학기술 경쟁력 제고를 위한 정책우선순위를 제시해 준다는 점에서 매우 중요한 의의를 지니나, 이를 사용하는 과정에서 유의해야 할 점을 정리해 보면 다음과 같다(박상문 외, 2006: 17-20).

첫째, 국가 차원의 기술로드맵의 활용도가 높을수록 명확한 목표를 제시할 수 있어야 한다. 기술 로드맵 기획과정에서 철저한 사전준비와 조정과정을 통해 국가수준에서 작성하는 우선순위 로드맵의 범위와 수준을 명확하게 할 필요가 있다. 이는 관련 이해당사자와 참여자들에게 보다 명확한 목표를 제시할 수 있을 것이다.

둘째, 국가우선순위 로드맵 작성과 관련하여 다양한 전문가 그룹을 참여시킬 수 있는 방안이 고려되어야 한다. 전문가 그룹에 따라 활용도의 차이를 보이는 것은 참여과정에서 이미 다양한 정보의 접근 가능성과 관심도가 달라지기 때문이다. 따라서 우선순위 로드맵 작성 과정은 전문가들의 정보교환과 네트워킹의 기회의 장으로 활용되어야 하고, 단기간의 결과물 작성보다는 지속적인 보완과 개선을 통한 과정이 중시되어야하며, 이를 통해 우선순위 로드맵 작성은 상시 예측 가능한 전문가들의 활용의 장으로 활용되어야 한다. 이는 앞에서도 몇차례 언급한 바와 같이 참여와 토론, 전략기획과 네트워킹이 강조되는 미래예측의 현대적 이론동향과도 맥을 같이 한다.

셋째, 미래기술에 대한 탐색을 위한 국가 차원의 대응에 있어서 체계적인 프로세스의 구축과 함께 각 단계별 다양한 의견수렴을 조정할 수 있는 방안이 요구된다. 이를 위하여 다양한 형태의 우선순위 로드맵에 대한 정보체계를 구축하고, 관련된 정보활용과 환류가 원활하게 이루어질 수 있는 체계적인 접근이 필요하다. 또한 국가수준의 우선순위 로드맵의 경우 특정 주체나 특정 전문가 집단의 이해관계를 벗어나 향후 우리나라의 경쟁력 향상이나 공공의 복지향상을 위해 필요한 기술분야를 탐색하고 관련전문가들의 공감대를 형성하는 일련의 과정이 필요하다. 이 역시도 보다 많은 정책행위자들의 참여를 기초로 민주성과 투명성을 강조하는 참여형 미래예측 접근방식과 맥을 같이한다.

마지막으로, 국가수준 우선순위 로드맵의 작성에 있어서 기술수준이나 기술분야 특성에 따라 우선순위 로드맵의 접근방법이나 목적에 있어서의 조정이 요구된다. 전반적으로 기술적 불확실성이 높은 경우에는 우선순위 로드맵의 활용이 증가하고 있으나, 기술적 불확실성이 낮은 영역에 있어서는 효과적인 기술로드맵의 활용방안이 불투명하다. 이는 기술영역 및 기술경쟁력 수준에 따라 차별화된 국가우선순위 로드맵이나 대안적 접근방안이 필요함을 의미한다(박상문 외, 2006: 20).

>> 미래예측 사례

우선순위 로드맵: 항공우주산업기술로드맵

1. 사례 개요

산업자원부의 지원을 통해 한국산업기술재단은 2003년 12월부터 2004년 12월까지 1년 동안 항공우주산업 발전전망 및 기술동향 분석을 통해 국가기술경쟁력 제고를 위한 향후 10년의 비전을 제시하고, 이를 실현하기 위한 핵심품목 및 핵심기술에 대한 항공우주산업 기술로드맵 작업을 수행하였다.

* 자료: 한국산업기술재단, 2005.

2. 사례 내용

(1) 기술로드맵 작성 프로세스

기술로드맵 작성 프로세스는 1) 환경분석을 통한 작성방법론의 구성, 2) 로드맵 작성대상 품목/기술 선정, 3) 선정된 품목/기술에 대한 전략도출 및 로드맵 작성의 3단계로 구성하였다.

Step-1. 환경분석을 통한 작성 방법론 구성

환경분석을 통해 항공산업에 맞는 로드맵 작성방법 및 방안을 구성하고, 항공산업 관련 업체들의 구성 현황 및 강점 및 약점을 파악하여 국내 항공산업의 수준을 분석하였다. 기술제품매트릭스 상에 관련 업체를 분포시켜 국내 항공산업의 업체현황을 파악하고, 매트릭스 상에 위치하는 35개 업체를 대상으로 설문조사(기술요인, 시장요인, 기업요인) 등을 실시하였다.

그림 6-14 기술로드맵 작성 프레임

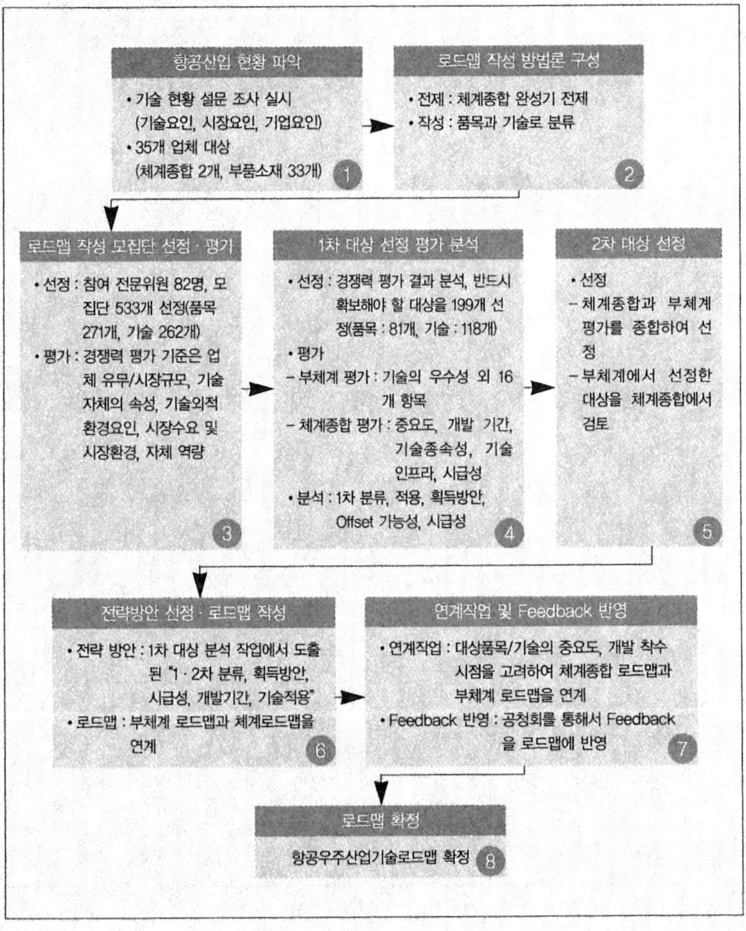

Step-2. 대상 품목/기술 선정

로드맵 작성 대상은 경쟁력 평가를 통해서 선정하였다. 로드맵 대상 품목/기술 선정은 3단계 과정을 통해서 이루어졌다.

1) 모집단 선정 : 전문가가 모집단을 선정
2) 1차 대상 선정 : 선정된 모집단을 대상으로 1차 경쟁력 평가를 실시하여 품목/기술 도출
3) 2차 대상 선정 : 1차에서 선정된 품목/기술을 토대로, 다시 2차 경쟁력 평가를 하여 최종적인 품목/기술 도출

그림 6-15 Structure & Material 품목/기술 관계 매트릭스

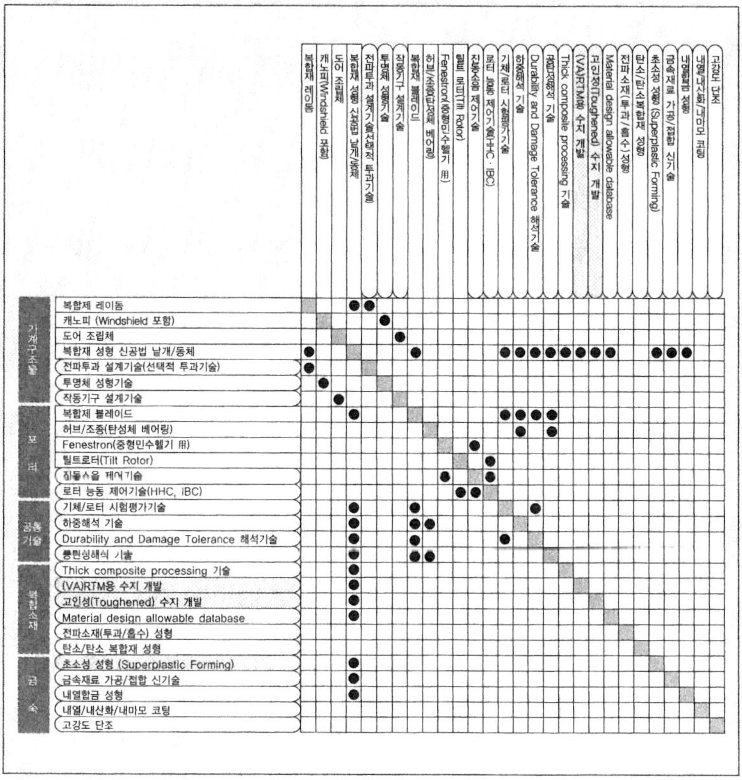

Step-3. 로드맵 작성

부품소재기술, 체계개발 로드맵 작성 및 연계, Feedback을 반영하여 로드맵을 확정하였다.

부품소재기술 로드맵 작성은 2차 대상으로 선정된 품목/기술에 대해 기술 개발 전략을 각각의 품목/기술이 가지는 특성에 맞춰 수립(기술획득방안, 시급성, 개발기간, 기술적용)하고, 해당 품목/기술의 기술개발 시점과 개발기간을 정하여 로드맵을 작성하였다.

또한 품목/기술 관계 매트릭스를 작성하여 품목/기술 간 관계를 파악하게 하였다. 대각선을 기준으로 양 편에 나열된 품목/기술은 서로 동일하며 대칭을 이룬다. 이 매트릭스에서 상호 관련이 있으면 교차하는 부분에 '●' 표시되었다. 예를 들어 하단의 매트릭스에서 '복합재 레이돔'은 '복합재 성형 신공법 날개/동체'와 '전파투과 설계기술(선택적 투과기술)' 등 2개 품목/기술과 연계된 것이다.

(2) 항공우주로드맵 구성과 활용

항공우주기술로드맵은 2005~2016년까지 12년간의 기간을 4년씩 나누어 단기 · 중기 · 장기로 구분하고 각 부 체계를 좌측에 명시하여 작성하였다. 기술로드맵은 부품소재기술 로드맵과 체계개발 로드맵으로 구성된다. 주요내용은 기술획득 방안, 기술의 성격, 개발기간, 기술연계표 등을 시간축 상에 구체적으로 방향을 제시한다. 특히 완제기 별 기술로드맵을 시나리오 매트릭스로 작성하여 변화하는 국제정세 및 시장환경에 동적으로 대응할 수 있도록 작성되었다.

3. 쟁점 및 시사점

위 사례는 한국산업기술재단에서 2003년 12월부터 2004년 12월까지 1년 동안 항공우주산업 발전전망 및 기술동향 분석을 통해 국가기술경쟁력 제고를 위한 향후 10년의 비전을 제시하고, 이를 실현하기 위한 핵심품목 및 핵심기술에 대한 항공우주산업 기술로드맵 작업을 수행하였다는 내용을 소개하고 있다. 이러한 일련의 전략을 통해 항공우주산업은 군수와 민수를 연결하고, 연구개발, 생산, 관리 등에서도 상호보완적 시스템을 구축할 수 있다. 우리나라는 앞으로 품질과 가격 그리고 기술에 있어 산업 전반적 혁신을 일으켜 글로벌 항공우주시장의 무한경쟁에 본격적으로 참여해야 한다. 이러한 혁신을 통해 민간산업의 비즈니스 자생 기반이 확충될 뿐만 아니라, 역으로 군수산업으로 연결되어 국방전력획득의 경제성과 성능을 향상시키는 선순환 구조가 형성될 수 있다.

결론적으로 항공우주산업의 기술로드맵을 통해 국방전력 확충, 공공 부문의 항공우주계획 그리고 민간경제 활성화 등에 있어 종합적이고 체계적인 계획을 수립하고 일관성 있는 정책을 추진해야 한다. 이러한 전략하에서 우리나라는 항공우주산업의 기술고도화를 달성하고, 나아가 최첨단 국제 항공우주기술경쟁에서 선진국과 어깨를 나란히 할수있게 될 것이다(한국산업기술재단, 2005).

제4절
요약 및 결론

미래예측은 1) 이슈의 확인, 2) 통계적 분석, 3) 전문가 판단의 과정을 거쳐 우선순위 분석을 통해 완성되며, 정책 우선순위를 분석하고 거기에 대한 논리적 정당성을 제시하는 일은 미래예측에서 매우 중요한 부분에 해당한다. 이러한 관점에서 이 장에서 제시된 투자우선순위(priority) 분석, 국가과학지도(map)의 구성, 그리고 로드맵(roadmap) 구성은 미래예측에서 매우 중요한 의미를 지닌다.

더욱이 미래예측이 단순히 몇 가지 계량분석 방법론을 통해 미래를 단순히 예측하는 데 그치는 것이 아니라, 국가혁신이라는 관점에서 미래의 보다 나은 창조적 대안들을 적극적으로 개발하고, 창조하며, 정책의 우선순위 선정에 따른 정책기획까지도 포함하는 폭넓은 미래지향적 사고의 과정이라고 보았을 때, 우선순위 분석은 미래예측에서 매우 중요한 의미를 지닌다고 할 수 있다.

지식기반경제 하에서 과학기술의 중요성이 부각되면서, 첨단산업, 기초과학, 정보통신 등을 포함한 국가 과학기술 분야의 미래예측이 매우 중요해지고 있는데, 이러한 관점에서도 여기에서 제시된 핵심기술 우선순위 기법(Critical or key technologies)과 우선순위 로드맵 기법(Technology Roadmapping)은 10~30년 뒤를 내다보면서 국가가 우선적으로 투자해야 할 국가과학기술지도를 제시해 줄 수 있는 국가경쟁력과 국가성장동력 창출의 핵심기법들이라고 하겠다.

7

요약 및 결론

논점 및 함의

1. 개념적 논점
2. 방법론적 관점
3. 에필로그

우리가 맞이할 미래는 '극단적 미래'(Extreme Future)가
될 것이다. 극단적 미래는 역동적이면서도
지금과는 단절된 다차원적 성향이 강할 것이다.

– James Canton

이 책에서 제시된 미래예측과 관련된 주장과 논점, 분석과 함의에 대해서 요약하면 다음과 같다.

1 개념적 논점

1. 전략기획, 거버넌스, 미래연구의 연결고리

미래는 불확실성(uncertainty)과 불확정성(indeterminancy)을 특성으로 한다. 불확실하고 불확정적인 미래의 특성으로 인해 오히려 미래에 대한 무한한 가능성은 열려 있으며, 미래예측을 통한 인간의 창조적 행위가 가능해진다. 미래예측은 전략기획, 거버넌스 형성 및 미래연구의 중심부에 위치하는 개념이다.

전략기획(Strategic Planning)이란 정책설계(policy design)와 합리적 기획(rational planning)에 대한 믿음을 토대로 국가 사회의 변화 및 역동성을 촉발시키는 전략적 개념이다. 거버넌스(Governance Network) 형성은 정책연구가 과거 엘리트 주도형과 상위하향(top-down)방식에서 좀 더 넓은 참여형 접근방식으로 변화하고 있다는 믿음을 토대로 보다 많은 정책행위자들의 참여를 통해 미래 및 참여 지향적 정책설계를 할 것을 주문한다. 또한 미래연구(Future Studies) 역시 조직의 상층부에서 미래의 비전과 목표를 일방적으로 제시하는 것보다는 정책과정에 있어서 조직 내에서 소식구성원들이 상시로 미래예측하려는 노력이 더욱 중요하다는 믿음을 토대로 미래지향적 사고와 비전 지향이 조직 내 상시적으로 체화(embedded)될 것을 주문한다.

이러한 전략기획, 거버넌스, 미래연구의 방법론 핵심에 미래예측이 존재한다. 하지만 미래예측은 미래연구, 전략기획, 거버넌스 형성을 대체하는 것은 아니며, 각각의 행위는 자신의 고유 영역과 역할을 가지고 상호

보완적으로 진행되는 가운데, 미래예측은 이러한 개념의 공유점에 위치하며, 이들에게 중요한 핵심적인 방법론을 제공한다는 데 의의가 있다.

이 책에서는 전략기획, 거버넌스, 미래연구를 중심으로 미래예측의 개념에 접근하고자 하였으며, 미래예측의 최근 경향인 1) 예측추정, 2) 참여형 방식, 3) 네트워크 형성, 4) 전략적 비전, 5) 행동 지향에 대해서 검토한 후, 미래학파에서 강조하는 미래예측의 5대 명제에 대해서도 살펴보았다. 미래학이 미래에 대한 바람직한 구상(wishful thinking)으로 끝나지 않게 하기 위해서는 미래학에서 추구하는 미래연구는 국가의 장기적 미래예측, 정책적 우선순위 도출, 미래지향적 정책설계, 참여지향적 정책분석을 통해 국정운영시스템과 유기적으로 연계되는 것이 바람직하다.

2. 미래예측과 정책연구

미래예측과 정책연구는 매우 밀접한 연관관계를 맺고 있다. 하지만 그 동안 미래예측이 정책연구라는 관점에서 집중적으로 조명을 받지는 못했는데, 이 책에서는 미래예측과 정책연구의 다양한 연관관계에 대해서 탐구하였다. 즉 미래예측과 정책연구, 미래예측과 정책설계, 미래예측과 정책품질, 미래예측과 정책분석, 미래예측과 거버넌스 등 다양한 측면에서 양자 간의 연결고리들을 탐색하였다. 우선 미래와 정책은 매우 밀접한 연관관계를 맺고 있다. 정책을 이해함에 있어서 미래라는 관점이 도입되지 않는다면 정책은 매우 점증주의적이고 선례답습적인 도구로 전락하게 될 것이며, 그렇게 되면 정책의 본질적 핵심에 해당하는 정책의 미래 창조적 기능은 상당부분 상실되는 바람직하지 못한 결과가 초래될 것이다. 정책은 미래가 있기에 정책의 미래지향적 탐색이 가능하고, 국가의 미래지향적 가치를 그리면서 정책을 가치 창조적으로 형성해나갈 수 있는 것이다.

H. Lasswell(1951, 1970, 1971), Y. Dror(1970), E. Jantsch(1970) 등으로 이어지는 정통 정책학의 본류적 줄기의 관점에서도 미래와 정책은 밀접한 관계를 형성하고 있다. Lasswell(1951, 1970)은 정책이 과정(process)과 내용(content)의 지식을 통해 사회의 민주적 가치실현에 기여하기 위해서는 정책연구에 있어서 시간적 맥락(역사적 맥락; 과거, 현재, 그리고 미래)과 공간적 맥락(세계적 관점; 글로벌한 공간) 등 정책이 처한 맥락에 대한 분석이 매우 중요하다고 강조하였으며, 이를 위해 정책은 근본적인 문제해결 지향성을 추구해야 한다고 주장하였다. 또한 문제해결 지향성에 해당하는 지적 활동으로서 목표의 명시, 경향의 파악, 여건의 분석, 미래의 예측 등의 활동들을 강조하였다.

Dror(1970) 역시도 정책연구의 초점은 1) 정책분석(policy analysis), 2) 정책전략(policy strategy), 3) 정책설계(policymaking system redesign)에 두어야 한다고 주장하면서, 정책의 미래지향적 전략연구의 중요성을 강조하였다. 정책연구의 전략은 미래지향적 전망을 기초로 혁신적인 전략을 취할 것인지 아니면 점진적인 개선을 원할 것인지(Innovative-incremental), 위험을 무릅쓸 것인지 아니면 위험을 회피할 것인지(High risk-low risk), 전반적인 개혁을 할 것인지 아니면 부분적인 충격만 줄 것인지(Comprehensive-shock), 장기적인 미래를 추구할 것인지 아니면 단기적인 미래만을 추구할 것인지(Time preferences) 등을 먼저 정하고(Mega-policy making), 초정책결정(Meta-policy making), 정책결정(Policy making), 후기정책결정(Post-policy making)의 여러 단계를 밟아야 한다고 주장하였다(Y. Dror, 1970 : 144-145).

Jantsch에게 있어서 미래는 더 중요하게 다가간다. Jantsch(1970)는 미래예측과 정책기획이 정책연구에 핵심적인 역할을 담당해야 한다고 주장하면서, 관리과학이나 체제분석이 아닌 정책분석은 국가의 미래를 조망하고, 기획하고, 설계하는 국가의 최상위 차원의 창조행위가 되어야 한다고 강조한다. 즉, 그는 정책분석(가치분석, 당위성 ; ought to) – 전략

분석(체제분석, 실현성; can)－운영분석(관리과학, 능률성; will)의 3단계로 이루어진 계층적 차원을 제시하였다. Jantsch는 인간의 합리적인 창조행위 혹은 내면의 창조의지가 국가적인 혁신으로 이어질 수 있다는 믿음을 기초로, 인간행위의 창조적 단계는 합리적 창조의지(Rational Creative Action), 정책결정(Decisionmaking), 정책기획(Planning), 미래예측(Forecasting) 등의 단계를 거쳐 국가혁신(Innovation)으로 이어진다고 보았다. 또한, 인간의 창조행위를 운영적 계획이 이루어지는 행정기능, 전략적 계획이 이루어지는 목표설정기능, 새로운 미래지향적 규범이 창조되는 정책기획기능의 세 가지 차원으로 구분하고, 미래지향적 규범이 창조되는 정책기획기능이야말로 국가의 미래라는 가치가 창출되는 창조적 행위의 본질이라고 보았다. 또한 정책기획은 미래예측과 밀접한 상호작용을 거쳐야 한다고 주장하면서, 미래예측은 국가의 미래를 예견(anticipate)하고, 미래의 가능한 목표에서 실현 가능한 목표를 확률적으로 분석하는 행위(probabilistic assessment)를 통해 국가의 총체적 정책구조 설계(policy system design)를 창출하여야 한다고 주장하였다(E. Jantsch, 1970: 33-37). 이처럼 미래예측과 정책연구는 정책의 미래지향적 본질에 있어서나, 정책학 연구의 본류에 서 있는 학자들의 견해에 있어서나 매우 밀접한 관련이 있음을 알 수 있다.

3. 미래예측과 연구지향

문명은 인간의 삶에 대한 열정과 의지의 표현이다. 인간은 인간 내면의 창조적 이성을 토대로 때로는 생존과 경쟁을, 때로는 번영과 창조의 인류역사를 전개해 왔다. 미래라는 화두를 생각해 볼 때, 미래의식(future consciousness)과 미래예측(future foresight)은 이 시점에서 또 하나의 중요한 학술사적 의미를 지닌다.

미래연구는 '인간과 사회의 거버넌스'(Human & Governance)에 대한 창조적 연구이다. 인간에 대한 정책연구는 인간과 사회, 정신과 문명에 대한 미래지향적 탐구로 나타나며, 거버넌스에 대한 정책연구는 미래(future), 분석(analysis), 관리(management)를 키워드로 하는 정책역량에 대한 미래지향적 분석으로 나타난다. 따라서 미래예측과 정책연구는 미래, 분석, 예측을 키워드로 하여, 1) 미래의 인문학적 과제에 대한 창조적 탐구와 2) 미래의 정책학적 과제에 대한 창조적 처방을 위한 연구를 대상으로 한다. 이러한 관점에서 미래예측과 정책연구가 지향할 연구방향을 정리하면 다음과 같다.

첫째, Lasswell(1951, 1970)이 제시하였던 인간의 존엄성 실현(human dignity)을 궁극의 가치로서 지향하며, 이를 위해 인간과 사회(human and society), 정신과 문명(spirit and civilization)에 대해 미래지향적으로 탐구한다. 이 과정에서 미래(future), 미래의식(future consciousness)이라는 중요한 주제가 정책연구와 어떻게 결부되어 있는 지에 대해서 연구한다.

둘째, 인간의 존엄성을 실현하는 정책학적 처방의 이슈로서 과학기술, 첨단산업, 정보통신, 사회복지, 보건의료, 여성과 환경, 사회자본 등 다양한 분야에서의 국가경쟁력 및 정책역량 제고를 위한 정책형성 및 정책분석에 대한 연구를 지향한다.

마지막으로, "누구를 위한, 무엇을 위한" 국정관리인가? 라는 근본적 질문을 염두에 두고, 보다 본질적인 정책분석과 창조적 정책설계를 지향하며, 창조적 혁신(creative innovation)을 통한 열린 사고와 정책 담론을 지향한다. 가치 비판적 발전관에 담긴 인간 내면의 창조적 이성에 대한 믿음을 토대로 정책형성과 정책분석은 소수 엘리트의 전유물이 될 수 없다는 숙의민주주의의 철학적 가치 아래 정책토론과 정책담론에 대한 실천을 지향하며, 이를 통해 민주주의 정책학의 완성을 지향한다.

4. 미래예측과 정책설계

미래예측과 정책설계는 매우 밀접한 연관관계를 맺고 있다. 정책설계란 미래지향적 정책의 디자인(design)이라고 할 수 있으며, 따라서 정책설계라는 개념 안에는 이미 미래라는 창조 지향적 개념이 포함되어 있다. 즉, 정책설계를 위해서는 과학적 미래예측이 매우 중요한 방법론적 토대가 된다. 또한 미래예측을 함에 있어서 정책설계의 개념은 매우 유용한 도구가 되기도 한다. 예컨대, 미래예측의 주요 방법론인 시나리오 기법의 조합과 설계에 있어서 정책대안의 설계에서 사용되는 논리적 접근은 매우 중요한 개념적 틀을 제공한다.

5. 미래예측과 정책품질

정책품질이란 정책과정(process)과 정책내용(content)에 있어서 정책의 품과 질을 향상시키려는 노력을 의미한다. 현대사회는 대단히 빠른 속도로 변화하고 있으며, 특히 정보가 중요해지고, 가치가 다원화되며, 세계화와 국지화 경향이 병존하고 있다. 1980년대가 질(quality)을 추구하는 시대였고, 1990년대가 리엔지니어링(reengineering)의 시대였다면, 2000년대는 속도(speed)의 시대이다. 현대 지식정보사회의 디지털은 시간(time), 속도(speed), 불확실성(uncertainty)을 내포하고 있다. 디지털시대의 조직은 시간과 공간의 압축혁명 속에서 생각의 속도로 움직이는 조직만이 살아 남으며, 미래의 조직환경은 속도와 불확실성, 단절과 불연속성을 본질적인 특성으로 하고 있기에, 현대사회의 정책품질을 논의함에 있어서 미래예측은 따로 분리하여 생각할 수 없을 정도로 미래예측과 정책품질은 불가분의 연관관계를 가진다.

속도와 불확실성, 단절과 불연속성을 특징으로 하는 21세기 조직환경하에서 정책의 품질이 향상되기 위해서는 정부 내외에 산재해 있는 정보와 지식들이 새롭게 창출되고 학습되어야 하며, 이러한 미래 환경의 변화는 조직 내에서 새로운 가치를 창출하는 미래 지향적 사고가 상시적으로 체화(embedded)될 것을 요구하며, 이에 따라 조직의 정책결정 과정에 있어서 미래예측의 중요성은 점점 더 커지고 있다.

6. 미래예측과 정책의제

현대사회에는 무수히 많은 사회문제가 흐르고 있다. 그러나 모든 사회문제가 정부가 의지를 갖고 해결하고자 하는 정부의제가 되는 것은 아니며, 사회문제의 흐름 중에서 일정한 점화계기(triggering event : 극적인 사건 혹은 정치적 사건)를 통해 정책이슈로 형성되며 정책의제가 된다.

정책의제설정 단계에서부터 미래예측은 매우 중요하다. 정치체제의 역량(인적 · 물적 자원) 및 정책역량의 한계 때문에 모든 사회문제를 정부가 해결할 수는 없으므로 사회문제들 중에서 가장 중대하고 우선순위가 앞서는 사회문제들을 정확한 미래예측에 기반하여 선정하는 것은 매우 중요하다. 즉 정책의제설정 단계에서부터 현안문제에서 벗어나 장기적 시각(long-term perspective)에 기초한 정책설계가 필요한 것이다.

7. 미래예측과 정책결정

정책의제설정 단계에서 정부의제로 채택된 정책문제를 바람직한 상태로 해결하기 위해, 정부는 정책목표를 세우고 정책수단을 강구하게 되는데, 이때 정책목표와 정책수단 간의 여러 형태의 조합을 우리는 정책대안이라고 부른다. 그리고 정부가 이러한 여러 스팩트럼으로 형성된 정책대안을 개발하고, 비교 분석하여 평가를 통해 정책선택을 하게 되는 일련의 활동 또는 행위를 '정책결정'이라고 한다.

정책결정과정은 미래의 새로운 정책의 창조라는 소망스러운 가치를 지닌 정책목표를 달성하기 위해서, 정책행위자들이 과학적이고 기술적인 방법으로, 정책수단 또는 정책대안을 개발 · 탐색하고 선택하는 과정이다. 따라서 정책결정과정은 이 자체가 미래지향적이며, 행동지향적이다.

정책을 통하여 만들고자 하는 바람직한 상태, 또는 미래의 비전을 의미하는 정책목표를 정책결정과정 단계에서 설정하기 때문에 미래지향적이라 할 수 있다. 또한 정책결정과정은 다양한 정책과정참여자들의 갈등 속에서, 정책목표와 수단이 설정되고 수정되기도 하는 동태적이고 역동적인 과정이기 때문에 행동 지향적이며, 미래의 바람직한 가치를 추구하는 선택행위이므로 정책결정과정은 그 또한 가치 지향적이다. 정책결정과정은 미래의 다양한 '가치'가 정책목표와 정책수단 결정의 중요한 기준이 되며, 정책을 결정하는 것은 그 정책이 추구하는 미래지향적 가치를 선택하는 것이다.

8. 미래예측과 정책집행

정책집행은 정책과정에서 볼 때 정책의제설정과 정책결정 이후에 이루어지는 단계이고, 또한 정책결정과 정책평가를 연결하는 고리의 역할을 하는 단계이기도 하다. Pressman과 Wildavsky(1973)는 정책집행을 "정책을 수행하고(to carry out), 달성하며(to accomplish), 실현시키고(to fulfill), 완성하는(to complete) 행위"라고 정의하면서, 정책집행에 있어서 "목표설정활동과 목표달성활동 간의 상호작용," "미래의 예견된 결과를 달성할 수 있는 능력" 등 정책집행의 미래지향성 및 목표지향성을 강조하였다(J. Pressman and A. Wildavsky, 1973 : 9).

전통적 정책집행이론에서는 정책을 결정하고 나면 바로 정책의 효과 또는 영향이 나오는 것으로 가정하였으나, 정책결정한대로 정책집행의 효과가 자동적으로 나타나지 않는다는 점이 관찰되면서 정책집행연구를 독자적 영역을 강조하는 현대적 집행이론들이 등장하게 되었다. 정책결정을 한 정책내용을 정책집행 단계에서도 다시 한번 더 집행현장의 상황에 맞게 미래예측, 목표설정, 여건분석을 하는 등 미래지향적 정책기획과 정책집행이 필요하게 된것이다. 또한 정책집행의 복잡성 · 역동성 · 다양성을 토대로 현대 정책집행 연구는 제도분석이론, 거버넌스연구, 네트워크이론 등과 연계되어 발전하면서 정책집행과정에서 참여하는 다양한 이해관계자들의 다양성과 복잡성을 이해하기 위한 도구로서 정책참여자 간의 패턴화된 상호작용을 연구하고 있다. 이러한 관점에서도 미래예측과 정책집행은 향후 더욱 더 밀접한 연관을 맺고 발전해 나갈 것으로 기대된다.

9. 미래예측과 정책평가

정책평가는 정책이 결정 · 집행된 이후에 어떤 결과를 초래하였는가를 일정 시점에서 사후적으로 판단내리는 지식의 산출활동이다. 따라서 정책평가는 정책 사이클(cycle) 가운데 집행의 산출(output), 성과(outcome) 및 영향(impact)에 초점을 맞추는 회고적(retrospective)인 활동이라고 할 수 있다. 하지만, 정책평가는 정책의 값어치(value)를 따지는 것이기 때문에 단순히 정책이 달성하고자 하는 목적의 성취 여부를 측정하는 것만이 아니라, 정책이 초래한 영향을 사정(assessment)하고, 나아가서는 정책이 추구하는 가치와 이념의 적실성까지도 평가(evaluation)하는 행위이다(노화준, 2003 : 32). 따라서 정책평가를 좁은 의미로만 보면 정책집행이 이루어진 이후에 사후적으로 내리는 회고적 판단이지만, 정책평가를 보다 넓은 의미에서 해석하면 정책영향이라는 관점 및 미래 조망적이라는 관점에서 정책에 대한 미래예측 및 여건분석을 토대로 정책이 향후 나아갈 방향에 대한 조망적 판단을 포함하게 된다.

10. 미래예측과 정책변동

정책학의 최대 관심사항은 정책성공을 최대화하고, 정책실패를 최소화하는 것이다. 정책성공을 최대화하기 위해, 정책결정에서는 정책결정의 합리성을 극대화할 수 있는 정책결정모형에 대해 논의하며, 정책집행에서는 정책집행의 성공가능성을 최대화하기 위한 방안으로서 하향식 · 상향식 · 통합형 모형에 대해 논의한다. 정책평가에서는 정책성공과 실패에 대한 정확한 평가를 위한 실험 · 비실험 평가방법을 논의하며, 정책변동에서도 정책성공과 정책학습의 가능성을 제고하기 위해 정책혁신 · 정책유지 · 정책승계 · 정책종결에 대한 정책변동모형을 논의하게 되는 것이다.

과거 전통적 관료제 모형 하에서는 정책변동은 정책종결이라는 의미가 강했으나, 현대정책이론에서 강조되는 거버넌스 패러다임 하에서는 정책변동이 또 하나의 정책혁신을 위한 도구가 되기 위한 정책학습과 정책환류라는 의미를 더욱 더 강조하고 있다. 이러한 의미에서 정책변동에 있어서도 정책델파이나 시나리오기법 등 미래예측의 방법론을 활용하여 정책학습과 정책혁신의 가능성에 대한 미래지향적 연구를 하는 것이 매우 중요한 의미를 지닌다.

11. 미래예측과 정책분석

정책분석에 있어 인간의 인지능력이란 한계가 있으며, 미래의 불확실성을 예측한다는 것은 매우 어려운 작업이다. 이론모형이나 자료측정 등에도 한계가 존재한다. 따라서 정책대안의 미래예측(future foresight)은 효과적인 정책을 수립하고 집행하는 데 있어 매우 어려운 과정이면서도 중요한 과정이다.

정책대안의 미래예측은 사전적 평가에서 가장 주된 활동이다. 이는 곧 대안의 미래예측이 단순히 미래에 일어날 상황예측이 아닌 대안의 비교 · 평가 및 선택에 매우 직접적인 영향을 미친다는 것을 의미한다. 즉, 정책대안의 비교 · 평가는 정책대안의 미래예측에 따라 크게 뒤바뀔 수 있기 때문에 정확하고 신뢰성 있는 정책대안의 미래예측이 이루어져야 한다.

정책대안의 결과를 미래예측하는 이유는 정보의 제공, 정책의 통제, 미래가치에 대한 예견이라는 세 가지로 구분할 수 있다.

첫 번째, 정보의 제공은 예측의 가장 중요한 목적이다. 이는 정책결정자에게 정책과 그 결과로 나타날 미래변화에 관한 정보를 제공하는 것을 말한다. 정책분석에 있어서 미래예측 활동은 잠재적 미래, 개연적 미래 또는 규범적 미래에 대한 예측에 국한되지 않고, 이들 각 미래에 대한 일반 국민들과 이해관계 당사자들의 태도와 선호(preferences)를 분석하고 평가함으로써, 정책이 나아가야 할 행동노선과 정책의 실행기능성을 판단할 수 있는 중요한 정보를 제공하게 된다.

두 번째, 정책의 통제는 정책대안의 미래예측을 통해 과거정책과 그 결과를 이해함으로써 보다 원활한 통제가 가능해짐을 의미한다. 즉, 미래에 실행될 정책뿐만이 아니라 과거에 시행되었던 정책과 그 정책으로 인한 결과를 살펴봄으로써, 정책이 결과에 준 영향에 대해 예측할 수 있게 되고, 이를 통해 정책이 효과적으로 성공하기 위해서는 어떻게 통제해야 하는지에 대해서 알 수 있는 것이다.

세 번째는 미래가치에 대한 예견으로 과거와 현재의 가치를 기초로 하여 바람직한 미래의 선호를 예견함을 의미한다. 단순히 현재 우리가 선호하는 것에 의해서가 아닌 우리가 미래에 선호하게 될 것을 예견함으로써, 가치의 변화를 예견할 뿐 아니라, 현재와 미래의 가치에 대한 능동적인 변화까지도 예측하게 됨으로써 미래를 창조하고 설계하는 것이 가능해지는 것이다.

12. 미래예측과 거버넌스

미래예측과 거버넌스는 개념적으로 매우 밀접한 연관관계를 맺고 있다. Guy Peters처럼 미래와 국정관리를 아예 개념적으로 연계하여, 「미래의 국정관리(The Future of Governing: Four Emerging Models)」라는 논의를 직접적으로 촉발시킨 경우도 있지만, 다른 학자들의 거버넌스에 대한 접근유형들도 어떤 형식으로든지 미래라는 개념과 거버넌스라는 사회문제 해결기제로서의 개념은 매우 밀접한 연관관계를 맺고 있다.

미래예측이 시간의 축을 형성하는 개념이라면, 거버넌스는 공간의 축을 형성하는 개념이다. 미래예측이 정책의 시간이라는 인식을 장기(long-term)로 확장하려는 시도라면, 거버넌스는 정책의 공간에서 정책행위자들 간의 관계를 좀 더 수평적(horizontal)이고 네트워크(network)적인 관계로 접근하려는 노력이라고 할 수 있다.

거버넌스를 넓은 의미의 국정관리의 통치원리로 이해한다면 현대국가의 효과적 국정관리를 위해 미래예측은 핵심 방법론으로 기능하게 될 것이며, 만약 거버넌스를 공공문제(public issue) 해결을 위한 수평적, 네트워크 지향적 접근방식으로 이해한다고 해도 미래예측기능은 집합문제(collective-action problem)해결의 중요한 방법론으로 활용될 수 있을 것이다.

2 방법론적 관점

1. '완전한' 미래예측: 전문가패널, 시나리오, 정책델파이

'미래예측'이라는 용어는 온갖 종류의 활동에 적용되지만, 미래연구를 하는 학자들은 전문가패널, 시나리오기법 및 정책델파이에서 활용되는 보다 진지한 형태의 토론과 다양한 방법론의 활용을 중시한다. 또한 이러한 관점에서 미래연구학자들은 전문가패널, 시나리오기법 및 정책델파이에서 보여주는 보다 장기적 형태의 연구와 다양한 방법론의 활용, 네트워크 형성, 정책결정과 정책기획의 강한 연계 등의 특성을 지닌 미래예측 방법론을 '완전한 미래예측'(fully-fledged foresight)이라고 불렀다.

미래예측은 미래의 조직, 사회, 국가 단위의 예비적 전략을 개발하기 위해 주요 변화의 동인과 지식의 출처를 모으는 작업으로서, 정책결정, 정책기획, 정책설계 및 우선순위 목록 준비와 함께 미래비전을 지향하는 전략적 비전을 상세히 설명하는 과정이다. 따라서 새로운 형태의 미래예측은 다양한 행위자의 참여와 네트워크를 강조하며, 어떤 의미에서는 새로운 '미래예측 문화'의 확립을 지향한다고도 볼 수 있다.

미래예측의 목적은 단순히 더 나은 보고서와 정책의 결과를 내려는 단편적인 것에 있는 것이 아니다. 새로운 형태의 미래예측은 국가혁신의 지향이라는 목적을 가지고 정부, 기업, 시민사회의 다양한 거버넌스 행위자들이 모여 보다 향상된 네트워크를 확립하는 것이며, 새로운 지식 자원과 네트워크 멤버들이 함께 모여 진지하게 토론하면서 미래의 새로운 대안과 비전을 창출하는 새로운 형태의 지식융합의 네트워크를 형성하는 것이다. 이러한 관점에서 새로운 형태의 미래연구는 현대 정책연구에서 지향하는 통섭적 접근과 탈실증주의적 접근 그리고 숙의적 정책분석의 지향과 맥을 같이한다고 할 수 있다(권기헌, 2007a : 19-20 ; 258-259).

이러한 '완전한 미래예측'(fully-fledged foresight)의 관점에서 볼때 이 책에서 제시한 전문가패널, 시나리오기법, 정책델파이 접근방식은 매우 중요한 의미를 지닌다. 이러한 세가지 미래예측 방법론에서는 미래의 전개과정 및 발달전략과 관련하여 활발한 참여 및 토론, 그리고 견해의 교환을 중시하며, 미래예측의 네트워크 형성을 강조한다. 이들은 한두 개의 계량분석으로 끝나는 단순한 예측활동과는 다른 것인데, 국가적인 차원에서의 광범위한 미래전망에 기초한 미래예측활동들은 보다 공식적인(formal) 형태의 전문가패널, 시나리오기법 혹은 정책델파이 방식을 준수하여 시나리오를 개발하면서 정책델파이를 진행시키는 것은 물론이고, 그러한 과정에서 많은 패널과 이슈 그룹의 활동들을 중심으로 미래에 대한 창조적 전망과 대안 그리고 기회와 가능성에 대한 토론과 숙의 그리고 네트워크 형성을 지향해 나간다.

2. 미래예측 방법론의 유형

이 책에서는 미래예측 방법론을 미래예측이 일어나는 시간 순으로 유형화하였는데, 이는 Miles와 Keenan(2003)이 제시한 미래예측 기법의 유형을 수정 보완한 것이다. 미래예측기법으로 사용되는 모든 방법들은 복잡한 수학적 모형, 계량적 기법이나 컴퓨터 시뮬레이션 등을 통해 이루어지기도 하지만, 실질적인 미래예측에 있어서는 전문가패널, 시나리오기법, 정책델파이 등 전문가들의 주관적 판단이나 창의적 예측이 매우 중요한 자료로 사용되므로, 양적인 분석과 질적인 접근을 모두 활용하는 미래예측의 종합적 접근이 필요하다.

미래를 예측할 때는 먼저 1) 어떠한 이슈가 존재하는지 확인하는 이슈의 확인(환경스캐닝, 이슈서베이, SWOT분석)과, 2) 그러한 이슈가 어떻게 진행될지에 대해서 추정해보기 위해서 통계적 분석(회귀분석, 시뮬레이션, AHP기법, Bayesian모형, 형태분석기법)과 창의적 접근(브레인스토밍, 전문가패널, 시나리오, 정책델파이, 교차영향분석, 통찰적예측, 실현성예측)을 사용하게 되며, 3) 마지막으로, 이상에서 추정하고 창의적 접근을 통해 도출된 미래의 상황을 우선순위로 분류하는 우선순위 접근(핵심기술 우선순위 기법, 로드맵 우선순위 기법)이 종합적으로 필요하다. 이 책에서는 이러한 미래예측 방법론들을 논의하였다.

미래예측기법으로 사용되는 모든 방법들은 복잡한 수학적 모형, 계량적 기법이나 컴퓨터 시뮬레이션 등을 통해 이루어지기도 하지만, 실질적인 미래예측에 있어서는 전문가패널, 시나리오기법, 정책델파이 등 전문가들의 주관적 판단이나 창의적 예측이 매우 중요한 자료로 사용되므로, 양적인 분석과 질적인 접근을 모두 활용하는 미래예측의 종합적 접근이 필요하다.

미래예측의 방법론을 개관한 후, 이 책은 구체적으로 미래예측의 연구방법에 대해 하나씩 설명하였다. 이 책의 제4장에서는 먼저, 미래예측의 연구방법 I과 II인 이슈의 확인과 통계적 분석에 대해서 검토하였다.

미래예측은 이슈의 확인으로부터 시작된다. 미래예측의 주제가 선정되면 그 주제와 관련된 이슈들에 대해서 체계적으로 확인하고 분석하는 작업이 필요하다. 미래예측의 주제는 매우 전문적인 이슈를 대상으로 분석하는 경우가 많기 때문에 첫출발인 이슈의 확인과 분석은 매우 중요성을 지닌다. 이슈의 확인과 관련된 미래예측기법은 크게 1) 환경스캐닝, 2) 이슈서베이, 3) SWOT분석 등으로 분류할 수 있다.

이슈의 확인이 있고나면 통계적 분석으로 들어가게 된다. 미래예측에서 통계적 분석이 차지하는 의미는 매우 크다고 할 수 있는데, 그것은 통계적 분석이 미래예측의 객관성과 과학성을 제고시켜 주기 때문이다. 미래예측에서 중요하게 활용되는 전문가패널, 시나리오기법, 정책델파이를 실행하는 과정에서도 통계처리와 시뮬레이션 등 통계적 분석은 미래의 시나리오를 창출하는 데 많은 과학적 근거를 제공해 준다.

통계적 분석으로 많이 사용되는 기법들은 회귀분석, 시뮬레이션이 있으며, 회귀분석은 다시 횡단면분석과 시계열분석으로 분류된다. 미래예측과 관련하여서는 시계열분석이 매우 핵심적인 위치를 차지하게 되는데, 이러한 시계열분석으로 중요한 기법은 추세연장적 접근과 경향추정이 있다. 이 밖에도 통계적 분석은 많이 있는데, 이 장에서는 AHP기법(Analytical hierarchy process), Bayesian모형(Bayesian model), 형태분석기법(Morphological analysis) 등에 대해서 검토하였다.

3. 창의적 예측연구

미래연구(future studies)는 미래의 문제를 탐구하는 학문으로서 과거나 현재에 관한 일련의 추세적 연장에 그치지 않고, 미래의 대안을 창조하고, 그러한 대안의 선택과 결정을 통해서 미래의 바람직한 대안을 개발하는 학문이다. 미래예측의 통계적 기법들은 데이터의 형태를 그래픽으로 혹은 추정의 형태로 처리해 줌으로써 미래예측의 객관성과 신뢰성을 확보하는 기반이 되지만, 미래연구는 어디까지나 이러한 통계분석의 수준을 넘어서서 창의적 예측에 기초한 창조적 대안 개발을 요구하고 있다.

미래예측의 시작단계로서 환경스캐닝, 이슈서베이, SWOT분석 등을 통해 미래예측 대상에 대한 관련 이슈들을 확인하고 나면, 회귀분석, 시뮬레이션, AHP기법 등을 통해 그러한 이슈가 어떻게 진행될지에 대해서 통계적으로 분석해 보고, 이에 더하여 전문가 판단에 기초하여 보다 창의적으로 미래를 예측하는 방법이 필요하게 된다. 통계적 분석에 더하여 전문가 판단이라는 질적인 분석에 들어가는 것이며, 이를 통해 보다 창조적인 대안에 대한 탐색과 개발이 가능해지는 것이다.

미래예측의 핵심은 이러한 창의적 기법들을 어떻게 활용하여 미래전략에 대한 귀중한 정보를 이끌어 낼 수 있는가에 달려 있다고 해도 과언이 아닐 정도로, 전문가패널, 시나리오기법, 정책델파이 등 전문가 판단 기법들이 미래예측 방법에서 차지하는 비중은 매우 크다고 할 수 있다. 그리고 이 점이 미래예측이 단순한 계량분석과는 차별화되는 부분이다.

미래예측은 결국 사회적이고 창조적인 과정이다. 미래예측은 조직의 성공에 핵심이 되는 새롭고 흥미로운 지식의 융합(knowledge fusion)을 키우는 상호작용의 과정이라고 할 수 있는데, 이러한 관점에서 이 책에서 소개한 전문가 판단에 기초하여 미래의 전략에 대한 창의적 예측들을 이끌어내는 기법들은 매우 중요한 의미를 지닌다. 이러한 창의적 예측의 방법론으로 이 책에서는 브레인스토밍, 전문가패널, 시나리오기법, 정책델파이, 교차영향분석, 통찰적예측, 실현성예측 등을 검토하였다.

4. 정책 우선순위 예측

미래연구(future studies)는 미래의 문제를 탐구하는 학문으로서, 미래의 대안을 창조하고 미래의 정책을 기획하는 학문이다. 미래예측은 1) 이슈의 확인, 2) 통계적 분석, 3) 전문가 판단의 과정을 거쳐, 우선순위 예측을 통해 완성되는 것이며, 따라서 정책 우선순위를 분석하고 거기에 대한 논리적 정당성을 제시하는 일은 미래예측에서 매우 중요한 의미를 지닌다. 더욱이 미래예측이란 단순히 몇 가지 계량분석 방법론을 통해 미래를 단순히 예측하는 데 그치는 것이 아니라, 국가혁신이라는 관점에서 미래의 보다 나은 창조적 대안들을 적극적으로 개발하고 창조하며 정책의 우선순위 선정에 따른 정책기획까지도 포함하는 폭넓은 미래지향적 사고의 과정이라고 보았을 때, 우선순위 분석은 미래예측에서 매우 중요한 의미를 지니는 것이다.

지식기반경제 하에서 과학기술의 중요성이 부각되면서 첨단산업, 기초과학, 정보통신 등을 포함한 국가 과학기술 분야의 미래예측이 매우 중요해지고 있는데, 이러한 관점에서도 이 책에서 제시한 핵심기술 우선순위 기법(critical or key technologies)과 우선순위 로드맵 기법(technology roadmapping)은 10~30년 뒤를 내다보면서 국가가 우선적으로 투자해야 할 국가과학기술지도를 제시해 줄 수 있는 국가경쟁력과 국가성장동력 창출의 핵심기법들이라고 하겠다.

3 에필로그

미래예측의 목적은 변화에 있다. 미래에 대한 장기적 비전을 세워서 미래를 창조하는 것이다. 극단적 미래에 우리를 위협하게 될 여러 가지 도전들에 대해 지금 대비하지 않으면 안 된다. 지금 변화가 시작되어야 한다.

– James Canton

미래는 단절과 불확실성, 속도와 불확정성 속에서 무서운 속도로 진행되고 있다. James Canton은 이를 '극단적 미래'(Extreme Future)라고 표현하였다. 특히 정보화와 과학기술이 급속도로 진행되고 있는 현 시점에서 오늘날 인류는 전례를 찾아보기 힘들 정도의 대변혁의 과정을 겪고 있다. 생활양식의 급격한 변화를 초래시키고 있는 정보기술, 이로 인한 가치관의 혼란, 안전한 삶을 위협하는 온갖 두려움과 공포의 증대 등 우리가 지금껏 경험해 보지 못한 가능성을 현실로 경험하고 있다. 극단적 미래에서 우리를 위협하게 될 여러 가지 요인들은 무수히 많으며, 극단적 미래는 역동적이면서도 지금과는 단절된 다차원적 성향을 띠면서 다가오고 있다.

미래예측은 변화를 주도해야 한다. 장기적 비전을 토대로 미래를 창조할 필요가 있는 것이다. 미래예측학은 불확실성과 불확정성 속의 미래 속에서 기획과 창조를 통해 새로운 변화를 이끌어내어야 하며, 이를 통해 「새로운 문명과 문화 창조」가 시작되어야 한다.

미래예측학의 새로운 패러다임은 바로 토마스 쿤(T. Kuhn)의 말대로 '지평의 전이'(paradigm shift)라고 할 수 있다. 미래에 대한 장기적 비전과 기획을 통해 차세대의 국정 청사진을 제시하여야 하며, 미래지향적 사고는 사람들의 가치 및 행동체계 속에 뿌리내릴 수 있어야 한다. 새로운 미래예측의 과제는 미래의 조직, 사회, 국가 단위의 미래 전략을 개발하기 위해 주요 변화의 동인과 지식의 출처를 모으는 작업으로서, 정책결정, 정책기획, 정책설계 및 우선순위 예측과 함께 미래비전을 지향하는 전략을 수립하는 방향으로 전개되어야 한다. 이는 흔히 종래의 전통적인 미래연구나 정책연구에서 사용되는 좁은 범위의 전문가 범위를 훨씬 넘는 다양한 행위자와 이해관계자들을 포함하는 참여형 방식을 활용하는 것이며, 광범위한 참여와 토론, 분석과 연구의 상호작용에 기반을 두고 진행되어야 한다는 것을 의미한다.

새로운 형태의 미래연구는 '미래예측 문화'의 확립을 지향해야 하며 정부, 기업, 시민사회의 다양한 형태의 정책입안자, 기업자본가, 시민행동가, 과학전문가들이 모여 보다 향상된 네트워크 확립을 지향하는 것이다. 미래예측의 목적은 단순히 더 나은 보고서와 정책의 결과를 내려는 단편적인 것에 두어서는 안 되며, 미래예측은 국가혁신을 활성화하려는 목적을 가지고 다양한 형태의 거버넌스 행위자들이 모여서 새로운 전문가 네트워크를 형성하고, 여기에서 새로운 지식자원과 네트워크 멤버들 간의 전략적 비전과 지식의 융합이 일어나야 한다. 이것이 이 책에서 주장한 논의의 인식구조이다.

우리는 잠시 이곳에 머무를 뿐 영원한 지구의 주인은 아니다. 존속가능한 지구, 문명화된 정보사회의 실현, 그리고 인간화된 미래사회를 위한 논리와 정책의 모색은 21세기를 당면한 우리의 끊임없는 테마가 될 것이다. 미래의 정부는 21세기 사회의 소용돌이적 변화에 명민하게 대응하면서, 뉴 프런티어(new frontier) 정신으로 공적인 부문을 조정 · 관리하여야 한다. '지평의 전이'(paradigm shift)라는 문구처럼 기존의 사고와 전제여건들을 혁파하고, 새로운 사고와 새로운 논리로 접근해야 할 것이다.

마지막 한마디. "우리가 직면하고 있는 가장 나쁜 적은 무관심이다." 노벨평화상을 수상한 엘리 위즐의 말이다.

사랑의 반대는 증오가 아니라 무관심이다. …아름다움의 반대는 추함이 아니라 무관심이다. 삶의 반대는 죽음이 아니라, 삶과 죽음 모두에 대한 무관심이다. …우리는 두려움 속에서 하나가 된 시절을 알고 있다. 내일 우리는 희망 속에서 하나가 될 수 있을 것인가?(Elie Wiesel, 1995 : 39~40).

참고문헌

국내문헌

강근복 외. 1999. 「지식정보사회와 전자정부」, 서울: 나남출판.

강근복. 2002. 「정책분석론」, 대영문화사,

강내희. 1998. 「전자적 기록과 원형감옥」, 서울: 문학과학.

강영기. 1987. 「행정학의 이론과 역사」. 서울: 대왕사.

강제명. 2003. 「정보체계론」, 서울: 문성.

곽동훈 · 김시무 역. 1996. 「현대사상가 50」, 존 레흐트 저, 서울: 현실문화연구.

고성호 역. 2007. 「사회조사방법론」, Babbie. Earl R. 저. 톰슨코포레이션코리아.

공성진. 1991. 「21세기 연구의 이론과 실제: 미래학과 미래학자들」, 조선일보사 출판국.

권기헌. 1997. 「정보사회의 논리」, 서울: 나남출판.

______. 2003. 「정보체계론: 정보사회와 국가혁신」, 서울: 나남.

______. 2003. 「전자정부와 정부혁신」, 커뮤니케이션북스.

______. 2004. 「정보화 시대의 네트워크 정부모형」, 경희대학교 출판국.

______. 2004. 「전자정부의 이론과 실제」, 경희대학교 출판국.

______. 2007a. 「정책학의 논리」, 서울: 박영사.

______. 2007b. 「전자정부론: 전자정부와 국정관리」, 서울: 박영사.

______. 2007c. "정책이론과 거버넌스," 「국정관리연구」, 성균관대학교 국정관리 대학원.

______. 2007d. "정부개혁과 거버넌스," 「국정관리연구」, 성균관대학교 국정관리 대학원.

권기헌 · 최병선. 2004. 「공공정책의 품질 향상 방안에 관한 연구」, 행정자치부.

권기헌 · 박승관 · 윤영민. 1998. 「정보의 신화, 개혁의 논리」, 서울: 나남출판.

권원용. 2005. “계획활동과 미래예측의 내재적 관련성에 관한 연구,” 「국토계획」, 제40권 2호, 대한국토 · 도시계획학회.
거버넌스 연구회. 2002. 「거버넌스의 정치학」, 법문사.
김경수 · 김공수. 2005. 「조직행동」, 법문사.
김광웅. 1996. 「행정과 나라만들기」, 박영사.
김광임. 2002. 「차세대 핵심환경기술개발사업 10개년 종합계획 수립」, 한국환경정책평가연구원.
김길수. 2004. “부안핵 방폐장 정책사례,” 「한국정책학회보」, 13권 5호.
김석준 외. 2000. 「뉴거버넌스 연구」, 서울: 대영문화사.
______. 2001. 「뉴거버넌스와 사이버 거버넌스 연구」, 대영문화사.
김성제. 2005. 「핵심정책학강의」, 한국학술정보.
김정헌. 2007. 「정책학Note」, 학문사.
김현구. 2006. “「정부업무평가 기본법」의 논리와 과제: 평가성공의 제도적 요인 분석,” 한국행정학회 추계학술대회 발표논문집, 145-165.
김현철. 2005. 「시계열자료의 분석과 예측」, 교육과학사.
김형수. 2006. 「도시홍수 잠재위험도 및 피해액 산정 Ⅱ」, 도시홍수 재해관리 기술사업단.
김호정. 1993. 「사회과학통계분석」, 삼영사.
나기산 외 역. 1994. 「정책분석론」, William N. Dunn 저, 법문사.
남궁근. 1993. “정책의 미래예측,” 「고시계」, 1993년 9월호, 고시계사.
남정집. 2000. “행정기획과 미래예측에 관한 연구,” 「고시월보」, 272호. 고시연구사.
남기범. 2006. 「현대 정책학 강의」, 한국학술정보(주).
노금숙. 1999. 「AHP 기법을 이용한 아파트 가격평가에 대한 연구」, 성균관대학교.
노동조. 2004. “추세연장적 예측을 통한 도서관 · 정보센터의 미래예측에 관한 연구,” 「한국문헌정보학회지」, 제38권 제4호, 한국문헌정보학회.
노화준. 1976. “정책형성과 미래예측,” 「한국행정학회보」.
노화준. 1989. “정책설계에 영향을 미치는 요인과 정책설계과정의 유형,” 「한국행정학회보」, 제23권 제1호.
노화준. 1999. 「기획과 결정을 위한 정책 분석론」, 박영사.
노화준. 2004. 「정책학원론」, 박영사.
노화준. 2006. 「정책분석론」, 박영사.
노화준. 2007. 「정책학원론」, 박영사.

다나카 요우. 2003. 「상품기획을 위한 Scenario Thinking」, 거름.
류석상 · 박정은. 2006. 「유비쿼터스 사회를 읽는 시나리오기법 현황과 과제」, 한국전산원.
류지성. 2007. 「정책학」, 대영문화사.
문태현. 2005. 지역혁신을 위한 문화정책거버넌스의 성공요인분석, 「한국행정논집」, 제17권 제2호.
박상문 · 변도영 · 손석호. 2006. 국가수준 기술로드맵의 활용도 및 개선사항 영향요인.
박상문 외. 2006. 국가수준 기술로드맵의 활용도 및 개선사항 영향요인.
박성복 · 이종렬 공저. 2005. 「정책학 강의」, 대영문화사.
박영숙 · 제롬 글렌 · 테드 고든. 2007. 「전략적 사고를 위한 미래예측」, 교보문고.
박영택. 2000. 「공공행정부문 Single PPM 품질혁신」, Single PPM 품질혁신추진본부.
박용화. 1995. 「전문가 패널을 통한 공항여객터미날 서비스 영향요소의 중요도 결정」, 한국항공진흥협회.
박희서. 1999. "정책결정과정에 있어서 미래예측의 효과적인 활용방안에 관한 연구," 「통일문제연구」 제12권, 조선대학교 통일문제연구소.
배규한. 2000. 「미래사회학」, 나남출판.
배병룡. 1999. "조직환경론에서의 신제도주의," 정용덕 외 「신제도주의 연구」, 대영문화사.
백승기. 2005. 「정책학원론」, 대영문화사.
산업자원부. 1998. 「미래디자인 가치예측 및 활용기술 개발」, 산업자원부.
산업자원부. 2000. 「에너지기술개발의 전략적 접근방법론 개발에 관한 연구」, 산업자원부.
서울시. 2007. 「서울특별시 도시관리계획 환경성검토 업무지침」, 서울시.
송하진 · 김영평 공저. 2006. 「정책성공과 실패의 대위법」, 나남출판.
신지은 · 박정훈 외. 2007. 「세계적 미래학자 10인이 말하는 미래혁명」, 일송북.
심상용. 2005. "과거 성장전략의 경로의존성과 혁신주도 동반성장의 과제에 대한 연구," 한국정책학회, 「한국정책학회보」, 제14권(4) : 223:399.
안두현 · 신태영 · 엄미정 · 김형수. 2003. 「과학기술예측을 위한 미래사회의 이슈 및 니즈도출」, 과학기술정책연구원.
안문석. 1993. 「계량행성론」, 박영사.

안성민. 1999. 갈등관리의 제도화, 「한국행정학회」, 제12권 제10호.
연승준 · 최호진 · 하원규. 「미국의 IT 기반 미래기술 연구 동향 및 시사점」, 한국전자통신연구원.
염재호. 1994. "국가정책과 신제도주의," 「사회비평」, 11호.
오세윤. 2006. "균형적 거버넌스의 바람직한 모형 - 민주주의 원칙을 중심으로," 「한국행정학회 · 서울행정학회 · 한국거버넌스학회 2006년도 하계공동학술대회 발표논문」, 한국행정학회.
OECD 아시아 사회정책센터. 2006. 「주요 OECD 국가의 건강증진정책에 관한 연구」, OECD.
유민봉. 2006. 「한국행정학」, 박영사.
유재원 · 홍성만. 2004. "정부 속에서 꽃핀 거버넌스: 대포천 수질개선 사례," 「한국정책학회보」, 13(5). 한국정책학회.
윤영일. 2000. "감사인의 정책에 대한 미래인식," 「감사」, 66. 감사원.
음수연. 2006. "미래를 주도하기 위한 전략적 사고: 대안적 시나리오를 이용한 미래예측 방법," 「정보통신정책」, 제18권 18호, 통권 402호.
이경재. 2006. 「정부출연연구기관의 전략기술지도 작성에 관한 사전연구」, 한국과학기술평가원.
이명석. 1999. "합리적 선택론의 신제도주의," 정용덕 외, 「합리적 선택과 신제도주의」, 대영문화사.
이승환 역, 2000. 「죽은 경제학자의 살아있는 아이디어」, 토드 부크홀츠(Todd G. Buchholz). 김영사.
이윤애. 2006. 「전라북도 아동복지정책분석 및 지역사회자원」, 전북발전연구원.
이재억. 2003. "회귀분석에 의한 기술가치 예측모형," 「과학기술정책」, 2003년 1-2월호, 과학기술정책관리연구소.
이정모. 2005. 미래 융합과학기술의 틀과 인지과학, 「과학사상」, 2005.6.
이희원. 2003. 「교차계획실험에서의 깁스 샘플링을 이용한 베이지안 분석」, 세종대대학원.
장하준. 1996. "제도경제학의 최근 동향," 「경제학연구」, 제44집 제1호.
전득주 외 공저. 1992. 「미래학입문」, 평민사.
정용덕 외. 1999. 「신제도주의 연구」, 대영문화사.
______. 1999. 「합리적 선택과 신제도주의」, 대영문화사.
정보통신부. 2006. 「국가정보화 전략 및 성과 연구」, 정보통신부.

정재호. 2006. "미래예측 방법론: 이론과 실제," 「나라경제」, 2006년 10월호, KDI 국제정책대학원.

주성수. 2003. 「공공정책가버넌스」, 한양대학교 출판부.

Charles J. Clark. 2003. 「브레인스토밍」, 거름.

채경석. 2005. 「정책학원론」, 대왕사.

최봉기. 2005. 「정책학연구」, 박영사.

최창현. 1999. "조직사회학 이론과 신제도주의," 정용덕 외 「신제도주의 연구」, 대영문화사.

최항섭 외. 2006. 「디지털 사회의 미래예측 방법론」, 정보통신정책연구원.

최항섭 외. 2005. 「미래 시나리오 방법론 연구」, 정보통신정책연구원.

하연섭. 1999. "역사적 신제도주의," 정용덕 외 「신제도주의 연구」, 대영문화사.

하인호. 1995. 「미래학이란 무엇인가」, 고도컨설팅그룹 출판부.

하인호. 1996. 「신경영학습조직」, 삼성경제연구소.

허 범. 1982. "가치인식과 정책학," 성균관대학교 사회과학연구소(편), 「현대사회과학의 이해」, 대왕사 275-291.

______. 1985. "정책학 개론 교과 내용에 대한 토론," 「한국정책학보」, 19-2: 83-89.

______. 1988. "공공정책의 형성과 집행," 성균관대학교 사회과학연구소(편), 「행정학개론」, 대영문화사, 74-101.

______. 1992. "정책윤리분석의 구조와 기준," 「중앙공무원교육원 연구논집」, 12: 165-187.

______. 1997. "대통령 선거정책공약의 설계를 위한 개념적 틀과 지도지침," 「한국정책학회보」, 6권 2호, 11-41.

______. 1999a. "개혁정책의 탐색과 설계," 성균관대학교 행정대학원(편), 「21세기 강좌교제」, 1-23.

______. 1999b. "정책학의 패러다임에 관한 연구: 개념전제에 입각한 해석을 중심으로," 한국정책학회(편), 「정책학의 정체성: 한국적 정책학과 미래의 정책학(1999년도 동계학술대회 발표논문집)」, 317-327.

______. 2002. "정책학의 이상과 도전," 「한국정책학회보」, 제11권 제1호, 293-311.

______. 2006. "공직자의 삶과 윤리," 정책학이론세미나 강의자료.

황지욱. 2004. "델파이기법을 활용한 남북한 지방자체단체의 교류 · 협력 전망과 접경지역의 기능변화," 「국토계획」, 제39권 제1호, 대한국토 · 도시계획학회.

한국건설기술연구원. 2006. 「3D 수치영상 기법을 활용한 댐시설물 실시간 영상 모니터링 및 유지관리 시스템 개발」, 중앙대학교/한국건설기술연구원.

한국과학기술기획평가원. 2003. 「국가기술지도 2단계 연구」, 한국과학기술기획평가원.

한국과학기술연구정보원. 2004. 「R&D 우선순위 결정모델에 관한 연구」, 한국과학기술연구정보원.

한국과학기술평가원. 2005. "미래사회 미래예측과 한국의 과학기술: 미래사회 미래예측과 우리사회 니즈," 한국과학기술평가원.

한국교통연구원. 2004. 도로물류부문의 국가교통핵심기술 시행전략 및 중장기과제 도출 연구.

한국기상학회. 2007. 「국가기상연구」, 한국기상학회.

한국농촌경제연구원. 2007. "한국 농업. 농촌. 밝은 미래를 연다," 「농업전망」, 한국농촌경제연구원.

한국디자이너협회. 1998. 「미래디자인 가치 예측 및 활용기술 개발(결과보고서)」, 산업자원부.

한국산업기술재단. 2005. 「항공우주산업기술로드맵(최종보고서)」, 한국산업기술재단.

한국행정학회(권기헌 · 김태영 · 차용진 · 이홍재). 2005. 「미래 과학기술을 위한 대형 연구시설 및 장비구축에 관한 정책연구」, 과학기술부.

국외문헌

Ahn and Mira. 2002. "A Note on the Changing Relationship between Fertility and Female Employment Rates in Developed Countries," *Journal of Population Economics* 15.

Almond, Gabriel A. and Verba, Sidney. 1963. *The Civic Culture*. Princeton: Princeton University Press.

Ascher, W. 1986. "The Evolution of Policy Sciences: Understanding the Rise and Avoiding the Fall," *Journal of Policy Analysis and Management*. 5: 365-373.

Atkinson, Michael M. and William D. Coleman. 1992. "Policy Networks, Policy Communities and the Problems of Governance," *Governance:*

An International Journal of Policy and Administration. Vol. 5, No.2 pp 154-180.

Barber, Benjamin. 1984. *Strong Democracy: Participatory Politics for a New Age*. Berkeley: University of California Press.

Brain W. Hogwood and B. Guy Peters. 1983. *Policy Dynamics*. New York: St. Martin's Press.

Brian W. Hogwood & Lewis A. Gunn. 1984. *Policy analysis for the Real World*, Oxford University Press.

Brunner, R. D. 1991. "The Policy Movement as Policy Problem," *Policy Sciences*. 24: 65-98.

________. 1996. "A Milestone in the Policy Science," *Policy Sciences*. 29(1): 45-68.

Castells, Manuel. 1996. *The Rise of Network Society*. Oxford: Blackwell.

Coleman, William D. and Grace Skogstad. 1990. "Policy Communities and Policy Networks: A Structural Approach," In William D. Coleman, and Grace Skogstad(eds.), *Policy Communities And Public Policy in Canada*. Toronto: Copp Clack Pitman.

Davis, Ged. 1988. Creating Scenarios for your Company's Future.

DeLeon, P. 1981. "Policy Sciences: The Discipline and the Profession," *Policy Sciences*, 1(13): 1-7.

________. 1988. "Advice and Consent: The Development of the Policy Sciences," New York, N. Y; Russell Sage Foundation. 23(3): 435-450.

________. 1990. "Participatory Policy Analysis: Prescriptions and Precautions," *Asian Journal of Public Administration*, 12: 29-54.

________.1994. "Reinventing the Policy Sciences: three steps back to the Future," *Policy Sciences*, 27: 77-95.

________. 1997. Democracy and The Policy Sciences, Albany, NY: State University of New York Press.

________. 1998. "Models of Policy Discourse: Insights vs. Predition," *Policy Studies Journal*. BVol. 26, No. 1(Spring).

________. 1999. "The Stages Approach to the Policy Process: What Has It Done? What Is It Going?," In Sabatier, Paul A.(cd). *Theories of the*

Policy Process, Boulder, Colorado: Westview Press.

DeLeon, P. and Martell, C. R. 2006. "The Policy Sciences: Past, Present, and Future," In G. Peters & J. Pierre.(ed). *Handbook of Pubic Policy,* SAGE Publicactions: London.

Denis Loveridge. 2005. "Technology Foresight Methods," Working Paper. PREST, Manchester, UK.

Department of Energy. Office of Science. www.sc.doe.gov.

Dror, Y. 1970. "Prolegomena to Policy Sciences," *Policy Sciences.* 1: 135-150.

Durning, Dan. 1993. "Participatory Policy Analysis in a Social Service Agency: A Case Study," *Journal of Policy Analysis and Management,* 12: 231-257.

E. S. Quade. 1982. *Analysis for Public Decision,* 2nd ed. N.Y: North Holland.

Fischer, Frank. 1993. "Policy Discourse and the Politics of Washington Think Tanks," In F. Fischer and J. Forester. (eds.) 1993. *The Argumentative Turn in Policy Analysis and Planning.* Durham, NC: Duke University Press.

________. 1998. "Beyond Empiricism: Policy Inquiry in Postpositivist Perspertive," *Policy Sciences Journal.* Vol. 26, No. 1(Spring).

Fischer, Frank and Forester, John. (eds.) 1993. *The Argumentative Turn in Policy Analysis and Planning.* Durham, NC: Duke University Press.

FOREN, *Practical Guide to Regional Foresight,* 2001.

Forester, John. 1999. *The Deliberative Practitioner: Encouraging Participative Planing Processes.* Cambridge, MA: The MIT Press.

Fukuyama, Francis. 1999. *Trust.* New York: The Free Press.

Green, Richard T. Lawrence F. Keller and Gary L. Wamsley. 1993. "Reconsituting a Profession for American Public Administration," *Public Administration Review,* Nov/Dec.

Hajer, M. A. 1993. "Discourse Coalitions and the Institutionalization of Practice," In F. Fischer and J. Forester. (eds.) 1993. *The Argumentative Turn in Policy Analysis and Planning.* Durham, NC: Duke University Press.

Hajer, Maarten A., and Hendrik Wagenarr (eds.) 2003. *Deliberative Policy*

Analysis: Understanding Governance in the Network Society. Cambridge, NY: Cambridge University Press.

Hassan Masum. 2003. *Scenarios Looking Ahead to 2025.* NY: International Creative Management.

Helco, Hugh. 1978. "Issue Networks and the Executive Establishment," In *The American Political System,* Anthony King (ed.). Washington: American Enterprise Institute.

Jenkins-Smith, Hank C., and Paul A. Sabatier. 1993. "The Study of Policy Process," In Paul A. Sabatier and Hank C. Jenkins-Smith (eds.), *Policy Change and Learning.* Boulder, CO: Westview Press. Chap. 1.

Jessop, B. 1998. "The Rise of Governance and the Risks of Failure: The Case of Economic Development," *International Social Science Journal.* 155. UNESCO.

Kaplan, A. 1963. *American Ethics and Public Policy.* New York: Oxford University Press.

Ken Tobioka, "SENKEN-RYOKU WO TSUKERU," Nihon Keizai Shimbun, Inc., 1997.

Kooiman, Jan. 1993. "Social-Political Governance: Introduction," in J. Kooiman, *Modern Governance: New Government-Society Interactions.* London: Sage Publications.

________. 2003. "Modes of Governance," in J. Kooiman. *Governing as Governance.* London: Sage.

Kostoff, R.N. and R.R. Shaller(2001), "Science and technology roadmaps," IEEE Transactions on Engineering Management, Vol. 48, No.2, pp. 132-143.

Lasswell, H. D. 1971. *A Pre-View of Policy Sciences.* New York. N.Y.: Elsevier.

________. 1970. "The Emerging Conception of the Policy Sciences," *Policy Sciences.* 1: 3-14.

________. 1951. "The Policy Orientation," H. D. Lasswell and D. Lerner (eds.) *Policy Sciences.* Stanford, California: Standard Univ. Press. 3-15.

________. 1949. *Power and Personality.* New York: Norton.

________. 1943b. "Proposal: The Institute of Policy Sciences(October 1)," *Archieved at Stering Library*. Yale University, New Haven. CT: New Haven Press.

________. 1943a. "Memorandom: Personal Policy Objectives(October 1)," *Archieved at Stering Library*. Yale University, New Haven. CT: New Haven Press.

Lasswell, H. D., and Myres S. McDougal. 1992. *Jurisprudence for a Free Society: Studies in Law, Science and Policy*(Vols. 2). New Haven. CT: New Haven Press.

Lawlor, Edward F. 1996. "Book Review," *Journal of Policy Analysis and Management*. Vol. 15, No. 1 (Winter).

Lerner, Daniel. 1975. "From Social Science to Policy Science: An Introductory Note," Stuart S. Nagel. (ed.). *Policy Studies*. Lexington, Mass: Lexington Books.

Lynn, Laurence E., Jr. 1999. "A Place at the Table; Policy Analysis, Its Postpositive Critics, and the Future of Practice," *Journal of Policy Analysis and Management*. Vol. 16, No. 3 (Summer).

Martin B. R and Irvine J. (1989). Research Foresight: Priority-Setting in Science. Pinter, London.

Martin, B.R and Johnston, R. (1999). "Technology Forecasting and Social Change," Vol. 60, pp. 37-54.

Maslow, Abraham. 1954. *Motivation and Personality*, New York: Harper.

Mats Lindgren and Hans Bandhold. 2003. *Scenario Planning: The Link Between Future and Strategy*. N.Y: North Holland.

Michael Keenan, "Technology Foresight: An Introduction," *PREST*, University of Manchester, 2004.

Michael Keenan, "Using Experts and Stakeholder Panels in Technology Foresight: Principle and Practice," *PREST*, University of Manchester, 2004.

Miles and Keenan. 2003. *Handbook of Knowledge Society Foresight*. PREST, Manchester, UK.

Natonal Science Foundation. www.nsf.gov.

Newman, Janet. 2001. *Modernising Governance:* New Labour, Policy and Society. London: Sage.

Nye, Joseph Jr. 1990. *Bound to Lead: The Changing Nature of American Power.* New York: Paris Books.

Office of Project Assessment. Office of Science. Department of Energy. Office of Science Independent Project Review Handbook. May 2007

Ostrom, E. 1990. *Governing the Commons: The Evolution of Institution for Collective Action.* Cambridge: Cambridge University Press.

Osbome and Gaebler. 1992. *Reinventing Government: How The Entrepreneurial Spirit is Transforming the Public Sector.* New York: International Creative Management.

Peters G. 1995. *The Future of Governing.* University Press of Kansas.

Peters G. & Pierre J. 2005. "Toward a Theory of Governance," in Peters G. & Pierre J. *Governing Complex Societies Governance: New Government-Society Interactions.* Palgrave: Macmillan.

________. 2006. "Introduction," in Peters G. & Pierre J. (eds.) *Handbook of Public Policy.* SAGE Publications: London.

Petrick, I.J. and A.E.Echols (2004), "Technology roadmapping in review: a tool for making sustainable new product development decisions," Technological Forecasting and Social Change, Vol.71, pp. 81-100.

Phaal, .R. C. Farrukh, and R. Probert (2004). "Technological Forecasting-A planning framework for evolution and revolution," Technological Forecasting and Social Change, Vol.71, pp. 5-26.

R. Mark. 1971. *Planning on Uncertainty* N.Y.: Wiley-Interscience.

Rheingold, H. 1993. *The Virtual Community: Homesteading on the Elctronic Frontier.* Reading. Mass.:Addison-Wesley Publishing Co.

Rhodes R.A.W. 1990. "Policy Networks: A British Perspective," *Journal of Theoretical Politics.* Vol. 2.

________. 1996. "The New Governance: Governing Without Government," *Political Studies.* 44(4): 652-667.

Roe, Emery. 1994. *Narrative Policy Analysis.* Durham, NC: Duke University Press.

Sabatier, Paul A. 1993. "Policy Change over a Decade or More," In Paul A. Sabatier and Hank C. Jenkins-Smith (eds.), *Policy Change and Learning*. Boulder, CO: Westview Press.

Salamon. 2002. *The Tools of Government: A Guide to the New Governance*. London: Sage Publications.

Scharpf, Fritz. 1990. "Games Real Actors Could Play: The Problem of Connectedness," Kln: Max-Planck-Institute fr Gesellschaftsforschung, Paper 90/8.

Stoker, G. 1998. Governance as Theory: Five Propositions. *International Social Society Journal*. 50(1).

Torgerson, Douglas. 2003. "Democracy through Policy Discourse," In Maarten A. Hajer and Hendrik Wagenaar (eds.), *Deliberative Policy Analysis: Understanding Governance in the Network Society*. Cambridge: University Press.

관련 사이트

http://blog.daum.net/gangseo/13498549

http://news.naver.com/main/read.nhn?mode=LSD&mid=sec&sid1=105&oid=014&aid=0000175902

http://prae.tistory.com

http://www.hankyung.com/news/app/newsview.php?aid=2007102316891

http://www.munhwa.com/news/view.html?no=20071008010330371910020

http://www.stepi.re.kr/researchpub/abstract/ABAA-1996-009-005.HTM

https://www.dbguide.net/know/know104001.jsp?mode=view&pg=6&idx=2880

한국과학기술기획평가원. www.kistep.re.kr

사항색인

[ㅈ]

[ㅊ]

[ㅌ]

[ㅍ]

[ㅎ]

인명색인

저자약력

- 한국외국어대 행정학과 졸업
- 서울대 행정대학원 졸업(행정학 석사)
- 미국 하버드대 졸업(정책학 석사, 박사)
- 제26회 행정고시 합격
- 상공부 미주통상과 근무
- 세계 NGO 서울대회 기획위원
- 미국 시라큐스 맥스웰 대학원 초빙교수
- 중앙공무원교육원 정책학교수
- 행정자치부 정책평가위원
- 행정고시 및 외무고시 출제위원 역임
- 현재, 성균관대학교 행정학과 교수 및 국정평가연구소 소장
  국가미래예측정책연구원 원장

[수 상]

- 국무총리상 수상(제26회 행정고시 연수원 수석)
- 미국정책학회(APPAM)선정 박사학위 최우수논문 선정
- 한국행정학회 학술상 수상
- 미국 국무성 풀브라이트 학자(Fulbright Scholarship) 선정
- 대한민국 학술원 선정 사회과학분야 저술상 수상
- 문화관광부 추천 우수도서 선정

[주요 저서]

《정책학의 논리》《전자정부론: 전자정부와 국정관리》
《정보체계론: 정보사회와 국가혁신》《정보사회의 논리》
《전자정부와 행정개혁》《과학기술과 정책분석》
《정보정책론》《창조적 지식국가론》
《시민이 열어가는 지식정보사회》《정보의 신화》
《개혁의 논리》《디지털 관료 키우기》 등

미래예측학

2008년 3월 12일 초판 인쇄
2008년 3월 14일 초판 1쇄 발행

저 자 권 기 헌
발행인 배 효 선
발행처 도서출판 法 文 社

413-756 경기도 파주시 교하읍 문발리 526-3
등 록 1957년 12월 12일 제2-76호(윤)
전 화 (031)955-6500~6 Fax (031)955-6525
e-mail(영업): bms@bobmunsa.co.kr
(편집): edit66@bobmunsa.co.kr
홈페이지 http://www.bobmunsa.co.kr
조 판 한 비 문 화 사

정가 20,000원 ISBN 978-89-18-02290-1